子ども博物館 美術館事典

日外アソシエーツ
編集部編

日外アソシエーツ

Children's Museums and Art Museums in Japan

A Directory

Compiled by

Nichigai Associates,Inc.

Ⓒ2016 by Nichigai Associates,Inc.

Printed in Japan

●編集担当● 松本 裕加
装 丁：赤田 麻衣子

刊行にあたって

　本書は、博物館、美術館、科学館、大型児童館（複合施設）、企業PR館などの中から、子ども向けや子どもの作品展示、体験型学習・事業に力を入れている館の事業概要などを掲載する総合的なガイドである。

　子ども向けの施設として各地に博物館や美術館・科学館が設置されているが、近年は地域特有の自然や産業、歴史や文化が学べる館も増えている。手で触れる体験などを通じて理解を深めることを目的としたハンズ・オン、さまざまな体験が出来るワークショップ（参加体験型学習）など動的な活動が取り入れられている館も多い。

　編集にあたり、最新かつ精確な情報を盛り込むべく、編集部では全国の関連施設にアンケート調査を行った。従来の博物館・美術館だけでなく、体験施設や児童館など館種の枠を超えた収録を試み、幸いにも186館からご協力を得ることができたが、編集部の力及ばず掲載を断念した館もあることをお断りしておく。

　本書が学習、見学、観光などに広く活用されることを期待するとともに、小社美術館・博物館事典シリーズとあわせ、ご利用いただければ幸甚である。今回、アンケートに"館のイチ押し"という項目を設けた。館としてのおすすめポイントにもご注目いただきたい。

　最後に、貴重な時間を割いてアンケートに快くご協力いただいた関係諸機関の皆様に深く感謝する次第である。

2016年 5 月

日外アソシエーツ編集部

凡　　例

1. 本書の内容
　　本書は、博物館、美術館、科学館、大型児童館（複合施設）、企業PR館
などの中から、子ども向けや子どもが楽しめる展示、体験型学習などに注
力している館の事業等を掲載した。掲載数は186館である。

2. 収録の対象
　1）　全国の関連施設にアンケート調査を行い、寄せられた回答および資料
　　　をもとに収録した。
　2）　アンケート未回答館、長期休館中、閉館予定の館などは掲載しなかっ
　　　た。

3. 掲載事項
　1）　以下の事項を、原則としてアンケート回答時の情報で掲載した。アン
　　　ケート実施時期は、2016年4月から5月末までの期間である。
　　　館名／沿革・概要／展示・収蔵／事業／出版物・グッズ／所在地／
　　　TEL／FAX／URL／E-mail／交通／開館／入館料／休館日／施設／
　　　設立／設置者／管理／責任者／館のイチ押し
　2）　掲載事項の詳細は以下の通り。
　　（1）　館名の記載にあたっては財団法人などの法人格の表示は省略した。
　　（2）　事業には、館主催・共催事業のほか、一部賛助事業なども含めた。
　　（3）　出版物は原則として館編集・発行のものを採用したが、一部、企画・
　　　　　編集協力、監修等も含まれている。
　3）　記載内容については、一部用語・体裁等の統一をおこなったが、アン
　　　ケートの回答を尊重し、表記をそのままとした箇所がある。
　4）　写真（外観・展示内容等）は、各館から提供されたものを使用した。

4. 排　　列
　1）　全国を「北海道」「東北」「関東」「中部」「近畿」「中国」「四国」「九州・
　　　沖縄」の8つのブロックに分け、さらに都道府県別に館名の五十音順
　　　で排列した。

2）　その際、濁音・半濁音は清音とみなし、またヂ→シ、ヅ→スとみなし
て排列した。拗音・促音は直音とみなし、長音は無視して排列した。

5. 館名索引
186館を館名の五十音順で排列し、掲載ページを示した。

6. 参考資料
収録候補館の選定にあたり、下記を参考とした。

『るるぶこどもとあそぼ！』JTBパブリッシング

子どもとお出かけ情報サイト「いこーよ」
http://iko-yo.net/
児童館・児童クラブの情報サイト「コドモネクスト」
http://www.kodomo-next.jp/

目　次

北海道

北海道

旭川市科学館「サイパル」…… 3
足寄動物化石博物館…………… 5
帯広市児童会館………………… 7
釧路市こども遊学館…………… 9
滝川市こども科学館…………… 12
苫小牧市科学センター………… 14
むかわ町穂別地球体験館……… 16
室蘭市青少年科学館…………… 18
りくべつ宇宙地球科学館
　（銀河の森天文台）…………… 20
稚内市青少年科学館…………… 22

東　北

青森県

八戸市視聴覚センター・児童
　科学館………………………… 24
むつ科学技術館………………… 26

岩手県

岩手県立博物館………………… 29
盛岡市子ども科学館…………… 31

宮城県

仙台市科学館…………………… 34
東北歴史博物館………………… 37

秋田県

秋田県児童会館 みらいあ …… 39
秋田県立博物館………………… 42
フェライト子ども科学館……… 46

山形県

酒田市眺海の森天体観測館
　コスモス童夢………………… 48
西川町 大井沢自然博物館 …… 50
山形県立博物館………………… 52

福島県

いわき市アンモナイトセンター… 55
郡山市ふれあい科学館………… 58
福島市子どもの夢を育む施設
　こむこむ館…………………… 61
ふくしま森の科学体験センター
　（ムシテックワールド）……… 64

関　東

茨城県

茨城県立児童センターこども
　の城…………………………… 67
国土地理院「地図と測量の科
　学館」………………………… 69
つくばエキスポセンター……… 72
日立シビックセンター科学館… 75
ミュージアムパーク茨城県自
　然博物館……………………… 77

栃木県

おもちゃのまちバンダイミュー
　ジアム………………………… 80
栃木県子ども総合科学館……… 82
壬生町おもちゃ博物館………… 84

(6)　子ども博物館美術館事典

目　次

群馬県

群馬県生涯学習センター少年
　科学館……………………………87
ぐんまこどもの国児童会館……90
高崎市少年科学館………………93
向井千秋記念子ども科学館……95

埼玉県

入間市博物館……………………98
加須市加須未来館……………… 101
川口市立科学館(サイエンス
　ワールド)……………………… 103
越谷市科学技術体験センター
　(ミラクル)…………………… 106
越谷市立児童館コスモス…… 109
埼玉県自然学習センター…… 112
埼玉県生活科学センター（彩
　の国くらしプラザ）………… 114
埼玉県立川の博物館………… 116
さいたま市青少年宇宙科学館… 120
チームラボアイランド
　ー学ぶ！未来の遊園地ー … 122
鉄道博物館…………………… 124
所沢航空発祥記念館………… 127

千葉県

キッコーマンもの知りしょう
　ゆ館…………………………… 130
千葉県立中央博物館………… 132
千葉県立房総のむら………… 134

東京都

板橋区立教育科学館………… 137
宇宙ミュージアム TeNQ…… 139
NHK スタジオパーク ……… 142
科学技術館…………………… 144
がすてなーに ガスの科学館 147
紙の博物館…………………… 149

ギャラクシティ（足立区こど
　も未来創造館・足立区西新
　井文化ホール）…………… 151
国立科学博物館……………… 154
こども科学センター・ハチラ
　ボ…………………………… 158
コニカミノルタサイエンス
　ドーム（八王子市こども科
　学館）……………………… 161
杉並アニメーションミュージ
　アム………………………… 163
セイコーミュージアム……… 166
ソニー・エクスプローラサイ
　エンス……………………… 168
多摩六都科学館……………… 170
東京おもちゃ美術館………… 173
東京都水の科学館…………… 176
東武博物館…………………… 178
日本科学未来館……………… 180
マヨテラス…………………… 183
三鷹の森ジブリ美術館……… 186
リスーピア…………………… 188

神奈川県

伊勢原市立子ども科学館…… 190
カップヌードルミュージアム
　（安藤百福発明記念館）…… 193
神奈川県立地球市民かながわ
　プラザ（あーすぷらざ）… 195
神奈川工科大学 厚木市子ど
　も科学館…………………… 197
川崎市青少年科学館（かわさ
　き宙と緑の科学館）……… 200
川崎市 藤子・F・不二雄ミュー
　ジアム……………………… 204
鈴廣のかまぼこ博物館……… 206
電車とバスの博物館………… 208
東芝未来科学館……………… 210

目　次

なぎさの体験学習館…………… 212
はまぎん こども宇宙科学館
　（横浜こども科学館）……… 214
藤沢市湘南台文化センターこ
　ども館…………………………… 217
三菱みなとみらい技術館…… 220
横浜美術館……………………… 222

中　部

新潟県
上越科学館……………………… 225
津南町農と縄文の体験実習館
　なじょもん…………………… 227
長岡市立科学博物館………… 229
新潟市こども創造センター… 232

富山県
黒部市吉田科学館…………… 234

石川県
石川県海洋漁業科学館……… 236
石川県ふれあい昆虫館……… 238
石川県立航空プラザ………… 240
のと海洋ふれあいセンター… 242
ひととものづくり科学館…… 245

福井県
福井県立恐竜博物館………… 247
福井県立こども歴史文化館… 250

山梨県
明野子ども美術館…………… 252

長野県
佐久市子ども未来館………… 254

岐阜県
大垣市スイトピアセンター
　学習館………………………… 257
かかみがはら航空宇宙科学博
　物館…………………………… 259

岐阜県先端科学技術体験セン
　ター（サイエンスワール
　ド）…………………………… 262
岐阜市科学館………………… 266
こども陶器博物館 KIDS★
　LAND………………………… 268

静岡県
伊豆アンモナイト博物館…… 270
磐田市竜洋昆虫自然観察公園
　こんちゅう館……………… 272
環境省 田貫湖ふれあい自然塾… 274
静岡市こどもクリエイティブ
　タウン ま・あ・る………… 277
ディスカバリーパーク焼津
　天文科学館………………… 279
東海大学海洋科学博物館…… 282
東海大学自然史博物館……… 285
ねむの木子ども美術館「どん
　ぐり」「緑の中」…………… 288
ビュフェこども美術館……… 290
富士川楽座 体験館どんぶら・
　プラネタリウムわいわい劇
　場……………………………… 292

愛知県
おかざき世界子ども美術博物
　館……………………………… 295
航空館 boon …………………… 298
こども未来館 ここにこ …… 300
とよた科学体験館…………… 302
ノベルティ・こども創造館… 304
碧南海浜水族館・碧南市青少
　年海の科学館……………… 306
MIZKAN MUSEUM ……… 308
夢と学びの科学体験館……… 311
リニア・鉄道館……………… 314

目　次

近　畿

三重県
　三重県立みえこどもの城…… 317
滋賀県
　大津市科学館………………… 319
　滋賀県立琵琶湖博物館……… 321
京都府
　きっづ光科学館ふぉとん…… 324
　京都市青少年科学センター… 327
　京都大学総合博物館………… 331
　京都鉄道博物館……………… 335
　福知山市児童科学館………… 337
大阪府
　インスタントラーメン発明記
　　念館………………………… 339
　大阪市立科学館……………… 341
　大阪府立大型児童館ビッグバ
　　ン…………………………… 344
　きしわだ自然資料館………… 347
　キッズプラザ大阪…………… 349
　東大阪市立児童文化スポーツ
　　センター ドリーム21 …… 352
兵庫県
　明石市立天文科学館………… 354
　伊丹市立こども文化科学館… 357
　おもしろ昆虫化石館………… 361
　グリコピア神戸……………… 363
　神戸市立青少年科学館……… 365
　にしわき経緯度地球科学館
　　「テラ・ドーム」………… 367
　マリンピア神戸さかなの学校
　　（神戸市立水産体験学習
　　館）………………………… 369

奈良県
　橿原市立こども科学館……… 371
和歌山県
　和歌山県立自然博物館……… 373
　和歌山市立こども科学館…… 376

中　国

鳥取県
　わらべ館（県立童謡館・鳥取
　　世界おもちゃ館）………… 378
島根県
　出雲科学館…………………… 381
　島根県立三瓶自然館 サヒメ
　　ル…………………………… 384
　浜田市世界こども美術館…… 387
岡山県
　岡山県生涯学習センター 人
　　と科学の未来館サイピア… 389
　岡山市水道記念館…………… 391
　つやま自然のふしぎ館（津山
　　科学教育博物館）………… 393
　ライフパーク倉敷 倉敷科学
　　センター…………………… 395
広島県
　ヌマジ交通ミュージアム（広
　　島市交通科学館）………… 398
　広島市こども文化科学館…… 401
　広島市森林公園こんちゅう
　　館…………………………… 403
山口県
　防府市青少年科学館………… 405

子ども博物館美術館事典　（9）

目　次

四　国

徳島県

あすたむらんど徳島 子ども
科学館……………………408

阿南市科学センター……………410

愛媛県

愛媛県歴史文化博物館………412

えひめこどもの城……………415

西条市こどもの国……………417

松山市水道資料館 水と人の
みらい館……………………419

高知県

香美市立やなせたかし記念
館……………………………421

九州・沖縄

福岡県

北九州市立自然史・歴史博物
館 いのちのたび博物館 …423

北九州市立児童文化科学館…426

博多の食と文化の博物館（ハ
クハク）……………………428

福岡県青少年科学館…………430

ロボスクエア…………………434

佐賀県

佐賀県立宇宙科学館…………436

長崎県

佐世保市少年科学館（星きら
り）…………………………439

長崎市科学館…………………441

熊本県

荒尾総合文化センター 子ど
も科学館……………………444

熊本市 水の科学館 …………446

人吉鉄道ミュージアム
MOZOCA ステーション
868 ………………………448

宮崎県

大淀川学習館…………………450

宮崎科学技術館………………453

鹿児島県

かごしま近代文学館・かごし
まメルヘン館………………456

鹿児島県立博物館……………458

鹿児島市立科学館……………461

沖縄県

ワンダーミュージアム………463

館名索引……………………465

子ども博物館美術館事典

旭川市科学館「サイパル」

　1963(昭和38)年11月3日に開館した旭川市青少年科学館を前身とし、2005(平成17)年7月23日、旭川市科学館「サイパル」として現在地に新築移転・開館した。敷地内の自然観察空間や周囲の神楽岡公園、忠別川河畔林など豊かな自然の中で自然科学を学ぶことができる。1階には展示室やプラネタリウム、2階には各種教室、4階には青少年科学館時代別棟だった天文台を配置。館全体にユニバーサルデザインを取り入れ、誰もが利用しやすいよう考えて設計されている。

【展示・収蔵】
　常設展示室は「ふしぎからはじまる〈科学〉との出会い」をコンセプトに、様々な科学原理を体験的に学べる展示を常時設置。北国の気象や自然をテーマにした北国コーナー、地球上で起きる現象とその原理をテーマにした地球コーナー、宇宙の構造やそこで発生する現象をテーマにした宇宙コーナーを設け、楽しみながら科学を学ぶことができる。2階のレファレンスルームでは昆虫・鉱物標本を観覧できる。

【事　業】
　科学館クラブ(理科、パソコン、星・宇宙、科学工作など)、親と子の実験室、市民木工教室、大人のための電子工作、巡回実験教室、天体を見る会、プラネタリウムコンサート、サイエンススタジオ、科学探検ひろばなど。

北海道

【出版物・グッズ】

「北における天文略表」／「旭川市博物科学館研究報告」／「旭川市科学館報」
（以上、すべて年刊）

- ・所在地　〒078-8391　北海道旭川市宮前1条3-3-32
- ・ＴＥＬ　0166-31-3186
- ・ＦＡＸ　0166-31-3310
- ・ＵＲＬ　http://www.city.asahikawa.hokkaido.jp/science/
- ・E-mail　kagakukan@city.asahikawa.hokkaido.jp
- ・交　通　JR旭川駅前10番のりば発　旭川電気軌道バス82番線または84番線乗車
　　　　　　科学館前下車（所要時間約5分）
- ・開　館　AM9:30 ～ PM5:00（入館はPM4:30まで）
- ・入館料　常設展示室（1日）＋プラネタリウム（1回）：大人500円，高校生300円，
　　　　　　中学生以下無料
- ・休館日　月曜日（祝日の場合は翌日），毎月最終平日，年末年始（臨時開館等あり）
- ・施　設　鉄筋コンクリート造　一部プレストレスコンクリート造，鉄骨4階建，延
　　　　　　床面積6399.85㎡
- ・設　立　2005（平成17）年7月
- ・設置者　旭川市
- ・責任者　館長・伊藤豊

館のイチ押し

- ・常設展示…無重力を疑似体験できる「宇宙ゴマ」、マイナス30℃の世
界を体験できる「低温実験室」
- ・道内最大級のプラネタリウム。番組は定期的に更新。
- ・口径65cmの反射望遠鏡。昼間でも星が観測できる。

足寄動物化石博物館
(あしょろ)

　足寄町で産出したクジラや束柱類化石を中心とした動物化石の博物館として1998 (平成10)年7月にオープンし、研究と普及を行っている。展示室では足寄で発掘された骨化石のクリーニングや復元作業を博物館スタッフが行い、職員の動きも見ることが出来る。また、様々な体験を通して化石を学ぶプログラムも充実し、気軽に対話のできる博物館を目指している。

【展示・収蔵】
　展示は、常設展示室・作業展示室・標本展示室より構成されている。
　常設展示室では、足寄町内で発見された海生哺乳類化石を中心に、世界各地で発見された近縁種や、現生の海生哺乳類の骨格標本を展示し、進化や地球の歴史までを紹介している。
　作業展示室では、スタッフによる化石のクリーニングやレプリカ作製作業が行われており、化石研究の一連の過程を知ることができる。

学芸員による展示解説

北海道

標本展示室では、本物の化石や岩石標本に直接触れることが出来る。

常設展示室には、化石と現生を含めて20体を超える骨格標本が展示されている。

【事　業】

レプリカづくり（10種類以上）やミニ発掘（石の中から化石や鉱物を掘り出す体験）を開館中随時実施している。

夏季には、化石を発掘するイベント「あしょろ化石教室」や、十勝石などを磨く体験など、期間限定のイベントも行っている。

【出版物・グッズ】

「足寄動物化石博物館紀要」、「博物館だより」（年4回発行）

・所在地　〒089-3727　北海道足寄郡足寄町郊南1-29
・Ｔ Ｅ Ｌ　0156-25-9100
・Ｆ Ａ Ｘ　0156-25-9101
・Ｕ Ｒ Ｌ　http://www.museum.ashoro.hokkaido.jp
・E-mail　staff@museum.ashoro.hokkaido.jp
・交　　通　〈車〉帯広市から80分，道東自動車道足寄ICから3km
・開　　館　AM9:30 ～ PM4:30
・入館料　一般400円（300円），小中高・65才以上200円（150円）　※（　）内は20名以上の団体料金，幼児・町内の小中学生は無料
・休館日　火曜日（国民の祝日の場合はその翌日），年末年始（12月30日～1月6日）　※海の日から8月末までは無休
・施　　設　鉄骨造，地上1階，敷地面積2万5011㎡　建築面積4081㎡　延床面積2087㎡　展示930㎡
・設　　立　1998（平成10）年7月
・設置者　足寄町
・管　　理　（特非）あしょろの化石と自然（指定管理者）
・責任者　館長・澤村寛

館のイチ押し

随時実施している「化石体験」では、実物を掘り出すミニ発掘や教科書に載っている化石のレプリカづくりなどの体験学習が充実しています。

帯広市児童会館

　科学技術がますます進展する中、次代を担う青少年が科学に関心をもち、物事を科学的に考える力を養い、また、寝食をともにする宿泊学習を通して、友愛や協調の精神を育み、健康で豊かな人間性を培うため、1964（昭和39）年9月27日に児童文化センターと青少年科学館の機能を併せ持つ社会教育施設としてオープンした。

【展示・収蔵】
　科学展示室は、こどもから大人までが科学の原理と法則を学ぶことができる「見て・触れて・ためす」を基本にした参加体験型の展示品が設置されている。
　またプラネタリウムでは、デジタル全天周の映像で迫力あるプラネタリウム番組をご覧いただける。

【事　業】
　十勝管内の小中学生を対象にした宿泊学習において、科学実験やプラネタリウムの見学、科学展示室見学、天文台での天体観察等行い、寝食をともに

北海道

する体験をとおし、友愛や協調の精神を育む事業を行っている。

　また、宿泊学習以外にも、科学展示室、プラネタリウムや親子で木のおもちゃのぬくもりに触れることができる「もっくんひろば」を一般開放している。

- ・所在地　〒080-0846　北海道帯広市字緑ヶ丘2
- ・ＴＥＬ　0155-24-2434
- ・ＦＡＸ　0155-22-5401
- ・ＵＲＬ　http://www.city.obihiro.hokkaido.jp/jidoukaikan/
- ・E-mail　children_hall@city.obihiro.hokkaido.jp
- ・交　通　JR帯広駅バスターミナル2番のりばより 拓殖バス（16）帯広の森線・（17）（18）南商業高校線 乗車（所要時間16分）緑ヶ丘6丁目・美術館入口下車 徒歩4分
- ・開　館　AM9:00 ～ PM5:00
- ・入館料　科学展示室・プラネタリウム：大人 各180円，高齢者 各90円，高校生各90円，中学生以下無料
- ・休館日　月曜日(祝日の場合は開館)，11月～3月までの国民の休日の翌平日，年末年始
- ・施　設　鉄筋コンクリート造，地下1階・地上2階，延面積3763.2㎡
- ・設　立　1964(昭和39)年9月27日
- ・設置者　帯広市長
- ・管　理　帯広市
- ・責任者　帯広市こども未来部児童会館長・金曽成文

館のイチ押し

　2014(平成26)年11月1日に全面的にリニューアルオープンした科学展示室が幼児から大人まで興味を抱き楽しめる人気の施設となっています。

釧路市こども遊学館

　1991(平成3)年、釧路市総合計画の中で「青少年科学館の改築」「全天候型市民広場の建設」「中央児童センターの建設」が検討され、その後それら全ての要素を兼ね備えた施設「こども遊学館建設構想」がうまれた。

　1995(平成7)年にシビックコア整備事業の中での建設が承認され、2000(平成12)年には市民準備組織「こども遊学館をつくり・育てる会」を組織し、基本設計の検証・建設計画・管理運営計画などの協議をおこない、2003(平成15)年、市民組織を発展的に解散しNPO法人を発足する。

　2005(平成17)年釧路市こども遊学館がグランドオープンとなるが、同NPO法人は指定管理者として現在も施設の事業運営を担っている。

【展示・収蔵】

　「遊びが子どもを育て、学びが未来を拓く」を合言葉に、次代を担う子どもたちが、遊びや学びなどの多くの体験を通して豊かな感性、創造力、知的好奇心を高めることができるよう、体験型展示品を広く採用している。

　1階に児童館機能、3階に科学館機能を持たせ、風、光、水などのテーマに沿った展示をおこなっている。

北海道

《コスモパワージム》運動と力をテーマに、物体の落下や回転、振り子の残像などを、遊びながら体験することができる。SL列車の音を臨場感たっぷりに表現した、立体音響も楽しめる。

　　◇不思議な力を持つ車輪(ジャイロ効果)

　　◇ターンテーブル(コリオリの力)

　　◇フリーコースター(位置エネルギー)

《風のプレイテーブル》今までの風の知識を再確認したり、逆に不思議さが深まったりするテーブル。小道具を取り換えながら遊び方を工夫すると、想像を超える現象が楽しめる。

　　◇浮かび続ける玉(ベルヌーイ効果)

　　◇風洞実験(揚力)

　　◇人力プロペラ(位置エネルギー)

《水のプレイテーブル》水流の速さや水温の違い、水の吸い上げや落下などを利用して電気を起こしたり、いろいろな船や魚のヒレの模型を使ったりして、水についてのさまざまな実験ができる。

　　◇アルキメデスポンプ

　　◇水力発電機

　　◇水圧実験機

　　◇浮沈子

《光のプレイテーブル》見える光や見えない光、光の分解など光の性質を調べたり、変わったメガネやカメラを通して、不思議な体験をしたりできる。

　　◇ゾートロープ(アニメーション原理)

　　◇透視の目(X線)

　　◇暗闇の目(赤外線)

　　◇光の三原色

　　…他、全約60点

【事　業】

・プラネタリウム投影(1日4回)、ワークショップ(1日2回)は毎日実施。

・定期的に読み聞かせ、工作教室、実験教室、サイエンスショーなどを実施。

・ゴールデンウィークや宇宙月間などの特別事業、クリスマスやひな祭りなどの季節事業、夏休みなどの長期休暇ごとの事業、移動天文車を活用した太陽観測・星空観測事業など、年間3000件以上の事業を実施している。

北海道

【出版物・グッズ】
　　・宇宙食(19種類)　・宇宙グッズ
　　・実験グッズ　・鉱物　・化石

・所 在 地　〒085-0017　北海道釧路市幸町10-2
・Ｔ Ｅ Ｌ　0154-32-0122
・Ｆ Ａ Ｘ　0154-32-2033
・Ｕ Ｒ Ｌ　http://kodomoyugakukan.jp
・E-mail　mail@kodomoyugakukan.jp
・交　　通　JR釧路駅から徒歩8分
・開　　館　AM9:30 ～ PM5:00(入館はPM4:30まで)
・入 館 料　大人・大学生590円，高校生240円，小・中学生120円，幼児無料
　　　　　　※プラネタリウム観覧料別途必要(入館とプラネタリウム観覧のセット
　　　　　　割引券あり)　※団体割引：30 ～ 99名…1割引，100 ～ 199名…1.5割引，
　　　　　　200名以上…2割引
　　　　　　※4月29日～ 5月5日，小中学校の春・夏・冬休み期間，11月3日は小
　　　　　　中学生無料
・休 館 日　月曜日(祝日の場合は翌日)，年末年始　※4月29日～ 5月5日，小中学
　　　　　　校の春・夏・冬休み期間は開館
・施　　設　鉄骨造，地上5階建　延床面積5883.92㎡
・設　　立　2005(平成17)年7月
・設 置 者　釧路市
・管　　理　釧路市民文化振興財団，NPO法人こども遊学館市民ステージコンソー
　　　　　　シアム
・責 任 者　館長・千葉雅敏

館のイチ押し

◇国内最大級の屋内砂場

子ども博物館美術館事典　*11*

北海道

滝川市こども科学館

　滝川市では国道12号、38号、高速道路滝川ICに近接するゾーンを文化ゾーンとし、1971(昭和46)年より整備を進めてきた。そのゾーン内には郷土館、中央児童センター、美術自然史館等を整備。これらの施設で構成される一画をサイエンスパークと位置づけ、1991(平成3)年のこども科学館の建設により整備の完成に至った。

動く地球儀

　空知地方唯一のこども科学館として、またサイエンスパークの中核施設として身近な科学に触れ、興味を持つきっかけを提供するために、参加して体験する科学館を目指している。

【展示・収蔵】
　『宇宙・地球の不思議』『人間の不思議』『自然界の不思議』の3つのテーマで構成。
◇テーマ1『宇宙・地球の不思議』…自然史から宇宙・地球へと自然の流れで展開する。「宇宙・地球にかかわる巨視的な科学」は、やがて「地球をとりまく自然」から「人間の構造や機能」にかかわるミクロの科学へと展開し、またマクロの世界へと循環する。
◇テーマ2『自然界の不思議』…この世の中は不思議に満ち、それが科学がなせる原理や現象であることを感じさせる。自然の中のわずかな現象から原理をとり出して、こどもたちに分り易く見せ、考えさせ、それによって科学や技術を身近な感覚にさせる展示を行っている。
◇テーマ3『人間の不思議』…人間の不思議から、人類の行為へと展開するコーナー。宇宙、地球そして自然から自分の身の回りの科学へと発展し、

北海道

体の中に入り込んでいく。

主な展示物として、46億年前から現在まで、地球の大陸はどのように変化してきたのか、その様子を体験することができる直径3mの動く地球儀「プレート・テクトニクス」(『宇宙・地球の不思議』)や、50万ボルトの静電気を起こし、いろいろな実験ができる「ヴァン・デ・グラーフ」(『自然界の不思議』)などがある。

その他、職員の手作り展示品も含め約40点の体験型を中心とした展示品が揃っている。小さな子どもも楽しめる「つりぼりコーナー」や玉ころがしなどが楽しめる「キッズコーナー」なども設置されている。

【事　業】

毎月第4土曜日に月イチリカ室、夏休み・冬休みわくわくサイエンスなど。

- ・所在地　〒073-0033　北海道滝川市新町2-6-1
- ・ＴＥＬ　0125-22-6690
- ・ＦＡＸ　0125-23-8786
- ・ＵＲＬ　http://www.city.takikawa.hokkaido.jp/ 260 kyouiku/ 05 bijyutsu/ k-museum.html (滝川市HP内)
- ・E-mail　museum@city.takikawa.hokkaido.jp
- ・交　通　JR函館本線滝川駅下車 徒歩20分，タクシー5分
- ・開　館　AM10:00 〜 PM5:00(入館はPM4:30まで)
- ・入館料　一般310円，高校生210円，小中学生100円，幼児無料　※年間パスポート，団体割引あり
- ・休館日　月曜日(祝日の場合は開館，翌火曜日休館)，祝日の翌日，年末年始(12月31日〜1月5日)
- ・施　設　鉄骨・鉄筋コンクリート造，延床面積1730.87㎡
- ・設　立　1991(平成3)年3月
- ・設置者　滝川市
- ・責任者　館長・小山淳

館のイチ押し

- ・「CGはない！さわるカガク」がキャッチフレーズ。大陸移動の様子がわかる直径3mの「動く地球儀　プレートテクトニクス」や静電気実験装置「ヴァンデグラーフ」なども自慢です。
- ・職員手作りの小惑星探査機「はやぶさ2」実物大模型も展示中。

子ども博物館美術館事典　13

北海道

苫小牧市科学センター

　青少年の科学的知識の普及と文化の向上を図ることを目的として苫小牧市が建設。1968（昭和43）年10月工事着工、1970（昭和45）年1月落成し、「苫小牧市青少年センター」として開館、業務を開始した。1972（昭和47）年6月には、子供たちの明るい未来を願って、画家・故谷内六郎の原画

宇宙ステーション「ミール」予備機

によるタテ5m×横14mのモザイクタイルの壁画「芽の出る音」が建設を記念して寄贈された。1985（昭和60）年11月、新博物館の完成に伴い科学部門を充実させ、本施設を「苫小牧市科学センター」に改称、今日に至っている。1998（平成10）年10月には、苫小牧市市制50周年を記念して、将来の苫小牧を担う子供たちのためにと寄贈された宇宙ステーション「ミール」を設置、翌年12月「ミール展示館」がオープンした。

【展示・収蔵】
　本館は、1階と2階の展示室からなり、約50点の展示物がある。ミール展示館には、ロシア（旧ソ連）の宇宙ステーション「ミール」の実物予備機が展示されている。
《本館1階展示室》
　航空コーナーとして、防災救急ヘリコプター「はまなす」、大型グライダー、飛行の原理、航空機のエンジンなどが展示されている。
《本館・2階展示室》
　科学の原理・原則に基づく参加体験型の展示物を中心に構成。宇宙コーナーや小さな子どもが楽しく学べる「遊びの森」のコーナーなどがある。また、プラネタリウム室もあり、四季の星空を中心に年間6回の番組を投影している。

14　子ども博物館美術館事典

北海道

《ミール展示館》

　本館とは別棟にあり、ロシア(旧ソ連)の宇宙ステーション「ミール」と実験モジュール「クバント」の予備機が展示されている。

【事　業】

　巡回展の開催、夜間開館(参加対象：一般市民／夏・冬)、科学ふれあい教室(第1土曜日／年8回)、木工教室(毎月第3土曜日)、科学センター学習(市内小学校5年生対象に実施／宇宙ステーション「ミール」を活用した学習、真空の様々な現象を知ることができる実験、プラネタリウムを活用した天文に関する学習、太陽光発電学習拠点設備を活用した太陽光発電に関する学習)、工作教室(参加対象：親子／こどもの日・文化の日)、星空観望会(年間約20回)、移動科学センター(対象：学校・町内会・団体など／工作・科学・宇宙・天文(年間約50回)など

【出版物・グッズ】

　年報(毎年)／見学者用パンフレット　など

・所在地　〒053-0018　北海道苫小牧市旭町3-1-12
・ＴＥＬ　0144-33-9158
・ＦＡＸ　0144-33-9159
・ＵＲＬ　http://www.city.tomakomai.hokkaido.jp/kagaku/
・E-mail　kagaku@city.tomakomai.hokkaido.jp
・交　通　苫小牧駅から徒歩20分／道南バス 市役所前下車 徒歩5分
・開　館　AM9:30 ～ PM5:00
・入館料　無料
・休館日　月曜日(月曜日が祝日の場合は次の平日)，年末年始
・施　設　本館:鉄筋コンクリート2階建，敷地面積2610㎡　延床面積2496.773㎡
　　　　　ミール展示館:鉄骨造，敷地面積1801㎡　延床面積493.51㎡
・設　立　1970(昭和45)年1月
・設置者　苫小牧市
・責任者　館長・相内宏司

館のイチ押し

・ロシア(旧ソ連)の宇宙ステーション「ミール」予備機(実物)の見学
・親子が気軽に楽しく学べる「遊びの森」での体験　ほか

子ども博物館美術館事典　15

北海道

むかわ町穂別地球体験館

北海道にある、旧穂別町ではクビナガリュウの化石が発掘され1982（昭和57）年に穂別博物館がオープンし、そして、森と化石とロマンの里作りをテーマに町づくりが進められ、1991（平成3）年に横浜博覧会のパビリオンの一つであった「地球体験館」が移転した。

当館は、熱帯雨林や砂漠、氷河期など地球環境を8つのゾーンに分けて再現しており、46億年の時空を超えた地球旅行をガイドが年齢に合わせて楽しくご案内している。また、館内は温度も再現しており、砂漠では約40度、氷河期では氷点下の寒さを体感できる。

「砂漠」

【展示・収蔵】
　館内は、大きなジオラマになっており、普段行くことができない、熱帯雨林・太古の海・砂漠・マグマの海・氷河期・大気圏・海洋底・宇宙へと行くことができ、実際にその場にいるような体験ができる。また、砂漠では約40度の暑さ、氷河期では氷点下の寒さとなっており、温度差も体感することができる。必ずガイドが付き、来館者の年齢に合わせ、約30分間分かりやすく館内をご案内する。

　また、大気圏ゾーンには、人工衛星で撮影された画像や映像を展示しており、地球の満ち欠けの映像では夜の地球の明るさを映像で見ることができる。

【事　業】
　毎週土・日曜日にロビーで工作体験を開催。月ごとに体験内容がかわり、カンナを使ったマイ箸作り体験や、ペットボトルの顕微鏡作り、キャンドル作りなどを行っている。

　また、6月には「恐竜講座」、7・8月の毎週土曜日には、夜間営業の「ナ

イトツアー」を開催。ナイトツアーは毎年テーマが変わり、2015（平成27）年は来館者に勇者となっていただき、館内にいる魔王を倒しにいくというイベントを開催した。子どもから大人まで楽しめるイベントを企画している。

【出版物・グッズ】

地球体験館オリジナル『ものしりBOOK』（200円）は、地球体験館の内容がギュッと一つにまとまった本。また、街歩き宝探しゲーム「むかわ町シスト」のキャラクター「シスト男爵」というアンモナイトの紳士のキャラクターグッズも販売している。

- 所在地　〒054-0211　北海道勇払郡むかわ町穂別79-5
- ＴＥＬ　0145-45-2341
- ＦＡＸ　0145-45-2342
- ＵＲＬ　http://taikenkan.web.fc2.com/
- E-mail　taikenkan@town.mukawa.lg.jp
- 交　通　〈札幌方面から〉国道274号線を利用し車で約2時間／国道36号線を利用し千歳・早来・厚真経由で車で約2時間
- 開　館　AM9:30 ～ PM4:30
- 入館料　大人1000円，小中高生500円，幼児無料（1歳未満の入館不可）
- 休館日　月曜日，祝日の翌日（月曜が祝日の場合，翌々日も休館），7・8月は公式ホームページを参照，11月～3月まで冬期閉館
- 施　設　平屋建
- 設　立　1991（平成3）年10月
- 設置者　むかわ町役場
- 管　理　むかわ町役場
- 責任者　むかわ町穂別地球体験館館長・加藤英樹

館のイチ押し

　必ずガイドが付いてご案内するので、様々な年齢に合わせてご案内致します。

北海道

室蘭市青少年科学館

　室蘭市青少年科学館は、青少年に対する科学知識の普及、啓発を図るための主要施設として、1963（昭和38）年4月1日北海道の第1号館として開設され、各種科学・理工関係の展示品やプラネタリウム、地域を代表とする企業の紹介をしている。
　「遊びながら楽しく学べる施設」をモットーに運営している。

【展示・収蔵】
　海洋・通信・気象・天文宇宙・音と光など各種科学・理工関係の展示と地元企業に関する展示、プラネタリウム、野草園、SL展示等。

【事　業】
　1年を通して行う子供対象の科学クラブ、夏休みや冬休みに行う科学教室、市民対象の植物に関する講座や天体観望会などを毎年行っている他、科学に関するイベントや学校向けの科学実験なども行っている。

北海道

　1階展示室には解説員が配置されており、楽しく遊びながら科学を学ぶ事ができる。

【出版物・グッズ】
　科学館だより（月1回）

- ・所在地　〒051-0015　北海道室蘭市本町2-2-1
- ・ＴＥＬ　0143-22-1058
- ・ＦＡＸ　0143-22-1059
- ・ＵＲＬ　http://www.kujiran.net/kagaku/
- ・E-mail　kagakukan@kujiran.net
- ・交　通　JR室蘭本線 室蘭駅下車 徒歩約10分／道南バス 市役所前下車 徒歩約5分
- ・開　館　〈3月〜10月〉AM10:00〜PM5:00（入館はPM4:30まで）
　　　　　　〈11月〜2月〉AM10:00〜PM4:00（入館はPM3:30まで）
- ・入館料　科学館：大人300円，高校生100円，小中学生・幼児・70歳以上無料
　　　　　　※高校生・70歳以上は要証明書
　　　　　　プラネタリウム：大人140円，高校生50円，小中学生40円，幼児無料
　　　　　　※高校生は要証明書，プラネタリウムのみの入場不可
- ・休館日　月曜日，祝祭日の翌日，年末年始
- ・施　設　鉄筋コンクリート，地上3階・地下1階，建築面積6081㎡
- ・設　立　1963（昭和38）年4月1日
- ・設置者　室蘭市
- ・管　理　（特非）科学とものづくり教育研究会かもけん
- ・責任者　館長

館のイチ押し

- ・展示物や科学を楽しく・面白く・時には一緒に遊びながら説明する「プロモ」と呼ばれる解説員
- ・毎週末に行っている簡単な工作教室

子ども博物館美術館事典　19

北海道

りくべつ宇宙地球科学館
（銀河の森天文台）

天文台と天の川

　1989(平成元)年、陸別町でアマチュア天文家により低緯度オーロラが観測されたことをきっかけに、この寒さと晴天率の高さ、都市からも離れた光害のない夜空を星空観望やオーロラなどの観測へ活かそうと考え、陸別町宇遠別地区194haを、イベント広場・町有林・天文台・コテージ村を含む銀河の森公園として位置付け、1993(平成5)年から1998(平成10)年まで「銀河の森整備事業」として事業を実施した。その事業の主役として、町民に星空を通して自然に親しんでもらい、そして子供達に科学する心を培ってもらうことを目的に「りくべつ宇宙地球科学館」(銀河の森天文台)を建設。1998(平成10)年7月7日にオープンした。

【展示・収蔵】
《1階展示室》
・銀河の森・オーロラ・宇宙のパネル展示
・宇宙についての体験学習ができるコンピュータ5台(パズル、クイズなど)
・70インチ大型モニター
・人工オーロラ発生装置
・4mエアドームプラネタリウム
・陸別しばれ模型
・南極昭和基地ライブ中継モニター
・宇宙線計測用装置
・太陽望遠鏡映像モニター
《2階》115cm大型望遠鏡観望室
《屋上》小型望遠鏡観測室／屋上広場

《2階総合観測室》
- ・名古屋大学宇宙地球環境研究所「陸別総合観測所」
- ・国立環境研究所「陸別成層圏総合観測室」

【事　業】

観望会(年約10回)、陸別スターライトフェスティバル(年1回)、オーロラ
ウィーク(年1回)、町民星空コンサート(年2回)、地域貢献特別支援事業(年
1回)、小中学校出前授業(年1回)

【出版物・グッズ】

「天文台だより」(季刊)、銀河の森天文台オリジナルポストカード(全16
種)、銀河の森天文台オリジナルキーホルダー(全3種)、銀河の森天文台オ
リジナルマグカップ(全1種)、銀河の森天文台オリジナル巾着(全3種)

- ・所在地　〒089-4301　北海道足寄郡陸別町宇遠別
- ・ＴＥＬ　0156-27-8100
- ・ＦＡＸ　0156-27-8102
- ・ＵＲＬ　https://www.rikubetsu.jp/tenmon/
- ・E-mail　ginga@rikubetsu.jp
- ・交　通　十勝バス・北見バス終着　道の駅「オーロラタウン93りくべつ」で下車
　　　　　しタクシーで10分(約4km)
- ・開　館　〈4月～9月〉PM2:00～PM10:30　〈10月～3月〉PM1:00～PM9:30
- ・入館料　昼間：大人300円，小人(小中学生)200円
　　　　　夜間：大人500円，小人(小中学生)300円
　　　　　※昼間：4月～9月 PM6:00まで，10月～3月 PM5:00までの入館
- ・休館日　月・火曜日(GW・お盆期間は特別開館)，メンテナンス期間(5月第3週
　　　　　月曜日～第4週金曜日)，年末年始(12月30日～1月5日)
- ・施　設　鉄筋コンクリート2階建
- ・設　立　1998(平成10)年7月
- ・設置者　陸別町
- ・管　理　陸別町
- ・責任者　館長・上出洋介

館のイチ押し

国内最大級の115cm反射望遠鏡等による星空観望会を開館日は随時開
催。専門スタッフによる案内で、天文の知識がなくても楽しめます。昼
間も晴れていれば、望遠鏡で星を見ることができます。

北海道

稚内市青少年科学館
（わっかない）

　宗谷広域市町村圏域内の青少年の科学知識の普及啓発および科学教育の振興を図るために設置された。
　1974（昭和49）年7月28日開館。

【展示・収蔵】
《環境展示コーナー展示品》
　「地球温暖化ラボ」「再生可能エネルギー」「ようこそスマートコミュニティーへ」という3つのブロックに分かれ、見て・遊んで・学べる展示物が約20点ある。
《科学展示コーナー展示品》
　反射神経テスト、エアーバスケット等体験型の展示物を中心に10点の展示物がある。
《南極展示コーナー展示品》
　南極観測に使用された防寒衣類や報告書、犬ぞり等関係資料を133点展示している。その他、写真パネルや南極観測船模型、南極居住棟のカットモデル等も展示。

北海道

【事　業】

- ・市民天体観望会(5月～10月・月1回)
- ・天文現象観望会(随時)
- ・移動天体観望会(郊外の学校を対象に7月～10月・月1回)
- ・わくわくサイエンス(小学生対象　6月～翌年3月・月1回)
- ・サイエンス工房(一般市民対象　年数回)
- ・ちょこっとラボ(来館者対象　月1回)
- ・星空と音楽の夕べ(年4回)

- ・所在地　〒097-0026　北海道稚内市ノシャップ2-2-16
- ・ＴＥＬ　0162-22-5100
- ・ＦＡＸ　0162-22-5100
- ・ＵＲＬ　http://www.city.wakkanai.hokkaido.jp/kagakukan/
- ・交　通　〈車〉JR稚内駅より約10分
　　　　　〈バス〉JR稚内駅前より宗谷バス ノシャップ行き乗車 ノシャップ2下車
　　　　　徒歩約5分
- ・開　館　〈4月29日～10月31日〉AM9:00～PM5:00
　　　　　〈11月1日～11月30日・2月1日～3月31日〉AM10:00～PM4:00
- ・入館料　大人(高校生以上)500円(400円)，小人(小中学生)100円(80円)，小学
　　　　　生未満無料　※( )内は20名以上の団体料金
- ・休館日　4月1日～4月28日，12月1日～翌1月31日(整備休館)
- ・施　設　鉄筋コンクリート2階(一部3階)，敷地面積4910㎡，建築面積1360㎡,
　　　　　建築延床面積1832㎡，展示室448.5㎡
- ・設　立　1974(昭和49)年7月
- ・設置者　稚内市
- ・管　理　稚内市教育委員会
- ・責任者　課長・熊谷信

館のイチ押し

- ・日本最北、道内最古の稼動プラネタリウム
- ・南極観測で実際に使用されていた居住棟や雪上車など、数々の貴重な
　資料

青森県

八戸市視聴覚センター・児童科学館

　1979（昭和54）年の国際児童年と八戸市施行50周年記念事業の一環として設置された。1980（昭和55）年10月開館。児童科学館と視聴覚センターの二つの機能をうまく融合した施設である。
　児童科学館は楽しみながら科学に興味を持って学習できることを目的にしている。
　視聴覚センターは、文部科学省が情報化社会にふさわしい教育環境をつくるために設置しているものである。地域にあった学習ソフトを開発して、児童科学館の学習に役立てると共に学校教育、社会教育を側面から援助することを目的としている。
　日本視聴覚協会から、1988（昭和63）年度視聴覚教育賞（文部大臣賞）受賞。2009（平成21）年度から指定管理者制度を導入。地域とのつながりを深めながら、子どもたちへの教育活動を勧めている。

【展示・収蔵】
《天文・科学》
　第一・第二展示ホールでは、科学や八戸の自然に関する常設展示を行っている。また、系統的に天文学習ができるようプラネタリウム、天体観測室、

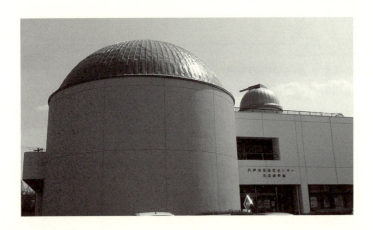

小型天体望遠鏡6台、中型天体望遠鏡10台、太陽望遠鏡、天文台が整備されている。ほか、図書室、実習室、講義室なども備えている。

◇第一展示ホール

八戸の自然コーナー。標本をみたり岩石に触れたりしながら具体的に郷土の自然について学習することができる。

2010（平成22）年より、工作コーナー「科学館KIDS工房」を開催。プラ板工作や、スイーツデコなど様々な工作体験が出来る。

◇第二展示ホール

科学展示のコーナー。約30点の展示物を実際にさわったり、動かしたりして楽しみながら基本的な科学原理や応用科学の知識を学ぶことができる。

・物理…鏡のいろいろ、光の三原色、音の波形、電磁誘導ほか。

・宇宙…HⅡロケット（1/30スケール模型）、十球儀、宇宙パネルほか。

・産業…テレビの送受信システム、テレビ電話、交通パノラマほか。

・数学…数あてコンピュータほか。

・郷土…ひらけゆく八戸（1/1万2500パノラマ模型）、コンパチくん（コンピュタクイズ）ほか。

◇プラネタリウム

ドーム直径12m、88席、投影恒星約6100個。日本語版・英語版のプラネタリウムソフトを自作し、地域に根ざした投影を行っている（英語版は第2土曜日の夜 定期投影）。毎日の一般投影のほか、予約制の団体投影では学習投影、幼児投影を生解説で行っている。また、季節の話題を取り上げた特別投影は無料で観覧できる。

◇天体観測室

屋上に建てられたドーム直径4.5mの天文台に15cm屈折赤道儀式天体望遠鏡を設置。日食や月食などの天文イベントを観測する他、毎月第2・第4土曜日の市民星空観望会、天文クラブで活用されている。

《視聴覚》

テレビカメラ・編集装置を操作し、ビデオ教材が自作できるよう編集機等を完備したスタジオ（収容10名程度）、100名収容の視聴覚室、20名収容の講義室がある。16ミリ映画フィルム、ビデオ、LD、DVD、スライド、コンピュータソフト等の貸出をし、視聴覚教材を利用した学習を援助するほか、これらを効果的に活用するための研修も行っている。

青森県

むつ科学技術館

　「むつ科学技術館」は、我が国初の原子動力実験船「むつ」の活動の軌跡を思い起こす機会を提供するとともに、次の時代を担う青少年や、より多くの人々が科学技術の楽しさや不思議さを知り、そして明日への夢を広げることのできる総合科学技術館として国立研究開発法人日本原子力研究開発機構が設置した。1996(平成8)年7月20日の「海の日」に開館し、(公財)日本海洋科学振興財団が管理・運営を行っている。
　原子力船「むつ」に関する展示をはじめとし、その他にも科学に関する展示やビデオソフトの上映、科学実験なども行っている。

【展示・収蔵】
《原子力船「むつ」に関するコーナー》
◇原子炉室展示室(1F)…「むつ」で実際に使用された原子炉室やタービンの他、原子炉容器模型などを数多く展示している。
◇「むつ」メモリアルコーナー(2F)…「むつ」で実際に使用された機器等を用いて、制御室、操舵室を再現している。また、当時の船長が使ってい

た制服や帽子なども展示している。

《科学に関するコーナー》

◇「自然の不思議な世界」(1F)…参加体験型科学館として有名なアメリカ・サンフランシスコの「エクスプロラトリアム」から選りすぐった品々を展示。自由に触ったり、動かすことができる。

◇「コミュニケーションシアター」(1F)…300インチの大型スクリーンで自然や科学に関するビデオソフトを見ることができる。

◇「むつこどもスクエア」(2F)…幼児を対象として「生き物」をテーマにした展示があり、親子で楽しめる絵本もある。

◇「疑似体験コーナー」(2F)…釣りゲームやフライトシミュレーターで遊ぶことができる。

【事　業】

・教室・講座：理科実験・観察(4月〜12月の毎週日曜)、サイエンスクラブ(小・中学生対象)、移動科学教室(むつ・下北管内の小・中学校対象)
・各種イベント：年3回開催予定

・所在地　〒035-0022　青森県むつ市大字関根字北関根693
・ＴＥＬ　0175-25-2091
・ＦＡＸ　0175-25-2092
・ＵＲＬ　http://www.jmsfmml.or.jp/msm.htm
・E-mail　msm.720@mopera.net
・交　通　JR下北駅より車で約20分
・開　館　AM9:30〜PM4:30(入館はPM4:00まで)
・入館料　大人300円，高校生200円，小中学生100円，幼児・65歳以上無料
　　　　　※有料入館者20名以上は1割引き
・休館日　月・木曜日(祝日の場合は翌日)，年末年始(12月28日〜1月4日)
・施　設　鉄筋コンクリート造 地下1階・地上2階，敷地面積2万2229㎡
　　　　　床面積(科学館部分)約2500㎡
・設　立　1996(平成8)年7月
・設置者　国立研究開発法人日本原子力研究開発機構
・管　理　(公財)日本海洋科学振興財団
・責任者　館長・畑山敏昭

青森県

【事 業】

天文クラブ（月1回）、市民星空観望会（月2回）、わくわくサイエンス（年6回）、青少年のための科学の祭典（2日間）、映像利用学習会（年9回）、かがくかん祭（2日間）、科学館KIDS工房（土日祝祭日）、プラネタリウム投影（一般・学習・幼児・英語版）、教材・機材貸し出し、視聴覚研修会など。

【出版物・グッズ】

「プラネタリウムはちのへ」／「HAVC情報」

- ・所在地　〒031-0001　青森県八戸市類家4-3-1
- ・TEL　0178-45-8131
- ・FAX　0178-45-8132
- ・URL　http://www.kagakukan-8.com/
- ・E-mail　jido@kagakukan-8.com
- ・交　通　市営バス中心街ターミナル⇔旭ヶ丘営業所（館花下（バイパス）経由）市民センター前バス停下車 徒歩2分
- ・開　館　AM8:30 〜 PM5:00（第2・第4土曜日はPM7:00まで）
- ・入館料　無料　プラネタリウム観覧料：大人250円（130円）、高校生150円（80円）、中学生50円（30円），小学生以下無料　※（　）内は20名以上の団体料金
- ・休館日　月曜日（祝日の場合は翌日），年末年始（12月28日〜1月3日）
- ・施　設　鉄筋コンクリート2階建，建物総面積1766.285㎡，プラネタリウム（MS-10型）12mドーム 88席，天体観測室4.5mドーム 15cm屈折望遠鏡
- ・設　立　1980（昭和55）年10月
- ・設置者　八戸市
- ・管　理　三八五ふれあいネット
- ・責任者　館長・中村正寿

館のイチ押し

人気の工作コーナー「科学館KIDS工房」。お小遣い程度の材料費で、プラ板やスイーツデコ、スーパーボール作りなど、様々な工作をお楽しみ頂けます。

岩手県

岩手県立博物館

岩手県の県制百年を記念して1980（昭和55）年10月に開館した総合博物館。地質時代から現代にいたる地質・考古・歴史・民俗・生物などの資料が展示され、岩手県の自然と文化が理解できるようになっている。

マメンキサウルス全身骨格復元

【展示・収蔵】
　全長22mのマメンキサウルスの全身骨格標本（複製）、口（大きさ80cm）の中から顔出し記念撮影ができるムカシオオホジロザメの顎の骨（複製）などが人気で、生物展示室にはハンズ・オン資料もある。
　展示室には、小学生高学年向けに「けんぱくものしりシート」（月1回発行）を備え、わかりやすく解説する。
　展示室以外には、好きなメニューをDVDで楽しめる映像室、体験学習室などがあり、体験学習室では、"さわったり"（石器や化石の実物など）、"身につけたり"（鎧や夜会服、近代の女学生服など）、"動かしたり"（カゴや機織りなど）する体験を通して、昔の生活の工夫や知恵を学習できる。
　屋外には、南部曲がり家など民家（国指定重要文化財）を展示するほか、散策しながら観察できる植物園・岩石園がある。

【事　業】
・毎週日曜日に小学生・児童向け「たいけん教室～みんなでためそう」を開催（有料100～500円・予約制）。人気プログラムには、「化石のレプリカ」「スライムであそぼう」「まゆで干支づくり」「草花のそめもの」などがある。
・月数回土～日曜日に小学生向け「チャレンジ！はくぶつかん」を開催。展

岩手県

示資料に関するクイズに答えた方に記念品を進呈する。

・児童生徒を対象とした「県博出前講座」。

・毎月第一土曜日に講堂で開催する「ミュージアムシアター」は、そのほとんどが子供向け映画を上映する。

・年1回秋に開催する「博物館まつり」では、「たいけん教室」の幾つかのプログラムを無料で体験できる。

【出版物・グッズ】

・子供向け行事案内リーフレット「お休みの日ははくぶつかんに行こうよ！」を年1回発行配布。

・ミュージアムショップでは、子供向けの展示関連グッズも販売。

・所在地　〒020-0102　岩手県盛岡市上田字松屋敷34
・ＴＥＬ　019-661-2831
・ＦＡＸ　019-665-1214
・ＵＲＬ　http://www2.pref.iwate.jp/~hp0910/
・交　通　盛岡駅より　松園バスターミナル行き　または　松園営業所行き乗車　松園バスターミナル下車，支線バスに乗り換えてＣコース　または　松園循環バス（右・左回り）県立博物館前下車
・開　館　AM9:30 〜 PM4:30（入館はPM4:00まで）
・入館料　大人310円（140円），学生140円（70円），高校生以下無料　※（　）内は20名以上の団体料金
・休館日　月曜日（祝日の場合は翌平日に振替），9月上旬，年末年始（12月29日〜1月3日）
・施　設　建築面積3405.56㎡
・設　立　1980（昭和55）年10月5日
・責任者　館長・高橋廣至

> **館のイチ押し**
>
> 　けん玉など昔の遊び道具や読み聞かせ絵本もあって一日楽しめる「体験学習室」と、全部で30プログラムもあって記念品が持ち帰れる「たいけん教室」。

岩手県

盛岡市子ども科学館

　盛岡市子ども科学館は、天文(主としてプラネタリウム)、理工学を中心に、盛岡の自然など地域的特色を加えた理工系科学館である。子どもたちが楽しみながら科学の原理や応用を学び、豊かな探求心を養うとともに、市民にも科学技術に関する知識を深めてもらう生涯学習の場として設置された。

　1978(昭和53)年11月最初の科学館建設調査懇談会開催、1979(昭和54)年5月最初の科学館建設協力委員会開催、1980(昭和55)年9月科学館構想概要決定、1981(昭和56)年8月建築工事着手、1983(昭和58)年3月竣工、5月5日開館。同年7月1日博物館法に基づく登録博物館となる。

　開館以来、「楽しく体験する科学館」をキーワードに、入館者自らが操作・体験できるように工夫した展示物や、楽しく学ぶことのできる科学・工作教室などの創造的参加活動を通して、子どもたちの科学する心を育てるとともに、来館者に科学と気軽にふれあう場を提供することを心がけながら、常設展示、特別展示、プラネタリウム投映、教育普及等の諸事業を実施している。

【展示・収蔵】
　展示室は3室から構成されており、展示物は「科学の旅」になぞらえて設

岩手県

置している。まず、科学の世界に出発し、何かを発見する。そこで磨かれた目で観察し、私たちの身近な"科学・技術とは何か"を体得できるような配置となっている。

《第1展示室》

◇「遊びと工夫の広場」…遊びのテーブル、ふしぎな絵、のぞいてみよういろいろな世界、組み木

◇「夢とふしぎの広場」…メカトロン、放電と発光、エームズの部屋、科学技術の歩み（イラスト）、魔法のトンネル、凹面鏡がつくる像、無現上昇（下降）音階

《第2展示室》

◇「原理をひもとく」…光とプリズム、電波の反射、永久磁石の力、物体の重心、重力による加速度、ウエーブオルガン、電磁石がつくる磁界ほか

◇「人間の生活と科学技術」…水圧機、錯覚の壁、自動車のしくみ、つばさの秘密　ほか

《第3展示室》

◇ブロックワールド、図書コーナー、サイエンスステージ　ほか

《プラネタリウム》

ドーム直径18m、定員170名。世界初設置となったハイブリッドプラネタリウム（五藤光学研究所）で、「星空の時間」「子どもの時間」「映像の時間」からなる一般投映や、幼稚園・保育園・小学校および中学校の天文に関わる部分について、学習指導内容に即した学習投映を行っている。

【事　業】

団体向け実験工作教室、サイエンスショー、ワークショップ

実験宅配、夏・冬休み実験工作教室、大人のためのものづくり教室

盛岡市少年少女発明クラブ、プラネタリウム一般投映・幼児投映・学習投映

星を見る会、太陽を見る会、星空宅配　など

【出版物・グッズ】

「館報」（年刊）

岩手県

- **所在地** 〒020-0866　岩手県盛岡市本宮字蛇屋敷13-1
- **ＴＥＬ** 019-634-1171
- **ＦＡＸ** 019-635-2561
- **ＵＲＬ** http://www.kodomokagakukan.com/
- **E-mail** kokabou@goto.co.jp
- **交　通** 〈バス：岩手県北バス〉盛岡駅西口(マリオス前)バスターミナル25番の
  りばより「イオンモール盛岡南行き」乗車　杜の道北下車 徒歩約10分
  〈バス：岩手県交通〉盛岡駅東口バスターミナル10番のりばより「盛南
  ループ200」乗車　岩手県立美術館下車 徒歩約10分 または 市民総合
  プール下車 徒歩約15分
  〈タクシー〉盛岡駅西口(マリオス前)より約3分
  〈徒歩〉盛岡駅西口(マリオス前)より約15分
- **開　館** AM9:00 〜 PM4:30(入館はPM4:00まで)
- **入館料** 展示室：一般200円(160円)，子供100円(80円)
  プラネタリウム室：一般300円(240円)，子供100円(80円)
  ※(　)内は30名以上の団体料金，一般は高校生以上・子供は4歳〜中学生
- **休館日** 月曜日，毎月最終火曜日，年末年始
  ※国民の祝日は1月1日を除き開館するが，振替として臨時休館日あり
- **施　設** 鉄骨鉄筋コンクリート造2階(一部3階)建，敷地面積1万2800㎡ 延床面
  積4145㎡
- **設　立** 1983(昭和58)年5月
- **設置者** 盛岡市
- **管　理** 盛岡サイエンスグループ
- **責任者** 館長・竹田紀男

東北

宮城県

仙台市科学館

　1952(昭和27)年6月、主として学校教育における理科教育の充実を図るため、レジャーセンター内にサイエンスルームが開設され、運営委員である東北大学教授の指導のもと、市内の中学生を対象に理科の本質にふれられる実験を中心に事業を実施してきた。この事業は今日まで一貫して続けられ、全国でもその先鞭をつけたものとして高く評価されている。1968(昭和43)年5月、従来のサイエンスルームを発展させ、展示室を新たに併設、長銀ビル地下1階に仙台市科学館が開館した。以来、展示学習、学校教育、生涯学習の諸活動を通して市民文化の向上に寄与する一翼を担ってきたが、空間的・機能的に運営に支障をきたすようになってきた。また、生涯学習の視点に立ち、幼児から高齢者まで、自己に適した手段・方法で科学の学習ができるような環境の整備が必要となってきた。これらのことを踏まえ、これまでの諸活動を継承しながら新しい発想のもとに新科学館として移転新築することとなり、1985(昭和60)年12月科学館基本構想策定委員会が設置された。その後、同委員会の報告を受け、1988(昭和63)年に建築工事に着手し、1990(平成2)年5月建築工事竣工、同年9月、自然環境に恵まれた台原森林公園内に、総合展示学習機能・学校教育関連機能・生涯学習拠点機能を有する総合科学館

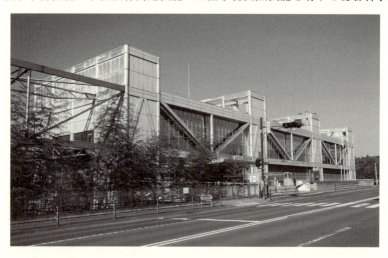

宮城県

として新科学館が開館した。その後、開館後10年を経た2000（平成12）年度、2001（平成13）年度の2ヶ年に渡って展示更新を行い、既存の展示物を移設しながら極力残し、新しい展示物を設置した。また、1999（平成11）年からは市民ボランティア「サイエンスインタプリタ」を導入するなど、時代の趨勢に適合した学社融合の科学館として、学校との連携事業や生涯学習支援事業を通して科学・技術に関する知識の普及・啓発を図ることを目的とした活動を続けている。

【展示・収蔵】

　実物や模型、標本等を実際に「見て、触れて、動かす」という参加体験型の展示手法により科学の原理法則に触れさせ、創造力を高めることをねらいとしている。展示点数約3400点。エントランスホール上部には翼長32ｍの人力飛行機を展示。

◇自然史系展示（生物・地学系）…自然界のしくみを体験する展示室。「ふるさとの自然（生物系・地学系）」の生物展示では、太平洋から奥羽山脈に広がる仙台の生きものを、島・干潟・平野・川・山に分けて展示。地学は宮城県産の化石とその時代を代表する古象を紹介。原生のアフリカゾウと6種類の古象の大行進で象の進化を見ることもできる。

◇理工系展示（物理・化学系）…科学の不思議を体験する展示室。展示室に広がった元素の柱の間に「化学のふしぎな世界」「仙台の発明宝箱」「身の回りのおもしろ体験」「電気と磁気はともだち」の4大テーマ展示がある。宇宙船の形の「科学への入り口（シップ）」は、体の五感で確かめる展示。仙台で発明・発見された有名な科学技術や、化学の実験装置が多数あり、どれも参加体験型であるのが特色。

◇生活系展示（日常の科学）…くらしの中の科学を体験する展示室。「環境アトリエ」には環境を様々な面からとらえることができる地球環境マルチビジョンやウェットランドなど7点の展示物がある。「趣味と遊びの科学」には、フライトコーナーや自分でメニューを選んで実験できるチャレンジ・ラボなどがあり、「生活の科学」にはロボットコーナーや素材のコーナー、パソコン工房などがある。

【事　業】

・企画展示：特別展、仙台市児童・生徒理科作品展、きのこ展、知能ロボットコンテストなど。

子ども博物館美術館事典　35

宮城県

- ・小企画展：自由研究 How to 展、日本の昆虫・世界の昆虫など
- ・学校教育：科学館学習（市内68校の中学2年生を対象とした実験学習）、中学校理科研修会（中学校の理科教員対象）、環境学習学校支援（小学校対象）、大学教育との連携（博物館実習、環境教育授業の実践実習など）
- ・生涯学習：ロボット教室、自由研究の進め方を学ぼう、自然観察会、科学工作教室、大人の科学教室、楽しい実験室、科学相談、友の会活動、市民センターと共催の身近な科学教室、その他後援事業
- ※以上、2015（平成27）年度実施

【出版物・グッズ】
「仙台市科学館研究報告」

- ・所在地　〒981-0903　宮城県仙台市青葉区台原森林公園4-1
- ・ＴＥＬ　022-276-2201
- ・ＦＡＸ　022-276-2204
- ・ＵＲＬ　http://www.kagakukan.sendai-c.ed.jp
- ・E-mail　info@kagakukan.sendai-c.ed.jp
- ・交　通　〈地下鉄〉仙台市営地下鉄南北線 旭ヶ丘駅下車 徒歩約5分
  〈車〉東北自動車道 仙台宮城ICを降り仙台北環状線約30分または東北自動車道 泉ICを降り国道4号線・県道仙台泉線経由約30分
- ・開　館　AM9:00 ～ PM4:45（入館はPM4:00まで）
- ・入館料　〈2016年9月まで〉一般500円（400円），高校生300円（250円），中学生・小学生200円（160円）
  〈2016年10月から〉一般540円（430円），高校生320円（260円），中学生・小学生210円（170円）
  ※ドライビングシミュレーター使用料は別料金，（　）内は30名以上の団体料金，団体利用の場合30名に1名の割合で無料
- ・休館日　月曜日（休日は除く），休日の翌日（土・日曜日，10月の第2月曜日の翌日，休日を除く），年末年始（12月28日～1月4日），毎月第4木曜日（12月・休日は除く）
- ・施　設　鉄骨鉄筋コンクリート造および一部鉄骨造，地上5階・塔屋2階建，敷地面積1万6144㎡ 建築面積5374.99㎡ 延床面積1万2207.70㎡
- ・設　立　1990（平成2）年9月
- ・設置者　仙台市

36　子ども博物館美術館事典

宮城県

東北歴史博物館

1974(昭和49)年に設立された東北歴史資料館の機能を継承・発展・強化するとともに、東北地方全体の歴史・文化を総合的にとらえ、東北地方とその特色を広く世界に発信する新しい博物館をめざして1999(平成11)年に開館した。

こども歴史館インタラクティブシアター

【展示・収蔵】
「総合展示室」では、旧石器時代から近・現代までの東北の歴史を9つのコーナーにわけ展示。さらに詳細コーナーを設け、東北地方の特徴を示す3つのテーマについての展示を行っている。展示資料は計1400点ほど。

この他に「映像展示室」「テーマ展示室」「こども歴史館」「今野家住宅」等でも展示・体験を行っている。「こども歴史館」では火起こし体験をはじめ色々な体験ができたり、東北地方の歴史をテーマにしたインタラクティブシアターを運営している。

【事　業】
特別展を年3～4回実施。その他、館長講座(年20回)、展示解説、博物館講座、多賀城跡巡り、民話を聞く会、体験教室などを実施。

【出版物・グッズ】
《常設展図録》「東北歴史博物館 展示案内」(第6版 2013)
《特別展図録》「祈りのかたち―東北の仏像」(1999)/「縄文時代の日本列島」(2000)/「東北地方の仮面」(2000)/「文字世界への招待」(2001)/「ふるきいしぶみ」(2001)/「神サマのいる風景」(2001)/「はるかみちのく」(2001)/「東北発掘ものがたり」(2002)/「観光旅行」(2002)/「エジプト文明展」(2002)/「飛鳥藤原京展」(2002)/「仙台藩の金と鉄」(2003)/「鮭」(2003)/「平賀源内展」(2004)/「東北発掘ものがたり2」(2004)/

宮城県

「唐三彩」（2004）/「福よ来い」（2004）/「古代の旅」（2005）/「音と人の風景」（2005）/「水辺と森と縄文人」（2005）/「日本三景展」（2005）/「中国★美の十字路展」（2006）/「熊野信仰と東北」（2006）/「町絵図・村絵図の世界」（2007）/「慈覚大師円仁とその名宝」（2007）/「奥州一宮鹽竈神社」（2007）/「発明王エジソン展」（2008）/「古代北方世界に生きた人びと」（2008）/「東北の群像―みちのく祈りの名宝―」（2009）/「江戸時代のみやぎ」（2010）/「多賀城」（2010）/「神々への祈り」（2012）/「家族でおでかけ」（2012）/「みちのく鬼めぐり」（2012）「美しき東北の街並み〜鳥のまなざし吉田初三郎の世界〜」（2013）/「考古学からの挑戦―東北大学考古学研究の軌跡―」（2013）/「神さま仏さまの復興―被災文化財の修復と継承―」（2013）/「日本発掘―発掘された日本列島2014―」（2014）/「家電の時代」（2014）/「医は仁術」（2015）/「徳川将軍家と東北」（2015）/「日本のわざと美」（2015）《カレンダー》「東北歴史博物館 催事カレンダー」（年3回発行）

　その他、年報、研究紀要（年1回）など

- ・所在地　〒985-0862　宮城県多賀城市高崎1-22-1
- ・ＴＥＬ　022-368-0106
- ・ＦＡＸ　022-368-0103
- ・ＵＲＬ　http://www.thm.pref.miyagi.jp/
- ・E-mail　thm-service@pref.miyagi.jp
- ・交　通　JR東北本線 国府多賀城駅下車 徒歩1分
- ・開　館　AM9:30 〜 PM5:00（入館はPM4:30まで）
- ・入館料　常設展：大人400円（320円），小・中・高校生無料　※（　）内は20名以上の団体料金，特別展については別途定める
- ・休館日　月曜日（祝日を除く），年末年始（12月29日〜1月4日）　※ほかに臨時休館日あり
- ・施　設　鉄筋コンクリート地上4階・地下1階，延床面積1万5446.11㎡（屋外施設を含む）
- ・設　立　1999（平成11）年10月9日
- ・責任者　館長・鷹野光行

館のイチ押し

　「こども歴史館」のインタラクティブシアターでは、東北の歴史のエポックとなる10テーマの「歴史たんけん」とゴミとトイレをテーマとする「歴史サミット」を上映。2016（平成28）年4月から防災をテーマとしたコンテンツが新しくスタート。

秋田県

秋田県児童会館 みらいあ

　秋田県児童会館は、児童福祉法第40条に基づく児童厚生施設として、児童に健全な遊びや文化および科学活動を提供し、情操豊かで創造力に富み、健康で明るい児童を育てることを目的としている。
　施設利用サービスの提供、全県の児童会館等のセンターとしての活動、児童健全育成指導者やボランティアの養成、児童の科学心や創造力の醸成の4つの機能を軸に、子育て支援の充実や中高生の居場所づくりなど、時代の趨勢を踏まえた事業展開に努めている。

《沿革》
　児童会館は、1950(昭和25)年8月1日、全国最初の県立児童会館として、秋田市下中城町(現県民会館敷地内)に児童遊園・児童動物園を併設して開館した。1953(昭和28)年4月、児童遊園・児童動物園を秋田市に移管。1960(昭和35)年7月に会館の移転改築が決まり、臨時に県婦人相談所に移る。翌年9月新児童会館が落成(秋田市中通1丁目4番19号)し、10月2日新館に移転。社会福祉会館、婦人会館と併設され、各館が総合的に運営さ

秋田県

れる。その後1980（昭和55）年4月25日、新児童会館が現在地（秋田市山王中島1番2号）に県立子ども博物館を併設して完成した。
2007（平成19）年4月に子ども博物館が知事部局に統合され、翌2008（平成20）年4月より指定管理者制度に移行した。

レクリエーションホール

【展示・収蔵】
　秋田県児童会館では、2階の第1・第2展示室で科学する心や創造力を培うための展示を行っている。ほかに、科学実験室、音楽室、創作陶芸室、木工室、学習室、図書室などを備える。
　「子ども劇場」は本格的な舞台装置を備えた778席の大ホール。劇団による公演をはじめ、児童文化グループによる催し、子どものための映画会や音楽会など、子どもたちの情操を豊かにし、夢を育む自主事業を展開している。
　レクリエーションホールにはファミリーロボット、ロケットコーナーなどがあり、思い切り好きな遊びができる。

《第1展示室》
　地球・宇宙・郷土・環境をテーマに、楽しみながら見たり聴いたり触ったりして、それらを感じ取り、考えてもらうことをねらいとしている。
　「ランドサット衛星画像」「宇宙から見た私たちの郷土」「さわって感じる地球」「きみは環境を守れるか」ほか。
　座席数44席、ドーム径7.5mのプラネタリウムでは、通常投映を土・日・祝祭日に1日3回行っており、団体投映はあらかじめ申し込みを受け付けて、希望時間帯に随時行っている。

《第2展示室》
　からだを動かしながら、光・音・空気・電磁気について体験を深める"科学のおもちゃ箱"。見て、聞いて、触れてエネルギーについて考えるコーナーとなっている。
　「パノラマ大図鑑」「音の性質」「色の合成」「光の合成」「揚力」「空気抵抗」「コンピュータで遊ぼう」「電磁誘導」「反射テストロボット」「永久磁石」ほか。

秋田県

【事 業】

◇施設利用事業…子ども文化劇場、子どもミニ文化劇場、協働事業、企画事業、ボランティアの活動、相談活動、育児支援、食育活動、工作事業、科学事業、夏休み・冬休み子ども講座、セカンドスクール、プラネタリウム投映、団体の受入、図書室の本の貸出、中高生の居場所づくり事業など。
◇全県の児童館等のセンターとしての事業…移動児童会館、活動機材の貸出、秋田県児童館等連絡協議会の運営・指導。

【出版物・グッズ】

みらいあ「イベントカレンダー」（毎月）／県児連だより（年2回）

・所在地　〒010-0955　秋田県秋田市山王中島町1-2
・ＴＥＬ　018-865-1161
・ＦＡＸ　018-865-1110
・ＵＲＬ　http://akita-jidoukaikan.com
・E-mail　info@akita-jidoukaikan.jp
・交　通　〈バス〉秋田駅前から約15分 県立体育館前下車 徒歩2分
　　　　　〈タクシー〉秋田駅前から約10分
・開　館　AM9.00 ～ PM5.00（子ども劇場はAM9.00 ～ PM10.00）
・入館料　無料
・休館日　月曜日（祝日の場合は火曜日），年末年始（12月29日～1月3日）
・施　設　鉄筋コンクリート，地下1階・地上4階建，敷地面積3943.08㎡ 延床面積5672.70㎡
・設　立　開設：1950（昭和25）年8月　新館移転：1980（昭和55）年4月
・設置者　秋田県
・管　理　（特非）あきた子どもネット
・責任者　館長・後藤節子

館のイチ押し

・中高生にも利用しやすいように、水曜と金曜の週2回、閉館後の2時間を中高生専用時間としています。（冬期間を除く）
・2階「木のコーナー」は布製おもちゃも仲間入り。ぜひ、木や布の温もりにふれてください。
・土曜日の「つくって遊ぼう」は皮工作もあります。また、日曜日の「みらいあワクワクサンデー」「みらいあひろば」など、たのしいイベントが盛りだくさんです。

子ども博物館美術館事典　41

秋田県

秋田県立博物館

　秋田県立博物館は、秋田県第二次総合開発計画（1967（昭和42）年度）の中で構想され、郷土の自然と人文に関する認識を深め、県民の学術および文化の発展に寄与することを目的に設置された総合博物館である。
　1975（昭和50）年5月開館（開館式5月5日、同月10日より一般公開）、同年7月博物館法第11条の規定に基づく登録博物館となる。
　郷土学（秋田学）の実践と体系化をめざすとともに、その成果を展示や普及活動に活かしていくことを基本姿勢とした考古・歴史・民俗・工芸・地質・生物の6部門（当初は美術を含む7部門）による総合博物館として出発した。
　1996（平成8）年4月には「秋田の先覚記念室」と「菅江真澄資料センター」を増設して大幅に機能を拡充し、多様化する社会や県民のニーズに応えてきた。さらに翌年8月、新しい時代の博物館像づくりを目指して、ニューミュージアムプラン21検討委員会を設置。2000（平成12）年度に展示基本設計、翌年度には実施設計を行い、21世紀という新しい時代の要請に応える県民参加型の施設となるべく、機能の強化と拡充を図るという目的のもと、各展示室を一新するとともに参加体験型の「わくわくたんけん室」を新設して2004（平成16）年4月にリニューアルオープンした。

秋田県

【展示・収蔵】

《自然展示室》

秋田の自然を豊富な実物資料で紹介する展示室。大きく二つのゾーンからなる。

◇「いのちの詩」ゾーン

秋田に生きる動植物を環境別に紹介。従来展示が困難であった植物や魚類等をアクリル樹脂で封入し、生きているときの色や形をリアルに表現している。

◇「大地の記憶」ゾーン

秋田の化石や岩石・鉱物を地質時代順に紹介している。ナウマンゾウやデワクジラなどの大型動物の骨格標本を展示するほか、多くの岩石や化石に触れることができる。

《人文展示室》

「人とくらし」をメインテーマとして、時代ごとのテーマに基づいて展示している。中央に大通りを設けたオープンな印象の展示室では、特に縄文時代と近世に重点を置き、豊富な実資料や映像による解説に加え、縄文時代では竪穴式住居、近世では商家の店先を原寸大で復元するという造作物を設置。その他の時代においても、実資料を豊富に展示し、実物を通して各時代の人々のくらしの様子を感じ取っていただくとともに、新しい資料も数多く展示し、来館者が実資料に触れる機会を増やすことを心がけている。

《わくわくたんけん室》

見て、聞いて、触れて、体験できる参加型の体験展示室。部屋の壁面には数々のアイテムを収納した「宝箱」と呼ばれる箱があり、各分野から選りすぐられたアイテムが子どものみならず、おとなの好奇心をもかき立てる。また、それぞれのアイテムから得られる情報を分析するための様々な機器や書籍、作業スペースを設け、サポートするスタッフが常駐している。

《秋田の先覚記念室》

近代秋田の豊かな産業や文化の礎を築いた多くの先覚の記録・資料が一堂に展示され、その業績を通じて、優れた先人に学ぶ場となっている。常設展示では各分野で活躍した58人の先覚者にかかわる資料を展示している。

《菅江真澄資料センター》

江戸時代の紀行家・文人菅江真澄の生涯と、彼の著した日記や図絵を展示しているほか、映像機器により真澄が記録した秋田のくらしなどをわかりやすく展示している。

東北

子ども博物館美術館事典　43

秋田県

　このほか、分館として重要文化財の旧奈良家住宅がある。1965（昭和40）年に秋田県では民家建造物として最初の国指定を受けたもので、当初の姿（宝暦年間（1751 ～ 63）に奈良家9代喜兵衛によって建てられた）をよく残しており、県立博物館に隣接する文化財として広く公開するため分館とした。秋田県中央部の海岸地帯に見られる両中門造りの農家建築である。

〔収蔵〕

　考古・歴史・民俗・工芸・地質・生物の6部門と「秋田の先覚記念室」、「菅江真澄資料センター」における郷土資料約16万件を収蔵している。

【事　業】

・「企画展示室」では、特別展・企画展を合わせて年4回の展示。
　「菅江真澄資料センター」では年3回、「秋田の先覚記念室」では年1回の企画コーナー展を開催。
　「ふるさとまつり広場」では、秋田県のさまざまな祭りや民俗資料などを季節に合わせて紹介。
・教育普及事業：博物館学習（セカンドスクール的利用を含む）への対応、博物館教室、名誉館長講話などの実施、類似施設・機関との連携、友の会、ボランティア活動支援、解説案内サービスなど

【出版物・グッズ】

　「博物館ニュース」（年2回）／「研究報告」（年刊）／「年報」ほか、ポスター、チラシ、博物館案内リーフレット、展示解説資料、企画展図録など。
《菅江真澄資料センター》広報紙「真澄」（年刊）／「真澄研究」（年刊）、資料報告書のほか、企画展パンフレットなど。

・所在地　〒010-0124　秋田県秋田市金足鳰崎字後山52
・ＴＥＬ　018-873-4121
・ＦＡＸ　018-873-4123
・ＵＲＬ　http://www.akihaku.jp/
・E-mail　info@akihaku.jp
・交　通　〈電車〉JR東日本奥羽本線・男鹿線　追分駅下車　徒歩20分
　　　　　〈バス〉秋田中央交通・五城目線　金足農業高校入口下車　徒歩15分
　　　　　〈車〉秋田自動車道・昭和男鹿半島ICから10分
・開　館　〈4月1日～ 10月31日〉AM9:30 ～ PM4:30
　　　　　〈11月1日～ 3月31日〉AM9:30 ～ PM4:00
・入館料　無料（本館・分館とも）　※ただし特別展は有料

秋田県

- **休館日** 月曜日(祝日・振替休日と重なったときはその次の平日),年末年始(12月28日〜1月3日),全館燻蒸消毒期間
- **施 設** 鉄骨鉄筋コンクリート造地上3階・塔屋2階建,敷地面積1万4885.90㎡ 建築面積6237.93㎡ 建築延面積1万1946.20㎡
- **設 立** 1975(昭和50)年5月1日
- **設置者** 秋田県
- **管 理** 秋田県
- **責任者** 館長・佐々木人美

東北

館のイチ押し

◇「わくわくたんけん室」

来館者が「見たり、ふれたり、作ったり」という参加体験型展示室。約330㎡という広い室内の壁面には、80種類にも及ぶ「宝箱」が置かれている。その中にはさまざまな「アイテム」が入っており、来館者が自由に取り出して体験活動を楽しむことができる。室内に設けられた工房では、「たたみ染め」や化石・土偶の「レプリカづくり」などの製作活動ができる。

◇「ミッションをクリアしてお宝をゲットせよ!」

館内の各展示室をめぐりながらミッションに取り組む中で、秋田の自然や歴史について考え、楽しく学習していくイベントで、年2回開催している。ミッションをクリアした参加者は、各展示室に応じた当館オリジナルの「お宝情報カード」を手に入れることができ、毎回大変好評をいただいている。幼児から大人まで楽しめる内容となっている。

子ども博物館美術館事典　45

秋田県

フェライト子ども科学館

　1998（平成10）年10月24日開館。フェライトとは、酸化第二鉄を主原料とした磁性材で高度エレクトロニクスを支える電子素材である。
　フェライト子ども科学館は、にかほ市出身のフェライト実用化の父・斎藤憲三の科学に対する情熱やチャレンジ精神を未来に受け継ぎ、体験を通して科学する心を育てることを目的とした、子どもと大人がいっしょに楽しめる科学館である。

【展示・収蔵】
　フェライトや磁石をモチーフとしたものを中心に、約70種類の展示物がある。
　さわったり、持ち上げたり、はねたり、寝転んだり、五感を使ってチャレンジする展示装置のほか、フェライトの原料や製品なども豊富に展示。
　TDK(株)初代社長・斎藤憲三と、二代目社長・山﨑貞一の業績を紹介する貴重な資料も展示している。

【事　業】
・地域の大学、企業、公益財団法人などから支援をいただき、小学生等を対象に年間70回以上の実験教室を実施。
・夏休み、冬休み、春休みの期間、特別企画展の開催。

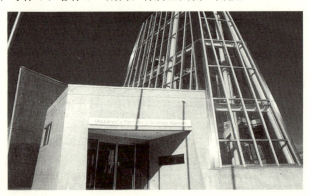

秋田県

- ・所在地　〒018-0402　秋田県にかほ市平沢字宝田4-1
- ・TEL　0184-32-3150
- ・FAX　0184-32-3153
- ・URL　http://www.ferrite.jp/
- ・E-mail　info@ferrite.jp
- ・交　通　〈電車〉JR羽越本線 仁賀保駅下車 徒歩15分
　〈車〉日本海沿岸東北自動車道仁賀保ICから3分
- ・開　館　AM9:00～PM5:00（入館はPM4:30まで）
- ・入館料　展示室：大人500円（400円），小中学生300円（230円），乳幼児無料
　※（　）内は20名以上の団体料金
　定期入館券：大人2000円，子ども1200円（1年間有効）
　ファンタジーシアター：大人200円，子ども100円
- ・休館日　月曜日（祝日の場合は翌日以降の平日），年末年始
- ・施　設　鉄筋コンクリート造（一部鉄骨造），地上2階・地下1階建，敷地面積7000㎡　建築面積1223㎡　延床面積1964㎡
- ・設　立　1998（平成10）年10月
- ・設置者　にかほ市（旧・仁賀保町）
- ・管　理　にかほ市
- ・責任者　館長・安部和久

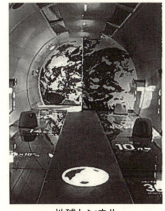
地球トンネル

東北

> 館のイチ押し
>
> 　毎週末に入場者を対象に実施しているフェライト磁石の実験は当館独自のもの。
> 　また、ファンタジーシアターは、科学館上空や鳥海山、日本海などを冒険するオリジナル映像に合わせてイスが動く、スリリングで迫力満点の乗りもの。

山形県

酒田市眺海の森天体観測館
コスモス童夢

　1993(平成5)年、旧・松山町眺海の森内に、科学教育の振興と宇宙への憧れを育むための施設として設置。

　眺海の森は、緑があふれる自然の中でレクリエーションやスポーツ活動、歴史・文化的、自然活動等総合的な森林活動ゾーンとして四季をとおし、庄内はもとより広く県内外の方々が利用されている。

　天体観測館の設置場所は、眺海の森のほぼ中央にあり星の広場に隣接し、標高260mの高台で、視界を妨げるものはなく天体観測施設として最適の場所である。

【展示・収蔵】
《常設展示》
・季節の代表的な星座(オリオン座、ペガスス座、さそり座、しし座)を、等級ごとに太さの異なる光ファイバーを使い、また、実際の地球から恒星までの距離をもとに配置して星座の成り立ちが理解できる「星のミュージアム・スターウオッチング」

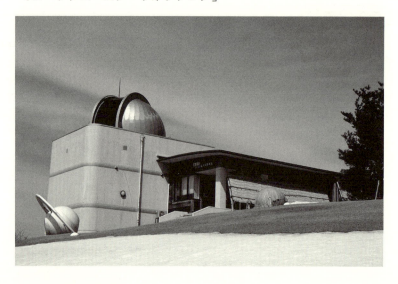

山形県

・ハレー彗星の1万分の1サイズの模型、ギベオン隕鉄、宇宙開発で利用
　されてきた宇宙船等の模型の展示。
・代表的な星雲・星団・銀河の写真展示。

【事　業】
開館期間：4月～11月
・毎週金曜日(夜)、土曜日(昼・夜)、日曜日(昼)、祝日(昼)に開館している。
・団体予約であれば、平日も開館可能。
・8月のお盆時期に、5日間連続夜間開館を実施。

【出版物・グッズ】
　開館期間中(4月～11月)「コスモス童夢天体観測館だより」を入館者に配布。

・所在地　〒999-6839　山形県酒田市土渕字甚次郎向20-2
・ＴＥＬ　0234-61-4012(閉館時：眺海の森さんさん 0234-62-2633)
・ＵＲＬ　http://homepage3.nifty.com/chokainomori-ao/
・E-mail　bcb10159@nifty.com
・交　通　〈車〉関越自動車道 中条ICから国道7号線 鶴岡経由で約3時間／山形自
　　　　　動車道 あさひICから約50分
　　　　　〈電車〉JR余目駅下車 タクシーで20分
・開　館　〈夜開館(金・土)〉PM7:30 ～ PM9:30(入館はPM9:00まで)
　　　　　〈昼開館(土・日・祝日)〉AM11:00 ～ PM5:00(入館はPM4:30まで)
・入館料　大人100円(90円)，小中学生・高校生50円(40円)，未就学児無料
　　　　　※(　)内は20名以上の団体料金
　　　　　通年券：大人510円(同伴者1人可)，小中学生・高校生200円
・休館日　冬期間(12月～3月)，月曜日～木曜日(祝日，団体予約はのぞく)
・施　設　鉄筋コンクリート一部2階建 344㎡，口径500mmニュートン・カセグ
　　　　　レン併用反射望遠鏡PC制御フォーク型赤道儀
・設　立　1993(平成5)年4月26日竣工
・設置者　酒田市
・管　理　NPO法人まちづくりnet松山
・責任者　総支配人・齋藤忠

館のイチ押し

　開館期間中(4月～11月)の週末に、晴れていれば必ず天体が望遠鏡で
見られる公開天文台。4月・5月・9月にはサシバ、ハチクマの渡りが観
察できます。

子ども博物館美術館事典　49

山形県

西川町 大井沢自然博物館

　西川町小・中学校の自然学習の一環として採取した標本、作製した剥製などを集めて郷土室を設立。
　1960(昭和35)年に大井沢自然博物館が新築落成。
　1989(平成元)年に自然と匠の伝承館、大井沢自然博物館として移転新築落成。

《沿革》
1950(昭和25)年　朝日連峰が磐台朝日国立公園の指定を受ける
1951(昭和26)年　大井沢小中学校において自然研究発足、高山植物園設置
1952(昭和27)年　郷土室(郷土博物研究室)誕生
1954(昭和29)年　「郷土室」県から博物館として認定される
1960(昭和35)年　大井沢自然博物館新築落成
1988(昭和63)年　水ばしょう園等の整備(大井沢ふるさと自然学園むら整備)
1989(平成元)年　自然と巧の伝承館、大井沢自然博物館移転新築落成
1993(平成 5)年　森林公園整備完了
2004(平成16)年　博物館誕生50周年記念事業として自然学習フォーラム開催
2015(平成27)年　5月ミニリニューアル実施

【展示・収蔵】
　主な収蔵資料は大井沢、朝日山系で採取された獣類、鳥類、昆虫類、植物、

山形県

化石、石器、民俗資料など約2300点

【事　業】
　年に4回企画展を開催するほか、自然観察会、夏休み時に灯火採集、大井沢秋祭りに合わせての展示、ゆきんこ祭りなどを行っている。
　一体運営の自然と匠の伝承館において、町教育委員会認定の巧人によるメノウ細工、わら細工、月山和紙、ぼんぼり作り、こけし絵付け、土鈴絵付け、草木染め体験(有料)ができる。

【出版物・グッズ】
　西川町大井沢自然博物館研究誌(寒河江川流域自然史研究)を年に1回発行。
　館内売店およびインターネットサイト「大井沢伝承工芸月山ものづくりびと」において、巧人の各種作製品・地域特産品の販売を行っている。

・所在地　〒990-0721　山形県西村山郡西川町大井沢4110
・ＴＥＬ　0237-76-2112
・ＦＡＸ　0237-76-2115
・ＵＲＬ　http://oohaku.town.nishikawa.yamagata.jp/
・E-mail　oois@town.nishikawa.yamagata.jp
・交　通　町営バス伝承館・博物館前徒歩0分
・開　館　AM9:00～PM4:30(4月～11月)AM10:00～PM4:00(12月～3月)
・入館料　大人(高校生以上)200円(150円)，小人(小・中学生)100円(50円)
　　　　　※(　)内は20名以上の団体料金
・休館日　毎週月曜日(祝祭日の場合は開館)
・施　設　木造平屋建(一部主体鉄骨)、建築面積344㎡　全体1110.90㎡　附属関連施設等　西川町自然と匠の伝承館，森林公園5ha，河川公園
・設　立　1989(平成元)年
・設置者　西川町
・管　理　西川町
・責任者　館長・原慶明

┌─ 館のイチ押し ─
　めずらしいツキノワグマ(アルビノ種で月の輪がきちんと確認できません)、ハゴロモミズラナラの実木(西川町の天然記念物で実生で増やせないためここにしかありません)

子ども博物館美術館事典　51

山形県

山形県立博物館

　1971（昭和46）年4月1日開館。本館は山形県の明治百年記念事業として建設され、1976（昭和51）年には「附属自然学習園（琵琶沼）」（県指定天然記念物）、1980（昭和55）年には分館「教育資料館」（国指定重要文化財）が開設された。
　地学・植物・動物・考古・歴史・民俗・教育の7部門からなり、「やまがたを知るスタートライン」として山形県の自然や文化を総合的に展示している。

【展示・収蔵】
　山形県の自然・文化に関する資料をひろく収集、Web上で公開している収蔵資料データベースは約23万点。代表的な収蔵資料に、常設展示されている国宝土偶「縄文の女神」や県指定天然記念物「ヤマガタダイカイギュウ」がある。
　第一展示室では山形の成り立ち（地学部門）や森林・野鳥・昆虫等の世界（植

体験広場

山形県

物・動物部門)について紹介。

第二展示室では山形のあけぼの(考古部門)から山形にくらした人々の生業や信仰等(歴史・民俗部門)について紹介している。

第三展示室では山形の伝統とくらしの近代化を紹介する生活用具類や郷土玩具(民俗部門)を展示するとともに、毎年数回開催される特別展・企画展の展示室ともなっている。

第二・第三展示室は小学3年生で学習する「昔のくらし」の教材として利用される機会が多い。

1階の体験広場では、化石や民具に触れられるほか、コマやけん玉・メンコなどで遊ぶことができる。

【事　業】

おもな事業として特別展(年1回)・企画展(年3〜4回)を開催している。

各専門部門に関連する講座・体験教室のほか、子ども向け体験イベント(月1〜2回)、ナイトミュージアム、特別展や企画展の展示解説会(月1〜2回)、自由研究相談等を例年実施している。

また、小中学校から一般団体を対象に、出張博物館や移動博物館にも対応している。

【出版物・グッズ】

《出版物》

館報、研究報告、博物館ニュース、催物案内、その他特別展・企画展に係る印刷物(図録、リーフレット等)

《グッズ》

ポストカードセット(博物館／縄文の女神)各300円、縄文の女神マグネット200円、一筆箋(縄文の女神／ヤマガタダイカイギュウ)各400円、ピンバッチ(縄文の女神)500円、クリアファイル(縄文の女神／ヤマガタダイカイギュウ／教育資料館)各200円

・所在地　〒990-0826　山形県山形市霞城町1-8(霞城公園内)
・ＴＥＬ　023-645-1111
・ＦＡＸ　023-645-1112
・ＵＲＬ　http://www.yamagata-museum.jp/
・E-mail　yhakubutsu@pref.yamagata.jp
・交　通　JR山形駅下車 徒歩10分

子ども博物館美術館事典　53

山形県

- ・開　館　AM9:00 〜 PM4:30（入館はPM4:00まで）
- ・入館料　大人300円（150円），学生150円（70円），高校生以下無料，障がい者と
　　　　　その付添1名は無料　※（　）内は20名以上の団体料金
- ・休館日　月曜日（祝日の場合はその翌日），燻蒸期間，年末年始（12月28日〜1月
　　　　　4日）
- ・施　設　鉄筋コンクリート造地下1階・地上2階，建築面積2204.1㎡
- ・設　立　1971（昭和46）年4月1日
- ・設置者　山形県
- ・管　理　山形県教育委員会
- ・責任者　館長・岸善一（2016（平成28）年4月現在）

館のイチ押し

- ・ゴールデンウィークイベント
　5月3日〜5日にかけて4次元宇宙シアターやおしばのしおりつくりなど，子ども向けのイベントを毎日実施。とくに5日「こどもの日」記念の無料開館日は多くの方に利用いただいている。
- ・ナイトミュージアム
　夏休み前半の土日に，開館時間を通常より延長して照明を工夫した博物館を楽しんでいただいている。

福島県

いわき市アンモナイトセンター

発掘体験

　次代を担う子ども達に自然史を体験・体感しながら感動とともに学ぶ場を提供し、地質時代や古生物に対する夢の萌芽・育成に貢献するとともに、各世代に郷土の生いたちや歴史に関する教養を高め、文化の振興と発展に寄与することを目的とし、いわき市が開設した教育施設(博物館)である。

　いわき市大久地区には、白亜紀に堆積した地層(双葉層群)が広く分布し、アンモナイトをはじめとする海生動物群の化石が多産する貴重な露頭の存在が知られてきた。しかし、これについては風化の危険性が高いことから、建造物で覆い保護・保存するとともに、教育施設(博物館)として一般の観覧に供することにより、市民への地学(地質学・古生物学)の普及に貢献することを目指す。また、フタバスズキリュウ(フタバサウルス・スズキイ)をはじめとする化石資源の宝庫・いわき市をアピールし、首都圏や仙台にほど近い教育・観光都市としてのイメージアップを図る。

　なお、1992(平成4)年11月19日の開館と同時に市の委託を受け、(公財)いわき市教育文化事業団が管理・運営を行っている。

【展示・収蔵】

　施設内の約500㎡の露頭からは、約8900万年前の中生代白亜紀の化石である巨大アンモナイトをはじめ、ハドロサウルス類(恐竜)の頸椎、クビナガリュウの頸椎と歯、サメの歯、硬骨魚類の歯や鱗、二枚貝、巻貝、琥珀、エビなどといった多種多様な化石が産出しており、当館に収蔵されている。これらは、当時この地域に広がっていた海に息づく生き物たちの多様性や生態系を

福島県

知る重要な手がかりである。

　当館最大の特徴は、巨大アンモナイト等の化石が掘り起こされることなく現地に埋まったままの状態で展示されており、ほぼ同一の地層面上に点在するそれらの産状を観察することができる点である。これは、発想を転換すると同一の時間面を観察していることになるため、いわば約8900万年前の海底の様子を垣間見ているといえる。恐竜が陸上を闊歩していた当時の海の様子とそこに生きていた生き物たちの姿に思いを馳せつつ、この地域の歴史や成り立ち、当時の環境について学ぶことができる点が当館展示の最大の特色である。なお、このように館内で化石露頭が観察できる施設は、日本では唯一当アンモナイトセンターのみであり、世界的に見ても稀有でユニークな教育施設である。

【事　業】

◎体験発掘（毎週土・日曜日、5月連休中、お盆休み、9月連休中）

　当館の主建造物に隣接する体験発掘場には、館内でみられる地層の延長が露出する。ここでは、約8900万年前の地層を掘って自ら化石を取り出す体験ができる。約30分間のオリエンテーションにて発掘する地層や化石について学んだのち、約1時間にわたって発掘を体験する。ハンマーとタガネを使って地層を掘ると、アンモナイト、サメの歯、二枚貝、クビナガリュウなどの化石が産出する。採集した化石は、おみやげとして持ち帰ることができる（貴重な化石を除く）。採集した化石を標本化する方法も学ぶことができるため、自由研究の課題としても最適である。当館は、首都圏にほど近い立地で中生代化石の発掘体験ができる貴重かつ稀有な施設といえる。

○親子自然探訪教室（土・日・祝日開催：年6回程度）

○夏休み企画展（7月中旬〜8月下旬）、冬休み企画展（12月中旬〜1月上旬）

○化石講演会（9月）等

【出版物・グッズ】

◎「いわき市アンモナイトセンター産出 化石鑑定の基礎2016」（書籍）

○「探検 アンモナイトがいたところ」（書籍）

○オリジナルクリアファイル

○化石（アンモナイト、琥珀、サメの歯）の販売　※日本国外産出標本

福島県

- ・所在地　〒979-0338　福島県いわき市大久町大久字鶴房147-2
- ・ＴＥＬ　0246-82-4561
- ・ＦＡＸ　0246-82-4468
- ・ＵＲＬ　http://www.ammonite-center.jp/
- ・E-mail　info@ammonite-center.jp
- ・交　通　常磐自動車道 いわき四倉ICから約15分，広野ICから約20分
　　　　　　JR常磐線 久之浜駅からタクシーで約15分
- ・開　館　AM9:00 ～ PM5:00（入館はPM4:30まで）
- ・入館料　観覧のみ：一般250円（200円），大学・高専・高校生190円（160円），中
　　　　　　学・小学生100円（80円）
　　　　　　体験発掘含む：一般710円（660円），大学・高専・高校生550円（520円），
　　　　　　中学・小学生350円（330円）
　　　　　　※1.（ ）内は20名以上の団体料金　※2.障害者手帳・療育手帳・精神
　　　　　　障がい者保健福祉手帳をお持ちの方、いわき市内の65歳以上の方は減
　　　　　　免により無料　※3.いわき市内の小・中・高・専修・高専生は土日に限
　　　　　　り減免により無料
- ・休館日　月曜日（祝日の場合はその翌日），1月1日
- ・施　設　鉄骨造一部2階建，1066.238㎡（露頭500㎡ ギャラリー89㎡ 観察回廊
　　　　　　230㎡），敷地面積2万7842㎡（体験発掘場含む）
- ・設　立　1992（平成4）年11月
- ・設置者　いわき市
- ・管　理　（公財）いわき市教育文化事業団
- ・責任者　所長・坂本博道

館のイチ押し

◎巨大アンモナイト

◎巨大アンモナイトなどの化石が見つかった時のままの状態でたくさん
　張り付いている地層

◎クビナガリュウ（プリオサウルス類）の頸椎と歯

福島県

郡山市ふれあい科学館

　郡山市では、四半世紀の懸案であった郡山駅西口の再開発事業を契機に、高層ビルの最上部に、全国的にもほとんど例のない都市型の科学館を建設することとし、2001(平成13)年10月1日にオープンしたのが「郡山市ふれあい科学館 スペースパーク」である。
　本科学館は、宇宙をテーマとした県内初の理工系科学館であり、近年の子ども達の理科嫌いや科学技術離れへの対応、科学技術の普及を通じた生涯学習活動の活性化といった観点に加え、駅前立地の特性を生かし、都心部の回遊性や集客力の向上など、中心市街地の活性化も視野に入れて建設をしたものであり、郡山市の21世紀を象徴する文化施設として位置づけられている。

【展示・収蔵】
◇宇宙劇場(23階・24階)
　直径23mの傾斜型ドームスクリーンを備える宇宙劇場では、ハイスペックなプラネタリウム投映機により7.9等星までの約3万8000個の恒星、そ

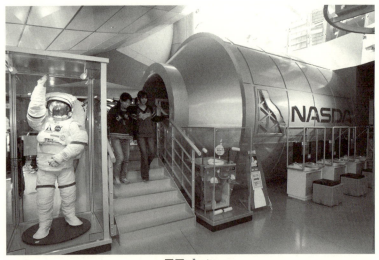

展示ゾーン

福島県

して天の川を含めれば約65万個の星たちを映し出している。また、フルハイビジョンの約8倍の解像度でスクリーン全体に映像を映し出すことができる「全天ビデオシステム」を備え、迫力ある全天映像を投映することができる。

生解説によるプラネタリウム投映のほか、講演会、生演奏のコンサートなどを開催している。

◇展望ロビー（22階）

地上からの高さが96mあり、眼下に広がる市街地や高村光太郎の『智恵子抄』で有名な安達太良山などが眺望でき、市民の憩いの場としても利用されている。

また、Nゲージとしては日本有数の規模を誇る鉄道ジオラマでは、楽しいショーや鉄道模型の操作体験を通して明治時代から鉄道とともに発展してきた郡山の歴史などを学ぶことができる。

◇展示ゾーン（21階）

「宇宙開発」や「未知なる宇宙」、「地球環境」などのテーマに沿った展示品があり、トリプルスピン、ムーンジャンプや宇宙探検シミュレーションなどの体験型展示も楽しむことができる。

また、楽しいサイエンスショーやサイエンススタジオも開催しており、科学の不思議についても学習することができる。

◇研修ゾーン（20階）

多目的研修室やパソコン工房、実験工房などがあり、クラブ活動や講座等を開催している。

【事　業】

　プラネタリウム一般番組、キッズアワー、星と音楽のひととき、ホワイエ企画展、サイエンスショー、サイエンススタジオ、ロボットショー、サイエンス広場、デジタルスタジオなど

【出版物・グッズ】

・科学館ニュース「ほしのうみ スペースパークニュース」（季刊）

・科学館年報

・学校利用の手引き

・プログラムガイド

・ふくしま星・月の風景（隔年）

福島県

- ・所在地　〒963-8002　福島県郡山市駅前2-11-1 ビッグアイ20〜24階
- ・TEL　024-936-0201
- ・FAX　024-936-0089
- ・URL　http://www.space-park.jp
- ・E-mail　info@space-park.jp
- ・交　通　〈高速道路〉東北自動車道 郡山ICから約20分／東北自動車道 郡山南ICから約20分／磐越自動車道 郡山東ICから約20分
　〈飛行機〉福島空港より直行バスで約40分
　〈電車〉JR郡山駅西口から徒歩約1分
- ・開　館　〈展望ロビー〉AM10:00〜PM8:00(入館はPM7:30まで)
　〈展示ゾーン〉AM10:00〜PM5:45(入館はPM5:00まで)
　〈宇宙劇場〉平日 AM10:00〜PM4:15(入館はPM3:30まで)／金曜 AM10:00〜PM7:45(入館はPM7:00まで)／土・日・祝日 AM10:00〜PM5:45(入館はPM5:00まで)
- ・入館料　〈展示ゾーン〉一般(65歳未満)400円，高校・大学生等300円，小中学生200円，幼児・65歳以上無料
　〈宇宙劇場〉一般(65歳未満)400円，高校・大学生等300円，小中学生200円，幼児・65歳以上100円　※20名以上の団体は2割引
- ・休館日　月曜日(祝日の場合は翌日)，12月31日・1月1日
- ・施　設　鉄骨造，地下1階・地上24階(地上高133m)の内20〜24階部分，科学館面積4337㎡(内専有面積部分3459㎡)
- ・設　立　2001(平成13)年10月
- ・設置者　郡山市
- ・管　理　(公財)郡山市文化・学び振興公社
- ・責任者　館長・市川正道

館のイチ押し

　宇宙劇場は、最も地上から高いところ(104.25m)にあるプラネタリウムとしてギネスに認定されている。

福島県

福島市子どもの夢を育む施設
こむこむ館

既存施設の老朽化・狭隘化が進行したことから子どもたちに豊かな出会いを提供し、創造力や科学する心を育て、また芸術文化の普及向上を図るという既存の機能に加え、中心市街地活性化を目的として設置。

子どもたちを対象にした事業展開を軸にし、館学習として小中学校等の団体を受け入れたり、大人も楽しめるイベントや施設の貸出も行っている。

東北

【展示・収蔵】
◇プラネタリウム…スーパーウラヌス、客席数120席、バーチャリウムⅡ-V（全天周動画）
◇常設展示室…大型迷路、科学、環境、国際理解等の展示40点余
◇子どもライブラリー…東北初の公立の児童書専門図書館、蔵書数3万冊
◇チャレンジウォール…高さ7.4m×幅4.5mのクライミングウォール
◇わいわいホール…コンサート、セミナー、発表会等に利用できる多目的ホール。プロセニアムおよび可動式舞台 客席数292席
◇にぎわい広場…福島市の観光キャラクター「ももりん」をイメージしたももりんロボット。160インチ6面マルチスクリーン
◇リハーサルスタジオ…防音設備・ミキシングルーム併設、ピアノ・ドラムセット等
◇なぜだろうの部屋…科学実験室
◇つくろうの部屋…粘土貯蔵容器、電気陶芸窯、ろくろ等
◇子どもオープンスタジオ…鉄道模型

福島県

◇ITルーム…パソコン、デジカメ、プリンター等
◇のびのび広場…ソフトベンチ、ボールプール等
◇子どもキッチン…調理実習台、冷蔵庫、電子レンジ、ガスオーブン

【事 業】

・こむこむ館学習
　小・中学校等を対象に科学や芸術・文化に触れる体験学習の機会を提供する
・プラネタリウム
　平日は4回(午前は団体予約向けの投影)、休日は1日5回投影。学習投影、
　お仕事あとのプラネタリウム(大人も楽しめる内容)、特別投影(七夕、ク
　リスマス等の特別な投影)
・ワークショップ・イベント
　学校等では体験できないようなプログラムのワークショップやにぎわい広
　場やわいわいホール等を活用してイベントを開催
・企画展事業
　学校の長期休業期間中に特別展示を開催(妖怪・宇宙開発等の特別展示)
・地域連携事業
　地域の大学および企業等と連携しワークショップを実施
・ボランティア企画事業
　施設ボランティアによるワークショップ等の開催
・貸館事業
　〈貸出施設〉わいわいホール、企画展示室、大・小楽屋、学習室、リハー
　サルスタジオ、和室、子どもキッチン、つくろうの部屋

【出版物・グッズ】

　オリジナルグッズ：缶バッジ、シール、マグカップ

・所在地　〒960-8044　福島県福島市早稲町1-1
・ＴＥＬ　024-524-3131
・ＦＡＸ　024-524-3130
・ＵＲＬ　http://www.city.fukushima.fukushima.jp/site/comcom/
・E-mail　comcom@mail.city.fukushima.fukushima.jp
・交　通　JR福島駅東口 徒歩3分／福島交通市内バス こむこむ館前下車 徒歩0分
・開　館　AM9:30 ～ PM7:00(ホールの夜間使用がある場合に限り PM9:00まで
　　　　　延長)

福島県

- ・入館料　無料
- ・休館日　火曜日(ただし、学校の長期休業期間中は除く。また火曜日が国民の祝日に関する法律に規定する休日にあたる場合はその次の平日)
- ・施　設　鉄骨鉄筋コンクリート造，地上4階・地下1階建，延床面積9886㎡
- ・設　立　2005(平成17)年7月23日開館
- ・設置者　福島市長
- ・管　理　福島市教育委員会
- ・責任者　館長・入戸野修

館のイチ押し

　館長自ら行う科学に関するワークショップ、本格的な規模のクライミングウォールおよびプラネタリウム・子ども天文台、また福島市のキャラクター「ももりん」をモチーフにしたももりんロボットなどは近隣の公共施設ではあまり例がなく、こむこむ館の主要な人気コンテンツとなっております。

福島県

ふくしま森の科学体験センター
（ムシテックワールド）

　うつくしま未来博が2001（平成13）年7月7日から9月30日まで開催され、その未来博における恒久施設として須賀川市が建設した。未来博では、昆虫と科学をテーマとしたパビリオン「なぜだろうのミュージアム」として活用され、終了後の2001年11月1日から「ふくしま森の科学体験センター（愛称：ムシテックワールド）」として開設されている。実験室や工作室、フィールドワークのメニューを一新し、学校ではできない楽しく興味深い実験や工作を体験してもらい、科学する心を培えるような利活用を図っており、管理・運営は市と県が出資した（公財）ふくしま科学振興協会が行っている。
　子どもたちにとって極めて身近な存在である「昆虫」の生態メカニズムの中に潜んでいる科学原理や先端科学技術へのヒントを紹介し、科学技術への興味・関心を図るため、地域性をいかした「昆虫」を基本テーマに、サイエンスショー・展示・実験・工作・フィールドワークを展開している。

【展示・収蔵】
　プログラムテーマとして「科学の原理を学ぶ」「身の回りの科学への理解

福島県

を深める」「先端科学技術への関心を喚起する」の3つを基本テーマとし、また福島の豊かで美しい自然から未来を探り出すことの出来るテーマとして、昆虫関連の実験プログラムや屋外フィールド（ビオトープ、森林公園など）を利用した学習プログラムにより、楽しく科学することができる施設を目指している。

《サイエンス・ステージ》

正面にステージと200インチのスクリーンがあり、108人収容の階段式観覧席がある。科学に関するライブショーが行われ、画像・映像により科学の面白さを見出し、プログラムによる各種の実験ショーを通して、科学の楽しさ・不思議さを感じてもらい、科学する心を培うことをねらいとしている。

《創作工房・わくわくルーム》

木工などの工作機器、工作台を備えている。遊び感覚で楽しく工作プログラムに取り組め、学校、団体はもとより親子での参加も出来る内容となっている。定期的に特別企画展も開催している。

《科学実験教室・なぜなぜルーム》

スタッフの指導で誰もが科学者気分を味わえる。実験器具類は1人1台を基本とし、各自が直接実験に参加することによって、科学の不思議な現象をより身近に感じ、科学への興味を高める内容となっている。親子で参加できる内容の実験プログラムも数多く展開している。

エコハウスは、自然観察や昆虫採集等フィールドワーク活動の拠点となっており、ビオトープではメダカやヤゴ、ミズカマキリ、ゲンゴロウなど様々な水生生物を観察できる。

《再生可能エネルギーコーナー》

太陽光発電、風力発電、地熱発電など再生可能エネルギーのあり方について、考え、学ぶことができる展示コーナーを常設している。

《なぜだろうランド（常設展示室）》

シロアリがつくる巨大都市、トンボの飛行体験、驚異のスーパー繊維クモの糸など16アイテムを展示。見学者が昆虫の大きさになって昆虫の生態の能力や技術、進化、環境との関わりを体験できる。「昆虫から、科学へ。」発展的に学んでもらうことをねらいとしている。

《SUKAGAWAフライトアカデミー》

本格的なフライト体験のできるシミュレータと、様々な展示で飛行機の科学を学ぶ参加体験施設。コクピット展示コーナーには1974（昭和49）年に

子ども博物館美術館事典　65

福島県

DC-9-41型機(128人乗り)のパイロット訓練機材として開発したものを展示している。

【事　業】

サイエンスショー、工作プログラム、実験プログラム、野外観察プログラムを実施。

ほか、夏休み・冬休み・春休みは、特別企画展(年2回程度)、特別プログラムなどを実施している。

【出版物・グッズ】

機関紙「ムシテック通信」(隔月発行)

- ・所在地　〒962-0728　福島県須賀川市虹の台100
- ・ＴＥＬ　0248-89-1120
- ・ＦＡＸ　0248-89-1121
- ・ＵＲＬ　http://www.mushitec-fukushima.gr.jp/
- ・E-mail　mushitec@mushitec.or.jp
- ・交　通　バスまたは乗用車で福島空港から7km，あぶくま高原道路玉川ICから12km，東北縦貫自動車道須賀川ICから13km，JR須賀川駅から12km(ただし、空港・各駅から当施設までの路線バスは無い)
- ・開　館　AM9:00～PM4:30
- ・入館料　一般400円(320円)，高校・大学生200円(160円)，小学・中学生100円(80円)　※(　)内は20名以上の団体料金，SUKAGAWAフライトアカデミーは別料金，工作材料費はプログラムにより実費
- ・休館日　月曜日(祝日の場合は開館)，祝日の翌日(土・日の場合は開館)，年末年始(12月29日～1月3日)　※このほか臨時休館あり
- ・施　設　鉄筋コンクリート造一部鉄骨造2階建，敷地面積1万2061.94㎡　延床面積3876.67㎡　体験センター棟3871.77㎡
- ・設　立　2001(平成13)年11月
- ・設置者　須賀川市
- ・管　理　(公財)ふくしま科学振興協会
- ・責任者　(公財)ふくしま科学振興協会理事長・柳沼直三

館のイチ押し

実験、工作、フィールドなど多種多様な体験型プログラムが完備。

参加型サイエンスステージ(席数108)における各種サイエンスショーも好評。

茨城県

茨城県立児童センターこどもの城

　1981（昭和56）年、茨城県大洗町に「茨城県立児童センターこどもの城」は、宿泊型の大型児童館として開館。恵まれた自然の中で子どもたちがのびのびと活動しながら、お互いの心と心をかよわせ助け合う共同生活を体験することによって、情操を豊かにし、社会性を培うとともに、心身を鍛えることを目的としている。宿泊施設やキャンプ場・アスレチックや遊具などの設備があり、県内外問わず、幼稚園、保育園、学校、子ども会、スポーツ関係などの団体での宿泊学習や日帰り研修など様々な活動の場として利用されている。

【事　業】
　大洗の海を目の前にしたロケーションと豊かな松林の中で、自然を生かした遊びと、様々な活動を通じて健全育成活動を行っている。
　全国的にも貴重なB型の大型児童館として、宿泊施設と野外活動設備も併せ持つ施設となっており、夏休み期間にはキャンプ場の開設もしている。

茨城県

通常利用の他でも、ゴールデンウィークなどに無料開放のイベントやキャンプ事業の実施や、子育てカフェなど通年で多数のイベントも開催している。

工作類の体験販売では、キーホルダー作り、うちわ作り、革工作などを行っている。

キャンプ場

- ・所在地　〒311-1301　茨城県東茨城郡大洗町磯浜町8249-4
- ・ＴＥＬ　029-266-3044
- ・ＦＡＸ　029-266-3045
- ・ＵＲＬ　http://www.kodomonosiro.jp/
- ・E-mail　kodomo@crux.ocn.ne.jp
- ・交　通　大洗鹿島線 大洗駅よりバス(海遊号)にて15分
- ・開　館　AM9:00～PM5:00(PM4:00最終受付)
- ・入館料　日帰り：幼児無料、小・中学生30円、高校生70円、大人190円
　　　　　　宿泊：幼児無料、小・中学生190円、高校生360円、大人880円
- ・休館日　月曜日(祝日の場合には翌日に振替、7・8月は除く)、年末年始(12月29日～1月3日)
- ・施　設　鉄筋コンクリート2階建、建築面積1996.17㎡ 敷地面積25840.47㎡
- ・設　立　1981(昭和56)年4月
- ・設置者　茨城県
- ・管　理　(福)茨城県社会福祉事業団
- ・責任者　所長・中山香織

> 館のイチ押し
>
> ・自然豊かな環境でのキャンプ活動やうどん打ち、工作類の活動
> ・通年で開催している、赤ちゃんから児童まで対応した様々なイベント
> ・地元食材を生かした食事提供

茨城県

国土地理院「地図と測量の科学館」

　国土地理院「地図と測量の科学館」は、地図や測量に関する歴史、原理や仕組み、新しい技術などを総合的に展示して、私たちの生活にかかせない地図の役割を誰もが楽しみながら、体感できる施設である。研修の場、学習の場として児童・生徒をはじめ学生・社会人に至るまで幅広い方々の地図と測量に関する「学び」を支援している。また、国土地理院が保有する膨大な測量成果や各種資料の閲覧・提供を行っている。

【展示・収蔵】
　地図と測量の科学館は、展示館、地球ひろば、情報サービス館の3つの施設に分かれている。
《展示館》
　常設展示室、特別展示室、地図のギャラリー、オリエンテーションルームなどから構成されている。
　◇常設展示室
　　常設展示室では、パネルや映像による解説、機器等の体験展示など、様々な視点から地図と測量の姿に触れることができる。また都道府県のパズ

日本列島空中散歩マップ

茨城県

ルや地図や測量のクイズなど、地図や測量について楽しみながら学べる。

◇特別展示室

「児童生徒の地図作品」「測量機器の変遷」など、地図や測量に関するテーマで、随時「企画展」を開催。

◇オリエンテーションルームと地図のギャラリー

オリエンテーションルームは、約80人が収容可能な視聴覚ルームであり、国土地理院の業務紹介ビデオや子ども向けビデオを上映している。

地図のギャラリーは、国土地理院の業務や測量の日「特別企画イベント」の様子などをパネルで紹介している。

《地球ひろば》

高さ約2m、直径約22m、地球の丸さや日本の領域の広さなどを体感できる「日本列島球体模型」や測量用航空機として実際に使用された「くにかぜ（1号機）」を展示している。また、地図記号を遊びながら学べる地図記号のクイズラリーを実施している。

《情報サービス館》

国土地理院が実施した測量によって得られた測量成果等の閲覧および謄本交付のサービスを提供している。

【事　業】

科学技術週間一般公開（4月中旬）

測量の日「特別企画イベント」（6月初旬の日曜日）

夏休み測量体験教室

「地図と測量のおもしろ塾」の実施　など

【出版物・グッズ】

地図や測量に関連する本など

- ・所在地　〒305-0811　茨城県つくば市北郷1
- ・ＴＥＬ　029-864-1111（代表），029-864-1872（見学窓口）
- ・ＦＡＸ　029-864-3729
- ・ＵＲＬ　http://www.gsi.go.jp/MUSEUM/index.html
- ・交　通　つくば駅（つくばセンター）から関東鉄道バス 建築研究所行き（土日運休）または 関鉄パープルバス 下妻駅行きで約10分 国土地理院下車
- ・開　館　AM9:30 ～ PM4:30
- ・入館料　無料

70　子ども博物館美術館事典

茨城県

- **休館日** 月曜日(休日の場合は順次翌日),年末年始(12月28日〜1月3日)
- **施 設** 鉄筋コンクリート2階建,展示館4630㎡,情報サービス館1185㎡
- **設 立** 1996(平成8)年6月
- **設置者** 国土交通省国土地理院
- **管 理** 国土交通省国土地理院
- **責任者** 国土地理院長・越智繁雄

館のイチ押し

　正面入り口を入ると、床一面に大きな日本地図〜縮尺10万分の1「日本列島空中散歩マップ」〜が広がる。この地図を専用のめがねを掛けて覗くと、山や海底地形を立体的に見ることができ、日本列島をあたかも上空から眺めているように感じられる。

関東

子ども博物館美術館事典　71

茨城県

つくばエキスポセンター

　1985(昭和60)年、「人間・居住・環境と科学技術」をテーマとして、茨城県筑波研究学園都市において開催された国際科学技術博覧会は、わが国各界各層の協力と世界各国の参加を得て、開催趣旨である科学技術に対する国民的理解の向上、科学技術を通じた国際親善への貢献、および筑波研究学園都市の育成等において多大な成果をあげた。(公財)つくば科学万博記念財団は、この成果をさらに発展させるとともに、「つくばエキスポセンター」を拠点として、青少年に対する科学技術の普及啓発、科学技術を通じた国際交流の促進、産・学・官の連携促進等の事業を行うことにより、わが国における科学技術の振興を図ることを目的として1986(昭和61)年3月に設立された。「つくばエキスポセンター」の開館は1986(昭和61)年4月。
　つくばエキスポセンターは、研究機関が集まるつくばの中心に位置し宇宙・海洋・エネルギー・ナノテクノロジー・生命科学・地球環境などの科学技術を見て触れて楽しめる科学館である。毎月テーマを変えて「あっ！」と驚く不思議で楽しい「サイエンスショー」や、身近な材料で工作する「科学教室」を実施している。ドームの直径が25.6mある世界最大級のプラネタリウムでは、季節ごとにオリジナル番組などを上映している。

茨城県

【展示・収蔵】

《展示スペース》

参加体験型のサイエンス展示を行っている。

◇エントランスホール…「テクノ筑丸」、「楽しい科学体験・相談コーナー」、
「サイエンスシティつくば再発見」等

◇1階展示場…サンクルーザー、科学遊園、タイムカプセル、エアバズー
カ、KAZ(高性能電気自動車)、「サイエンスワークス〜科学者のしごと〜」
「科学万博―つくば'85メモリアル」等

◇2階展示場…「夢への挑戦―のぞいてみよう科学がひらく未来」、「3D
シアター」等

◇屋外展示場…「H-Ⅱロケット(実物大模型)」、「ゆるぎ石」、「南極用雪上
車」、「音叉を鳴らしてみよう！」等

◇屋外ひろば…幼児用玩具

《プラネタリウム》

直径25.6m、世界最大級のドームでは「ジェミニスターⅢ」によって投
影される、38万個の星と迫力の全天周デジタル映像を見ることができる。
星空生解説、オリジナル番組、こども番組、特別番組などプログラムも豊
富。四季折々の満天の星の下で、楽しいひと時を過ごせる。英語の副音声、
日本語の補聴援助システム(磁気ループ・イヤホン)、日本語字幕(週3回)
の上映にも取り組んでいる。

【事　業】

サイエンスショー(第1・3土日祝)、科学教室(第2・4土日祝)、エキスポ
探検隊(第2・4日曜)、天体観望会(奇数月と8月、第3土曜)、ミーツ・ザ・
サイエンス、全国ジュニア発明展等

【出版物・グッズ】

「子供も大人も夢中になる 発明入門」
(公益財団法人 つくば科学万博記念財団／監修　全国ジュニア発明展実行委
員会／編　誠文堂新光社／刊)

茨城県

- **所在地** 〒305-0031　茨城県つくば市吾妻2-9
- **TEL** 029-858-1100
- **FAX** 029-858-1107
- **URL** http://www.expocenter.or.jp/（エキスポセンター）
  http://www.tsukuba-banpaku.jp/（財団）
- **E-mail** expopost@expocenter.or.jp
- **交　通** 〈電車・バス〉常磐線 ひたち野うしく駅より つくばセンター方面行き
  バスで25分／つくばエクスプレス つくば駅下車 A2出口より徒歩約5
  分
  〈車〉常磐自動車道 桜土浦IC経由 約15分／圏央道 つくば中央IC経由
  約10分
- **開　館** AM9:50 ～ PM5:00（12月・1月の平日のみPM4:30閉館）
- **入館料** おとな410円（310円），こども210円（160円）
  プラネタリウム券（入館含む）：おとな820円（620円），こども410円（310円）
  ※（ ）内は20名以上の団体料金，おとなは18才以上，こどもは4才〜
  高校生，3才以下は無料
- **休館日** 月曜日（祝日の場合は翌日），月末火曜日，年末年始　※臨時休館あり
- **施　設** 鉄筋コンクリート2階建，敷地面積2万5655㎡ 延床面積1万0123㎡
- **設　立** 1986（昭和61）年4月
- **設置者** （公財）つくば科学万博記念財団

館のイチ押し

　プラネタリウムオリジナル番組は、季節ごとに当館スタッフが企画制作した番組です。

　春と夏に開催する特別展は、様々なテーマを取り上げ、体験型の展示を通してサイエンスを感じ考えることができます。

茨城県

日立シビックセンター科学館

　1990（平成2）年に、日立市を中心とした広域における文化の創造と発信の活動拠点として建設された日立シビックセンターの8階・9階にオープンした。

【展示・収蔵】
　科学館には、実際に見て、触れて、体験できる展示物が約130点あり、子どもから大人まで科学のおもしろさを発見することができる体験型の展示フロアである。また、毎日、その日の夜の星座を解説員がご案内する天球劇場（プラネタリウム）も併設している。
◇8階展示フロア『サイエンスワンダーランド』…参加体験型の科学展示物を中心に構成。「回転の世界」、「数学のギャラリー」、「エネルギーパラダイス」、「錯視錯覚の世界」、「マニエリスムの回廊」、「幼児コーナー」など。
◇9階展示フロア『サイエンススタジオ』『天球劇場』…「無響回廊」、休憩所のほか、サイエンススタジオでは科学の不思議を楽しく紹介するサイエンスショーを毎日実演している。また、内径22ｍの天球劇場では、光学式プラネタリウム投影機「MEGASTAR-ⅡA（ES）」と宇宙シミュレーションシステム「Uniview」による上映やプラネタリウムの生解説、コンサートなどが行われている。

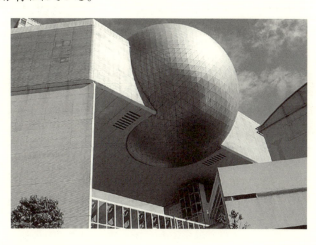

茨城県

◇10階屋上『屋上庭園（セレスティアルガーデン）』…市内が一望できる展望台「銀河鉄道橋」や、ロープでできたジャングルジム「ジャイアントプレイバベル」など、遊びと展望のスペース。

◇地下1階：チェックインカウンター、ミュージアムショップ

【事　業】

・夏の特別展の他、春・冬における特別イベントの実施。

・土日祝日開催の工作コーナーや毎日実演しているサイエンスショー。

・毎年2月に全国のサイエンスショー担当者が集まる研修会「日立サイエンスショーフェスティバル」の実施。

・天球劇場（プラネタリウム）は毎日ライブトークの星座解説を行っている。

・所在地　〒317-0073　茨城県日立市幸町1-21-1
・ＴＥＬ　0294-24-7731
・ＦＡＸ　0294-24-7975
・ＵＲＬ　http://www.civic.jp
・E-mail　kagaku@civic.jp
・交　通　〈電車〉JR常磐線 日立駅中央口下車 徒歩3分
　　　　　〈車〉常磐自動車道 日立中央ICから8分
・開　館　AM10:00 ～ PM6:00（入館はPM5:00まで）
・入館料　大人520円（470円），小中学生320円（270円），幼児無料　※（ ）内は30名以上の団体料金，天球劇場とのセット券あり
・休館日　毎月最終月曜日（祝日にあたる場合は開館），年末年始
・施　設　高さ：地下9m・地上56m，階数：地下1階・地上10階，建築面積4700㎡
・設　立　1990（平成2）年11月8日（日立シビックセンター），12月14日（科学館）
・設置者　日立市
・管　理　（公財）日立市民科学文化財団
・責任者　理事長・赤津敏明

館のイチ押し

　毎日実演している科学実験ショー「サイエンスショー」。楽しい実験を生で見ることができます。

茨城県

ミュージアムパーク茨城県自然博物館

　ミュージアムパーク茨城県自然博物館は、自然界のしくみや茨城の自然の特色、自然と人間の関わり等を紹介し体験させる場として設置された。自然についての理解を深め科学する心を養うとともに、自然を愛する豊かな人間性の涵養と自然愛護思想の高揚を図ることを目的としている。

【展示・収蔵】
　展示は、自然界全体のしくみや人間と自然の関わりについて、ストーリー性を持たせた5つの展示によって紹介した総合展示と、豊かな茨城の自然を再発見する部門展示からなる。さらに、本館展示で学んだことが野外で実体験できるよう、16haにおよぶフィールドを有する。
《総合展示》
　(1)進化する宇宙…隕石や真空実験装置などで、宇宙や銀河系、太陽系などについて展示。
　(2)地球の生いたち…地球上における生命の誕生から、多様な生物への進化、これらと密接な関係にある自然環境の移り変わりなどについて、化石や岩石などを中心に展示。
　(3)自然のしくみ…世界のさまざまな環境に生きる代表的な生物、身近に生

茨城県

きる動物、植物、細菌類などの生物どうしの複雑な関係、生き物が生活する環境などについて展示。

(4)生命のしくみ…体のつくりやはたらき、その体を構成する細胞のつくりやはたらきについて展示。

(5)人間と環境…人間の活動によって起こった動植物への影響や、自然環境破壊の現状、壊された自然環境を回復するための様々な努力について展示。

《部門展示》

茨城の大地の生いたちや、それを物語る岩石や化石、茨城に生息する動物、植物について展示。

《野外施設》

野鳥や昆虫、草花などを観察するネイチャートレイルを設置。隣接する菅生沼では、コハクチョウやカモ類など150種以上の鳥が観察できる。

当館では、茨城の自然およびそれに関連する資料を収蔵し、又は保管する機能並びに茨城の自然に関する情報を発信する機能を果たすため資料の収集を行っている。収集する資料は(1)茨城の自然に関する資料(2)前号に関連する国内又は国外の資料(3)自然博物館の教育普及又は学術調査研究に関する資料であり、2015(平成27)年度末までに35万3681点の資料が収集された。代表的な収蔵品として、南部小室コレクション、鈴木昌友コレクションがある。

《南部小室コレクション》

手稲鉱山、尾去鉱山、高取鉱山などで鉱山技師として働いていた南部秀喜が54年間かけて収集した3150点の鉱物資料に、小室吉郎が約20年間に収集した2604点の鉱物資料を加えたものである。多彩な産状の鉱物種を有する。

《鈴木昌友コレクション》

鈴木昌友茨城大学名誉教授が、大学在籍中の約50年間に学生とともに採集した約4万3000点に及ぶ主に維管束植物のさく葉標本である。茨城県内をくまなく歩き採集された標本で、茨城のフロラの基礎資料となる標本である。

【事業】

自然講座、自然観察会、自然教室(各不定期)、サンデーサイエンス(毎週日曜日)、化石のクリーニング(毎週木曜日・毎月第1土曜日)、わくわくディスカバリー(月1回程度)、友の会事業等。

茨城県

【出版物・グッズ】

「年報」(年刊)／「展示解説書」(各企画展毎)／「茨城県自然博物館研究報告」
(年刊)／「自然博物館ニュース A・MUSEUM」(年4回発行)

- ・所在地　〒306-0622　茨城県坂東市大崎700
- ・Ｔ Ｅ Ｌ　0297-38-2000
- ・Ｆ Ａ Ｘ　0297-38-1999
- ・Ｕ Ｒ Ｌ　https://www.nat.museum.ibk.ed.jp/
- ・E-mail　webmaster@nat.museum.ibk.ed.jp
- ・交　　通　〈車〉常磐自動車道谷和原ICから20分，古河方面から境町経由50分，
下館方面から下妻市経由1時間10分，土浦方面から水海道市経由1時間
〈鉄道・バス〉東武アーバンパークライン(野田線)愛宕駅から茨城急行
バス 岩井車庫行き 自然博物館入口下車 徒歩10分／つくばエクスプレ
ス・関東鉄道常総線 守谷駅から関東鉄道バス 岩井バスターミナル行き
自然博物館入口下車 徒歩5分
- ・開　　館　AM9:30 ～ PM5:00(入館はPM4:30まで)
- ・入館料　本館・野外施設 通常時：一般530円(430円)，高校・大学生330円(210円)，
小・中学生100円(50円)
本館・野外施設 企画展開催時：一般740円(600円)，高校・大学生450
円(310円)，小・中学生140円(70円)
野外施設のみ：一般210円(100円)，高校・大学生100円(50円)，小・
中学生50円(30円)
年間パスポート：一般1540円，高校・大学生1030円，小・中学生310円
※( )内は20名以上の団体料金，未就学児・満70歳以上の方・障害者
手帳をお持ちの方は無料，春・夏・冬休み期間中を除く毎週土曜日は小
中高生無料
- ・休館日　月曜日(休日の場合は翌日以降)，年末年始(12月28日～1月1日)
- ・施　　設　RC造(一部S造)，地上2階(一部地下1階・地上3階)，敷地面積15万
8067㎡　延床面積1万1995㎡　展示面積4145㎡
- ・設　　立　1994(平成6)年11月
- ・設置者　茨城県
- ・責任者　館長・横山一己

館のイチ押し

　年3回、タイムリーな話題の企画展を開催している。また、年間通し
てファミリー向けイベント、一般向けイベント、体験教室など多彩なイ
ベントを実施している。

関東

栃木県

おもちゃのまちバンダイミュージアム

　2007(平成19)年、かつて日本の玩具メーカーの生産拠点であった栃木県壬生町(みぶまち)おもちゃのまちに、バンダイの玩具研究開発施設を改装利用し、地域産業への貢献と子供たちへおもちゃを通じて、物づくりの楽しさを体感できる施設として開館。
　『日本のおもちゃ』『西洋を中心とするアンティークトイ』『ホビー(ガンダム)』そして『エジソンの発明品』の4つのテーマゾーンからなり、"見て・遊んで・学べる"ミュージアムをコンセプトとしている。

【展示・収蔵】
　『日本のおもちゃ』では、江戸時代から現代までの様々なおもちゃを展示し、中でも昭和の懐かしいブリキ玩具からTVアニメ等の人気ヒーローまで、年齢性別を問わず話題性の高いおもちゃを展示。
　『西洋のアンティークトイ』では、約100年前のヨーロッパの貴重かつ希少価値の高い乗り物・人形などの玩具を展示。
　『ホビー(ガンダム)』では、初代ガンプラから最近のガンプラを中心に展示し、日本初の原寸大(約6m)のガンダム胸像は圧倒的な迫力である。
　『エジソン』では、エジソンの発明品(本物)コレクション数と質では日本でトップを誇り、発明王エジソンの発明品を目の当たりにすることができるとともに、エジソンの人物像(生き方・考え方)も学ぶことができる。

栃木県

そのほかおもちゃと遊べる室内『プレイエリア』、ヒーローになりきれる『なりきりコーナー』、屋外には約3,000㎡の芝生広場があり、ボール遊びやピクニックを楽しむこともできる。収蔵品は約35,000点、展示は約15,000点。

1/1原寸大ガンダム胸像

【事　業】
- ワークショップ…親子で楽しめるプラバンキーホルダー、自由に作れるアイロンビーズ等(有料常時)
- 夏休みにはガシャポンカプセルを再利用したエコはんこづくり(無料)
- 企画展は年4回程度開催され、常設展では味わえない展示展開をしている。
- エジソンガイド…エジソンミュージアムでは小学生から大人まで、エジソンの人物および発明品の説明はもちろん、本物の蓄音機等の実演も行っている。

【出版物・グッズ】
　販売は行っていない。

- 所在地　〒321-0202　栃木県下都賀郡壬生町おもちゃのまち3-6-20
- ＴＥＬ　0282-86-2310
- ＦＡＸ　0282-86-5076
- ＵＲＬ　http://www.bandai-museum.jp
- E-mail　bandai-museum@bandai.co.jp
- 交　通　〈電車〉東武宇都宮線 おもちゃのまち駅下車 徒歩10分
　　　　　〈車〉北関東自動車道 壬生ICより5分
- 開　館　AM10:00～PM4:30(入館はPM4:00まで)
- 入館料　大人1000円(800円)、小人(4歳～中学生)600円(400円)、3歳以下無料
　　　　　※(　)内は20名以上の団体料金
- 休館日　年中無休　※臨時休館あり, ホームページ等で要確認
- 施　設　ガラス壁面2階建, 建築面積2380㎡, 屋外に3000㎡芝生広場あり
- 設　立　2007(平成19)年4月
- 設置者　(株)バンダイ
- 管　理　(株)バンダイ
- 責任者　館長・金井正雄

子ども博物館美術館事典　81

栃木県

栃木県子ども総合科学館

　栃木県子ども総合科学館は、21世紀を担う子どもたちの科学する心や態度を培い、心豊かで創造性に富んだ社会人として成長することを願って栃木県が建設した。1988(昭和63)年5月開館。
　展示を中心とした科学および科学技術の普及啓発施設としての機能と、健全な遊びを通して心身ともに健全な子どもの育成を図るための児童厚生施設としての機能を併せ持つ、総合的な施設である。
　本館にはプラネタリウム、天文台もある。また、屋外の敷地には様々な遊具がある。

【展示・収蔵】
　科学の基本となる原理原則を取り上げた「身近な科学」、広大な宇宙から地球、そのなかで生活する人間をテーマとした「宇宙の科学」「地球の科学」「生命の科学」、人間の知恵と努力によって生み出された科学技術をテーマとした「情報の科学」「エネルギーの科学」「乗り物とロボットの科学」、種々の遊具や遊びの素材を用意した「遊びの世界」によって構成されている。

栃木県

　展示数は、上記理工系のテーマで約240点。参加型の展示に主眼を置き、可動装置や実験装置、実演などを多く取り入れ、来館者が直接触れ、操作しながら、体験を通して理解できるよう工夫している。

【事　業】
　企画展（年2回）、季節の催し、サイエンスショー（毎日）、移動科学館、各種工作教室、天体観望会、遊びのプログラム、児童館フェア等

【出版物・グッズ】
　催し案内（季刊）／年報（年刊）／その他、ポスター・チラシ等

- ・所在地　〒321-0151　栃木県宇都宮市西川田町567
- ・ＴＥＬ　028-659-5555
- ・ＦＡＸ　028-659-5353
- ・ＵＲＬ　http://www.tsm.utsunomiya.tochigi.jp
- ・交　通　〈電車〉東武宇都宮線 西川田駅下車 徒歩20分
　　　　　〈車〉北関東自動車道 壬生ICから約6km
- ・開　館　AM9:30 〜 PM4:30（入館はPM4:00まで）
- ・入館料　展示場：大人540円（430円），小人（4歳以上〜中学生以下）210円（170円）
　　　　　プラネタリウム：大人210円（170円），小人100円（80円）
　　　　　※（　）内は20名以上の団体料金，身体障害者手帳・療育手帳・精神障害者保健福祉手帳をお持ちの方で手帳の提示があった場合は展示場およびプラネタリウム料金が無料
- ・休館日　月曜日（祝日を除く），毎月第4木曜日（3月・7月・8月および祝日を除く），祝日の翌日（8月の土日の場合を除く），年末年始
- ・施　設　鉄骨鉄筋コンクリート造2階建（屋上に天文台設置），敷地面積16万7585.42㎡　建物面積7121.79㎡　延床面積1万44㎡
- ・設　立　1988（昭和63）年5月
- ・設置者　栃木県
- ・管　理　（公財）とちぎ未来づくり財団
- ・責任者　館長・山口敏之

館のイチ押し

◇春と夏の企画展

子ども博物館美術館事典　83

栃木県

壬生町おもちゃ博物館
（みぶまち）

　玩具メーカーの工場が集中し、国内のおもちゃの生産拠点であった栃木県壬生町に設けられた博物館。子どもたちがおもちゃとの触れ合いを通して、心豊かで創造性に富んだ人間に成長することを願い、あわせて地場産業の活性化、観光資源の開発を目的に、ふるさと創生事業の一環として、1995(平成7)年に建設された。
　2012(平成24)年3月には、館内をリニューアルオープン。
　おばあちゃん・お母さんから子どもまで、3世代が一緒に楽しめる人気の博物館になっている。

【展示・収蔵】
　3階建ての明るくカラフルな館内は、楽しさがあふれる空間。
◇1階「きっずらんど」
　大型遊具の「きんぐとくぃーん」が設置されており、すべり台やネットトンネルなど体を使って思いっきり遊ぶことができるほか、自由におもちゃを手にとって遊ぶことができる部屋がある。

きんぐとくぃーん

栃木県

◇2階「きっずたうん」
　約50,000点の収蔵品の中から厳選されたおもちゃ約9,000点を展示。年代別やキャラクターごとの展示や、昔懐かしいブリキなどの貴重なおもちゃも展示されており、大人も童心に帰る楽しさ。
　壬生町が「おもちゃのまち」として栄えたきっかけや歴史などを紹介するコーナーもある。
◇3階「そらのひろば」
　眺望が素晴らしい展望ゾーン。小さな子ども達向けの遊び場になっている。
◇別館2階「鉄道模型の部屋」
　北関東最大級のジオラマがあり、自分の好きな電車を走らせることが可能（有料）。NゲージとHOゲージの運転体験ができ、鉄道模型の世界を満喫することができる。

【事　業】
・毎月イベントを開催
　　　第1日曜日「マジックショー」
　　　第2日曜日「おりがみしよう」
　　　第3日曜日「おもちゃ病院」・家庭の日のためこども入館無料
　　　第4・第5日曜日「ぬりえをぬろう」
　　　※都合により変更・中止となる場合あり
・春休みや夏休みには特別企画展を開催
・GWには「おもちゃふれあいまつり」を開催

・所在地　〒321-0211　栃木県下都賀郡壬生町国谷2300
・ＴＥＬ　0282-86-7111
・ＦＡＸ　0282-86-7112
・ＵＲＬ　http://www.mibutoymuseum.com/
・交　通　〈電車〉東武宇都宮線 おもちゃのまち駅 または 国谷駅下車 タクシーで約5分，徒歩の場合は約30分／JR宇都宮線「石橋駅」下車 タクシーで約20分
　　　　　〈車〉北関東自動車道 壬生ICから約3分
・開　館　AM9:30 ～ PM4:30（8月はPM5:00まで）
・入館料　おとな（高校生以上）600円，こども（4歳～中学生）300円
・休館日　月曜日（祝日・振替休日の場合は翌日，8月は休まず開館），年末年始（12月28日～1月2日）
・施　設　鉄筋コンクリート造，本館3階・別館2階，総敷地面積1万183㎡

子ども博物館美術館事典　85

栃木県

- ・設　立　1995（平成7）年4月23日
- ・設置者　壬生町
- ・管　理　（一財）壬生町施設振興公社
- ・責任者　理事長・粂川元一

館のイチ押し

　2階「みんなのひろば」では、目や耳の不自由な子どもも一緒に遊べるユニバーサルデザインのおもちゃ、「共遊玩具」を全国で唯一常設展示している。遊びやすい工夫や配慮がされたおもちゃを触って体験することができ、おもちゃのもつ可能性を改めて発見できる。

群馬県

群馬県生涯学習センター少年科学館

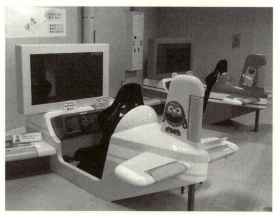

フライトシミュレータ

　1987(昭和62)年10月28日、群馬県生涯学習センター開館と同時にセンターの併設館として、少年科学館科学実験室とプラネタリウムホール開館。1988(昭和63)年5月3日、少年科学館科学展示室開館。1991(平成3)年3月2日、「おもしろ科学教室」指導者の会「群馬県生涯学習センター・サイエンスインストラクターの会」設立。少年科学館の主要な柱である科学展示物の整備・充実とプラネタリウム番組の投影、そして、これらの効果的な活用のためのソフト面(教育普及活動、情報提供、学習支援者の導入・活用など)の充実に努め、県民に親しまれ、開かれた科学館活動を展開している。

【展示・収蔵】

　大きく分けて、科学展示室とプラネタリウムからなる。科学展示室では、参加体験型の展示を通して科学の不思議さやおもしろさを学ぶことができる。また、2001(平成13)年4月に開設した「実験コーナー」や2015(平成27)年4月に開始した「サイエンスショー」において、職員と来館者との交流を図ることを大切にしている。ドーム直径18m、座席数200席のデジタル式プラネタリウムでは、一般投影と(春・夏・秋・冬の星座解説と一般番組。平日は午後2回、土・日・祝日および学校長期休業期間は4回投影)と、児童生徒・幼児等を対象にした団体専用の学習投影(職員による生解説、平日午前中のみ投影)を行っている。

《科学展示室》
　◇科学の基礎を学ぶコーナー…磁石と音の不思議やパラボラアンテナでの

群馬県

通信が体験できるコーナー。「つかんでごらん」「空中散歩」「電気でマジック」「働きものの滑車」等。

◇生活を科学するコーナー…発電の仕組みや通信技術など、身の回りの科学技術を体験するコーナー。「フライトシミュレータ」「空っ風発電」「車は急に止まれない」等。

◇夢と遊びのコーナー…光と音の不思議やマルチメディアを体験するコーナー。少年科学館のマスコットロボットで音声認識のできる対話型の「ロボット『ひかる』」、「ダンシングハープ」「プラズマのダンス」「マルチメディアコーナー」等。

◇宇宙科学のコーナー…宇宙科学を体験するコーナー。「スターウォッチング」等。

◇実験コーナー…主に子どもを対象にして簡単な科学実験や科学工作を行うスペース。月ごとにテーマを変え、日・祝日に実施。

◇サイエンスショー…来館者を対象にして、科学の不思議さやおもしろさを紹介する科学ショー。担当職員ごとにテーマを変え、土曜日に実施。

【事　業】

《科学教育普及・推進事業》

おもしろ科学教室(通年、主に土・日および祝日。県内各地の社会教育施設等と連携し、小中学生を対象にした科学実験、科学工作、野外活動などの体験活動を実施。有料。事前申込みが必要)、夏休みサイエンスウィークおよび児童生徒科研究作品展・相談会(夏休み期間中)、天体観察会(年3回ほど実施)、子ども宇宙教室(年1回ほど実施)、天文ABC(年1回ほど実施)、学校外活動指導者養成・活用事業(教職員、社会教育施設職員、サイエンスインストラクター、県民一般を対象に年2回実施)、立体映像で宇宙旅行が体験できる「天文コーナー」(平日1回、土・日・祝日3回実施)など。

《学者連携・融合推進事業》

小中学校の理科学習等に対応するため、少年科学館の施設・設備をより効果的に活用する学習プランを作成し、学校の教育活動の場としての利用促進を図る。

【出版物・グッズ】

少年科学館リーフレット

群馬県

- ・所在地　〒371-0801　群馬県前橋市文京町2-20-22
- ・ＴＥＬ　027-224-5700(センター代表)，027-220-1876(科学館直通)
- ・ＦＡＸ　027-221-5000(センター代表)
- ・ＵＲＬ　http://www.manabi.pref.gunma.jp/syonen/
- ・E-mail　center@manabi.pref.gunma.jp
- ・交　通　〈前橋ICから〉前橋IC出口から東方向へ3つ目交差点を右折し直進5km
　　　　　　〈前橋南ICから〉前橋南IC出口から北方向に5.5km
　　　　　　〈前橋駅から〉南口から徒歩20分・タクシー4分，「マイバス東循環(左
　　　　　　回り 循54)」生涯学習センター前下車 徒歩1分
- ・開　館　AM9:30 ～ PM5:00
- ・入館料　科学展示室：無料　プラネタリウム観覧料：大人300円(240円)，中学
　　　　　　生以下無料　※( )内は20名以上の団体料金，身体障害者手帳・療育
　　　　　　手帳または精神障害者保健福祉手帳を持たれている方およびその介護者
　　　　　　1名は無料
- ・休館日　月曜日(祝日にあたるときは翌日)，年末年始(12月27日～1月5日)，
　　　　　　整備点検日(原則、毎月1回火曜日)
- ・施　設　鉄筋コンクリート造3階建(3階はプラネタリウムホールが占有)，敷地
　　　　　　面積2万6580㎡(生涯学習センター全体)，延床面積116.44㎡(プラネタ
　　　　　　リウムホールを含む)，展示室658㎡(1階・2階の合計)
- ・設　立　1988(昭和63)年5月
- ・設置者　群馬県
- ・管　理　群馬県
- ・責任者　館長・髙橋宏明

館のイチ押し

- ・『フライトシミュレータ』(飛行機に乗って自分で操縦しながら県内を
　上空から眺めることができ、「ぐんま天文台」や「ぐんま昆虫の森」
　など子ども達が行きたくなるような施設の説明もあるので、とても人
　気の展示物です)
- ・『ぐんまちゃんの不思議な部屋』(人が立つ場所によって大きさが違っ
　て見える不思議な部屋で、群馬県産材のスギを使って組み立てられて
　いる温かみのある展示物です)
- ・『車は急に止まれない』(開館当初からある昭和に作られたドライブシ
　ミュレータで、古いため高得点を出すのが難しくなっています。そこ
　で、高得点を出した人には「優良運転証明書」を発行しているとても
　人気のある展示物です)

群馬県

ぐんまこどもの国児童会館

　1990(平成2)年10月、21世紀を担う子ども達の心身を健やかに育み、豊かな情操を培うことを目的に開館した児童会館は、多種な遊具と自然林に囲まれた広大な「ぐんまこどもの国」の中の屋内施設である。

　児童福祉法に規定する児童厚生施設として、児童に質の高い遊び場を提供する機能、児童の科学館・文化館としての機能、県内唯一の大型児童館であり、地域の児童館の運営を支援する機能、児童健全育成の環境づくりを行う機能を備えた、群馬県における児童健全育成の総合センターとしての役割を持ち、多様な事業に取り組んでいる。

【展示・収蔵】
◇サイエンスワンダーランド…幼児から楽しめる23点の体験型常設展示
◇こども図書室…絵本、児童書、紙芝居、コミック、育児書等の自由閲覧
◇スペースシアター…直径18mドーム182席のプラネタリウム
◇クラフトルーム…多種素材を利用した工作や季節行事に沿った工作体験

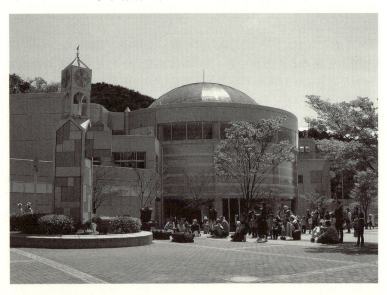

群馬県

◇プレイルーム…乳幼児を対象とした遊具の設置
◇ビデオライブラリー…優良なDVDやビデオを鑑賞
◇パソコンルーム…インターネットやプログラミング、パソコンゲームの体
　験
◇多目的ホール…可動式の312席による劇の鑑賞や運動遊具を配置しての体
　育館的な活用等多目的な使用

【事　業】
・学校長期休暇に合わせて行う「企画事業」では、幅広い年代層が楽しめる
　体験型イベントを開催。
・平日は、乳幼児親子向けにリトミックや親子遊びを提供する「おやこサロ
　ン」や赤ちゃん向け絵本を紹介する「おはなしひろば」、赤ちゃんの手形
　をとる「おたんじょうてがた」等を行い、土日祝日にはサイエンスショー
　や科学講座、造形教室、パソコン工房、長編アニメの映画会、外遊びを行
　う「とことん外で遊び隊」等、幼児から小学生、親子を対象とした各種事
　業を実施している。
・県内児童館をまとめる事務局を持ち、児童館や放課後児童クラブ職員を対
　象とした研修会や県内児童館が集まり活動成果を発表する「児童館フェス
　ティバル」の開催、県内の子育て支援団体等に出向く「移動児童館」、施
　設ボランティアと小学校中・高学年を中心としたジュニアスタッフの育成、
　絵画と創作童話を募集する「ぐんまこどもの夢大賞」、子育て相談事業等
　を実施している。

【出版物・グッズ】
・「第24回ぐんまこどもの夢大賞作品集」（2016）※第1回から毎年発行
・「遊びに行こうよ！　ぐんまの児童館ガイドブック〜児童館67館＋屋内施
　設8館のご案内〜」（2016）
・オリジナルマスコットキャラクター「にこっとちゃん」ノベルティグッズ

・所在地　〒373-0054　群馬県太田市長手町480
・ＴＥＬ　0276-25-0055
・ＦＡＸ　0275-25-0059
・ＵＲＬ　http://www.kodomonokuni.or.jp/
・E-mail　http://kodomonokunijidoukaikan.jimdo.com/お問い合わせ/（問い合わ
　せフォーム）

子ども博物館美術館事典　91

群馬県

- ・交　通　〈電車〉東武桐生線 三枚橋駅より1.6km 徒歩約20分／東武伊勢崎線 太田駅より5.0km タクシー約10分
　　　　　〈車〉東北自動車道 館林ICより約25km 約50分／佐野ICより約30km 約1時間／関越自動車道 東松山ICより約38km 約1時間20分／北関東自動車道 太田薮塚ICより約11km 約20分／太田桐生ICより約8km 約15分
- ・開　館　AM9:30 ～ PM5:00
- ・入館料　無料　プラネタリウム観覧料：大人300円，小中学生無料
- ・休館日　月曜日（祝日の場合は翌日，春・夏・冬休み期間中は開館），年末年始（12月29日～1月3日）
- ・施　設　鉄骨鉄筋コンクリート3階建，敷地面積2081.16㎡，屋外に群馬県立金山総合公園18.7ha
- ・設　立　1990（平成2）年10月21日開館
- ・設置者　群馬県
- ・管　理　（公財）群馬県児童健全育成事業団
- ・責任者　理事長・小出省司

館のイチ押し

　平日は乳幼児親子がのんびりと過ごしたり、週末は学童期の子どもから親子までアクティブに、遊んで学べる多機能型児童館。屋内施設なので天候にかかわらず遊べます。

　また、プラネタリウムでは、アニメキャラクターを使用した子ども番組と美しく迫力溢れる映像と心地よい音楽が堪能できる一般番組で、大人から子どもまで幅広い年齢が楽しめる番組構成になっています。

群馬県

高崎市少年科学館

高崎市の市制80周年記念事業の一環として1984(昭和59)年7月高崎市総合文化センターの建設に伴い、市民の芸術・文化の向上に寄与するため高崎市文化会館、中央公民館、市立図書館(2011(平成23)年移転)と共に敷地内に建築された。

「子どもたちに夢を与える場所」として、次代を担う子どもたちがプラネタリウムの投映や科学展示、教室事業を通じて、宇宙と科学に対する関心と創造力と研究心を養うとともに科学の不思議さや面白さを見て・触れて・楽しみながら体験し学習することを目的としている。

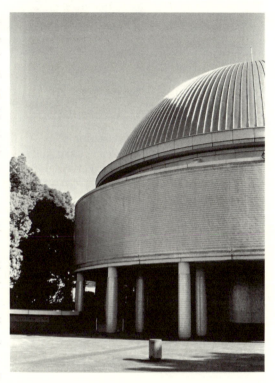

【展示・収蔵】
　常設展示物とプラネタリウム

【事　業】
　年4回の企画展・パネル展を開催するほか、科学工作教室やパソコン教室などを行っている。

群馬県

科学展示フロア

恐竜くんのひみつ

- 所在地　〒370-0065　群馬県高崎市末広町23-1
- ＴＥＬ　027-321-0323
- ＦＡＸ　027-310-6676
- ＵＲＬ　http://www.t-kagakukan.or.jp
- E-mail　（プラネタリウム）planet@t-kagakukan.or.jp
　　　　　（企画展示）tenji@t-kagakukan.or.jp
- 交　通　JR高崎駅下車 徒歩25分／北高崎駅下車 徒歩15分
- 開　館　AM9:00～PM5:00
- 入館料　無料　プラネタリウム観覧料：一般310円（250円）、小・中学生150円（120円）　※（　）内は20名以上の団体料金
- 休館日　月曜日（祝日の場合は翌日），年末年始
- 施　設　高崎市文化会館との複合施設，鉄筋コンクリート3階建　一部地下1階　2階部に科学館（プラネタリウムホール610㎡・科学展示室768㎡　ほか）
- 設　立　1984（昭和59）年7月7日
- 設置者　高崎市
- 管　理　（公財）高崎財団
- 責任者　館長・小峰和重

> 館のイチ押し
>
> - プラネタリウム
> - 科学工作教室

群馬県

向井千秋記念子ども科学館

　「館林市子ども科学館」として、1991(平成3)年5月、「青少年に夢を」をテーマに開館した。
　その後、館林市出身の宇宙飛行士・向井千秋さんの二度にわたる宇宙飛行を顕彰、記念して1999(平成11)年4月、現在の「向井千秋記念子ども科学館」に名称を変更した。2001(平成13)年3月には一部展示改修を行い、展示室「向井千秋さんと宇宙」を新設。さらに2014(平成26)年7月、プラネタリウムをリニューアルし、現在に至る。

【展示・収蔵】
　常設展示は、私たちの身のまわりの事象を物質・生物・環境に大きく分け、ミクロからマクロへ、また館林から宇宙までさまざまな視点でとらえられるよう心がけている。各部屋毎に設けたテーマに沿って、展示を行っている。展示物は、なるべく地元の話題・資料・写真等を扱うようにし、地域に根ざした科学館をめざしている。

群馬県

（1）体験の世界（第1展示室）

　私たちの祖先は日常の中で様々な不思議を体験し、自然界の原理・法則を知った。そうした科学現象の最も身近な例として、「館林の自然」をとりあげ、拡大された世界・縮小された世界・時間を変えた世界等の観点から、自然に対する感動を体験することができる。

（2）観察の世界（第2展示室）

　実験装置や模型を使って様々な手段で観察することにより、科学の基本的な原理や法則を理解し、自然に対する興味や関心、発見する喜びを実感することができる。

（3）応用の世界（第3展示室）

　科学の原理や法則をもとに、私たちの生活に役立つ様々な応用技術が開発されていることを、装置や模型等を通して理解することができる。

（4）向井千秋さんと宇宙（第4展示室）

　向井千秋宇宙飛行士の生い立ちや宇宙飛行での活躍を、様々な資料や装置を通して紹介している。実際に宇宙飛行で使用した物品や公式飛行記念品など、貴重な資料を見ることができる。

（5）プラネタリウム

　2014（平成26）年7月、最新のデジタルプラネタリウムを導入し、リニューアルオープンした。大きなドームの中で、夜空の星々はもちろん、宇宙のいろいろな姿や迫力ある映像を、臨場感あふれる音声とともに、さらに楽しめるようになった。スクリーン直径23m、傾斜角30度。座席240席。

（6）その他の施設

　天体観測室（クーデ式屈折望遠鏡設置。ドーム直径6m）、実験室、工作室、資料コーナーなどの施設があり、より充実した科学の学習活動のために利用することができる。

【事　業】

　公開天文台（月2回）、夜間天体観望会（月2回）、サイエンスショー（月2回）、理科工作教室（年10回）、えほんdeかがく（年4回）、公開電子顕微鏡（年3回）などの催し物のほか、科学講座（年10回）、科学クラブ、親子いきもの探検隊、自然学習会、ネイチャークラフトなどの事前募集の事業も実施している。

【出版物・グッズ】

　「向井千秋記念子ども科学館館報」（年刊）、宇宙食　など

群馬県

- ・所在地　〒374-0018　群馬県館林市城町2-2
- ・ＴＥＬ　0276-75-1515
- ・ＦＡＸ　0276-75-1433
- ・ＵＲＬ　http://www.city.tatebayashi.gunma.jp/kagakukan/
- ・E-mail　kagakukan@city.tatebayashi.gunma.jp
- ・交　通　〈電車〉東武鉄道伊勢崎線 館林駅より 徒歩約20分
　　　　　〈車〉東北自動車道 館林ICより約15分
　　　　　〈バス〉(1)東武鉄道伊勢崎線 館林駅より路線バス「館林・板倉線(板倉東洋大前駅西口行き)」乗車 子ども科学館前下車(乗車時間約7分)
　　　　　(2)東武鉄道日光線 板倉東洋大前駅より路線バス「館林・板倉線(館林駅東口行き)」乗車 子ども科学館前下車(乗車時間約25分)
- ・開　館　AM9:00 〜 PM5:00(入館はPM4:30まで)
- ・入館料　おとな(高校生以上)320円(250円)，こども(中学生以下)無料
　　　　　プラネタリウム観覧料：おとな(高校生以上)540円(430円)，こども(小・中学生)210円(170円)
　　　　　※( )内は20名以上の団体料金，障害者手帳をお持ちの方・65歳以上の方は入館料減免(無料)あり
- ・休館日　月曜日(祝・休日の場合はその翌日)，国民の祝日の翌日(土・日曜日を除く)，年末年始，設備点検期間等
- ・施　設　鉄筋コンクリート造，地上3階(一部5階)地下1階，敷地面積約5513㎡床面積約4977㎡
- ・設　立　1991(平成3)年5月
- ・設置者　館林市
- ・管　理　館林市教育委員会
- ・責任者　館長・広瀬清

関東

館のイチ押し

　体験型の展示物が多く、月の重力を疑似体験できる展示物「ムーンウォーカー」は子どもから大人まで特に人気がある。また、土・日・祝日はプラネタリウム投影のほか、各種イベントを開催している。さらに、団体利用のかたへのサイエンスショーや理科工作教室などのオプションも充実。

子ども博物館美術館事典　97

埼玉県

入間市博物館

入間市博物館(愛称：ALIT アリット)は、1994(平成6)年11月7日に開館した、お茶をメインテーマとする総合博物館である。自然、歴史、民俗、産業、美術、工芸などを取り扱う博物館として、これらの資料を系統的に収集、保存、調査研究、公開することにより、郷土の文化に対する理解を深めてもらうことを目的としている。

こども科学室 サイエンスバー

また、美術館的機能・文書館的機能・情報センター機能を兼ね備えた複合施設として、生涯学習時代に対応し、博物館のさまざまな活動の中で積極的な市民参加を図り、博物館が「市民の心のよりどころ」となる運営を目指している。

なお、愛称の「ALIT(アリット)」は、Art・Archives(美術館的機能・文書館的機能)、Library(ライブラリー機能)、Information(地域の情報センター機能)、Tea(メインテーマ「茶」：狭山茶をはじめとする日本各地や世界のお茶の製造・喫茶風習、茶道文化などに関する調査研究を行い、さまざまな形で情報を提供する)を表している。

【展示・収蔵】
入間市博物館の常設展示は、メインテーマの「茶」をはじめ4つの分野で構成されている。
《こども科学室》
生活の身近にある科学の原理や法則について、簡易な装置を使って体験し、興味や関心を持ってもらうことを目的とした部屋。「ふたごの見はり」「分身ミラー」など不思議なしかけがたくさんある。
《入間の自然》
加治丘陵の生態ジオラマやアケボノゾウの足跡化石などをもとに、入間市の自然環境や地形・地質に関する情報を紹介。また、屋外展示によって武

埼玉県

蔵野台地の段丘地形やハケの雑木林など、館庭の自然を生かした展示を行っている。

《入間の歴史》

約1万5千年前の旧石器時代から1966（昭和41）年の入間市誕生までの歴史の流れを紹介。単なる通史に終わらず個々のテーマを設定し、時代の変革に焦点をあてて入間市の特色を浮き出させる展示になっている。

主な展示物に、国分寺瓦（八坂前窯跡出土／奈良時代）、中世の蔵骨器（円照寺裏中世墓址出土／14世紀）、新聞「大日本」（南方熊楠主筆）（明治22年／橋本久雄氏蔵）などがある。また、「入間の歴史（中世）」のコーナーでは、入間市出身の武将である金子十郎家忠を中心に、武蔵武士の時代を再現している。

《茶の世界》

入間市が主産地である狭山茶の歴史や製茶道具の変遷を紹介するとともに、お茶が世界に広まる「伝播」という視点から、日本や世界各地の製茶法や喫茶法を紹介している。茶の文化では、千利休の茶室や煎茶席を再現しているほか、狭山茶産地は煎茶の産地であるため、煎茶道具の収集・展示に力を入れている。さらに、館庭の体験茶園による茶摘みや、手揉み実演などによって、茶づくりを体験できる。

【事　業】

・特別展…秋に年1回

・企画展…「むかしのくらしと道具展」（年1回）

・ALITお茶大学…幅広い視点から「地域」と「お茶」について学ぶ講座（年間約30講座）を開設。

・茶文化普及事業…茶席体験、秋の茶会、日本各地・世界各地のお茶体験、狭山茶振る舞い、抹茶・煎茶体験、手揉み実演など多様な催し物を通してお茶に関する理解と関心を深める活動を行っている。

・博学連携事業…学校教育支援講座（出前授業）、博物館授業対応、入間市博物館活用事例集・学習ノートの制作。

・博物館ボランティア会の活動…サイエンスバー（子どもと楽しむ科学実験）、館庭の自然解説、織物体験など、多彩な事業を実施。

・文化財に関する事業…市内の文化財保護に関する事務や、「西洋館」「旧黒須銀行」の特別公開など。

子ども博物館美術館事典　99

埼玉県

【出版物・グッズ】

「入間市博物館紀要」／「博物館授業活用事例集」／広報紙「ニュース・アリット」／「入間市博物館古地図シリーズ」／「入間市博物館文書目録」のほか、特別展図録、調査報告書など

- ・所在地　〒358-0015　埼玉県入間市大字二本木100
- ・ＴＥＬ　04-2934-7711
- ・ＦＡＸ　04-2934-7716
- ・ＵＲＬ　http://www.alit.city.iruma.saitama.jp/
- ・交　通　〈バス〉西武池袋線 入間市駅よりバスで20分　西武バス入間市博物館行に乗車 終点下車／西武バス二本木地蔵前行または箱根ヶ崎駅行に乗車 いずれも二本木停留所下車 徒歩5分／市内循環バス「てぃーろーど」北コース・南コース乗車 終点下車
　　　　　〈車〉関越自動車道川越ICより40分／中央自動車道八王子ICより50分／圏央道入間ICより5分
- ・開　館　AM9:00 ～ PM5:00（入館はPM4:30まで）
- ・入館料　大人200円（160円），高・大学生100円（80円），小・中学生50円（40円）※（　）内は20名以上の団体料金，小学校就学前の児童および65歳以上無料，身体障害者手帳および療育手帳持参無料，5月18日（国際博物館の日）・11月1日（市制施行記念日）・11月14日（埼玉県民の日）無料，特別展観覧料については別途定める
- ・休館日　月曜日（休日または振替休日の場合はその翌日），休日の翌日（土・日曜日または、休日である場合は除く），年末年始（12月27日～1月5日），館内整理日（毎月第4火曜日，ただし休日である場合は除く）
- ・施　設　鉄筋コンクリート造2階建，敷地面積4万5045.47㎡，建築面積4077.00㎡，延床面積5461.00㎡
- ・設　立　1994（平成6）年11月
- ・設置者　入間市
- ・管　理　入間市
- ・責任者　館長・西勝啓祐

館のイチ押し

青木木米や田能村竹田など、文人による煎茶道具類や、千利休が造った茶室の復元等。

埼玉県

加須市加須未来館
（かぞ）

加須未来館は、「総合交流ターミナル施設」と「子ども宇宙科学館」との複合施設として2001(平成13)年4月21日オープンした。

「総合交流ターミナル施設」は、都市と農村との交流の拠点として位置付け、緑豊かな自然・伝統文化等の地域資源を活用し、地域農業の振興と活性化に資する施設である。

「子ども宇宙科学館」は、小・中学校における宇宙・天体や科学に関する学習の推進をめざし、学校や家庭では体験できない魅力ある「観察」「実験」「擬似体験」を通して、子どもたちや市民の方々に、宇宙、自然、科学に対する興味・関心を高めていただくことを目的とした施設である。

【展示・収蔵】
◇プラネタリウム 66席
◇20cmクーデ式天体望遠鏡装備
◇大型・小型遊具
◇地元農産物販売所
◇手打ちうどんが食べられる食堂

【事 業】
・プラネタリウム上映
　〈土日祝日〉1日3回(AM11:00、PM1:00、PM3:00)
　〈平日〉PM2:00のみ
・年5回のイベント開催
・毎週土曜日 快晴の夜PM7:00より観望会を開催

埼玉県

・毎週日曜日 PM1:00より予約不要の工作教室を開催
・農業体験講座や地元野菜等を使用した郷土料理講座を開催

- 所在地　〒347-0002　埼玉県加須市外野350-1
- ＴＥＬ　0480-69-2160
- ＦＡＸ　0480-69-2161
- ＵＲＬ　http://www.kazo-city.or.jp/miraikan/
- E-mail　mirai_info@kazo-city.or.jp
- 交　通　東北自動車道 加須ICから車で15分
- 開　館　AM9:00 ～ PM5:00
- 入館料　無料　プラネタリウム：100円
- 休館日　火曜日(祝日の場合翌日)，年末年始(12月29日～1月3日)
- 施　設　鉄筋コンクリート3階建(一部鉄骨造)，延床面積2009㎡
- 設　立　2001(平成13)年4月
- 設置者　加須市
- 管　理　加須市
- 責任者　加須市長・大橋良一

館のイチ押し

・8K対応の単眼式デジタルプラネタリウムが常設されている。66席と小さな施設のため臨場感は最高である。
・利根川の土手の上に建立されているため、加須市で一番景色がいい。

埼玉県

川口市立科学館（サイエンスワールド）

　1961(昭和36)年、青木町公園に科学館の前身である、展示室・天文台からなる児童文化センターが開館(1971年にプラネタリウム館増築)。1991(平成3)年、(仮称)川口サイエンスワールド基本計画(案)が策定される。2002(平成14)年の児童文化センター閉館に伴い、翌年5月3日、さいたま新産業拠点「SKIPシティ」*に川口市立科学館が開館。科学展示・プラネタリウム・天文台の3つの施設からなり、宇宙その他の科学に対する理解を深め、科学知識の普及や啓発、未来社会に対応した創造性豊かな青少年の育成を図ることを目的としている。2013(平成25)年11月にはプラネタリウムの機器更新が行われた。
*SKIPシティ…埼玉県とNHKが中心となり「埼玉県内の中小企業の振興」と「映像関連産業を核とした次世代産業の導入・集積」を推進するプロジェクトにより設立された複合施設。

【展示・収蔵】
《科学展示室》
　　メインテーマ「太陽」からイメージした5つのサブテーマ「力・光・水・大気・生命」を扱った約40種類の参加体験型の実験装置が常設されている。

埼玉県

展示室内は、日常の中で経験する様々な現象を再現し、観察できる「？（はてな）ボックスゾーン」、利用者の創意工夫で様々な実験ができる「実験ボックスゾーン」、ものづくりなど各種教室が開催される「ワークゾーン」のほか、実験ショーなどが行われる「サイエンスステージ」や科学館のシンボルツリー「トチノキ」がある「太陽の広場（屋外展示）」で構成されている。

《プラネタリウム》（直径20m水平型ドーム、定員160名）

投影機については、2013年11月に機器更新が行われ、統合型プラネタリウム「ジェミニスターⅢ」（コニカミノルタプラネタリウム（株）製）が導入されている。天の川が一つ一つの星で表現された自然に近い美しい星空とダイナミックな宇宙の姿など多彩な映像をドーム全面に投影できる。

《天文台》

主・副・太陽天文台の3つの天文台からなる。主天文台の口径65cm反射望遠鏡は、主に星雲や星団など暗い天体を、副天文台の口径20cm屈折望遠鏡は、主に月・惑星を観測することができる。太陽天文台の6連式太陽望遠鏡は、いろいろな波長で太陽各層や太陽磁場を観測できる。

【事　業】

◇科学展示室

- ・「サイエンスショー」…身近に起こる現象を科学的な原理を交えながら考える実験ショー
- ・「わくわくワーク」…身の回りにある素材を使った簡単なものづくり教室
- ・「どきどきサイエンス」…テーマのあるものづくりや観察・実験などを行う教室
- ・「うきうき探検」…ミッションカードに書かれた問題に挑戦しながら展示装置の科学を学ぶイベント
- ・「ミニ実験ショー」…様々な展示装置を使って行う簡単な実験ショー
- ・特別展…年に2回、テーマを設けて開催する期間限定の企画展
- ・各種講座…「夏休み科学教室」「サイエンスクラブ」「科学ものづくり教室」「いきいきサイエンス」など、子ども向けから大人向けまで様々な内容の講座

◇プラネタリウム

- ・「一般投影」…星空の生解説や天文の話題の紹介と番組を組み合わせた投影
- ・「キッズアワー」…星空とテーマにそった内容を子ども（小学校低学年）向けに解説する投影
- ・「特別投影」…「宇宙の教室」や「星空リラクゼーション」「星空と朗読」他、

埼玉県

不定期に実施する投影
・「天文講演会」…専門家を講師に招き最新の天文・宇宙に関する研究を紹介
◇天文台
・「天文台ガイドツアー」…副天文台を使用した太陽観察と天文台施設案内
・「夜間観測会」…主・副天文台で実施する天体観測会
・「特別観測会」…特別な天文現象等に合わせて実施する天体観測会

関東

・所在地　〒333-0844　埼玉県川口市上青木3-12-18（SKIPシティ内）
・ＴＥＬ　048-262-8431
・ＦＡＸ　048-262-8481
・ＵＲＬ　http://www.kawaguchi.science.museum/
・E-mail　info@kawaguchi.science.museum
・交　通　JR川口駅東口または西川口駅東口からバス　総合高校下車　徒歩5分
　　　　　車での来館には有料駐車場あり
・開　館　AM9:30 ～ PM5:00（入館はPM4:30まで）
・入館料　科学展示入場料：一般200円，小中学生100円，未就学児無料
　　　　　プラネタリウム観覧料：一般410円，中学生以下200円　※未就学児で
　　　　　席を使用しない場合は無料。その他，年間券・団体割引等あり
・休館日　月曜日（祝日の場合は翌平日），年末年始（12月29日～1月3日），館内
　　　　　整理日，特別整理期間（年4回）
・施　設　鉄骨・鉄筋コンクリート3階建（SKIPシティA街区科学棟），延面積
　　　　　3532.98㎡ 屋外253.44㎡
・設　立　2003（平成15）年5月3日
・設置者　川口市
・管　理　川口市教育委員会
・責任者　館長・新田光一

館のイチ押し

・展示装置には説明書きがなく，利用者それぞれが自分で試して，考え
て，実験しながら，科学の不思議を体験できる。さらにインストラク
ターとのコミュニケーションを通して，新たな発見や深い理解ができる。
・プラネタリウム「一般投影」での職員による星空解説がおすすめ。気
軽に実際の空で星空観察を楽しめるように，当日の，街中から見上げ
る星空を再現し，解説を行っている。もちろん，街明かりのない満天
の星に浸ることもできる。
・東京近郊では最大級の口径65cm反射望遠鏡で天体観測ができる夜間
観測会（参加無料）がおすすめ。

子ども博物館美術館事典　　105

埼玉県

越谷市科学技術体験センター
（ミラクル）

　青少年の理科離れ、科学技術離れが指摘されるなか、観察や実験、工作などの五感を使った体験をとおして、科学技術への関心を喚起し、未来を担う創造性豊かな人材の育成を図ることを目的に越谷市が建設。
　1997（平成9）年6月より建設推進のためのプロジェクト会議を開き、市民検討委員会に協議しながら1999（平成11）年3月までに基本設計・実施設計を策定、同年5月建設工事に着手、2000（平成12）年7月に建物が完成、その後12月に体験装置が完成し、2001（平成13）年5月3日の開館となった。
　愛称「ミラクル」は、センターでの体験が夢の実現につながり、すばらしい未来がくるようにとの願いをこめて名付けられたものである。
　2008（平成20）年8月19日には、開館以来の入館者が100万人を達成し、2014（平成26）年10月11日には、入館者200万人を達成した。
　建物は、シンプルな立方体のおもちゃ箱から、円錐や四角錐のおもちゃがはみ出したような、夢のある親しみやすい形状となっており、館内では月面歩行疑似体験装置「ムーンウオーカー」をはじめとする体験装置や、サイエ

ンスショーの見学、実験や観察、工作体験への参加など、さまざまな体験を通して、楽しみながら科学技術に触れることができる。

【展示・収蔵】

1階に大小2部屋の工作室、2階に体験装置コーナー、3階に大小2部屋の実験室、4階にホールとすべてが参加体験型の施設で、身近な生活の中の科学から最先端の科学技術まで楽しく体験できる。

《主な体験装置》

- ・形状記憶合金で水車が回る「不思議な水車」
- ・月面歩行の疑似体験ができる「ムーンウオーカー」
- ・人が入れる「ジャンボ・シャボン」
- ・ミラクルの気象を観測する「ウェザーステーション」
- ・幻想的な光を演出する「プラズマボール」
- ・空気から液体窒素をつくりだす「液体窒素工場」
- ・自分の姿が変形して見える「鏡の壁」
- ・観察プログラムに応じた体験のできる「実験水槽」
- ・パイプから噴出す風でボールを静止させる「不思議な風」
- ・飛行機を風で浮上させる「風洞実験装置」
- ・長さや太さの違いで音が変わる「メロディーパイプ」
- ・経路が異なる斜面をボールが転がり、どれが一番早くゴールに着くか観察できる「ボールレース」
- ・位置エネルギーを運動エネルギーに変換する様子が観察できる「大型竹とんぼ」
- ・カーナビを利用したドライブ体験ができる「VICS体験シミュレーター」
- ・インターネットが体験できる「情報コーナー」など

【事　業】

サイエンスショーの上演（毎日2～3回）、科学実験体験（毎日1～2回）、科学工作体験（毎日1～2回）、特別事業（毎月1～2回）、科学イベント・科学講演会（年約70回）、学校利用事業（市内全校の小学3年生、5年生、中学1年生が年1回利用）、友の会事業など。

【出版物・グッズ】

「MIRACLE NEWS ミラクルニュース」

埼玉県

- ・**所在地** 〒343-0851　埼玉県越谷市七左町2-205-2
- ・**ＴＥＬ** 048-961-7171
- ・**ＦＡＸ** 048-961-7181
- ・**ＵＲＬ** http://www.Miracle.city.koshigaya.saitama.jp
- ・**E-mail** 10223231@city.koshigaya.saitama.jp
- ・**交　通** 東武スカイツリーライン 新越谷駅 または JR武蔵野線 南越谷駅下車 徒歩10分
- ・**開　館** AM9:00 ～ PM5:00
- ・**入館料** 無料
- ・**休館日** 月曜日(祝日の場合は除く)，祝日の翌日(土曜日が祝日の場合は除く，金曜日が祝日の場合は翌週の火曜日)，年末年始(12月29日～1月3日)
- ・**施　設** 鉄骨鉄筋コンクリート造・一部鉄骨造，5階建，敷地面積2220㎡，延床面積3644㎡
- ・**設　立** 2001(平成13)年5月
- ・**設置者** 越谷市
- ・**責任者** 所長・小林中子

館のイチ押し

- ・小さなお子さまから大人の方まで、様々な年代に応じた事業を展開しており、どなたでも楽しむことができる施設です。
- ・月面歩行の疑似体験ができる「ムーンウオーカー」は人気の体験装置です。
- ・子どもも大人も楽しい科学実験ショー。空気砲、色が変わる水、爆発実験など、テーマは月ごとに変わります。

埼玉県

越谷市立児童館コスモス

《設立趣旨》

　子どもたちの健全育成と科学する心を培うことを目的として、1987(昭和62)年5月3日に開館。
　本館は児童館の機能と科学体験施設の機能のほか、地域における子育て支援施設としての役割も果たしており、1997(平成9)年4月には児童センターから大型児童センターへ変更になった(県内2番目)。
　子どもたちに科学への興味・関心をもってもらい、科学を理解するうえで基礎的な力を身に付けさせたいとの願いから「天文と物理」をテーマに科学に関する様々な体験ができる機能を併せもっている。これらの施設機能を活かして、学校教育や生涯学習への対応と助成などの役割も担っている。

《沿革》
- 1987(昭和62)年5月：開館
- 1996(平成8)年8月：1996・1997(平成8・9)年度科学技術・理科教育推進モデル事業の指定(旧文部省)
- 1997(平成9)年4月：児童センターから大型児童センターへ変更(県内2番目)
- 1998(平成10)年9月：1998・1999(平成10・11)年度科学技術・理科教育推進モデル事業の指定(旧文部省)
- 2000(平成12)年6月：2000・2001(平成12・13)年度科学技術・理科教育推進モデル事業の指定(旧文部省)

埼玉県

【展示・収蔵】

◇2階(天文コーナー)

　天文・宇宙の階で、収容人数100名のプラネタリウムと宇宙展示コーナーがある。

《主な展示》

　「太陽系」「月の満ち欠け」「日周運動」「太陽の中のようす」
　「地球の中のようす」「宇宙船コスモス号」「星座早見」
　「ペンシルロケット」「日食・月食」「立体星座」「天球儀」「星の一生」
　「星の明るさと等級」「星の大きさ」「大陸は動いている」　など

◇3階(物理コーナー)

　科学・体験の階で、収容人数40名の科学実験室と科学展示コーナーがある。

《主な展示》

　「電気と鉄道」「光の速さ」「とれないボール」「二つの波」「光の進み方」
　「音を見る」「自転車発電」「大気圧に挑戦」「逆立つ髪の毛」「太陽電池発電」
　「回る卵」「放電球」「追いかける顔」「力くらべ」「ジャイロの実験」
　「揺れる窓枠」「反動の鏡」「光の三原色」「滑車の実験」「てこの実験」
　「輪軸」「ビンビン板」「宙に浮くボール」「光のミキサー」「伝声管と糸電話」
　「弦のないハープ」「大型万華鏡」「パソコンコーナー」「光通信・TV電話」
　「電磁カタパルト」「電車運転台」「メロディーフェンス」　など

◇4階(天文台)

　400mm反射望遠鏡、200mm屈折望遠鏡など。

【事　業】

　科学のとびら～開放実験室～／キッズサイエンス
　ふれあい科学教室／子どもクラフト教室／天体観望会
　夏のイベント(特別展)／科学おもちゃ作品展／ロボット競技会
　全国小中学生作文絵画コンテスト　など

【出版物・グッズ】

・「コスモスだより」(毎月発行)
・「コスモス号」(年5回)
・プラネタリウム案内など各種パンフレット

埼玉県

- ・所在地　〒343-0042　埼玉県越谷市千間台東2-9
- ・ＴＥＬ　048-978-1515
- ・ＦＡＸ　048-978-6480
- ・ＵＲＬ　http://www.city.koshigaya.saitama.jp（越谷市HPに行事案内あり）
- ・E-mail　10073311@city.koshigaya.saitama.jp
- ・交　通　東武スカイツリーライン せんげん台駅東口下車 徒歩12分
- ・開　館　AM9:00 ～ PM5:00
- ・入館料　無料　プラネタリウム観覧料：小学生以上100円
- ・休館日　月曜日（祝日・振替休日の場合は翌火曜日），年末年始（12月29日～1月3日），臨時休館日
- ・施　設　鉄筋コンクリート造り3階建，敷地面積3890㎡ 延床面積2874.56㎡
- ・設　立　1987（昭和62）年5月
- ・設置者　越谷市
- ・責任者　館長・稲橋利幸

＿＿館のイチ押し＿＿

　子どもから大人まで、プラネタリウムによる四季の星空を見ながら、リラックスしてみてはいかがでしょうか。

関東

子ども博物館美術館事典　111

埼玉県

埼玉県自然学習センター

　1992(平成4)年7月1日に、埼玉県の自然を学ぶ施設としてオープンした。同時に、センターの周囲には、計画面積32.9haの「北本自然観察公園」が整備され、春の花々や新緑、夏のヘイケボタル、秋の黄葉、冬の野鳥観察など、四季折々の自然が楽しめる。
　センターには、スタッフ(自然学習指導員)が常駐しており、自然ふれあいイベント・講座の開催、展示の解説、公園の整備などを行っている。

【展示・収蔵】
　埼玉県の自然を紹介する常設展示の他、スタッフ(自然学習指導員)による手作りの季節展示がある。自然について映像を見ながらクイズ形式で学べる「ネイチャーＱ＆Ａシアター」は、日本語・英語字幕版のほか、幼児向けの出題コースがある。
　図書情報コーナーには図鑑や絵本があり、野外で観察した生きものをすぐに調べることができる。
　ホームページでは、公園の自然情報などを紹介する「公園日記」を開館日に毎日更新し、常に新しい情報を提供している。

【事　業】
　土曜・日曜・祝日の14時から開催する「定例自然かんさつ会」は当日申

埼玉県

し込みで参加が可能。幼児〜小学3年生とその保護者を対象とした「野あそび教室」、小学3年生以上を対象とした「手作り実験教室」、公園の季節の見どころと連動した企画「自然に親しむイベントデー」、理科好きな子どもを育てる「キッズ生きもの研究室」など、年間500〜600回のイベント・講座を開催している。

　幼稚園・保育園や小学校、ボーイスカウトなど、年間150〜200団体を受け入れ、自然学習・研修など、希望に合わせたプログラムを提供している。

【出版物・グッズ】
　・ニュースレター「四季」(年4回発行)
　・オリジナルポストカード

・所在地　〒364-0026　埼玉県北本市荒井5-200
・TEL　048-593-2891
・FAX　048-590-1039
・URL　http://www.saitama-shizen.info
・E-mail　kitamoto@saitama-shizen.info
・交　通　JR高崎線 北本駅下車 西口1番バス乗り場より 北里大学メディカルセンター行きバス 自然観察公園前下車(乗車時間約15分) 徒歩3分
・開　館　AM9:00〜PM5:00(夏期延長開館あり)
・入館料　無料
・休館日　月曜日(祝日の場合は開館)，祝日の翌平日
・施　設　鉄筋鉄骨造一部2階建，建築面積1302.66㎡　北本自然観察公園(都市計画決定32.9ha)内に設置
・設　立　1992(平成4)年7月1日
・設置者　埼玉県
・管　理　(公財)埼玉県生態系保護協会(指定管理者)
・責任者　総括責任者・堂本泰章

館のイチ押し

◇イベント「自然観察オリエンテーリング」
　GWシーズン、7月(夏)、11月(秋)、1月(冬)に開催。8月には一晩限定で夜の回も。地図とワークシートを持って、公園を探検しながら自然観察クイズ・アクティビティに挑戦します。子ども連れのグループも自分たちのペースで参加することができ、公園のその季節ならではの見どころを楽しめます。

子ども博物館美術館事典　113

埼玉県

埼玉県生活科学センター
（彩の国くらしプラザ）

2003（平成15）年2月1日、埼玉県川口市SKIPシティ内に、消費生活をテーマにした全国唯一の本格的な参加体験型施設を開館。子供から大人まで、一人一人が自ら考え行動する消費者（自立した消費者）になることに向けて、消費生活に関する知識を、楽しく、分かりやすく学ぶことができる無料の施設で、学習支援、情報提供、交流支援などの機能を持つ公の施設である。

2012（平成24）年4月28日にリニューアルオープンした。

【展示・収蔵】
◇学習支援
　参加体験型のくらっしースクール（参加体験ゾーン）やくらっしーシアター（映像キャラクター「くらっしー」と対話をしながら映像やクイズでくらしの身近な問題について考えるシアター）で、消費生活の身近な問題について楽しく学ぶことができる。くらっしーパーク（イベントゾーン）では、パネル展や消費生活に関する各種テーマのイベントを開催している。
◇情報提供
　くらっしーライブラリー（図書ゾーン）で、消費生活に関する図書や雑誌などを読んだり借りたりすることができる。お子様向けのこどもライブラリーもある。また、各種パンフレットやリーフレット、チラシなどの配架も行っている。
◇交流支援
　貸室として研修や会議などに利用できる研修室と調理道具や実験器具のそ

埼玉県

ろった実習室や、情報交換や打合せのための交流室、消費生活に関する様々な活動内容を発表できる発表コーナーがある。

◇その他…赤ちゃんの駅(授乳室)

【事　業】

消費生活に関する各種テーマのイベントを年間で10数回実施している。イベント期間中には、イベントテーマや季節に合わせたワークショップを開催。環境、科学、食、ものづくりなどをテーマとした小学生対象のこども消費者体験教室を、夏休み期間を中心に年間10回程開催している。

その他、エコ工作(ペットボトル、紙パック、端切れ布、トイレットペーパー芯などを材料とした工作)やこどもクッキング教室、マネー講座なども実施している。

- ・所在地　〒333-0844　埼玉県川口市上青木3-12-18 SKIPシティ A1街区2階
- ・Ｔ Ｅ Ｌ　048-261-0993
- ・Ｆ Ａ Ｘ　048-261-0997
- ・Ｕ Ｒ Ｌ　http://www.kurashi-plaza.jp/
- ・E-mail　info_kurashi@kurashi-plaza.jp
- ・交　通　JR京浜東北線 川口駅または西川口駅からバス 総合高校下車 徒歩5分
- ・開　館　AM9:30 ～ PM5:00(入館はPM4:30まで)　※貸室(研修室)のみ PM9:00まで
- ・入館料　無料　※貸室は利用料あり
- ・休館日　月曜日(国民の祝日等の場合は翌平日)，年末年始(12月29日～1月3日)
- ・施　設　鉄筋コンクリート地上7階・地下1階うち2階の一部および7階の一部，埼玉県生活科学センター 1316.84㎡
- ・設　立　2003(平成15)年2月1日
- ・設置者　埼玉県
- ・管　理　埼玉県消費生活支援センター(指定管理者：アクティオ(株))
- ・責任者　館長・三島靖

館のイチ押し

映像キャラクター「くらっしー」と対話しながら映像やクイズで消費生活について楽しく学べる「くらっしーシアター」や9つの体験ブースがある「くらっしースクール」、「くらっしーパーク」にて開催されるイベントなどに参加体験しながら楽しく学習できます。

埼玉県

埼玉県立川の博物館

　埼玉県は、1983(昭和58)年から1987(昭和62)年まで、荒川の総合調査・刊行事業を実施した。この事業の過程で、県民等から多くの資料が提供され、調査関係者からは、調査・収集されたこれらの資料を広く県民に公開する博物館をつくりたいとの声が高まった。埼玉県は慢性的な水不足と河川環境の悪化が顕在化しつつあり、環境問題に対する県民の関心も高まりを見せていた。こうした県民や各界の声を受け、埼玉県は、1986(昭和61)年度から教

大水車

育局において当博物館の設立準備を進め、1997(平成9)年8月1日に全国初の河川系総合博物館として開館した。
　当館の設置の目的は、「荒川その他の河川と人々の暮らしとのかかわりに関する資料の収集、保管及び調査研究を行うとともに、その活用を図り、もって教育、学術及び文化の発展に寄与する」ことにある。そこで、当館の総合テーマは「荒川を中心とした埼玉の河川や水と人々の暮らしとの関わり」とした。
　当館では、さまざまな体験・体感型の展示や親水施設をとおして、来館者が川にまつわる生活の知恵を先人に学び、川が人々の暮らしと密接に関わりのある存在であることを確認し、川や自然と人々が豊かに共生する社会を展望することをねらいとしている。単に親水アミューズメントを伝えるだけではなく、川や水に関する情報や知識を求める県民等に対し、最新で確かな情

埼玉県

報の蓄積に基づく展示や立地特性を生かした教育普及事業などを展開し、県民の学習意欲や期待にこたえられる生涯学習施設となるよう努めている。また、「楽しみながら学べる体験型博物館」として、誰でも水に親しみながら憩い、楽しく学べる博物館を目指している。

【展示・収蔵】

当館は、治水・利水・親水の観点から総合的に展示公開する河川系総合博物館であり、川と人の文化を展望することをテーマとしている。常設展示では、従来型博物館にとらわれない自由な発想で、展示室内に水を流す造形を取り入れたり、展示物に乗り込んだり操作したりする体験型展示などを積極的に採用している。

《屋内展示》

◇第1展示室『荒川発見』

「荒川と人々の暮らしとの関わり」をテーマとした常設展示室で、大別して以下の2つのゾーンに分けることができる。

(1) 荒川の5流区を環境造形して水を流し、鉄砲堰・船車・荷船などの大型復元模型を配したゾーン。荒川におけるかつての人々の営みを再現。

(2) 河川が抱える今日的な課題を考えるゾーン。荒川にちなむ祭りと信仰・水の浄化・治水などの展示と、川と水の科学が体感できるワークショップで構成。

◇第2展示室

「川と水の文化」をテーマとした展示室で、関係する実物資料を紹介する常設展示と特別展が開催される。参加体験型の動的な展示形態を有する第1展示室に対し、実物資料の展示を想定した在来型の展示施設で、静的な展示空間を提供している。

・アドベンチャーシアター「かわせみ号」…正面のハイビジョン映像に合わせて、座席が上下左右に動揺するライドシミュレーションシアター。

・荒川情報局…コンピュータ・ビデオ・図書などにより、河川や水と暮らしに関するさまざまな情報を提供している。

《屋外展示》

◇荒川わくわくランド

水の科学的性質(流力・浮力・圧力・抵抗)や治水・利水の学習が可能な

子ども博物館美術館事典　117

埼玉県

ウォーターアスレチック施設。

◇荒川大模型173

　荒川の源流から東京湾までの地形を1000分の1に縮小した日本一の屋外の精密立体大型模型。

◇水車小屋広場

　皆野のコンニャク水車、東秩父の精米水車の2種類の水車を移築復元し、動態展示している。

◇渓流観察窓

　大型の水槽に渓谷のジオラマをつくり、荒川上流の冷たい水にすむイワナ・ヤマメなどの魚を飼育展示している。また、反対側壁面には小型水槽3本を設置し、荒川の小型淡水魚等を展示している。

◇大陶板画「行く春」

　本館外壁に設置した縦5.04m、横21.6mの大型美術陶板画(信楽焼)。原画は日本画家・川合玉堂筆の屏風絵、国指定重要文化財「行く春」。

《親水施設・その他》

　当館のシンボル施設で、ランドマークとしての役割を果たしている大水車(水輪の直径は23mで、木製水車としては日本最大級)のほか、屋外には噴水広場・宮川・水質浄化施設・自然学習場・イベント広場など数多くの親水施設がある。

【事　業】

《屋内展示関係》

　特別展の開催(年1回)、スロープ展示(年3〜4回・第1展示室)、企画展(年3〜4回・第2展示室)、ワークショップ(第1展示室内ワークショップ)など。

《教育普及事業》

　埼玉県立川の博物館利用促進研修会、荒川ゼミナール、かわはく体験教室、かわはく研究室〜川・自然・歴史〜、かわはくであそぼう・まなぼう、かわはくまつり、博物館実習生受入、博学連携事業(「総合的な学習の時間」に対応できる川を学習の場とした体験学習プログラムを協力学校で実施、高校生就業体験受入、体験学習受入)など。

　このほか、環境の日記念イベント、川の日記念イベントなど各種イベントを実施。

埼玉県

【出版物・グッズ】

「要覧」(年1回)／「紀要」(年1回)／博物館だより「かわはく」(年3回)／「特別展図録」(年1回)／「荒川マップシリーズ」(年1回)など

- ・所在地　〒369-1217　埼玉県大里郡寄居町大字小園39
- ・T E L　048-581-7333
- ・F A X　048-581-7332
- ・U R L　http://www.river-museum.jp/
- ・E-mail　web-master@river-museum.jp
- ・交　通　〈車〉関越自動車道 花園IC より8分
　　　　　〈電車・徒歩〉東武東上線 鉢形駅下車 徒歩20分
　　　　　〈電車・タクシー〉寄居駅からタクシーで7分
- ・開　館　AM9:00 〜 PM5:00(入館は閉館の30分前まで)　※夏期延長開館あり
- ・入館料　本館：一般410円，学生・高校生210円，中学生以下・障害のある方は無料　※20名以上団体割引あり
　　　　　荒川わくわくランド：高校生以上210円，4歳以上中学生まで100円，障害のある方は無料
　　　　　アドベンチャーシアター：高校生以上430円，4歳以上中学生まで210円，障害のある方は無料　※別途本館入館料が必要
- ・休館日　月曜日(祝日・振替休日・県民の日は開館)，年末年始(12月29日〜1月3日)，このほか臨時休館あり　※GWおよび7月〜8月は開館
- ・施　設　敷地面積4万3965㎡　本館：鉄筋コンクリート造2階建，屋上展望台あり，延床面積3997.62㎡
- ・設　立　1997(平成9)年8月
- ・設置者　埼玉県
- ・管　理　(株)乃村工藝社
- ・責任者　統括マネージャー・二川真一郎

館のイチ押し

　荒川大模型173、本館第一展示室、アドベンチャーシアター、荒川わくわくランド

埼玉県

さいたま市青少年宇宙科学館

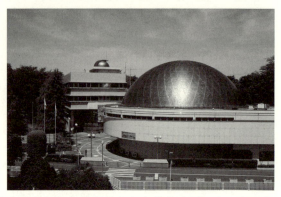

　青少年の科学に対する関心を高め、科学教育の振興に寄与するとともに、未来社会に科学の夢を広げる創造性豊かな青少年の育成を目指して、1988(昭和63)年5月に「浦和市青少年宇宙科学館」として開館。2001(平成13)年5月、さいたま市誕生に伴い、「さいたま市青少年宇宙科学館」と名称が変更になった。名誉館長はさいたま市出身の若田光一宇宙飛行士。
　「見て、ふれて、夢をはぐくむ科学館」をテーマに、さまざまな企画展示、常設展示、参加・体験型の学習機会などを提供している。

【展示・収蔵】
　1階ふしぎ広場には、ボールコースターや光のタワーなどの体験型の展示物、2階宇宙広場には、太陽系や宇宙に関する展示物が充実しており、科学や宇宙について楽しみながら学ぶことができる。
　若田光一宇宙飛行士コーナーには若田宇宙飛行士ゆかりの品や、細部まで再現された国際宇宙ステーションの個室とトイレ(実物大)、船外活動宇宙服(レプリカ)、ソユーズ帰還船搭乗体験装置などを展示しており、若田宇宙飛行士や宇宙での生活について身近に感じることができる。
　併設されているプラネタリウムは、約1000万個の星を投影できる光学式投影機「ケイロン」と全天周デジタル映像システムが融合したハイブリッド・プラネタリウム。直径23mのドームに映し出される精緻で美しい星空と迫力ある映像により、リアルでファンタジックな世界を体験できる。

埼玉県

【事　業】

・平日は1回、土・日・祝日は4回のプラネタリウム投影を行っている。
・常設展示と併せて、年に数回の企画展を開催。
・夏休みには、ものづくりの楽しさを体験できる教室を実施。
・平日は、さいたま市内小学校4年生と中学校3年生の児童生徒に対し、悉皆で「プラネタリウム学習」を実施。
・土・日・祝日は、科学実験教室や天文宇宙教室をはじめとする各種教室、サイエンスショー、公開天文台、公開電子顕微鏡、若田光一宇宙飛行士コーナー体験ツアー、ワークショップ等のイベントを実施。
・さいたま市内の小学校3年生と6年生対象の出前実験授業や小中学校対象の天体観望会等、学校連携事業も積極的に行っている。

・所在地　〒330-0051　埼玉県さいたま市浦和区駒場2-3-45
・Ｔ Ｅ Ｌ　048-881-1515
・Ｆ Ａ Ｘ　048-882-9702
・Ｕ Ｒ Ｌ　http://www.kagakukan.urawa.saitama.jp/
・交　　通　JR浦和駅東口よりバス グランド経由北浦和駅東口行きで10分 宇宙科学館下車 徒歩3分
・開　　館　AM9:00 〜 PM5:00
・入館料　無料　プラネタリウム観覧料：大人510円，小人（4歳〜高校生）200円
・休館日　月曜日（祝日の場合は翌平日），年末年始（12月28日〜1月4日）
・施　　設　鉄骨・鉄筋コンクリート，地下1階・地上5階建，建築面積2596㎡
・設　　立　1988（昭和63）年5月1日
・設置者　さいたま市
・管　　理　さいたま市教育委員会
・責任者　館長・金子強

館のイチ押し

　第2・4土曜には、簡単なものづくりが楽しめるワークショップを実施しています。また毎週日曜・祝日に実施している「若田光一宇宙飛行士コーナー体験ツアー」では、国際宇宙ステーションの個室の寝袋に入ったり、トイレの便座に腰を掛けたりと、普段は見るだけの展示物を体験することができます。当館が生んだご当地ヒーロー「科学戦隊さいレンジャー」による特別サイエンスショーも年間4回実施し大好評です。

関東

子ども博物館美術館事典　121

埼玉県

チームラボアイランド
−学ぶ！未来の遊園地−

　全世界で200万人以上を動員した人気イベント。各種メディアで紹介多数の描いた魚が泳ぎだす「お絵かき水族館」をはじめ、共同で創造する「共創(きょうそう)」の体験が出来る作品がいっぱいの「学ぶ！未来の遊園地」。
　年々社会では、チームでクリエイティブな成果を出す力が重要視されている。「チームラボアイランド −学ぶ！未来の遊園地−」は、デジタルテクノロジーを駆使し様々な能力を育む、体験・体感型のアート作品で溢れている。

【展示・収蔵】
・お絵かき水族館
・お絵かきタウン
・お絵かきタウンペーパークラフト
・光のボールでオーケストラ
・まだかみさまがいたるところにいたころのものがたり
・つくる！僕の天才ケンケンパ

お絵かき水族館

埼玉県

・小人が住まうテーブル
・つながる！積み木列車

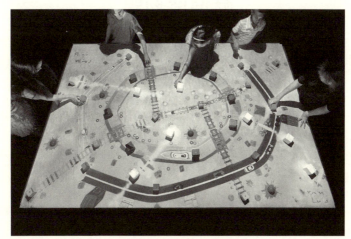

つながる！ 積み木列車

- 所在地　〒354-0022　埼玉県富士見市山室1-1313　ららぽーと富士見2F
- ＴＥＬ　049-257-5662
- ＦＡＸ　049-257-5662
- ＵＲＬ　http://island.team-lab.com/event/lalaportfujimi/
- E-mail　lab-kidsweb@team-lab.com
- 交　通　東武東上線 鶴瀬駅よりバスで5分 富士見市役所前下車
- 開　館　AM10:00 〜 PM6:00（最終入場はPM5:30）
- 入館料　大人・子ども共通　1.フリーパス（終日出入可能）：1200円　2.時間制プラン：最初の30分500円 以降20分毎に300円
- 休館日　ららぽーと富士見の営業日に準じる
- 設　立　2015(平成27)年4月10日

館のイチ押し
◇お絵かき水族館

埼玉県

鉄道博物館

　JR東日本創立20周年事業のメインプロジェクトとして、2007(平成19)年10月14日に(公財)東日本鉄道文化財団が埼玉県さいたま市に開館。
　鉄道の役割、鉄道技術の変遷、社会への影響などを学べるよう多くの実物資料を展示するとともに、子どもたちが体験を通じて鉄道の原理・仕組み学び楽しむことのできる博物館となること、日本および世界の鉄道に関わる遺産・資料を体系的に保存し調査・研究の拠点となることを目指している。

【展示・収蔵】
　日本の鉄道がスタートした明治時代初期から現代まで鉄道の歴史や技術の変遷などを御料車6両を含む鉄道車両36両の実物車両の展示を中心に紹介するヒストリーゾーン。鉄道の原理やしくみを模型などを活用しながら深く理解できるラーニングゾーン。その他にも『模型鉄道ジオラマ』見学や『ミニ運転列車』『運転シミュレータ』など体験型の施設も充実した博物館。
　実物車両展示のほかには、鉄道関連を中心に文書類、乗車券類、図面類、

ヒストリーゾーン　　　　写真提供：鉄道博物館

埼玉県

美術工芸品類、写真類、被服類、用具部品類などの分類別に収蔵。収蔵資料は約67万件。

《代表的な収蔵品》

◇文書類

「鉄道古文書」（国指定重要文化財、鉄道記念物）

「鉄道助佐藤政養文書」（鉄道記念物）

◇美術工芸類

「東京品川海辺蒸気車鉄道之真景」

「東京名勝之内高輪蒸気車鉄道全図」

◇写真類

「岩崎・渡邊コレクション」

◇鉄道用具類

銘板、レール、信号機、駅名標など

◇展示実物車両

1号機関車（国指定重要文化財、鉄道記念物）

初代1号御料車（国指定重要文化財、鉄道記念物）

善光号機関車（鉄道記念物）

弁慶号機関車（鉄道記念物）

開拓使号客車（鉄道記念物）

ナデ6110形式電車（鉄道記念物）

21形式（0系）新幹線電車

【事　業】

年3回程度企画展を開催。その他、映画上映会、夏休み向け企画など。

【出版物・グッズ】

・第11回特別企画展図録『東京駅開業100周年記念 100年のプロローグ』（2014）

・北海道新幹線開業記念展『海を航る〜船・鉄道・新幹線〜』（2016）

・石炭あられ、オリジナル手ぬぐい等 各種グッズあり

子ども博物館美術館事典　125

埼玉県

- ・所在地　〒330-0852　埼玉県さいたま市大宮区大成町3-47
- ・ＴＥＬ　048-651-0088
- ・ＦＡＸ　048-651-0570
- ・ＵＲＬ　http://www.railway-museum.jp/
- ・交　通　JR大宮駅より埼玉新都市交通ニューシャトルにて 鉄道博物館駅下車 徒歩1分
- ・開　館　AM10:00 〜 PM6:00（入館はPM5:30まで）
- ・入館料　一般1000円（800円），小中高生500円（400円），幼児（3歳以上未就学児）200円（100円）　※（　）内は20名以上の団体料金，すべて税込
- ・休館日　火曜日（祝日の場合は開館），年末年始　※春休み・GW・夏休み期間は営業
- ・施　設　ヒストリーゾーン，ラーニングゾーン，模型鉄道ジオラマ，キッズスペース，ミニ運転列車，運転シミュレータ，資料収蔵庫，ライブラリー，映像ホール，てっぱく図書室等　実物車両展示
- ・設　立　2007（平成19）年10月14日
- ・設置者　（公財）東日本鉄道文化財団
- ・責任者　館長・大信田尚樹

館のイチ押し

　明治から昭和期までの、日本の鉄道史を彩った鉄道車両の実物を多数収蔵・展示しており、多くは車内まで見学が可能。運転シミュレータ、ミニ運転列車などの体験展示も充実。

　さらに、2018（平成30）年夏には新館がオープンし、鉄道の仕事の様々な部分が体験できるようになります。

埼玉県

所沢航空発祥記念館

1911（明治44）年4月1日、所沢にわが国最初の飛行場が誕生した。同年4月5日から15日まで所沢飛行場最初の演習飛行が行われ、演習初日の早朝、徳川好敏陸軍大尉の操縦するアンリ・ファルマン機が高度10m、飛行距離800m、飛行時間1分20秒を記録し、これがわが国最初の飛行場での初飛行となった。

この歴史的な経緯により所沢は「日本の航空発祥の地」と位置づけられ、日本最初の国産軍用機「会式一号機」をはじめとする初期の飛行機や飛行船の製作、パイロットの訓練など、1945（昭和20）年の終戦までの間、日本の航空技術の発展を支え続けてきた。

終戦後、飛行場は米軍の占領下にあったが、住民の強い返還運動により1971（昭和46）年から1982（昭和57）年にかけて3次に渡り、基地の約7割が返還された。一方、所沢を航空発祥の地として永く後世に伝えるため、航空資料の調査収集も始まり、1990（平成2）年11月記念館の建設に着手し、航空に関する資料を総合的に展示する施設として1993（平成5）年4月3日に所沢航空発祥記念館が開館した。

開館後の管理運営については埼玉県から（公財）日本科学技術振興財団が委託を受け、2008（平成20）年からは指定管理者として引き続き管理運営を行い、現在に至っている。

記念館は所沢航空記念公園内に位置し、公園のシンボル的施設として広く親しまれている。単なる航空関係の資料展示施設でなく、科学・歴史教育の視点およびレクリエーション性を兼ね備えた総合的な文化施設を目指している。

埼玉県

【展示・収蔵】
・十数機の実物飛行機やレプリカ、体験型展示物等によって飛行の原理、飛行機の構造、航空技術等を説明している。
・飛行体験を楽しめるフライトシミュレータが5台あるほか、大型映像館なども備え、アミューズメント性の高い展示構成となっている。
・日本最初の飛行場である所沢飛行場の歴史を貴重な実物資料で紹介している。
・屋外展示物として、戦後最初の国産旅客機YS-11型機(実機)を航空公園駅前に設置している。

【事　業】
　特別展(年数回)、大型映像上映(長期間の上映および短期間のフェスティバル開催)、飛行機工作教室(概ね毎月2回)など

【出版物・グッズ】
　記念館前の広場で飛ばして遊べる紙ひこうきやプロペラひこうきなど

・所在地　〒359-0042　埼玉県所沢市並木1-13
・ＴＥＬ　04-2996-2225
・ＦＡＸ　04-2996-2531
・ＵＲＬ　http://tam-web.jsf.or.jp/
・E-mail　tam-post@jsf.or.jp

埼玉県

- **交　通**　〈電車〉西武新宿線 航空公園駅下車 東口より徒歩8分
　　　　　　〈車〉関越自動車道 所沢ICから国道463号を所沢市街方向へ約6km
- **開　館**　〈通常〉AM9:30 ～ PM5:00（入館はPM4:30まで）
- **入館料**　展示館：大人510円（410円），小中学生100円（80円）
　　　　　　大型映像館：大人620円（510円），小中学生260円（210円）
　　　　　　共通割引券：大人820円（670円），小中学生310円（260円）
　　　　　　※（　）内は20名以上の団体料金，就学前の児童・障害者（介護者は1名
　　　　　　まで）は無料，65歳以上の高齢者は年齢を証明できるものをご提示頂け
　　　　　　れば団体割引と同等の割引を適用
- **休館日**　月曜日（祝日と重なる場合はその翌平日），年末年始（12月29日～1月1
　　　　　　日），その他館内整備等のための臨時休館あり
- **施　設**　鉄筋コンクリート造および鉄骨造，テフロン幕使用，建築面積3878.5㎡，
　　　　　　延床面積5260.7㎡，展示館2920㎡（1階および2階）
- **設　立**　1993（平成5）年4月
- **設置者**　埼玉県
- **管　理**　（公財）日本科学技術振興財団
- **責任者**　館長・紙野憲三

館のイチ押し

- 昭和初期に制式採用された陸軍九一式戦闘機（胴体部）（重要航空遺産）
を常設展示。
- 所沢飛行場を中心とする日本の航空史に関する実物資料を数多く展示。
- お子さま向けの展示では，「ワークショップ」コーナー（簡単な工作で
飛ぶ原理を楽しく学びます），「スペースウォーカー」（月の重力などを
疑似体験できます），「フライトシミュレータ」（気分はパイロット！）
が人気です。
- 展示以外では，親子で楽しんでいただける「飛行機工作教室」（イン
ストラクターの指導で当館オリジナルの飛行機などを作って飛ばしま
す）が人気です。（日程は公式ホームページにて）

千葉県

キッコーマンもの知りしょうゆ館

　しょうゆの名産地、千葉県『野田』にあって、キッコーマンは江戸時代から工場見学をおこなってきた。戦後は学校の社会科見学を中心に多くの子どもたちが訪れている。
　1991(平成3)年には、施設や展示を拡充し、工場見学を中心としたミュージアムとして『キッコーマンもの知りしょうゆ館』を開館した。2007(平成19)年からは食育の一環として、『しょうゆづくり体験プログラム』や『しょうゆの味体験コーナー』などのコンテンツを加え、子どもたちの食育拠点としての機能も取り入れている。
　現在、「ここに来ればしょうゆのすべてがわかる」を目指し、しょうゆのできるまでの工程や、しょうゆの歴史や科学を楽しく学んでいただける施設として、年間10万人を超えるお客さまにご来場いただいている。

【展示・収蔵】
・現在のしょうゆづくりを工場の内部を見ながら学べる工場見学コース
・麹（こうじ）の観察

キッコーマン野田工場

千葉県

・もろみの発酵・熟成
・しょうゆの歴史、しょうゆの知識、しょうゆの科学、キッコーマンの紹介などの展示

【事　業】
《工場見学案内時間》AM9:00，10:00，11:00，PM1:00，2:00，3:00
《イベント》しょうゆづくり体験(学校向け随時、一般向け不定期開催)、春夏秋休みのワークショップ(しょうゆの科学、絵描き工作、容器、環境保全、歴史、しょうゆ樽、発酵、和食など)
《その他》社員による出前授業『キッコーマンしょうゆ塾』など。

【出版物・グッズ】
・グッズ：しょうゆストラップ、「なあにちゃん」ストラップ、キッコーマンTシャツ、トートバックなど
・『御用蔵しょうゆ』などの限定製品

・所在地　〒278-0037　千葉県野田市野田110 キッコーマン食品野田工場内
・ＴＥＬ　04-7123-5136
・ＦＡＸ　04-7123-5755
・ＵＲＬ　http://www.kikkoman.co.jp/shouyukan/
・交　通　東武野田線野田市駅から徒歩約4分，常磐自動車道で流山IC・柏ICより約20分
・開　館　AM9:00 ～ PM4:00(案内見学・各種イベントは要予約)
・入館料　無料
・休館日　毎月第4月曜日(祝日の場合は翌日)，GW，お盆，年末年始　※その他、臨時休館する場合あり
・施　設　鉄筋コンクリート2階建
・設　立　1991(平成3)年5月
・設置者　キッコーマン(株)
・管　理　キッコーマン(株)
・責任者　館長・長島宏行

関東

┌─ 館のイチ押し ─
　来館記念品としてキッコーマンしょうゆをプレゼントします。
　場内の『御用蔵』(御用醤油醸造所：宮内庁に納めるしょうゆの専用醸造所)もぜひご見学ください。

子ども博物館美術館事典　131

千葉県

千葉県立中央博物館

　県民の自然と歴史に関する知的需要に応え、生涯学習への貢献と、科学の進歩への寄与を目的に、千葉県の自然誌と歴史について学べる総合博物館として、1989(平成元)年2月、千葉市に開館した。本館と野外観察施設の「生態園」を設置している。1999(平成11)年3月には勝浦市に「分館海の博物館」を開館した。また、2006(平成18)年4月には香取市(当時佐原市)にあった県立大利根博物館と大多喜町にあった県立総南博物館が統合され、それぞれ「大利根分館」と「大多喜城分館」になった。

【展示・収蔵】
　「房総の自然と人間」をメイン・テーマに、「房総の自然誌」(房総の地学、房総の生物、生物の分類、海洋)「房総の歴史」「自然と人間のかかわり」の3つの主要な展示から構成されている。常設展示室には、ナウマンゾウ復元骨格、房総半島の自然を再現したジオラマ、マッコウクジラなどの多様な脊椎動物の骨格、東京湾や外房の海洋生物の剥製、県内の貝塚の実物標本、移

生物の分類展示室

千葉県

築された古民家などが展示されている。

「体験学習室(たいけんのもり)」では、実際に触れたり動かしたりしながら、物の見方・調べ方について学習できる。動物のはく製や骨、化石、木の幹や大きな切り株などに触ったり、土器の復元パズルにも挑戦できる。子ども向けの図鑑や絵本も閲覧できる。

収蔵庫には、約87万点の資料が収蔵されている。

【事　業】

企画展、季節展、生態園トピックス展など年間10前後の展覧会のほか、年間100件を超える講座・観察会を開催し、土日祝日には展示室内でミュージアムトークを実施している。

【出版物・グッズ】

要覧／概要／年報／中央博物館だより／行事案内／展覧会図録
常設展示解説書／研究報告　ほか

- ・所在地　〒260-8682　千葉県千葉市中央区青葉町955-2
- ・ＴＥＬ　043-265-3111
- ・ＦＡＸ　043-266-2481
- ・ＵＲＬ　http://www.chiba-muse.or.jp/NATURAL/
- ・交　通　〈車〉京葉道路 松ヶ丘IC 約5分　〈電車・バス〉JR総武線 千葉駅東口7番乗り場から京成バス「大学病院」「大学病院・南矢作」行き約15分 中央博物館下車 徒歩7分
- ・開　館　AM9:00 ～ PM4:30(入館はPM4:00まで)
- ・入館料　通常期間：一般300円(240円)，高・大学生150円(120円)　企画展開催期間：一般500円(400円)，高・大学生250円(200円)，65歳以上および中学生以下は無料　※(　)内は20名以上の団体料金
- ・休館日　月曜日(休日の場合は翌火曜日)，年末年始，収蔵庫燻蒸期間等
- ・施　設　鉄骨・鉄筋コンクリート造，地下1階・地上2階，敷地面積1万3178㎡ 建築面積7024㎡ 延床面積1万5254㎡
- ・設　立　1989(平成元)年1月11日 機関設置，1989(平成元)年2月7日 一般開館
- ・設置者　千葉県
- ・責任者　館長・中村祥一

館のイチ押し

◇マッコウクジラ全身骨格

子ども博物館美術館事典　133

千葉県

千葉県立房総のむら

　国の風土記の丘構想に沿い、かつ千葉県の県立博物館設置計画の一環として、竜角寺古墳群一帯に1975(昭和50)年、「千葉県立房総風土記の丘」が設置された。
　1986(昭和61)年には、隣接地に江戸時代後期から明治時代初期の房総地方に伝わる商家、武家屋敷、農家などを再現するとともに、房総地方の伝統的な技術や生活様式を直接に体験して学ぶことができる体験博物館として、「千葉県立房総のむら」が設置された。そしてこの2つの博物館が2004(平成16)年に統合され、原始・古代から近代・現代までの衣・食・住の移り変わりを体験することができる博物館として、現在に至っている。

【展示・収蔵】
　江戸時代後期から明治時代初期における房総地方の「商家の町並み」「武家屋敷」「上総の農家」「下総の農家」「安房の農家」「水車小屋」「農村歌舞伎舞台」などを当時の景観・環境を含めて再現している。

商家の町並み

千葉県

　さらに、風土記の丘資料館には、原始・古代・中世の遺跡から出土した考古関係資料を収蔵し、「房総の古墳と古代の寺」「原始・古代の生活」等のテーマ別に展示している。

　このほか、竜角寺古墳群・復元竪穴住居・指定文化財建造物を公開している。

　また、民俗資料・自然資料を約3,500点、考古資料約11,000箱を収蔵している。

【事　業】

　「さくらまつり」「春のまつり」「むらの縁日・夕涼み」「稲穂まつり」「ふるさとまつり」「むらのお正月」などのイベント、企画展、トピックス展、写生コンクール、写真展などを開催するほか、房総地方に伝わる技術の実演や生活歳時記の展示を1年を通して行っている。

　さらに農家・武家屋敷・めし屋・そば屋・川魚の店・菓子の店・お茶の店・呉服の店・小間物の店・本瓦版の店・紙の店・細工の店・酒燃料の店・薬の店・瀬戸物の店・木工所・鍛冶屋・風土記の丘資料館での体験を1年を通して実施している。

　そのほか、「考古学講座」「里山観察会」「昔の町並み探険隊」「房総座（落語会）」「歴史の里の音楽会」「子どもおもしろ広場」など、様々な行事を行っている。

　また、小さな子どもでも体験できるメニューをたくさん用意している。

【出版物・グッズ】

　町並みに関する調査報告書（第3集まで）、町と村調査研究（第8号まで）を刊行してきたほか、企画展図録、年報、館報、体験のしおりなどを発行している。

　そのほか、房総のむらマスコットキャラクター「ぼうじろー」のオリジナルグッズを販売している。

- 所在地　〒270-1506　千葉県印旛郡栄町龍角寺1028
- ＴＥＬ　0476-95-3333
- ＦＡＸ　0476-95-3330
- ＵＲＬ　http://www.chiba-muse.or.jp/MURA/
- E-mail　mura@chiba-muse.or.jp
- 交　通　〈電車・バス〉JR成田線 安食駅から竜角寺台車庫行きバス約10分 房総のむら下車 徒歩3分／JR成田線 成田駅西口から竜角寺台車庫行きバス約20分 竜角寺台2丁目下車 徒歩約10分
　　　　　〈車〉東関東自動車道 成田ICから成田・安食方面へ直通約10km

子ども博物館美術館事典　135

千葉県

- ・開　館　AM9:00 〜 PM4:30
- ・入館料　一般300円（240円），高・大学生150円（120円），中学生以下と65歳以上無料　※（　）内は20名以上の団体料金
- ・休館日　原則として月曜日（祝・祭日の場合は火曜日），年末年始，そのほか臨時休館日・臨時開館日あり
- ・施　設　敷地は約51ha，建物は78棟で約8860㎡
- ・設　立　1986（昭和61）年4月1日
- ・設置者　千葉県
- ・管　理　（公財）千葉県教育振興財団
- ・責任者　館長・安藤三之

館のイチ押し

　再現された江戸時代後期から明治時代初期の景観・環境のなかで、楽しみながら昔のくらしや技が体験できる博物館。

　年間約460種類の実演や展示、体験がある。また、7・8月には、夏休みの宿題にオススメの「夏休み親子体験」もある。

東京都

板橋区立教育科学館

　教育科学館は、広く科学に関する知識の普及・啓発を促進し、次代を担う創造性豊かな青少年の健やかな成長を図るとともに、科学情報・教育情報を積極的に収集し、学校教育・社会教育の一層の充実に貢献することを目的として、1988（昭和63）年9月に開設。
　2007（平成19）年度より指定管理者制度を導入し、指定管理者（(株)学研プラス）による管理運営となり9年目（2016（平成28）年3月現在）である。

【展示・収蔵】
　身近な日常生活の中の科学をテーマに、エネルギー・交通・通信・災害・からだなどテーマ別の体験型常設展示があり、誰でも気軽に楽しく利用できる。

【事　業】
　小学校4年生・5年生の全児童を対象に「移動教室（校外授業）」を実施し、プラネタリウムによる天文学習と科学実験等を行っている。

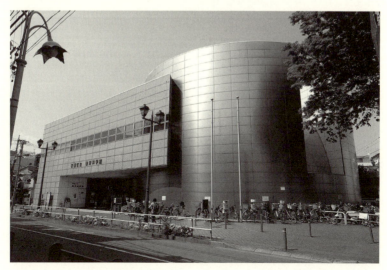

東京都

　また、子どもの頃から科学への興味を深め、また区民へ科学情報を広く提供するため、「プラネタリウム各種投影」「科学展示物展示（常設）」「科学教室」「ワークショップ」など、数多くの事業を実施している。

- 所在地　〒174-0071　東京都板橋区常盤台4-14-1
- ＴＥＬ　03-3559-6561
- ＦＡＸ　03-3559-6000
- ＵＲＬ　http://www.itbs-sem.jp/
- E-mail　kagakukan@itbs-sem.jp
- 交　通　東武東上線 上板橋駅北口より徒歩5分
- 開　館　AM9:00 ～ PM4:30（夏休み期間中はAM9:00 ～ PM5:00）
- 入館料　無料
- 休館日　月曜日（祝日の場合は翌日），12月29日～1月3日
- 施　設　鉄骨鉄筋コンクリート　地上2階地下2階建，建築面積1920㎡
- 設　立　1988（昭和63）年9月
- 設置者　板橋区
- 管　理　(株)学研プラス（2017年3月まで）
- 責任者　館長・御影池和良

館のイチ押し

　ほぼすべての投影を毎月テーマを変えた生解説で行うプラネタリウムや、楽しみながら科学を体験できる展示物がたくさんある科学展示室があります。

東京都

宇宙ミュージアム TeNQ(テンキュー)

1936(昭和11)年　株式会社後楽園スタヂアム創立
1937(昭和12)年　後楽園スタヂアム(球場)開業
1955(昭和30)年　後楽園ゆうえんち開業(現・東京ドームシティ アトラクションズ)
1973(昭和48)年　黄色いビル開業
1988(昭和63)年　東京ドーム(球場)開業
1990(平成2)年　株式会社東京ドームに社名変更
2000(平成12)年　水道橋エリアを東京ドームシティと名称変更
2014(平成26)年7月に宇宙ミュージアム TeNQ 開業

　東京ドームシティで「知」「学ぶ」の要素を併せもつ新しいエンタテインメント施設として開業。
　「宇宙を感動する」をコンセプトに心打つ映像・最先端の科学・体験するコンテンツ・アートなど、様々な視点から心地よく宇宙を楽しむエンタテインメントミュージアム。

エントランス

東京都

【展示・収蔵】
　下記の9つのエリアから構成されている。
①エントランス…日常の中に宇宙が溶け込んだ空間を演出
②トンネル0(ゼロ)…心をリセットする導入路
③はじまりの部屋…古代から現代の人が思い描いてきた宇宙をプロジェクションマッピングで表現
④シアター宙(ソラ)…直径11mのスクリーンを見下ろす円形シアターで、これまでとは違った視点で宇宙を捉える
⑤サイエンス…東京大学総合研究博物館との連携による最新の研究成果を体感できるエリア
⑥イマジネーション…宇宙から想像を掻き立てられて創られたゲームやアートの数々を体験できる
⑦つながる場所…言葉で味わったり、写真を撮ったりとTeNQで感じた思いを印象深くするエリア
⑧企画展示室…TeNQらしい切り口で年間3回ほど企画展を開催
⑨宇宙ストア…宇宙や星をテーマにしたセレクトショップ

シアター宙

東京都

【事　業】

　企画展を年3回ほど開催するほか、シーズンに合わせて館内で装飾、キャンペーンやワークショップ、ロケットの打ち上げなどのパブリックビューイング、講演会などを実施している。

【出版物・グッズ】

　公式ガイドブック「TeNQ Book」
　オリジナル菓子・Tシャツ・タオル・ステーショナリー　他

- ・所在地　〒112-8575　東京都文京区後楽1-3-61 東京ドームシティ 黄色いビル6階
- ・ＴＥＬ　03-3814-0109
- ・ＵＲＬ　http://www.tokyo-dome.co.jp/tenq/
- ・交　通　JR総武線 水道橋駅／都営三田線 水道橋駅／東京メトロ丸の内線・南北線 後楽園駅 他
- ・開　館　〈土日祝および特定日（春夏冬休みなど）〉AM10:00 ～ PM9:00（最終入場PM8:00）〈平日〉AM11:00 ～ PM9:00（最終入場PM8:00）
- ・入館料　大人1800円，学生1500円，4歳～中学生および65歳以上シニア1200円
- ・休館日　年中無休（館内メンテナンスや貸切営業時は休館）
- ・施　設　面積 約2600㎡
- ・設　立　2014（平成26）年7月8日開業
- ・設置者　（株）東京ドーム
- ・管　理　（株）東京ドーム 宇宙ミュージアム部
- ・責任者　部長・片栁龍毅

館のイチ押し

「シアター宙（ソラ）」

　4K超の映像を直径11mのスクリーンに映し出し、周りを囲んで覗き込む形式のシアター。独特の浮遊感も感じられ、美しく壮大な宇宙にまるで行ったかのような映像体験ができます。

子ども博物館美術館事典　141

東京都

NHKスタジオパーク

　1965(昭和40)年10月4日、東京都渋谷につくられたNHK放送センター内に「見学コース」として誕生。1985(昭和60)年4月8日「見学コース」の内容を一新し「NHK展示プラザ」に改称。「ハイビジョンシアター」等を新設。
　1995(平成7)年3月22日、NHKが(社)東京放送局として初めて放送を開始した1925(大正14)年3月22日から数えて70周年、また「見学コース」としてオープンしてから30年の節目である年にリニューアルし、「NHKスタジオパーク」に改称した。
　2011(平成23)年10月10日、リニューアルオープン。番組やキャラクターのオリジナルコンテンツや番組制作の舞台裏の紹介、8Kスーパーハイビジョンなどの最新技術によるコンテンツ上映など、様々な展示やイベント、公開番組を通してNHKの多彩な放送にふれることができる「体験型テーマパーク」となった。

【展示・収蔵】
　NHKキャラクターのコンテンツで遊ぶ、番組制作の舞台裏を楽しむ、「大河」などドラマの展示、公開放送の見学、アニメのアフレコ、ニュースキャスター

東京都

体験、8K映像の上映など放送局ならではのアトラクションがたくさん揃っている。

【事　業】
・春のスタパまつり、夏のスタパまつり
・大型連休などにはNHKのキャラクターが勢揃いして楽しいショーやコンサートを行っている。
・クリスマスや正月には、季節限定のイベントを開催している。

ネイチャーカメラマン

【出版物・グッズ】
　併設されているスタジオカフェ、スタジオショップでは、番組関連グッズの取り扱いがある。

・所在地　〒150-8001　東京都渋谷区神南2-2-1
・ＴＥＬ　03-3485-8034
・ＦＡＸ　03-3485-8204
・ＵＲＬ　http://www.nhk.or.jp/studiopark/index.html
・交　通　渋谷駅から徒歩12分　渋谷駅 渋谷マークシティ前2番乗り場から直行バスあり
・開　館　AM10:00〜PM6:00（最終入場はPM5:30）
・入館料　大人200円，こども無料（高校生以下・18歳未満・65歳以上無料）
・休館日　第4月曜日（祝日の場合は翌日）
・施　設　NHK放送センター内の一部を見学コースとして利用
・設　立　1965（昭和40）年10月
・設置者　日本放送協会
・管　理　NHK広報局制作部・NHKサービスセンター
・責任者　館長

> 館のイチ押し
> 　スタジオパークでは、常設展示の他に、人気の番組の特集展示やイベントを随時行っています。何度来ても楽しい、スタジオパークにぜひ遊びに来てください。

子ども博物館美術館事典　143

東京都

科学技術館

　1960(昭和35)年4月に科学技術振興に関する諸事業を総合的に推進する公益法人として(財)日本科学技術振興財団(現在、(公財)日本科学技術振興財団)設立。科学技術館は、同財団が設立し1964(昭和39)年4月に開館した理工系博物館である。
　基礎的な科学技術と関連する先端産業分野での応用成果の実施を実物展示、レプリカ、可動原理模型、体験装置および実験・演示など様々な展示手法を駆使し、主に青少年を対象に科学技術知識の普及啓発を行っている。

【展示・収蔵】
　展示は、見て・触って・からだ全体を使って体感し、自分の知識や興味に応じて楽しみながら科学と技術に興味・関心を深められるようになっている。また、科学技術の発展に合わせ、常に館内施設や展示の更新を図りながら魅力的な情報を提供していくことを心掛けている。
《5階展示室》
　「遊び・創造・発見の森」をテーマにした8つの展示室で構成され、これらの展示全体を森に見立てて「FOREST(フォレスト)」と呼んでいる。
　◇「オリエンテーリング」…科学する心の扉を開く「きっかけ」となるい

ろいろな仕掛けが用意されており、見る・聞く・触る・感じるといった人間の感覚器官を全て使って体験する。

◇「イリュージョンA」「イリュージョンB」…さまざまな錯覚やいつもとは違った見方を体験することにより、視覚をはじめとする感覚の科学を直感的に理解したり、思わぬ発見ができたりする空間。

ほか、「オプト」「メカ」「ワークス」「アクセス」「リアル」「シンラドーム（4階）」がある。

《4階展示室》

◇「建設館」…トンネルや橋の技術や歴史の紹介をはじめ、地震や洪水から建物や街をまもる演示実験などにより、日本の優れた土木や建築の技術を体感できる。

◇「鉄の丸公園1丁目」…鉄の「用途」「特性」「作り方」「環境」を映像や体験装置、演示実験を通じて紹介する。

ほか、「NEDO - Future Scope」「シンラドーム（承前）」「実験スタジアム」がある。

《3階展示室》

◇「DENKI FACTORY」…電気の原理を楽しく学べる参加体験型の展示があり、スタッフによる実験演示も行われている。

◇「エレクトロホール」…「オーロラ・サイエンス」として、オーロラの神秘的な美とその原理を「地球エレクトロニクス」と捉え、世界で初めて科学的な視点による参加体験型の展示として具体化。

ほか、「アトミックステーション ジオ・ラボ」「ワンダー・ガレージ」がある。

《2階展示室》

◇「自転車広場」…実物を中心に自転車の技術の変遷を紹介。

◇「ワクエコ・モーターランド」…乗用車やバイク、トラックの運転シミュレータが体験できる。また、エコドライビングやクルマのリサイクルのしくみなど、環境問題や安全についても学ぶことができる。

◇「ものづくりの部屋」…日本の産業を支える「ものづくり」をテーマに機械や製品を展示、併せてワークショップも実施。

【事　業】

・科学技術館の運営事業（実験プログラムの開発、特別展の開催、巡回展示物の貸し出しなどを含む）

・教育文化施設に対する企画・開発・保守、運営監理

子ども博物館美術館事典　145

東京都

- ・科学技術系人財の育成(サイエンス友の会の運営、「青少年のための科学の祭典」の開催など)
- ・科学技術の普及啓発(科学技術映像祭の開催、放射線に関する理解増進活動など)
- ・科学技術振興に関する調査研究　など

【出版物・グッズ】
- ・科学技術館メールマガジン(毎週発行)
- ・日本科学技術振興財団広報誌『JSF Today』(季刊)
- ・科学技術館オリジナルグッズをミュージアムショップにて販売　など

- ・所在地　〒102-0091　東京都千代田区北の丸公園2-1
- ・TEL　03-3212-8544 ／ 03-3212-8458(団体予約)
- ・FAX　03-3212-8443 ／ 03-3212-8540(団体予約)
- ・URL　http://www.jsf.or.jp/
- ・交　通　東京メトロ東西線竹橋駅(T-08)1b出口より約550m ／東京メトロ東西線・同半蔵門線・都営地下鉄新宿線 九段下駅(T-07・Z-06・S-05)2番出口より約800m
- ・開　館　AM9:30 〜 PM4:50(入館はPM4:00まで)
- ・入館料　大人720円(520円)，中・高校生410円(310円)，子ども(4歳以上)260円(210円)　※( )内は20名以上の団体料金，団体割引(20名様以上)，障害者手帳等をお持ちの方の特別割引などあり
- ・休館日　水曜不定期，年末年始(12月28日〜1月3日)
- ・施　設　鉄筋コンクリート造 地上5階・地下1階，敷地面積6814㎡ 建築延面積2万5164㎡ 展示面積8030㎡
- ・設　立　1964(昭和39)年4月
- ・設置者　日本科学技術振興財団
- ・管　理　日本科学技術振興財団
- ・責任者　理事長・榊原定征

館のイチ押し

　展示のテーマに沿った実験ショーや映像上映、ワークショップを毎日約40回実施している。
　また、夏季休暇をはじめとする長期休み期間には特別展やイベントを開催。

146　子ども博物館美術館事典

東京都

がすてなーに ガスの科学館

　東京ガス（株）の創立100周年事業の一環として1986（昭和61）年3月に開館。豊洲土地区画整備事業に伴い2006（平成18）年3月に閉館。同年6月現在の場所に移転し、愛称「がすてなーに」を冠して開館。また、2014（平成26）年3月の環境エネルギー館（横浜市鶴見区）の閉館に伴い、環境訴求を強化して両館を統合し、2014年4月にリニューアルオープンした。
　「がすてなーに ガスの科学館」は、"科学と暮らしの視点から、エネルギーと環境の？（はてな）を学び（なるほど）を実感"というコンセプトのもと体験型展示物やプログラムを通じて、東京ガスの事業を紹介する企業PR館として運営している。

【展示・収蔵】
　自分で見て、聞いて、触って、嗅いでと五感を駆使して楽しみながら理解する体験型展示物に加え、個性豊かなコミュニケーターによる展示物やプログラムを介したコミュニケーションにより、エネルギー環境教育におけるアクティブ・ラーニング（？はてな→！なるほど）の場を創出する。
［1F］
　○プカのひみつ…ご家庭に都市ガスが届くまでの工程をさかのぼり、各工程の技術（実物展示）を確認しながら、化石燃料や環境問題を学ぶ。
　○ピカッとフューチャー…自然の力や都市ガスを利用して、電気と熱を作り出す仕組みや、まち全体でエネルギーを融通するシステムの理解を深める。
［2F］
　○探検！プ・ポ・ピ ラボ…普段の生活を再現した展示を通じて、"エネル

東京都

ギーのムダ"をなくし、地球にやさしい暮らしを「意識」するきっかけをつくっていく。

【事　業】

イベントは、夏休みや春休みに開催予定。

《土日祝日、学校休業日には、以下のプログラムを実施》

クイズ大会、みつける！はてな研究所、オリジナル映画、がすてなーにツアー、サイエンスショー、サイエンスキッチン、ポケットプログラム、ワークショップ

※開催スケジュールはホームページ参照

【出版物・グッズ】

シール100円、マグカップ850円、ハンドタオル300円
エプロン子供用1800円、ストラップ500円、ガス灯錦絵 小風呂敷1000円
ぬいぐるみ800円、ガス灯錦絵Wクリアファイル500円

- ・所在地　〒135-0061　東京都江東区豊洲6-1-1
- ・ＴＥＬ　03-3534-1111
- ・ＦＡＸ　03-3534-1643
- ・ＵＲＬ　http://www.gas-kagakukan.com
- ・交　通　東京メトロ有楽町線 豊洲駅7番出口より徒歩6分／ゆりかもめ 豊洲駅北口より徒歩6分
- ・開　館　AM9:30～PM5:00（入館はPM4:30まで）
- ・入館料　無料
- ・休館日　月曜日（祝日の場合は翌日），年末年始，施設点検日
- ・施　設　地上3階（3階部分は屋上）
- ・設　立　2006（平成18）年6月2日
- ・設置者　東京ガス(株)
- ・管　理　東京ガスコミュニケーションズ
- ・責任者　館長・西山潔

館のイチ押し

「がすてなーに ガスの科学館」は、"暮らしを支えるエネルギー・ガス"の特長やエネルギーと地球環境との関わりを体験型展示物やクイズ、実験を通して楽しみながら学ぶことができます。

東京都

紙の博物館

　和紙、洋紙を問わず、紙に関する資料を幅広く収集・保存・展示する世界有数の紙専門の博物館。1950(昭和25)年にわが国の洋紙発祥の地である東京・王子に開設された。

　1998(平成10)年、飛鳥山公園内に移転し、現在、製紙会社、製紙用具製造会社、紙販売会社など、多くの関係各社の協力によって運営されている。

【展示・収蔵】
　常設展示は、紙の製造工程や種類を紹介する第1展示室「現代の製紙産業」、紙の基礎からリサイクル・環境問題まで、体験的に学べる子ども向けの第2展示室「紙の教室」、紙の歴史、紙の工芸品などを展示する第3展示室「紙の歴史」がある。このほか、企画展を年3〜4回実施している。
　図書室には紙に関する多くの書籍が揃っており、来館者が自由に閲覧できる。子ども向けの本も置いてある。
　収蔵資料点数：約40,000点　紙に関する蔵書：約15,000点

【事　業】
　企画展を年3〜4回実施。講習会・講演会などの各種イベントを行う。
　牛乳パックの再生原料で、はがきづくりが楽しめる「紙すき教室」(毎週土・日曜日に開催)は、子どもから大人まで幅広い世代に好評。
　特に夏休みは、子ども向けのイベントや企画展を開催している。

東京都

【出版物・グッズ】
- 「紙博だより」(年4回発行)
- 「紙の博物館収蔵品図録」「和紙と洋紙―その相違点と類似点」ほか
- 自宅ではがき作りが楽しめるオリジナルキット「紙すきくん」(1800円)

- 所在地　〒114-0002　東京都北区王子1-1-3
- ＴＥＬ　03-3916-2320
- ＦＡＸ　03-5907-7511
- ＵＲＬ　http://www.papermuseum.jp/
- 交　通　JR京浜東北線 王子駅南口 徒歩5分／東京メトロ南北線 西ヶ原駅 徒歩7分／都電荒川線 飛鳥山停留所下車 徒歩3分／都バス 飛鳥山停留所下車 徒歩4分／北区コミュニティバス 飛鳥山公園停留所 徒歩2分
- 開　館　AM10:00 ～ PM5:00(入館はPM4:30まで)
- 入館料　大人300円，小中高生100円
- 休館日　月曜日(祝日開館)，祝日直後の平日，年末年始
- 施　設　鉄筋コンクリート地下1階・地上4階建，建築面積492㎡ 延床面積2268㎡
- 設　立　1950(昭和25)年6月8日
- 設置者　成田潔英
- 管　理　(公財)紙の博物館
- 責任者　館長・東 剛

館のイチ押し

　毎週土・日曜日に実施される「紙すき教室」は、牛乳パックの再生原料から、透かしやモミジなどを入れたオリジナルのハガキを作る、人気の催しです。お一人10分弱でハガキが完成しますが、この短い時間に、紙とは何か、どのように作るのか、紙のリサイクルのしくみはどうなっているのか、などを凝縮して体験できます。

東京都

ギャラクシティ
(足立区こども未来創造館・足立区西新井文化ホール)

スペースあすれちっく

2011(平成23)年10月から2013(平成25)年3月までリニューアル工事を行い、翌4月にリニューアルオープン。1994(平成6)年4月に開館した、展示を中心とした施設「足立区こども科学館」から、足立区こども未来創造館に生まれ変わった。

足立区では、2008(平成20)年度より「子ども施策3ヵ年重点プロジェクト推進事業」に取り組み、"たくましく 生き抜く力を育む"を基本理念に、教育・子育て環境の一層の充実をめざしていたが、当館のリニューアルは、その一端を担うものとして実施された。

計画にあたっては、遊びや実体験を通して、子どもたちの夢やチャレンジ精神を育み、学ぶ力や社会に対応する能力を身につけられる施設を目指した。また、遊びながら学べる「エデュテインメント(教育+娯楽)」、「希少性と集客力」のある体験、子どもを中心に地域全体に広げる「多世代の参画」をキーワードとし、整備した。

【展示・収蔵】

「夢に出会い、夢に挑戦する」をコンセプトに、①「遊び・体験」事業、②「開発」事業、③「ふれあい・交流」事業の3つの事業を5つのエリアで展開。各エリアでは、地域の大人や団体、さまざまな専門機関や学術機関とも連携した年間4000のプログラムが行われており、子どもたちが自分の体験や多くの仲間・大人との出会いを通して、"好きなこと"や"なりたい自分"を見つけ、それに向かってチャレンジできる場となっている。

東京都

① 「遊び・体験」事業

《体験・実験・創作エリア》まるちたいけんドーム（プラネタリウム）、ものづくりガレージ、ホワイトあとりえ、わくわくデスク、デジタルきゃんばす、わーくしょっぷスタジオ、とんがりキッチン

《わんぱくエリア》スペースあすれちっく（大型ネット遊具）、がんばるウォール（クライミングウォール）、クライミングぱーく（ボルダリング）、ちゃれんじコート

《キッズエリア》ちびっこガーデン

② 「開発」事業

《開発エリア》デジタルらぼ、コラボらぼ

③ 「ふれあい・交流」事業

《ふれあい・交流エリア》ギャラクカフェ、ショップ、Gがくえんクラブルーム1218、ホッとスペース、ぷらっとプラネット、ギャラクシティふぉーらむ、音楽室、レクリエーションホール

④ 西新井文化ホール

【事 業】

◇つくって、あそんで、五感で感じる体験！

主に小学生を対象に、科学の不思議や面白さを体感できるプログラムや多様な体験プログラムを用意。また、パソコンを使ったアニメーション作りやクッキング体験などもできる。さらに「まるちたいけんドーム」では、通常のプラネタリウムに加え、子どもから大人までさまざまな方が制作したオリジナル番組を投影することも可能。

◇思いっきり体を動かす体験！

施設正面入口に設置してあるクライミングウォール（高さ7.5m×幅5.5m）や、館中央部分にある大型のネット遊具など、子どもたちが思いきり体を動かして遊べる。その他、屋外広場などを利用して子どもたちの発達にあわせた運動を楽しむことができる。

◇乳幼児・親子向けの環境整備

発達段階に応じた遊具を用意し、親子のふれあいや豊かな感性を育めるような環境が整備されており、子どもを見守りながら、保護者同士が交流したり、飲食や休憩できる親子カフェも設置されている。乳幼児と保護者が親子で参加できるプログラムや講座もある。

東京都

◇「こども・みーてぃんぐ」活動

　子どもたちが育て、一緒に歩める施設を目指して、公募によって集まった区内の子どもたちに、施設の運営や企画自体に積極的に関わってもらい、リニューアルオープンした新しいギャラクシティを作り上げていくことを目指す活動「こども・みーてぃんぐ（通称：こどみ）」を行っている。

- ・所在地　〒123-0842　東京都足立区栗原1-3-1
- ・ＴＥＬ　03-5242-8161
- ・ＦＡＸ　03-5242-8165
- ・ＵＲＬ　http://www.galaxcity.jp/
- ・E-mail　info@galaxcity.jp
- ・交　通　東武スカイツリーライン 西新井駅下車 東口から徒歩3分
- ・開　館　AM9:00 ～ PM9:30（子ども体験エリアはPM6:00まで）
- ・入館料　無料　まるちたいけんドーム（プラネタリウム）観覧料：大人500円，小中高生100円，未就学児無料（座席使用の場合は100円）
　　　　　　※体験イベントの内容により材料費や受講料が必要
- ・休館日　毎月第2月曜日（祝日の場合は翌日，8月は無休），元日
　　　　　　※1月・3月・9月に連続休館あり
- ・設　立　2013（平成25）年4月（リニューアル）
- ・設置者　足立区
- ・管　理　あだち未来創造ネットワーク
- ・責任者　ギャラクシティ館長・黒川和男

館のイチ押し

　遊びながら学べる「エデュテインメント（教育＋娯楽）」、希少性のある体験、子どもを中心に地域全体に広げる「多世代の参画」をキーワードに、遊びや体験を通して、子どもたちが夢やチャレンジ精神を育み、学ぶ力や社会に対応する能力を身につけることができる体験型複合施設。

　高さ7.5mのクライミングウォールや、国内最大級のネット遊具、23区最大のドームを有する「まるちたいけんドーム（プラネタリウム）」等の施設に加え、子どもの知的好奇心をくすぐるワークショップを毎日開催しています。

　また、プラネタリウム「大人のためのくつろぎタイム」など、大人向けの魅力あふれるプログラムもご用意しています。

東京都

国立科学博物館

国立科学博物館は、日本における唯一の国立の総合的な科学博物館として、幅広く自然科学とその応用に関する資料を収集・保管し、後世に引き継いでいくとともに、その調査・研究を進め、これらの資料や研究成果を公開して生涯学習の機会を提供することを使命としている。

写真提供：国立科学博物館

上野地区の展示は、「日本館」と「地球館」から構成される。

現在の日本館は、国立科学博物館の前身である「東京科学博物館」の上野新館として、1931（昭和6）年に文部省の設計により竣工した。その後、建物の増設、改修などを経て、2004（平成16）年に地球館グランドオープン、2007（平成19）年に建物の耐震補強等改修工事と展示リニューアルを完了した日本館がオープンし、総合展示テーマ「人類と自然の共存をめざして」のもと、生き物たちが暮らす地球の環境を守り、自然と人類が共存可能な未来を築くために、どうすればよいのかを考える展示を行っている。

2014（平成26）年9月より、オープンから15年が経過した地球館Ⅰ期（北側部分）の展示リニューアル工事を開始、2015（平成27）年7月にリニューアルオープンした。

《沿革》
・1871（明治4）年10月：文部省博物局の観覧施設として湯島聖堂内に博物館を設置
・1872（明治5）年3月：文部省博物館の名で初めて博覧会を公開
・1875（明治8）年4月：博物館を「東京博物館」と改称

東京都

- 1877（明治10）年 1 月：上野山内、西四軒寺跡（現東京芸大の位置）に新館が一部竣工、東京博物館を「教育博物館」と改称（この年をもって創立年とする）
- 1881（明治14）年 7 月：「東京教育博物館」と改称
- 1921（大正10）年 6 月：「東京博物館」と改称
- 1931（昭和 6 ）年 2 月：「東京科学博物館」と改称
- 1931（昭和 6 ）年 9 月：上野新館（現日本館）竣工
- 1931（昭和 6 ）年11月：天皇・皇后両陛下の行幸啓を仰ぎ開館式を挙行（この11月 2 日を開館記念日とする）
- 1949（昭和24）年 6 月：文部省設置法により「国立科学博物館」設置
- 1972（昭和47）年 3 月：新宿地区に分館庁舎が完成
- 1976（昭和51）年 5 月：筑波地区に「筑波実験植物園」設置
- 1985（昭和60）年 5 月：「見つけよう・考えよう・ためしてみよう―たんけん館」開館
- 1999（平成11）年 4 月：新館（ I 期）常設展示公開
- 2001（平成13）年 4 月：国の行政改革の一環として独立行政法人国立科学博物館となる
- 2002（平成14）年 6 月：産業技術史資料情報センター設置
- 2004（平成16）年11月：新館（現地球館）グランドオープン
- 2006（平成18）年12月：上野地区にシアター36○オープン、建物名を、「地球館」「日本館」に改称
- 2007（平成19）年 4 月：日本館オープン、英語名称改称
- 2008（平成20）年 6 月：日本館（旧東京科学博物館本館）重要文化財に指定
- 2011（平成23）年　　：筑波地区に自然史標本棟、総合研究棟が完成
- 2012（平成24）年　　：新宿分館、産業技術史資料情報センター筑波地区に移転。
- 2015（平成27）年 7 月：地球館（ I 期）リニューアルオープン

【展示・収蔵】

　所蔵する標本は動物研究部208万2697点、植物研究部175万4139点、地学研究部26万9630点、人類研究部16万1501点、理工学研究部2万8671点の計429万6638点。図書資料については単行書11万8671冊、雑誌1万4382種を所蔵（点数はいずれも2014（平成26）年度のもの）。

東京都

上野本館常設展示の構成は以下の通り。

《日本館》

「日本列島の自然と私たち」をテーマとする日本館では、日本列島の自然と生い立ち、日本人の形成過程、そして日本人と自然のかかわりの歴史を展示している。建物は1931（昭和6）年竣工の趣のある建物で、2008（平成20）年に重要文化財に指定された。

『日本列島の素顔』『日本列島の生い立ち』

『生き物たちの日本列島』『日本人と自然』

『自然をみる技』

《地球館》

「地球生命史と人類」をテーマとする地球館では、地球の多様な生き物が、お互いに深く関わりあって生きている姿、地球環境の変動の中で生命が誕生と絶滅を繰り返しながら進化してきた道のり、そして、人類の知恵の歴史を展示している。2015（平成27）年7月、I期部分がリニューアルオープン。

『親と子のたんけんひろば コンパス』『大地を駆ける生命』

『科学技術で地球を探る』『科学と技術の歩み』

『地球史ナビゲーター』『地球の多様な生き物たち』

『地球環境の変動と生物の進化—恐竜の謎を探る—』

『地球環境の変動と生物の進化—誕生と絶滅の不思議—』

『自然のしくみを探る』

※なお、上野本館のほか、港区白金台に、天然記念物および史跡に指定されている附属自然教育園があり、茨城県のつくば市には筑波実験植物園・筑波研究施設がある。

【事　業】

《企画展等》

特別展、企画展の開催。

《教育普及活動》

青少年や一般成人を対象に、「ディスカバリートーク」、「自然史セミナー」、「大学生のための自然史講座」等の多様な事業を実施している。また、「教員のための博物館の日」「植物画コンクール」等の事業も実施しており、館内・外を問わず多彩な教育支援活動を展開している。

東京都

【出版物・グッズ】

《国立科学博物館の出版物》

- 研究報告関係：「Bulletin of the National Museum of Nature and Science A〜E」/「国立科学博物館専報」（年1回）/「筑波実験植物園研究報告」（年1回）/「自然教育園報告」（年1回）/「National Science Museum Monographs（国立科学博物館モノグラフ）」など。
- 「国立科学博物館概要」（年1回）/「国立科学博物館年報」（年1回）
- 展示案内：「日本列島の自然と私たち」「地球生命史と人類—自然との共存をめざして」（和文・英文）
- 自然と科学の情報誌：「milsil」（年6回）
- 国立科学博物館叢書：「南太平洋のシダ植物図鑑」等
- 「授業で使える！ 博物館活用ガイド」（編著）
- 展示案内関係（館・園内配布用）：「国立科学博物館館内ガイド」（和文・英文・中国語・韓国語）/「筑波実験植物園」/「自然教育園」など。
- 「教師のための国立科学博物館利用ガイド」（配布用）

《国立科学博物館監修の出版物》

- 学習用図書：「自然への窓口」「生命の歴史を考える」「ツヅミモの世界」等

- ・所在地　〒110-8718　東京都台東区上野公園7-20
- ・ＴＥＬ　03-5777-8600（ハローダイヤル）
- ・ＵＲＬ　http://www.kahaku.go.jp/
- ・E-mail　webmaster@kahaku.go.jp
- ・交　通　JR上野駅公園口から徒歩5分／東京メトロ銀座線・日比谷線 上野駅から徒歩10分／京成電鉄 京成上野駅から徒歩10分
- ・開　館　AM9:00〜PM5:00，金曜日のみ 〜PM8:00（ただし入館は閉館の30分前まで）
- ・入館料　一般・大学生620円，小・中・高校生無料　団体入館者：一般・大学生310円（団体は20名以上）
- ・休館日　月曜日（日・月曜日が祝日の場合は火曜日），年末年始
- ・施　設　上野本館：敷地面積1万3223㎡ 建物延面積3万3180㎡
　　　　　　筑波地区：敷地面積14万22㎡ 建物延面積4万3603㎡
　　　　　　附属自然教育園：敷地面積19万3854㎡ 建物延面積1984㎡
- ・設　立　1877（明治10）年1月
- ・設置者　（独）国立科学博物館
- ・責任者　館長・林良博

子ども博物館美術館事典　157

東京都

こども科学センター・ハチラボ

「渋谷の街からノーベル賞を」という願いを込めて2010（平成22）年11月21日に開設された。子どもたちの"夢"と科学する心を育む施設である。見て、さわって、考える体験型の「常設展示」、NPO、企業等と連携した「企画展示」を行っている。

また、学校の授業では体験できない様々な実験やものづくりを行う「ハチラボ講座」「ワークショップ」を実施し、子どもたちが楽しみながら科学や数学、ものづくりが好きになるよう支援する。そのほか、渋谷区立学校、幼稚園へ「出前授業」「出前講座」を行うなど、区立小中学校・幼稚園の理数教育の支援を行っている。

渋谷区文化総合センター大和田
（こども科学センター・ハチラボは3階）

【展示・収蔵】

《ハチギャラリー》見て、さわって、考える体験型の展示を行う。
　◇常設展示「たいけん！ 科学・数学ひろば」
　　算数・数学にかかわる、見て、さわって、考える教具の展示。
　　例：二項分布パチンコ、らせん木琴、りんご取りゲーム、荷物の詰め込み、楕円ビリヤード　ほか
　　（これらの教材は東京理科大学 数学体験館のご協力により展示しています）

東京都

常設展示

◇企画展示
　NPO、企業等と連携した科学、数学その他いろいろな分野の展示を年6回企画し、展示している。また、展示内容にかかわるワークショップを各展示ごとに期間中2～3回実施している。
《なるほど実験室》
　科学・技術・数学などの各種講座やハチラボ科学クラブの活動、ワークショップなどを行う。
《ひらめき工房》
　ひらめきやアイデアを形にする30分程度のワークショップを行う。
《ラウンジ》
　科学・技術・数学等について図書などで調べるスペース。

【事　業】
・ハチラボ講座…渋谷区在住・在学の児童・生徒を対象とした講座を年間18講座実施。
・ハチラボ科学クラブ…渋谷区在住・在学の小学校5・6年生を対象とした10回連続のクラブを年間2サイクル実施。
・ひらめきワークショップ…毎月テーマを決めて土・日・祝日、学校の長期休業日等に1日4回のワークショップを実施。

東京都

- ・ハチラボワークショップ…土・日・祝日、学校の長期休業日等に科学、数学に関するワークショップを実施。
- ・学校支援…理科・生活・算数の出前授業、科学クラブ出前授業、幼稚園出前講座、ハチラボ見学(ワークショップを含む)、企業による出前授業の紹介、運営補助。
- ・理科実技研修会…教育センターと連携した教員の研修会を実施。

- ・所在地　〒150-0031　東京都渋谷区桜丘町23-21 渋谷区文化総合センター大和田3階
- ・ＴＥＬ　03-3464-3485
- ・ＦＡＸ　03-3464-4785
- ・ＵＲＬ　http://www.city.shibuya.tokyo.jp/edu/bunka/hachirabo.html
- ・交　通　JR渋谷駅西口より徒歩5分
- ・開　館　AM10:00 〜 PM5:00
- ・入館料　無料　※講座・ワークショップにより有料のものあり
- ・休館日　月曜日(休日の場合はその翌日),年末年始(12月29日〜1月3日)　※展示替えのための臨時休館あり
- ・施　設　渋谷区文化総合センター大和田3階　延べ面積456.23㎡　ハチギャラリー 152.96㎡,　なるほど実験室 81.92㎡,　ひらめき工房 21.76㎡,　ラウンジ 31.5㎡,　スタッフルーム 37.1㎡
- ・設　立　2010(平成22)年11月21日
- ・設置者　渋谷区
- ・管　理　渋谷区教育委員会
- ・責任者　センター長・中馬民子

館のイチ押し

◇見て、さわって、考える体験的な展示

特に数学にかかわる内容は子どものみならず大人もはまる楽しいもので、解決したときは充実感と感動が得られる。

コニカミノルタサイエンスドーム
（八王子市こども科学館）

1989（平成元）年1月：開館　名称「八王子市こども科学館」
2001（平成13）年8月：愛称「サイエンスドーム八王子」に
2008（平成20）年3月：プラネタリウムリニューアル
2013（平成25）年8月：愛称、ネーミングライツにより「コニカミノルタサイエンスドーム」に
2017（平成29）年7月：展示物リニューアルオープン（予定）
　　　　　　　　　　（リニューアル工事のため、2016年10月～2017年7月まで休館）

【展示・収蔵】
・体験型展示物（物理系）
・230万年前のステゴドンゾウの化石（レプリカ）、同時代のゾウの牙の化石（実物）

東京都

【事　業】

プラネタリウムの投影（一般向け番組、幼児向け番組、学校向け学習番組）
科学工作教室、科学実験ショー、星空観望会、天文講座、八王子宇宙の学校
コズミックカレッジ、おもしろ生き物講座、電子顕微鏡で見る昆虫の世界
浅川化石観察会、星空コンサート、科学講演会　など

- ・所在地　〒190-0092　東京都八王子市大横町9-13
- ・ＴＥＬ　042-624-3311
- ・ＦＡＸ　042-627-5899
- ・ＵＲＬ　http://www.city.hachioji.tokyo.jp/kyoiku/gakushu/sciencedome/index.html
- ・E-mail　b320900@city.hachioji.tokyo.jp
- ・交　通　京王八王子駅またはJR八王子駅より西東京バス「みつい台」「創価大学循環（八日町経由）」行きなど国道16号線方面バス乗車　サイエンスドーム下車 西へ徒歩2分
- ・開　館　〈土日祝・学校長期休業日〉AM10:00 ～ PM5:00
  〈平日〉PM0:00 ～ PM5:00（午前中は団体専用）
- ・入館料　4歳～中学生100円、大人200円　※プラネタリウムは別料金：4歳～中学生150円、大人500円
- ・休館日　月曜日，祝日の翌日（月曜日が祝日の場合、火・水曜日が休館），年末年始，プラネタリウム番組入替日
- ・施　設　地下1階：科学工作教室　1階：展示室・プラネタリウム　2階：展示室・電子顕微鏡室・オリエンテーションホール・講座室
- ・設　立　1989（平成元）年1月
- ・設置者　八王子市
- ・管　理　八王子市教育委員会
- ・責任者　館長・叶 清

館のイチ押し

- ・美しい星空のプラネタリウム（大迫力の全天周映像も）
- ・小さなお子さんも楽しい体験型展示物
- ・工作教室などさまざまな講座

東京都

杉並アニメーションミュージアム

　東京都杉並区には、テレビアニメ黎明期の1960年代（昭和30年代後半）に、大手アニメ制作会社の東京ムービーがあったことから多くのアニメ関連会社が増えていった。2000年代には、区内に約70のアニメ制作関連会社が所在、練馬区に次いで全国第2位のアニメ産業集積地であることから、杉並区ではその特性をとらえ、"アニメ"を街づくりのシンボルとした。
　このような背景により、杉並区は、アニメ全般を総合的に紹介する日本で初めての施設として、2005（平成17）年3月に杉並アニメーションミュージアムを開館した。なお、運営はアニメーション業界団体である「一般社団法人日本動画協会」に委託している。

【展示・収蔵】
　日本のアニメは、世界のアニメーションにはない独特のものとして世界中で楽しまれ、ファンを増やしている。そんな日本のアニメーションがどのように生まれ、どのように作られているのかを学ぶことができるのが、杉並アニメーションミュージアムである。

東京都

常設展示では「日本のアニメの歴史」や「アニメの作り方」、「アニメのデジタル技術」など、アニメ全般を総合的に紹介。その中には、「アフレコ体験」などのアニメ制作の過程を直接体験できるコーナーもある。

企画展は、アニメ作品やアニメ制作会社、アニメに関わる作家などの特集展示を上映やイベントなどを交えて、年に3～4回開催。これまでに「名探偵コナン」や「ちびまる子ちゃん」、「藤子・F・不二雄」など、様々なテーマの企画展を開催してきた。

さらにアニメの書籍やクリエイターのインタビュー映像などを収蔵したライブラリー、アニメ作品を上映するシアターなどで、アニメを観て、楽しみながら、アニメについて学ぶことができる。

【事　業】

《日常的な活動》
- アニメの歴史などを来館者に語る「館内説明(アニメトーク)」を実施
  （毎日2回。団体予約の来館者に個別対応）
- アニメ作りのワークショップ「パラパラアニメ体験」を実施
  （平日 PM3:00 ～ 4:30 ／土日祝 AM11:00 ～ PM4:30。団体予約の来館者に個別対応）

《定期的な活動》
毎月4回程度、ソーマトロープ作り(アニメ工作)やトレースアニメ体験などのアニメ作りワークショップを実施。
その他、企画展内容にちなんだワークショップやイベントも開催している。

《対外的な活動》
区内行事(高円寺フェスタ等)への出張アニメ作りワークショップを実施。

【出版物・グッズ】

物販コーナーにて、企画展内容にちなんだアニメグッズなどを販売している他、杉並区オリジナルマスコットキャラクター"なみすけ"のグッズを販売。

- 所在地　〒167-0043　杉並区上荻3-29-5 杉並会館3階
- ＴＥＬ　03-3396-1510
- ＦＡＸ　03-3396-1530
- ＵＲＬ　http://sam.or.jp/

東京都

- E-mail　office@sam.or.jp
- 交　通　東京メトロ丸ノ内線・JR中央線 荻窪駅北口（0番もしくは1番乗り場）から関東バスで約5分 荻窪警察署前下車 徒歩2分
- 開　館　AM10:00〜PM6:00（入館はPM5:30まで）
- 入館料　無料
- 休館日　月曜日（祝祭日の場合は翌日），年末年始（12月28日〜1月4日）
　　　　　※その他、臨時に休館する場合あり
- 施　設　杉並区立の杉並会館（鉄筋コンクリート4階建＋地下1階）のうち3階および4階
- 設　立　2005（平成17）年3月5日
- 設置者　杉並区
- 管　理　（一社）日本動画協会
- 責任者　館長・鈴木伸一

館のイチ押し

　アニメを「観て」「知って」楽しんでいただくことはもちろんですが、やはりワークショップに参加していただき、「アニメ作り」を体験していただくことが一番です。
　年齢を問わず、少しでも絵が描けるようでしたら、ぜひパラパラアニメにチャレンジしていただき、自分の絵が動き出す感動を味わってください。

関東

東京都

セイコーミュージアム

セイコーミュージアム（旧セイコー時計資料館）は1981(昭和56)年創業100周年を記念事業として「時・時計」に関する資料・標本の収集・保存と研究を目的として設立された。2012(平成24)年4月に本格的にリニューアルを行い、時・時計の研究とセイコーの情報発信の施設として活動している。

　時計の進化の歴史・和時計・セイコーの歴史・製品の展示・スポーツ計時体験コーナーやワークショップ(時計組立)などを通して大人から子どもまで多くの皆様にお楽しみ頂ける施設を目指している。

【展示・収蔵】
《展示内容》
　　◇2F…セイコー創業の精神／セイコーの歴史(ウオッチ・クロック)／和時計
　　◇1F…時と時計の進化：古代の日時計に始まり、水時計・火時計・砂時計・機械式時計・そしてクオーツ時計と発展してきた時を計る道具の進化展示／スポーツ計時体験コーナー／ミュージアムショップ
《標本》ウオッチ・クロック等 16,000点
《文献資料》時と時計に関する書籍・カタログ・錦絵・ビデオ 18,000点

【事　業】
・教育普及活動として、学生課外授業を応援。修学旅行生の物づくり体験・小学生夏休みの宿題サポート(時計の学習)

東京都

- 時計職人へ学ぶ子供達のイベント：アウトオブキッザニア
- 地域社会との連携・墨田3M運動
- 企業博物館グループとの連携・イベント開催

【出版物・グッズ】

「時計工業の発達」、「和時計図録」、「時計のひみつ」

絵葉書、ぬり絵、メモ帳、ミニタイマークロック、クロック、ウオッチ

赤道型日時計

- 所在地　〒131-0032　東京都墨田区東向島3-9-7
- ＴＥＬ　03-3610-6248
- ＦＡＸ　03-3610-1439
- ＵＲＬ　http://museum.seiko.co.jp/
- 交　通　東武スカイツリーライン　東向島駅より徒歩8分／京成線　京成曳舟駅より徒歩15分，バス7分（日暮里駅行き　または　南千住駅東口行き　明治通り→白鬚橋東下車）
- 開　館　AM10:00〜PM4:00（入館受付はPM3:30まで）
- 入館料　無料
- 休館日　月曜日（祝日の場合、翌火曜日も休館），祝祭日（5月3日〜5日は開館），年末年始
- 施　設　鉄筋コンクリート造地上4階建，1階・2階は展示スペース，3階は文献閲覧室
- 設　立　1981（昭和56）年
- 設置者　セイコー（株）
- 管　理　セイコーホールディングス（株）
- 責任者　代表取締役社長・中村吉伸

┌ 館のイチ押し ┐

- 日時計から始まる時計の歴史を学ぼう！
- スポーツ体験コーナーでウサインボルトの100Ｍ世界記録9.58に挑戦しよう！
- からくり・キャラクタークロックと遊ぼう！
- さあ、キッズサイトに集合！あなたも"知る・楽しむ・つくる・調べる"を見て時計博士になろう！これであなたもクラスの有名人！

子ども博物館美術館事典　167

東京都

ソニー・エクスプローラサイエンス

　ソニーの社会貢献活動の一環として、未来を生きる子どもたちが、科学のチカラを応用し、よりよい社会を作っていくためのチカラをつける「きっかけ」となる体験の機会を提供しているソニー・サイエンスプログラム。
　ソニー・エクスプローラサイエンスは、その活動の一部として2002(平成14)年7月、東京・お台場に開館した。

【展示・収蔵】
　ソニー・エクスプローラサイエンスは、「光」「音」「エンタテインメント」をキーワードに、科学技術を楽しく体験できるサイエンスミュージアムである。
　館内は4つのゾーンと1つのスタジオで構成されており、光をテーマとした「ライトゾーン」では残像効果など視覚のふしぎや、画像認識技術を応用した映像体験で、頭も体も大興奮！ 音をテーマとした「サウンドゾーン」では自分の声を加工したり、音の持つ「音量」「音程」「音色」の三要素を視覚化させたりと音の楽しさを再発見。

タッチオンミュージック

東京都

　また、サイエンスシアターでは、臨場感あふれる迫力のオリジナル3D映像番組を複数上映中である。

- ・所在地　〒135-8718　東京都港区台場1-7-1　メディアージュ5F
- ・ＴＥＬ　03-5531-2186
- ・ＦＡＸ　03-5531-2183
- ・ＵＲＬ　http://www.sonyexplorascience.jp/
- ・交　通　ゆりかもめ 台場駅 徒歩2分，りんかい線 東京テレポート駅 徒歩5分
- ・開　館　AM11:00 ～ PM7:00（入場はPM6:30まで）
- ・入館料　個人：大人（16歳～）500円（400円），小人（3 ～ 15歳）300円（200円）
　　　　　　　※（　）内は団体料金
- ・休館日　毎月第2・第4火曜日，12月31日，1月1日，施設法定点検日（通常1月）
　　　　　　　※祝日，春・夏・冬休み期間は開館
- ・施　設　展示スペース1100㎡
- ・設　立　2002（平成14）年7月
- ・設置者　ソニー（株）
- ・管　理　（株）フロンテッジ

関東

館のイチ押し

　土・日・祝日に2種類のライブショー「科学実験ショー　サイエンスバトラー」「〇×サバイバルクイズ」を実施。
　また、平日限定で開催している「ひらめき☆サイエンスクイズラリー」は、当館オリジナルキャラクター「サイエンスバトラー」が出題する問題用紙を持って、あちこちに隠れたクイズの答えを探しながら館内を回り、解き終わる頃には科学の知識が自然と増えている"学べるクイズラリー"です。

子ども博物館美術館事典　169

東京都

多摩六都科学館

地域の拠点的生涯学習施設である科学館として1994(平成6)年3月に開館。小平市、東村山市、清瀬市、東久留米市、西東京市(開館当時は保谷市と田無市)の5市が一部事務組合を構成して運営する全国でも珍しい科学館。

2000(平成12)年ボランティア会制度を発足し、現在の登録者は約130名。2001(平成13)年と2012(平成24)年に展示室をリニューアル、2012年にはプラネタリウムも大規模にリニューアルした。2013(平成25)年度には初めて年間来館者20万人を超え、2015(平成27)年3月には開館からの利用者300万人を達成。2012年度より指定管理者制度を導入し現在に至る。

「最も先進的」として世界一認定を受けるプラネタリウムと5つの展示室を持ち、コミュニケーションを重視した「ラボ」への参加、ハンズオンを中心とした展示体験を通して、科学の面白さを発見できる。

【展示・収蔵】

「チャレンジの部屋」「からだの部屋」「しくみの部屋」「自然の部屋」「地球の部屋」の5つの展示室は、Do Science ！ をテーマに「科学すること」を実体験するところから始まり、自分自身の身体、生活する街の技術やシステムとものの仕組み、生活を取り巻く自然環境、46億年という悠久の時間の中に存在する武蔵野の大地の成り立ちと地球のおいたち、そしてプラネタリウムの広大な宇宙空間へとつながる。自然の部屋には昆虫、魚、鳥類の剥製を、地球の部屋には化石、宝石等を多数展示している。

東京都

プラネタリウム　　　　　　©GOTO

【事　業】
　特別企画展、ロボットパーク、サイエンスカフェや天体観望会の開催のほか、生解説プラネタリウム、大型映像を毎日上映。
　展示室内にある「ラボ」では、観察、工作、または実験のイベントを毎日行っている。

【出版物・グッズ】
・ロクトニュース(年5回発行)
・化石ニューズレター(年2回発行)
・化石図録「関東山地に衝突した丹沢山地と伊豆半島」(2009)
・化石展・地学系テーマ展示図録「武蔵野台地の関東ローム層」(2011)
・オリジナルキャラクター「ペガロク」ぬいぐるみ

・所在地　〒188-0014　東京都西東京市芝久保町5-10-64
・ＴＥＬ　042-469-6100
・ＦＡＸ　042-469-4152
・ＵＲＬ　http://www.tamarokuto.or.jp/
・E-mail　info@tamarokuto.or.jp
・交　通　西武新宿線 花小金井駅北口より徒歩約18分 または「はなバス」第4北ルート田無駅行き乗車 多摩六都科学館下車
・開　館　AM9:30 ～ PM5:00(入館はPM4:00)
・入館料　大人500円(400円)，小人(4歳～高校生)200円(160円)　※プラネタリウム・大型映像は別途料金必要，(　)内は20名以上の団体料金

東京都

- **休館日** 月曜日(祝休日の場合は開館し翌日休),祝日の翌日,年末年始　ほか機器整備の不定期休館日あり
- **施　設** 鉄筋コンクリート一部鉄骨造,地上3階地下2階,建築面積3631.34㎡、延床面積6860.60㎡
- **設　立** 1994(平成6)年3月1日
- **設置者** 多摩六都科学館組合(小平市・東村山市・清瀬市・東久留米市・西東京市が構成)
- **管　理** (株)乃村工藝社
- **責任者** 館長・髙柳雄一

館のイチ押し

- 「最も先進的」と世界一認定されたプラネタリウムにて、生解説で当日の星空をご案内します。小学校低学年以下の方にはキッズプラネタリウムがおすすめ。
- 展示室内は、月の重力を疑似体験できる乗りもの「ムーンウォーカー」やスペースシャトルの実物大模型、昆虫標本も人気。

東京おもちゃ美術館

東京おもちゃ美術館は「世界のおもちゃと友達になろう」というスローガンのもと、東京・中野にて1984(昭和59)年に「おもちゃ美術館」として開館。"見る・作る・かりて遊ぶ"という3つの機能をそなえた美術館として、23年間広く愛さ

おもちゃのまち きいろ

れ、2008(平成20)年、東京・新宿の旧四谷第四小学校のすばらしい校舎を受け継ぎ「東京おもちゃ美術館」として移転。

「一口館長制度」に基づくお金の寄付と、300名を超えるボランティアスタッフである「おもちゃ学芸員」の時間の寄付によって成り立っている認定NPO法人日本グッド・トイ委員会が運営する「市民立」のミュージアム。

世界のおもちゃを「見て」「触って」「作って」「遊ぶ」ことができ、0歳から100歳まで、さまざまな世代の方が、おもちゃを媒介に自然と楽しいコミュニケーションがとれる体験型の美術館。

【展示・収蔵】

11教室(おもちゃの部屋+研修室、収蔵庫)を使った豊かな空間には、世界中からやってきた楽しいおもちゃ、日本の伝統的なおもちゃ、心を癒す国産の木製玩具を実際に手に取り遊べる(収蔵数15万点)。

(1) ミュージアムショップApty(アプティ)…日本全国のおもちゃ作家、おもちゃ工房、デザイナーの作品を常時500アイテム以上展示販売するトイショップ
(2) グッド・トイ展示室…全国のおもちゃコンサルタントが選んだ優良おもちゃ「グッド・トイ」を常設展示
(3) 企画展示室…テーマに沿った展示(年2〜3回)を行う、基本的には見て

東京都

楽しむことを目的としたもっとも「美術館らしい」部屋。
(4) おもちゃのもり…日本各地の職人さんが作った木のおもちゃが勢ぞろいする部屋。
(5) おもちゃのまち きいろ…ごっこ遊びや世界の楽器、科学おもちゃなど国際色豊かな部屋。
(6) おもちゃのまち あか…日本の伝統的なおもちゃや、遊びができる部屋。
(7) ゲームのへや…世界各国のボードゲームや、テーブルサッカーが楽しむことができる部屋。
(8) おもちゃこうぼう…簡単に手に入る材料を使っておもちゃを作ることができる部屋。
(9) 赤ちゃん木育ひろば…0〜2歳までの子とその家族専用の暖かみのある杉の床材、木のおもちゃいっぱいの部屋。

木育ひろば

【事　業】
・「おもちゃこうぼう」で毎日、てづくりおもちゃ教室を開催(無料／有料)。
・おもちゃ学芸員(ボランティア・スタッフ)による、楽しいおもちゃや遊びのパフォーマンス。
・定期的に入れ替わる企画展を開催。
・ボードゲームをはじめとする、専門家による世界各国のアナログゲームのレクチャー。
・地域遊び支援事業として移動型おもちゃ美術館「グッド・トイ・キャラバン」「木育キャラバン」「ホスピタル・キャラバン」など全国各地40ヶ所以上で開催。

【出版物・グッズ】
　東京おもちゃ美術館併設の「ミュージアムショップApty(アプティ)」は、北海道から沖縄まで日本全国のおもちゃ作家、おもちゃ工房、デザイナーの作品を常時500アイテム以上展示販売する日本唯一のトイショップ。

東京都

　年2～3回開催の作家展"木のおもちゃ職人展"は作り手と遊び手を結ぶ場として好評を博している。

　日本のモノづくりを応援する一方で、東京おもちゃ美術館内で人気のおもちゃも多数の品ぞろえ。プレゼントやお土産など大切なシーンに最適なおもちゃを用意している。

- ・所在地　〒160-0004　東京都新宿区四谷4-20 四谷ひろば内
- ・ＴＥＬ　03-5367-9601
- ・ＦＡＸ　03-5367-9602
- ・ＵＲＬ　http://goodtoy.org/ttm/
- ・E-mail　info@goodtoy.org
- ・交　通　東京メトロ丸ノ内線 四谷三丁目駅2番出口より お子さま連れで徒歩7分
- ・開　館　AM10:00 ～ PM4:00(最終入館はPM3:30)
- ・入館料　こども(6ヶ月～小学生)500円，おとな(中学生以上)800円，おとなこどもペア券1200円　※15名以上の団体の場合、一人につき100円引き
- ・休館日　木曜日 ※2月・9月に特別休館日あり
- ・施　設　鉄筋コンクリート3階建，床面積(東京おもちゃ美術館部分：約1500㎡)
- ・設　立　2008(平成20)年開館
- ・設置者　多田千尋
- ・管　理　認定NPO法人日本グッド・トイ委員会
- ・責任者　館長・多田千尋

関東

館のイチ押し

- ・遊ぶ…全国のおもちゃコンサルタントが選んだ優良おもちゃ「グッド・トイ」で遊べる「グッド・トイ展示室」、日本各地の職人さんが作った木のおもちゃが勢ぞろいしている部屋「おもちゃのもり」、0～2歳までのお子さまとそのご家族専用の部屋「赤ちゃん木育ひろば」
- ・作る…毎日「おもちゃこうぼう」で開催される「てづくりおもちゃ工房」
- ・見る…テーマに沿った展示(年2～3回)を行う部屋「企画展示室」

子ども博物館美術館事典　175

東京都

東京都水の科学館

東京近代水道100周年を記念して1997(平成9)年5月21日に開館。身近すぎて普段は見過ごしがちな生命の源「水」に興味と関心を持ってもらい、楽しみながら水の不思議さを体験し、水を科学してもらうことを目的としている。

アクアトリップ 水のたびシアター

水と自然・暮らし・技術をメインテーマに、日常生活の中では気づきにくい水の姿や性質、産業への利用、生活と水・水道、水道事業の最新情報などが豊富な実験や楽しい展示を通じて理解できる来館者参加による体験型ミュージアム。子供から大人まで科学の視点を通じて水と水道の不思議に触れることができ、小中学校の課外授業や親子での見学にも最適である。

【展示・収蔵】

より興味深く、楽しく水と水道に親しんでもらえるよう、体感型の展示やデモンストレーション型の展示を中心としている。

《3階》
◇アクア・トリップ…前方・左右・天井の4面に映し出される大迫力の映像で、あたかも"水つぶ"になったような気持ちで、水の大循環を体感することができる最新鋭の映像シアター。
◇アクア・フォレスト…水道水のふるさと、水道水源林を紹介するコーナー。クイズや映像を通じて、森のはたらきや、森を守る仕事について楽しく学ぶことができる。

《2階》
◇アクア・ラボラトリー…水の不思議な性質を利用した様々な実験装置を

東京都

体験することができる。アテンドスタッフによる実演もあり。

◇アクア・タウン…くらしの中でどんなふうに水が使われているか、くらしと水をテーマにしたコーナー。キッチンやお風呂、洗濯機など、身近なものを模した展示を通じて、水の大切さを学ぶことができる。

《1階》

◇アクア・パーク…タッチ・プールや水鉄砲、シャワーなどで簡単な水遊びを楽しむことができる。高さ10mの岩山から流れる大滝は迫力満点。

◇エントランス…来館受付やインフォメーション、アクア・トリップとアクア・ツアー参加申込。

《地下1階〜地下3階》

◇アクア・ツアー…東京都内で唯一、本物の水道施設を見学できるツアー。有明給水所のポンプ室では、話題の映像技術、プロジェクション・マッピングを楽しむことができる。

- ・所在地　〒135-0063　東京都江東区有明3-1-8
- ・TEL　03-3528-2366
- ・FAX　03-3528-2380
- ・URL　http://www.mizunokagaku.jp/
- ・E-mail　info@mizunokagaku.jp
- ・交　通　〈ゆりかもめ〉国際展示場正門駅下車 徒歩8分
　　　　　〈りんかい線〉国際展示場駅下車 徒歩8分
　　　　　〈都バス〉フェリー埠頭入口下車 徒歩5分／武蔵野大学前下車 徒歩3分
- ・開　館　AM9:30〜PM5:00（入館はPM4:30まで）
- ・入館料　無料
- ・休館日　月曜日（休日に当たる場合はその翌日），年末年始（12月28日〜1月4日）
- ・施　設　地上3階・地下3階
- ・設　立　1997（平成9）年5月
- ・設置者　東京都水道局

館のイチ押し

毎週日曜日・祝日には楽しいイベントを開催！
詳細はホームページにて。

子ども博物館美術館事典　177

東京都

東武博物館

　東武鉄道は1897(明治30)年の創立以来、人とものを乗せ、夢と文化を運んで走りつづけている。そんな鉄道の歴史や役割を遊びながら学べる施設づくりを目指し、1989(平成元)年5月20日オープンしたのが東武博物館である。

SLショータイム

　交通全般をひろくとらえ、ともに発展してきた地域社会との文化的なつながりにも焦点をあてた東武博物館は、未来へ向かう交通と文化の交差点として、新たな発見と感動を提供していきたいと考えている。

　東武博物館の展示物は、リアルな体験を通して楽しみながら理解できるよう、本物の車両や、実際に動かすこともできる機器類が中心となっている。また、全コーナーに一貫したストーリー性をもたせるなど、すべての展示が、生き生きと語りかけてくるように工夫されている。

【展示・収蔵】
　東武鉄道で使用した5号・6号蒸気機関車、デハ1形5号電車、ED5015・101電気機関車、5701号電車、キャブオーバーバス、日光軌道200型、特急デラックスロマンスカーやロープウェイのゴンドラなどの実物車両を多数展示。その他、電車・バスのシミュレータ、模型電車(定時に走らせるショーを行っている)、線路のポイントと信号、自動改札機、定期券発行機、東武鉄道にまつわる資料等を展示している。

東京都

【事　業】
　子供向けイベント（工作教室・キッズコンサート等）を実施。その他随時企画展を開催。
《最近の開催例》
　・企画展「東武東上線開業100周年記念展」2014（平成26）年7月1日〜9月28日
　・春休みイベント「マジック粘土工作教室」「キッズコンサート」2016（平成28）年4月29日〜5月5日
　・「向島文化サロン」：東武博物館ホールにおいて文学・演劇などに関する講座を開催。
　他、東武博物館友の会を設けており、入館無料の他、図書室の特別利用、各種見学会などの活動を行っている。

【出版物・グッズ】
・定期刊行物「東武博物館だより」（隔月発行）
・東武博物館オリジナルグッズ
　スペーシア文具セット（500円）、スペーシアハンドタオル（500円）

・所在地　〒131-0032　東京都墨田区東向島4-28-16
・ＴＥＬ　03-3614-8811
・ＦＡＸ　03-3614-8814
・ＵＲＬ　http://www.tobu.co.jp/museum
・交　通　東武スカイツリーライン　東向島駅下車（駅のとなり）
・開　館　AM10:00 〜 PM4:30（入館はPM4:00まで）
・入館料　大人200円，小人（4歳〜中学生）100円　※団体20名以上は半額
・休館日　月曜日（祝日・振替休日の場合は翌日），年末年始（12月29日〜1月3日）
・施　設　鉄骨造・鉄筋コンクリート造2階建
・設　立　1989（平成元）年5月20日
・設置者　東武鉄道（株）
・管　理　（一財）東武博物館
・責任者　館長・山田智則

> **館のイチ押し**
>
> 　館のイチ押し東武鉄道で最初の蒸気機関車・電車・電気機関車をはじめとする実物車両12両を展示し、東武鉄道の歴史を紹介しています。

子ども博物館美術館事典　179

東京都

日本科学未来館

　日本科学未来館は、科学技術創造立国のための「科学技術基本計画」に基づき、科学技術への理解を深めるための拠点として国際研究交流大学村内に建設され、2001(平成13)年に開館した国立の科学館である。さまざまな分野に波及する先端科学技術の営みを、人間の知的活動という視点から捉え、私たちを豊かにする文化の一つとして社会全体で共有することを目指している。

【展示・収蔵】
　日本科学未来館の常設展は3つのゾーンで構成されており、すべて第一線で活躍する科学者・技術者の監修にもとづいて制作している。また、ドームシアターにおいて大画面映像を上映している。
◇常設展
『世界をさぐる』(5階)
　私たちはなぜ今、ここに存在しているのだろうか？　宇宙や、地球環境、

"おや？"っこひろば

東京都

そしてそのなかで育まれる生命など、私たちをとりまく"世界"のしくみを、さまざまなスケールでさぐるゾーン。

『未来をつくる』(3階)

これから先、私たちはどんな方法で豊かさを築いていけばいいのだろうか？　私たちが望む社会や暮らしのかたちを描きだし、その夢がどんなアイディアによって実現されるかを考えるゾーン。

『地球とつながる』(1〜5階)

私たちは地球について、どれほどのことを知っているだろうか？　最先端の技術とデータによって、地球上の生命と環境のつながりを感じ、理解し、共有するゾーン。

◇ドームシアター(6階)

全周を覆う広いスクリーンを活かした迫力の大画面映像や高精細3D映像を使用した作品など、さまざまな映像プログラムを上映している。

【事　業】

日本科学未来館では、先端科学技術と人とをつなぐための拠点として、主に3つのことに取り組んでいる。

1. 科学を伝える―先端科学技術の情報発信と伝達手法の開発

常設展示、企画展、映像、イベントなど多彩な方法と切り口で、「新しい知」としての先端科学技術を館の内外で伝えると同時に、伝え方そのものについても独自の手法開発を行っている。

2. 人材を育てる―科学コミュニケーターの育成

日本科学未来館で行っている「科学を伝える」活動の実践を通して、科学者・技術者と一般市民との橋渡しをする科学コミュニケーターを館の内外に育成し、人材の輩出を図っている。

3. つながりをつくる―8つのネットワークの形成

研究者・技術者、メディア、ボランティア、来館者、立法府・行政府、学校、内外の科学館、産業界の8つを、日本科学未来館の活動と社会をつなぐインターフェースと捉え、ネットワークの構築に努めている。

【出版物・グッズ】

「ガイドブック」／「展示活動報告」　ほか

東京都

- ・所在地　〒135-0064　東京都江東区青海2-3-6
- ・ＴＥＬ　03-3570-9151
- ・ＦＡＸ　03-3570-9150
- ・ＵＲＬ　http://www.miraikan.jst.go.jp/
- ・E-mail　※インターネットからのお問い合わせは、公式サイトの「お問い合わせフォーム」へ
- ・交　通　新交通ゆりかもめ　船の科学館駅下車徒歩約5分　テレコムセンター駅下車徒歩約4分／東京臨海高速鉄道りんかい線　東京テレポート駅下車徒歩約15分
- ・開　館　AM10:00 ～ PM5:00　※入館は閉館30分前まで
- ・入館料　大人620円（490円），18才以下210円（160円）　※6才以下の未就学児は無料，（　）内は8名以上の団体料金，土曜日は一般・団体とも18才以下は無料，障害者手帳所持者は当人および付き添い者1名まで無料，企画展およびドームシアターは別料金
- ・休館日　火曜日（祝日の場合は開館），年末年始（12月28日～1月1日）
- ・施　設　鉄骨造一部鉄筋コンクリート造　地下2階・地上8階，建築面積8881㎡
- ・設　立　2001（平成13）年7月
- ・設置者　科学技術振興機構
- ・管　理　科学技術振興機構
- ・責任者　館長・毛利衛

館のイチ押し

- ・地球の姿をリアルに映し出すGeo-Cosmos（ジオ・コスモス）。気象衛星が捉えたデータを毎日とりこんで反映させており、その日の朝までの地球の姿を眺めることができる。
- ・科学的な「モノの見方」を親子で一緒に体験できる「"おや？"っこひろば」。体を使って遊びながら「おや？」と思わせるしかけがたっぷりです。
- ・ヒューマノイドロボットのASIMO（アシモ）。一日数回実施されるデモンストレーションでは、ロボットの動きを間近に見てロボットと暮らす未来に思いを馳せることができる。

東京都

マヨテラス

◇コンセプト

「マヨテラス」は、「マヨネーズ」にまつわるさまざまな情報を、体感しながら楽しく学べる見学施設である。1925(大正14)年にキユーピーが日本で初めて製造・販売したキユーピー マヨネーズの歴史、おいしさのひみつ、ものづくりへの想いとその工夫などを、案内スタッフ「コミュニケーター」と共に紐解いていく。

◇歴史

キユーピーは、1961(昭和36)年に「工場は家庭の台所の延長」との考えのもと、オープンキッチン(工場見学)を開始した。2011(平成23)年、仙川工場の生産終了にともない、工場見学ができなくなり、社会科見学で毎年訪れていた小学校や近隣の方々から、工場見学を惜しむ声をたくさんいただいた。そして2014(平成26)年、仙川工場の跡地に研究開発・オフィス融合施設「仙川キユーポート」が開設されたことを受け、その1階部分に当見学施設「マヨテラス」をオープンした。

サラダホール

東京都

◇施設名「マヨテラス」の由来

　人が笑顔で集う、明るくあたたかい場所を「テラス」で表現し、お客様とキユーピーの素敵な出会いが生まれ、愛情あふれる食卓を"照らす"存在になることを願って名づけた。

【展示・収蔵】

《サラダホール》

　丸みのあるデザインがかわいい野菜型ソファーと、巨大なマヨネーズキャップに描かれたキユーピーのロゴマークがお客様を迎える。

《キユーピー ギャラリー》

　キユーピー マヨネーズの歴史、マヨネーズを使ったおなじみのメニューが、壁一面に広がる。キユーピーグループの事業の広がりなども紹介する。

《マヨネーズドーム》

　木製フレームで形づくられた巨大なマヨネーズボトル。実際のマヨネーズボトル（450ｇ）の約50万倍にあたる空間で、マヨネーズのおいしさのひみつやその工夫を紹介する。

《ファクトリーウォーク》

　お客様においしいマヨネーズを届けるための数々の工夫を、製造工程を交えて紹介。品質を守る工夫、たくさんの卵を使うゆえの工夫などが、体感しながら楽しく学べる。

《キユーピー キッチン》

　野菜についての知識、マヨネーズの新しいおいしさが楽しく学べる試食プログラムを実施する。

【事　業】

　小学生の社会科見学、月ごとにテーマを変えて料理教室などのイベント、時期限定でマヨネーズ作り体験を実施している。

【出版物・グッズ】

　キユーピーショップ（マヨテラス併設）にてグッズ販売あり

東京都

- ・所在地　〒182-0002　東京都調布市仙川町2-5-7 仙川キユーポート
- ・ＴＥＬ　03-5384-7770
- ・ＵＲＬ　https://www.kewpie.co.jp/mayoterrace/
- ・交　通　京王線 仙川駅より徒歩7分
- ・開　館　10:00～、11:50～、13:40～、15:30～（完全予約制）
　　　　　　※お電話またはインターネットよりご予約ください。
　　　　　　※見学開始15分前を目安にご来場ください。
　　　　　　（見学30分前より館内へ入場・受付を開始）
- ・入館料　無料
- ・休館日　土・日・祝日，その他臨時休館日あり
　　　　　　※土曜日は臨時開館する場合あり
- ・施　設　延床面積 約800㎡
- ・設　立　2014（平成26）年6月26日
- ・設置者　キユーピー（株）
- ・管　理　キユーピー（株）

館のイチ押し

◇エアシャワー体験

　工場で従業員が加工場に入る際に、身体に付いたホコリやゴミを除去するために通る「エアシャワー」を体験できるコーナーです。工場と同じ機械を導入しており、衛生面での注意点やこだわりを楽しみながら体感できます。

◇キユーピーキッチン

　マヨネーズとほかの調味料を合わせて、自分だけのオリジナルソースを研究員になったつもりで作り、カット野菜につけて召し上がっていただきます。カット野菜は、キユーピーのグループ会社である「サラダクラブ」の商品を使用しています。普段、あまり野菜を食べないお子さんが、ぱくぱく野菜を食べる姿に驚く親御さんの姿がよく見られます。

関東

東京都

三鷹の森ジブリ美術館

キャッチコピーは「迷子になろうよ、いっしょに。」。
宮崎駿監督のデザインで、2001（平成13）年にオープン。正式名称は三鷹市立アニメーション美術館。
地下1階・地上2階建ての建物で、迷路のような館内には、アニメーションに関連した展示や、おもしろいものや不思議なものなどがいろいろなところにある。
入場は日時指定の予約制。チケットはコンビニエンスストアのローソンのみで販売。

©Museo d'Arte Ghibli

【展示・収蔵】
常設展示「映画の生まれる場所（ところ）」では、5つの小部屋を通して、一本の映画がどのように生まれ作られているのかが、制作現場を訪れたような作りで展示されている。
また、アニメーションの仕組みがわかる展示や、1年ごとに変わる企画展示、触って乗ることもできるネコバス（小学生まで）もある。
収蔵資料は、アニメーションフィルムや制作資料など。

東京都

【出版物・グッズ】
　　図録、パンフレットなど

・所在地　〒181-0013　東京都三鷹市下連雀1-1-83
・ＴＥＬ　　0570-055777(ごあんないダイヤル)
・ＵＲＬ　　http://www.ghibli-museum.jp/
・交　通　JR三鷹駅より徒歩約15分　コミュニティバスあり
・開　館　AM10:00 ～ PM6:00　※カフェ「麦わらぼうし」の営業時間はAM11:00
　　　　　～ PM7:00(入店はPM6:00まで)
・入館料　大人・大学生1000円，高校・中学生700円，小学生400円，幼児(4歳以
　　　　　上)100円 (予約制)
・休館日　火曜日ほか(長期休館あり)
・設　立　2001(平成13)年10月1日
・管　理　(公財)徳間記念アニメーション文化財団
・責任者　館長・中島清文

　館のイチ押し

　　迷路のような空間や、オリジナル短編アニメーション映画など、ここ
　でしか見られないものがたくさんあります。入場は日時指定の予約制。

東京都

リスーピア

2006(平成18)年8月5日、パナソニックは、パナソニックセンター東京内に理科・数学のおもしろさ、すばらしさを体験できる施設として「リスーピア」を開設した。

昨今、日本の子どもたちの理科・数学に対する関心が薄れ、以前は世界に誇っていた「理数力」

パフォーマンスシアター

が年々低下しているとの指摘もあり、日本の将来にとって由々しきことだと強い危機感を持った。

また、天然資源が乏しい日本は、「ものづくり立国」「科学技術創造立国」でしか存続できない宿命にあり、それ故「ものづくり」や「技術」で世界をリードしてきた。

それを支えるのは、優秀な理数系の人たちであり、このまま理数力低下が続けば技術者が絶対的に不足し、国力低下に直結すると考えている。

こうした危機感の中で、理数力低下に歯止めをかけるために、一企業市民として、微力ながらお役に立ちたいと考えて開設したのが「リスーピア」である。

子どもたちのみならず、教師、保護者をはじめ、より多くの人々に見てもらい、理科・数学の関心が、社会全体として高まる、ささやかなきっかけとなればと思っている。

【展示・収蔵】
〈リスーピアを構成する3つの要素〉
　1.体験型展示　2.ワークショップ　3.ホームページ
　　展示で驚き・学び、ワークショップで気づき・楽しみ、ホームページで

東京都

体験した理数に関する原理・法則の知識を深め・ひろげる「学び」のサイクルを提供していることが特長。

〈フロアの紹介〉

◇（2階）クエストフロア

理数の原理・法則を直感的に学ぶことができる原理モデルを展示しているクエストギャラリーと、展示で紹介しきれないさまざまな分野（宇宙、地球、自然、生命など）を、映像やパズルで楽しめるクエストライブラリーで構成される。

◇（3階）ディスカバリーフロア

音と光の体感型展示で楽しみながら理数の不思議を感じることができるディスカバリーフィールドと、実験や工作等ができる体験スペースで、理数に関する本やグッズ（玩具）に自由に触れることができるディスカバリーラボで構成される。

- ・所在地　〒135-0063　東京都江東区有明3-5-1
- ・ＴＥＬ　03-3599-2600（代表）　電話受付：火～日曜日 AM10:00～PM6:00
- ・ＵＲＬ　http://www.panasonic.com/jp/corporate/center/tokyo/risupia.html
- ・交　通　りんかい線 国際展示場駅 徒歩2分／ゆりかもめ 有明駅 徒歩3分
- ・開　館　AM10:00～PM6:00（3階最終入場 PM5:00）
- ・入館料　3階のディスカバリーフィールドのみ 大人500円
  ※高校生以下・障がい者手帳をお持ちの方は無料，障がい者手帳をお持ちの方1名につき付き添いの方1名が無料
- ・休館日　月曜日，年末年始
- ・設　立　2006（平成18）年8月

館のイチ押し

◇マジカルパフォーマンスシアター

数と形の世界へカラダごと飛び込む、マジカルシアターです。大迫力の（3D）映像で理数の世界を体験することができます。（「立方体」や「パイ、円周率について」などについて紹介しています）

リスーピアのコンテンツランキングで常に上位にランクする、とても人気のあるコーナーです。

子ども博物館美術館事典　189

神奈川県

伊勢原市立子ども科学館

　自ら学習する意欲を持つ市民や次代を担う子ども達が科学についての関心を高め、理解を深めていくことを自然な形で援助することを目的に伊勢原市が建設。1984(昭和59)年12月「子ども科学館建設検討委員会プロジェクトチーム」発足。1985(昭和60)年12月基本構想策定、1987(昭和62)年3月建設工事着手。1988(昭和63)年9月図書館・子ども科学館竣工、1989(平成元)年4月1日開館となった。

【展示・収蔵】
　「生命の科学」をメインテーマとし、6つのコーナーからなる理工系の展示であり、展示物には参加体験型が多い。
◇2階展示室…「地球は生きている」「いろいろなことば」コーナー
　「雲と霧」「空気の流れ」「カミナリ」「地震」といった展示物を動かし、私たちの生活に大きな影響を及ぼす地球環境について考えたり、「風のホルン」「声のびっくり箱」「エコートンネル」など音や光を使った展示物でいろいろな音や言葉の特性を学ぶことができる。

神奈川県

◇スロープ…「いきものの進化」コーナー
地球の誕生から生命の発生、恐竜から人類の出現までジオラマを使ってダイナミックに再現されている。
◇3階展示室…「いのちのつながり」「小さな小さな世界」「からだのはたらき」コーナー
バイオテクノロジーや遺伝の仕組みなどをとおして生命の神秘にせまる。
また、「拡大レンズ」「1/200の世界」などからミクロの世界をのぞいてみたり、アリの大きさになって小さな小さな世界を体感できる。
「回転運動」「トレーニングマシーン」「びんしょう性」などでは私たちの体の構造や能力について自分の体を使って理解できる。

【事　業】
《事前申込》
「科学実験教室」「科学工作教室」「親子ふれあい教室」
「ほしぞらコンサート」「天文学習会」
《自由参加》
「天体観察会〜クーデの日〜」（天体観察会：月1回）
「夏休み自由研究相談室」
《クラブ活動》
「いせはらサイエンスクラブ」
《入館者対象》
「わんぱく工作教室」「かんたん工作教室」「やさしい実験教室」
「ふれあいミニ教室」「天体観察会〜ま昼の星を見よう〜」
「サイエンスショー」「天文おはなし会」
《学校利用》
「移動教室」
《出前》
「出張科学館」（工作実験・シャボン玉ショー・天体観察）等

【出版物・グッズ】
「子ども科学館ニュース」（隔月）／「ほしぞらさんぽ」（月刊）

神奈川県

- ・所在地　〒259-1142　神奈川県伊勢原市田中76
- ・ＴＥＬ　0463-92-3600
- ・ＦＡＸ　0463-92-3601
- ・ＵＲＬ　http://www.city.isehara.kanagawa.jp/kagakukan/
- ・E-mail　tosyokan@isehara-city.jp
- ・交　通　〈徒歩〉小田急小田原線伊勢原駅下車 徒歩15分
　　　　　〈バス〉伊勢原駅南口より 東海大学病院行きにて 行政センター前下車2
　　　　　分，駅北口より 東海大学病院経由愛甲石田駅行きにて 伊勢原市役所北
　　　　　口下車2分
- ・開　館　AM9:00 ～ PM5:00
- ・入館料　大人300円，子ども(小・中学生)100円，幼児は無料　※有料対象者が
　　　　　30名以上の団体は2割引，障害者・療育手帳等をお持ちの方は半額
　　　　　※プラネタリウム観覧料は別料金：大人500円，4才～中学生200円。
　　　　　割引あり
- ・休館日　月曜日(祝日・夏休み期間中は除く)，祝日の翌日(その日が土・日曜日
　　　　　の場合火曜日)，年末年始，毎月第1水曜日(定期点検日)，総合点検日(3
　　　　　月・9月中の4日間)
- ・施　設　図書館との複合施設，鉄筋コンクリート造一部鉄骨鉄筋コンクリート造，
　　　　　地下2階・地上4階 ペントハウス1階建，敷地面積3888.78㎡ 延床面積
　　　　　(科学館分)2675.69㎡ 展示面積997.54㎡
- ・設　立　1989(平成元)年4月
- ・設置者　伊勢原市
- ・管　理　伊勢原市教育委員会
- ・責任者　館長・麻生ひろ美

館のイチ押し

- ・プラネタリウム…館職員による生解説と、プラネタリウム番組がセットになった投影です。生解説をする先生ごとに個性があります。
- ・サイエンスショー…館職員が工夫を凝らした実験ショー。いろんな科学実験を1～2ヶ月でテーマを変えて行います。季節に合ったショーも行っています。
- ・科学館職員には、動物や植物にちなんだ名前がつけれられていて「○○先生」と呼ばれています。

神奈川県

カップヌードルミュージアム
(安藤百福発明記念館)

　2011(平成23)年9月17日開館。子どもたちひとりひとりの中にある創造力や探究心の芽を吹かせ、豊かに育てるための体験型ミュージアム。
　世界初のインスタントラーメン「チキンラーメン」を発明し、世界の食文化を革新した安藤百福(あんどうももふく)の「クリエイティブシンキング＝創造的思考」を数々の展示を通じて体感することができる。見て、さわって、遊んで、食べて、楽しみながら発明・発見のヒントを学ぶことができる。

【展示・収蔵】
・インスタントラーメンヒストリーキューブ
　「チキンラーメン」から始まったインスタントラーメンが世界的な食文化に発展していく様子を3,000点を超えるパッケージで表現。
・安藤百福ヒストリー
　安藤百福の生涯を、当時の時代背景や親しみやすいイラストをまじえながら、全長約58mの大パノラマで紹介。
・百福の研究小屋
　世界初のチキンラーメンが誕生した研究小屋を忠実に再現。

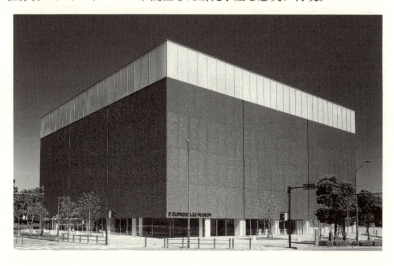

神奈川県

・クリエイティブシンキング ボックス
　安藤百福の「クリエイティブシンキング＝創造的思考」の原点となる6つのキーワードを、五感に訴えかける手法で表現。
　その他、百福シアター、ミュージアムショップなど。

【事　業】

・マイカップヌードルファクトリー
　世界でひとつだけのオリジナル「カップヌードル」を作ることができる。（要「整理券」または「利用券」）
・チキンラーメンファクトリー
　小麦粉をこね、のばし、蒸した後「瞬間油熱乾燥法」で乾燥するまでの工程を通じて、「チキンラーメン」を手作りできる工房。（小学生以上、要事前予約）
・NOODLES BAZAAR ワールド麺ロード
　安藤百福がめんのルーツを探る旅「麺ロード」で出会った世界8カ国のめんを味わえる。

【出版物・グッズ】

　カップヌードルまんじゅう（8個入 900円）／チキンラーメンサブレ（12枚入 900円）／横浜ひよこちゃんストラップ（全4種 各350円）　※価格は税込

・所在地　〒231-0001　神奈川県横浜市中区新港2-3-4
・ＴＥＬ　総合案内ダイヤル：045-345-0918
　　　　　チキンラーメン予約専用ダイヤル：045-345-0825
・ＵＲＬ　http://www.cupnoodles-museum.jp/
・交　通　みなとみらい線 みなとみらい駅・馬車道駅より徒歩8分／JR・市営地下鉄 桜木町駅より徒歩12分／首都高速神奈川1号横羽線 みなとみらいICより5分
・開　館　AM10:00 ～ PM6:00（入館はPM5:00まで）
・入館料　大人（大学生以上）500円，高校生以下は入館無料
　　　　　※館内の一部施設は別途利用料が必要
・休館日　火曜日（祝日の場合は翌平日），年末年始　※詳細はHPをご確認ください
・施　設　地上5階・地下1階，敷地面積約4千㎡ 延床面積約1万㎡
・設　立　2011（平成23）年9月
・設置者　（公財）安藤スポーツ・食文化振興財団，日清食品ホールディングス（株）
・管　理　（公財）安藤スポーツ・食文化振興財団
・責任者　館長・筒井之隆

神奈川県

神奈川県立地球市民かながわプラザ
（あーすぷらざ）

　神奈川県立地球市民かながわプラザ（あーすぷらざ）は、私たちが地球に暮らす一員として、世界の文化や暮らしについての国際理解や国際平和、地球規模の課題について、日々の生活の中で考え、自分にできる身近なことから行動していくための総合的な施設である。神奈川県が1998（平成10）年2月に横浜市栄区（JR根岸線「本郷台」駅前）に設置した。

【展示・収蔵】
　世界の国々の生活道具、衣装、楽器などから人々の暮らしを実感できる「こどもの国際理解展示室」、過去の戦争から未来の平和な社会を考えるための資料を展示した「国際平和展示室」、子どもたちの感性を伸ばす「こどもファンタジー展示室」の3つの常設展示を運営している。
　また情報・相談センター機能として、世界の暮らしや文化、時事問題、環境問題、戦争と平和、国際協力活動、多文化共生の地域社会づくりなどをテーマにした映像資料と図書資料を集めた「映像ライブラリー」では、子どもから大人まで、映像作品を視聴し、図書の閲覧、貸出サービスを利用できる。
　その他情報フォーラムでは外国人相談窓口として教育・くらし・法律に関する相談にも対応している。

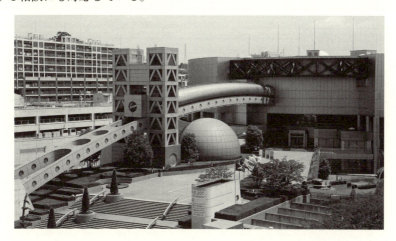

神奈川県

【事　業】

　あーすぷらざでは、地球市民意識をはぐくむための、国際協力、国際理解等の活動を促進するために、様々な展示、イベント、セミナーを開催している。

　また、異なる文化、異なるルーツをもつ人々が、共に生きることのできる社会を実現するために、県民や外国籍の方々に学びの場を提供するとともに、多文化共生の地域社会づくりの実践者、そして、外国籍住民や支援者をサポートする事業を行っている。

- ・所在地　〒247-0007　神奈川県横浜市栄区小菅ケ谷1-2-1
- ・ＴＥＬ　045-896-2121
- ・ＦＡＸ　045-896-2299
- ・ＵＲＬ　http://www.earthplaza.jp/
- ・E-mail　gakushu@earthplaza.jp
- ・交　通　JR根岸線 本郷台駅　改札出て左すぐ
- ・開　館　受付事務所 AM9:00 〜 PM8:00
　　　　　映像ライブラリー AM9:00 〜 PM5:00
　　　　　情報フォーラム（平日）AM9:00 〜 PM8:00（土日祝）AM9:00 〜 PM5:00
　　　　　5F常設展示室 AM9:00 〜 PM5:00（入場はPM4:30まで）
- ・入館料　未就学児無料，小・中学生100円，高校生・学生・左記以外で20歳未満の方・65歳以上の方200円，大人400円
- ・休館日　月曜日（祝日・休日にあたるときは開館），年末年始（12月29日〜1月3日）
- ・施　設　地上5階・地下1階，建物面積2万2258.43㎡
- ・設　立　1998（平成10）年2月
- ・設置者　神奈川県
- ・管　理　（公社）青年海外協力協会
- ・責任者　館長・城島理子

館のイチ押し

　年間をとおして、子ども向け、大人向けのさまざまなセミナー、ワークショップ、映画会、企画展などを開催しています。

神奈川県

神奈川工科大学 厚木市子ども科学館

　科学および科学技術に関する知識の普及および啓発を図り、創造性豊かな青少年の育成に寄与するための施設として設立。1985（昭和60）年2月1日開館。
　2009（平成21）年にプラネタリウム設備にデジタル機器を導入し「コスモシアター」としてリニューアル。また、同年より、ネーミングライツ制を採用し「神奈川工科大学」とパートナー契約を締結している。
　未来を拓く子供達の夢と科学に関する心を養うために、数々の実験装置やふれて学べる展示物のある展示ホール、500万の美しい星々がきらめくプラネタリウム、科学や天文に関する様々な楽しい工作や実験教室など参加体験型イベント、これらを通して誰もが遊びながらにして知識を習得できる自由な学習の場を提供している。

【展示・収蔵】
《科学展示ホール》
　宇宙科学に関する情報および自然科学に関する実験装置や、様々な手作り

科学展示ホール

神奈川県

おもちゃが並んだ展示ホールでは、身の回りにあふれている科学の楽しさにふれることができる。

《プラネタリウム》

「500万の星降るプラネタリウム」をキャッチフレーズに、メガスター、ステラドームという光学式・デジタル式の投影機を組み合わせて宇宙を再現。ドーム直径12m、定員90人。

◇一般投影

各季節に応じた番組を投影。毎月第3土曜日には、生解説によるライブ投影も実施。

◇特別投影

・プラネタリウムの星空を双眼鏡で探検する「銀河クルージング」
・星空にちなんだコンサートやトークライブをお楽しみいただく「大人のためのプラネタリウム」
・0歳児からのプラネタリウム「きらきらタイム」
・ご家族そろって楽しめるファミリー向け番組「キッズプラネタリウム」
・妊娠中の方のために美しい星空と生演奏によるくつろぎの時間を提供する「マタニティプラネタリウム」

など、年齢、お好みに合わせた様々な企画の番組を投影。

◇学習投影

小学生の理科授業と連携して投影。

◇幼児投影

幼児を対象に七夕や仲秋の時期にちなんだ番組を投影。

【事　業】

天体観望会(年9回)、天体望遠鏡工作教室(年1回)
科学工作教室(年4回)、大人のための科学教室(年3回)
サイエンスショー(年1回)、おもしろ実験(年18回)
ミニ工作教室(年20回)、土曜科学実験室(年4回)　など

【出版物・グッズ】

・「プラネタリウムパンフレット」年4回(2月・5月・8月・11月)
・「厚木市子ども科学館ニュース」(メールマガジン)月1回配信

神奈川県

- 所在地　〒243-0018　神奈川県厚木市中町1-1-3 厚木シティプラザ7階
- ＴＥＬ　046-221-4152
- ＦＡＸ　046-224-9666
- ＵＲＬ　http://www.city.atsugi.kanagawa.jp/acsc/index.html
- E-mail　kagakukan@city.atsugi.kanagawa.jp
- 交　通　小田急線 本厚木駅下車 徒歩3分
- 開　館　AM9:00 ～ PM5:00　※8月を除く毎月第3月曜日（休日の場合は第2月曜日）は正午から開館
- 入館料　無料　※プラネタリウム投影は有料：大人200円，4歳～中学生50円
- 休館日　年末年始　※その他、施設点検等のため臨時休館する場合あり
- 施　設　総面積977.92㎡（展示ホール294.21㎡，プラネタリウム172.02㎡，研修室63.39㎡（定員30人），準備室31.09㎡）
- 設　立　1985（昭和60）年2月
- 設置者　厚木市
- 管　理　厚木市
- 責任者　子ども未来部青少年課長

館のイチ押し

　500万の星降るプラネタリウムを備えたコスモシアター、美しい星空と迫力の全天デジタル映像の融合をお楽しみください。

　様々な手作り実験装置が並んだ展示ホールでは、宇宙や科学の不思議にふれることができます。

　このほか工作や実験教室など参加体験型イベントも盛りだくさん。

子ども博物館美術館事典　199

神奈川県

川崎市青少年科学館
（かわさき宙と緑の科学館）

　郷土・川崎の自然の理解を通じて自然科学に関する青少年の関心と興味をはぐくみ、科学知識の普及啓発と科学教育の振興に寄与することを目的に川崎市が設置。生田緑地の中心に位置し、川崎の自然や天文、科学に関する展示や体験活動を行っている自然科学博物館である。

　館内には、最新鋭の「MEGASTAR-Ⅲ FUSION」を備えたプラネタリウムがあり、世界最高水準の星空投影を職員の解説とともに行っている。

・1971（昭和46）年8月14日プラネタリウム館開館。
・1982（昭和57）年2月27日本館開館。
・2012（平成24）年4月28日リニューアル開館。最新の投影システムによる精緻な星空投影、自然・天文・科学各分野における体験学習事業を幅広く実施。
・2013（平成25）年4月1日施設維持管理業務・広報業務について指定管理者に業務委託（学芸業務は市直営）。

神奈川県

【展示・収蔵】

《展示》

展示室は、「川崎の大地」「丘陵の自然」「町の自然」「多摩川の自然」「生田緑地ギャラリー」の5つのコーナーで展示。

生田緑地約100万年の歴史を約5分の1に縮小した8mの地層タワーや、川崎市内で発掘されたアケボノゾウの臼歯化石（川崎市重要天然記念物）、川崎で暮らしているタヌキ・ハクビシン・アライグマに直接触れられる標本、クイズ形式になっているものなど、様々な方法で川崎の自然について展示している。

このほか、太陽系のさまざまな天体や宇宙全体の構造に関する天文展示あり。実際に撮影された天文現象の映像を見ることができるタッチパネルや、実際に触れることができる隕石がある。

このほか、屋外展示としてD51型蒸気機関車がある。

《プラネタリウム》

毎月変わる一般向け投影番組のほか、1～2ヶ月で変わる子ども向け投影番組を行っている。幼児とその保護者を対象とした「ベビー＆キッズアワー」、シニア層向けの投影「星空ゆうゆう散歩」、MEGASTAR-Ⅲ FUSIONの機能を最大限に活かしたフュージョン投影など、多数番組あり。又、学習指導要領に準拠した学習投影も実施。

《アストロテラス》

コンピュータ制御の望遠鏡を備え、多くの市民が同時に天体観測ができる。晴天時の一般公開のほか、毎月第2・4土曜に開催する参加自由・参加費無料の天体観測会「星を見る夕べ」や、定期的に開催する「星空教室」などでも観察を行う。

《展示事業》

自然展示、天文展示、プラネタリウム各種投影、小中学校理科優秀作品展等。

《教育普及事業》

生田緑地観察会、自然ワークショップ、星を見る夕べ、実験工房などを申込不要・参加費無料、対象を定めず毎月実施している。

事前申込制の事業では、ふしぎ実験室・わくわく！科学実験教室・発明教室・子どものための昆虫学教室などの小学生対象のもの、星空教室・自然観察会・天文講演会・プラネタリウムコンサートなどの一部小学生以上を対象とした事業を実施。このほか、出前科学実験教室、かわさき星空ウォッ

神奈川県

チングなど。

《調査研究事業》
　川崎市自然環境調査、ホトケドジョウ人工飼育・増殖研究調査、木星閃光調査等

《資料収集・保管事業》
　川崎市の自然に関する標本資料の収集や保管等

《ネットワーク事業》
　生田緑地サマーミュージアム、生田緑地4館連携スタンプラリー、多摩区民祭、博物館連携事業、図書館連携事業等

【事　業】

《展示事業》
　自然展示、プラネタリウム各種投影、小中学校理科優秀作品展等

《教育普及事業》
　自然観察会、自然ワークショップ、生田緑地観察会、星を見る夕べ、かわさき星空ウォッチング、星空教室、プラネタリウムコンサート、天文講演会、実験工房、出前科学実験教室、発明教室等

《調査研究事業》
　川崎市自然環境調査、ホトケドジョウ人工飼育・増殖研究調査、多摩川調査、木星閃光調査等

《収集保存事業》
　標本・はく製製作管理、太陽表面観測データ整理、プラネタリウム番組アーカイブ化、寄贈資料整理等

《ネットワーク事業》
　生田緑地サマーミュージアム、生田緑地スタンプラリー、多摩区民祭、博物館連携事業、図書館連携事業等

【出版物・グッズ】

「川崎市青少年科学館紀要」(年1回)／「川崎市青少年科学館年報」(年1回)
「科学館だより」(年6回)／「自然観察ガイドブック」
プラネタリウムリーフレット(年4回)等
併設の「Cafe星めぐり」に、館マスコットキャラクター「かわさきぷりん」のお菓子や、モチーフとしたメニューあり

202　子ども博物館美術館事典

神奈川県

- ・所在地　〒214-0032　神奈川県川崎市多摩区枡形7-1-2
- ・ＴＥＬ　044-922-4731
- ・ＦＡＸ　044-934-8659
- ・ＵＲＬ　http://www.nature-kawasaki.jp/
- ・E-mail　mail@nature-kawasaki.jp
- ・交　通　小田急線向ヶ丘遊園駅から徒歩15分，JR南武線登戸駅から徒歩25分
- ・開　館　AM9:30 ～ PM5:00
- ・入館料　無料　プラネタリウム：一般400円(320円)，高校生・大学生200円(160
円)，中学生以下・市内在住65歳以上無料　※(　)内は20名以上の団体
料金
- ・休館日　月曜日(祝日は開館)，祝日の翌日(土・日曜は開館)，年末年始(12月29
日～1月3日)
- ・施　設　自然学習棟：鉄筋コンクリート造 一部鉄骨造3階建，建築面積1528.52
㎡ 延床面積2145.66㎡　研究管理棟：鉄筋コンクリート造2階建，建築
面積617.43㎡ 延床面積929㎡
- ・設　立　1971(昭和46)年8月(本館は1982(昭和57)年2月)，2012(平成24)年4
月28日にリニューアル開館
- ・設置者　川崎市
- ・管　理　学芸業務および統括業務は川崎市教育委員会，施設維持管理業務および
広報業務は指定管理者
- ・責任者　館長・島田秀雄

館のイチ押し

　プラネタリウム　最新の投影システム「MEGASTAR-Ⅲ FUSION」
による精緻な星空投影

神奈川県

川崎市 藤子・F・不二雄ミュージアム

　2011(平成23)年9月、川崎市多摩区に開館。長年川崎市多摩区に住み多くの作品を描き続けたまんが家、藤子・F・不二雄の作品世界やメッセージを原画などを通じて、幅広い世代に伝えていく美術館。

【展示・収蔵】
　展示室Ⅰ(常設展会場)では、藤子・F・不二雄が描いた約5万点の原画の中から『ドラえもん』『パーマン』『キテレツ大百科』など様々な作品のカラー原画を展示。
　展示室Ⅱ(企画展会場)では、趣向を凝らしたテーマのもと、期間限定の企画展を開催。
　収蔵原画は約5万点。常時140点ほどの原画を公開中。

【事　業】
　半年〜1年毎に新しい企画展を開催するほか、ミュージアムショップやカフェでは季節に合わせたフェアを開催。フェア限定のミュージアムオリジナルグッズやメニューを提供している。

©Fujiko-Pro

神奈川県

展示室Ⅰ

まんがコーナー

【出版物・グッズ】
- ミュージアム公式図録（1620円）
- ミュージアムオリジナルぬいぐるみストラップ（702円）
- どら焼きBOX（1380円）
- アンキパンラスク 12枚入り（1650円）　など

- 所在地　〒214-0023　神奈川県川崎市多摩区長尾2-8-1
- ＴＥＬ　0570-055-245（お問合せダイヤル）
- ＵＲＬ　http://fujiko-museum.com/
- 交　通　小田急線・JR線登戸駅から有料直通シャトルバス乗車約10分
- 開　館　AM10:00 ～ PM6:00（日時指定完全予約制）
- 入館料　大人1000円，中・高生700円，4歳～小学生500円，3歳以下無料
- 休館日　火曜日，年末年始
- 施　設　鉄筋コンクリート3階建，7800㎡
- 設　立　2011（平成23）年9月3日
- 設置者　（株）藤子プロほかによる建設後、川崎市へ寄付。周辺整備は川崎市。
- 管　理　川崎市の指定管理者制度により（株）藤子ミュージアムが運営
- 責任者　館長・伊藤善章

館のイチ押し

◇展示室にて公開している直筆原画
　手元に届く印刷物とは異なる筆づかい、息づかいを間近に感じることができます。

神奈川県

鈴廣のかまぼこ博物館
(すずひろ)

体験教室

　博物館が開館する以前（1996年以前）から、製造工場を「見るかまぼこ工場」として公開しており、その後工場拡大をきっかけに工場の空いたスペースを利用して設立。1996（平成8）年11月15日「蒲鉾の日」に、手づくりをコンセプトにかまぼこの歴史や不思議、素材や栄養などを楽しみながら学べる博物館としてオープン。鈴廣のあゆみについても展示し、慶応元年よりつづくかまぼこ製造・販売の歴史を理解いただけるようにした。ガラス越しに職人の技を間近でご覧いただける他、かまぼこ・ちくわの手づくり体験教室も開催している。

【展示・収蔵】
　博物館内から見える風祭工場は主に手づくりの工場で、技能検定の資格を持ったかまぼこ職人たちの伝統的な技を間近に見学できる。かまぼこが初めて文献に登場した時代から現在の形になるまでの歴史や、全国のかまぼこの地図、かまぼこの出来るまで、かまぼこづくりの道具を展示し、いろいろな知識を身につけることができる。
　また、2階には1982（昭和57）年より行っているかまぼこ板をキャンバスにした「小さな美術展かまぼこ板絵国際コンクール」の作品も展示しており、コンクールの入賞作品や著名な招待作家の作品を楽しむことができる。

【事　業】
　1日5回予約制の職人実演指導による、かまぼこ・ちくわ手づくり体験教室を開催（要予約、水曜日はちくわのみ）。ちくわはその場で焼きたてを食べることができ、かまぼこはお土産として持ち帰れる。季節に即したかまぼこ

神奈川県

やちくわを体験できる場合もあり。

　かまぼこ手作り出張体験教室も行っており、板かまぼこづくりの他、異な
る加熱調理方法のかまぼこづくりや原料の魚からつくる行程の体験も可能。

　「小さな美術展かまぼこ板絵国際コンクール」は1982年に、鈴廣創業120
周年の記念事業としてスタート。食べたあとに残るかまぼこ板に、もう一度
新たな命を吹き込むというコンセプトで開催し、その後、多くの方々に支え
られて現在まで続くコンクールへと発展。海外へも広く募り、小さな絵画を
通して諸外国との交流も深めている。

【出版物・グッズ】
　かまぼこやその原料となる魚、塩に関連したミュージアムグッズを販売。

- ・所在地　〒250-0032　神奈川県小田原市風祭245
- ・ＴＥＬ　0465-24-6262
- ・ＦＡＸ　0465-24-6272
- ・ＵＲＬ　http://www.kamaboko.com/sato/
- ・交　通　箱根登山鉄道 風祭駅下車 徒歩2分
- ・開　館　AM9:00 ～ PM5:00
- ・入館料　無料　かまぼこ・ちくわ手づくり体験教室：1名 1500円(税別)　ちくわ
　　　　　　手づくり体験教室(水曜のみ)：1名 500円(税別)
- ・休館日　無休(年末年始，その他臨時休館日を除く)
- ・施　設　鉄筋コンクリート造，地上3階・地下1階建
- ・設　立　1996(平成8)年11月
- ・設置者　(株)小田原鈴廣
- ・管　理　(株)小田原鈴廣
- ・責任者　代表取締役社長・鈴木博晶

館のイチ押し

　同敷地内にある、バイキングレストラン「えれんなごっそ」は地産食
材をふんだんに使用したメニューが約50種揃うバイキングレストラン。
キッズコーナーもありお子様連れも安心で、鈴廣のかまぼこ食べ放題も
ある。手づくり体験教室の待ち時間でのご利用もおすすめ。

　博物館は2016(平成28)年9月にリニューアルを予定しており、かまぼ
こについてさらに楽しく学べる施設に。

神奈川県

電車とバスの博物館

　東京急行創立60周年記念行事の一環として1982(昭和57)年4月に開館。2003(平成15)年3月には現在地に移転し、2016(平成28)年2月リニューアルオープンを果たした。
　こども達を対象とした教育文化施設として、資料・車両設備等の保存・展示を行う。交通事業の社会的役割への認識を深めてもらいたいという願いから「触れて学べる博物館」を目指し、電車やバスのシミュレーターなどの展示物は、見るだけでなく、触れる、体験できる参加型・体験型展示としている。

【展示・収蔵】
《シミュレーター》(1)8090系電車：本物の運転台によりコンピューターを用いて実際の電車同様に作動。(2)コーチバス：コーチバス本体によりスクリーンに収録された路線の風景の中を運転。(3)東横線CG：乗務員訓練用に使っているCGソフトをもとに遊びやすく設定。実写映像とはひと味違う魅力がある。(4)キッズシミュレーター：保護者の方と並んで運転でき、自分でデザインしたオリジナル5000系が画面内を走行、遊んだ後

キッズ・シミュレーター

神奈川県

はオリジナル車両のペーパークラフトが購入できる。

《パノラマシアター》東急沿線を模型に収め、その中を現役車両のほか、懐かしの名車たちが走り回る。

《3450形電車》動く仕組みを理解できるように各機器は正常に作動し、ノッチ操作により、前方の車輪が回転する。

《路線バス》エンジン以外の機器は全て正常に作動。

【事　業】
　各種イベントを開催

【出版物・グッズ】
　東急線キャラクター「のるるん」の関連グッズをDENBUSショップで販売

・所在地　〒216-0033　神奈川県川崎市宮前区宮崎2-10-12
・ＴＥＬ　044-861-6787
・ＦＡＸ　044-863-2156
・ＵＲＬ　http://www.tokyu.co.jp/museum-2/index.html
・交　通　東急田園都市線 宮崎台駅直結
・開　館　AM10:00 ～ PM4:30（入館はPM4:00まで）
・入館料　大人200円，3歳以上中学生まで100円
・休館日　木曜日（祝日の場合は翌日），年末年始
・施　設　A棟：鉄筋4階建　B棟：鉄筋2階建
・設　立　1982（昭和57）年4月3日
・設置者　東京急行電鉄（株）
・管　理　（株）東急レールウェイサービス
・責任者　館長・宮本英明

館のイチ押し

　親子で並んで操作できるベンチ型の「キッズ・シミュレーター」を鉄道系の博物館としてはじめて導入。

　また、HOゲージの走るパノラマシアターでは、夜明けから終電後の夜間作業までの東急線の一日を放映します。

　その他各種シミュレーターや模型電車のレンタルサービスもあるNゲージのジオラマコーナー「Nゲージパーク」など、幅広い層の方にお楽しみいただけます。

神奈川県

東芝未来科学館

　1961(昭和36)年に会社創立85周年記念事業の一環として設立された施設。2014(平成26)年1月31日、川崎駅西口にあるショッピングモール「ラゾーナ川崎プラザ」に隣接する東芝スマートコミュニティセンター2Fにリニューアルオープン。「人と科学のふれあい」をテーマに、科学技術に親しみ、次世代を担う子どもたちの科学に対する興味を喚起する教育的活動に貢献している。様々な先進技術で人々の暮らしを変えてきた東芝のあゆみを振り返ることが出来るヒストリーゾーン、実験やワークショップを通じて子どもたちが科学技術を楽しく学べるサイエンスゾーンなど、体験しながら科学に親しめる。

【展示・収蔵】

・ヒストリーゾーン「創業者の部屋」…からくり儀右衛門こと田中久重と、日本電気の父・藤岡市助ゆかりの品々を展示。「1号機ものがたり」は世界初・日本初の東芝製品1号機を展示。動態保存もあり。

・「エネルギーの未来へ」〈ハツデントライ〉…回転運動や化学反応などを使って、実際に発電を体験出来る。それぞれの発電方法の特徴や違いを画面で見る事で、発電方法を組み合わせる事の大切さを学べる。

・「まちの未来へ」〈マチスキャナー〉…まちの模型にあるマーカーをタブレットで覗き込むと、ARアニメーションで、楽しくまちのしくみを理解する事が出来る。

・「ビルの未来へ」〈ビルタッチ〉…ビルのエレベーターや照明・空調を、パ

神奈川県

ネルにタッチしてコントロールする。頭脳を持った賢いビルの凄さを、遊びながら学ぶことが出来る。

・「家の未来へ」〈スマートステップ〉…全身を動かしながらスマートアイテムを取得し、自分だけのスマートな家をつくる。楽しみながら、安心・安全な生活を提供してくれるホームソリューションについて学べる。

・「ヘルスケアの未来へ」〈キミセンサー〉…センサーを利用して、自分の生体情報をビジュアル化することで生体センサー技術とヘルスケアの関係を体験出来る。

・「じょうほうの未来へ」〈ナノライダー〉…マシンに乗り込みハンドルを操作して、ナノの世界を自由に移動することが出来るアミューズメント。楽しみながら、微細化技術の凄さを体験することが出来る。

・「サイエンスゾーン」…1日3回(土日祝は4回)、サイエンスステージにてサイエンスショーを実施。また、旧館からの人気アミューズメント「静電気発生装置」や「超電導実演」も。

【事 業】

アテンダントによる展示案内(日・英・中)があり、団体・個人・外国人などに対応している。

・所在地　〒210-8585　神奈川県川崎市幸区堀川町72-34
・ＴＥＬ　044-549-2200
・ＦＡＸ　044-520-1500
・ＵＲＬ　http://toshiba-mirai-kagakukan.jp/
・交　通　JR川崎駅(西口)徒歩1分，または京急川崎駅下車 徒歩7分
・開　館　〈火～金〉AM10:00 ～ PM5:30　〈土・日・祝〉AM10:00 ～ PM6:00
・入館料　無料
・休館日　月曜日，当館の定める日(詳細は東芝未来科学館HPをご確認ください)
・設　立　1961(昭和36)年11月
・設置者　(株)東芝
・責任者　館長・岩切貴乃

館のイチ押し

国の重要文化財である和時計の最高傑作「万年自鳴鐘」や、からくり人形の実演。日本初の電気洗濯機・電気掃除機は動態保存で、今でも動かすことが出来る。

子ども博物館美術館事典　211

神奈川県

なぎさの体験学習館

「なぎさの体験学習館」は、湘南のなぎさとふれあい、なぎさの大切さを「知り」「学び」「考え」「行動する」を基本テーマとする体験学習施設で、湘南海岸の自然条件と環境条件を取り込んだ海洋文化の創造と海岸保全を提唱する生涯学習の場である。

【展示・収蔵】
《2F：湘南体験ゾーン》
　◇なぎさの生きものたち…環境別の水槽でそれらの生きものを見ることができる。
　◇相模湾となぎさ…相模湾のなぎさで起きていることを様々な角度から実験装置なども使って紹介。
　◇なぎさへのつながり…山、川、干潟、海それぞれの関わりを見ることで、なぎさとのつながり、これからの環境維持について、相模湾のなぎさで起きていることを様々な角度から紹介。

神奈川県

《1F：湘南発見ゾーン》
　◇情報ガイダンス…なぎさでの色々な遊びや、自然観察に役立つ情報が盛りだくさんのコンピュータ検索システム。

【事　業】
・いつでもワークショップ（毎月20日程度開催／自由参加）…海岸に流れつく貝殻や流木を使った工作を中心としたプログラム。
・ちょっぴりワークショップ（毎月1〜2回開催／先着定員）…環境をテーマに、自然素材を取り入れた作品を1〜2時間程度で作成するプログラム。
・じっくりワークショップ（毎月1〜2回開催／予約制）…環境や生物をはじめ幅広いジャンルを題材にし、半日〜1日かけて行う五感を刺激するプログラム。
・スペシャルワークショップ（2〜3ヶ月に1回程度、または年間を通して開催／予約制）…野外、川、森、海など、場所や時間にとらわれず、五感を研ぎ澄まして、環境や生物について更に詳しく感じるプログラム。

・所在地　〒251-0035　神奈川県藤沢市片瀬海岸2-19-1
・ＴＥＬ　0466-28-6411
・ＦＡＸ　0466-28-6420
・ＵＲＬ　http://www.nagisataiken.com
・交　通　小田急江ノ島線 片瀬江ノ島駅から徒歩3分／湘南モノレール 湘南江の島駅から徒歩10分／江ノ島電鉄 江ノ島駅から徒歩10分
・開　館　〈3月〜11月（夏期以外）〉AM9:00〜PM5:00
　　　　　〈12月〜2月（年末年始以外）〉AM10:00〜PM5:00
・入館料　無料
・休館日　無休　※施設点検等による臨時休館あり
・施　設　鉄筋コンクリート造，地上2階（高さ9.30ｍ），延床面積996㎡ 建築面積423.57㎡
・設　立　2004（平成16）年4月16日
・設置者　事業主：神奈川県
・管　理　江の島ピーエフアイ㈱

　　館のイチ押し

　海の生きものや命のつながりなどをテーマとして、遊びの要素を含んだ楽しみながら知る、さまざまプログラムを開催しています。実施する過程での“形に残らないもの”も大切にしています。

子ども博物館美術館事典　213

神奈川県

はまぎん こども宇宙科学館
（横浜こども科学館）

　1984(昭和59)年5月5日に「宇宙と横浜」をテーマに開館、2014(平成26)年に開館30周年を迎えた。また、2008(平成20)年4月から、横浜銀行とのネーミングライツ契約により「はまぎん こども宇宙科学館」の愛称を使用している。
　1979(昭和54)年～1980(昭和55)年にかけ、総合計画1985「児童文化センター」構想に基づき調査費を計上、1980年12月「横浜市こども科学館」基本構想策定、1981(昭和56)年7月基本計画(建設・展示)を策定し、実施計画に着手。同年12月建築実施設計完了。「よこはま21世紀プラン」において、こども科学館建設を計画。1982(昭和57)年4月建築工事起工式、同年6月「洋光台駅前公園」(科学館代替公園)開園。1983(昭和58)年3月財団法人横浜市青少年科学普及協会設立、同年6月科学館の名称を「横浜こども科学館」と決定、同年12月建築・設備工事竣工、1984(昭和59)年3月展示物据付完了、宇宙劇場設置工事及び公園再整備工事完了、5月5日開館。その後、1995(平成7)年5月から7月にかけ大規模な展示更新を行い、7月21日リニューアル・

3F宇宙トレーニング室「空間移動ユニット」

214　子ども博物館美術館事典

神奈川県

オープン。また、2001（平成13）年3月3日・2007（平成19）年3月3日には宇宙劇場（プラネタリウム）がリニューアルオープン、2015（平成27）年1月から3月まで座席の改修工事を行い、3月21日に再度リニューアルオープン、2015（平成27）年11月1日には2F宇宙研究室を、同年12月5日には4F宇宙発見室もそれぞれリニューアルオープンした。また、2016（平成28）年4月1日には、2F宇宙研究室もリニューアルし、工作教室等を開催する実験室と多目的室を新設した。

　はまぎん こども宇宙科学館は、5FからB2まで、館全体が巨大な宇宙船をイメージした体験型科学館。フロアごとにテーマの異なる5つの展示フロアがあり、子どもから大人まで、自分でふれて体感して、楽しく遊びながら宇宙や科学のふしぎを学ぶことができる。

【展示・収蔵】

　「宇宙」をテーマとし、展示室、宇宙劇場（プラネタリウム）からなる。

《展示室》

　5FからB2まである館全体は、宇宙船をモチーフにしている。

　各フロアは、それぞれにコンセプトがあり、宇宙の広がりをさぐる「宇宙船長室」、カミナリやオーロラのふしぎにふれる「宇宙研究室」、"月面ジャンプ" や "空間移動ユニット" が人気の「宇宙トレーニング室」など、体験型展示が豊富。

《宇宙劇場》

　2015（平成27）年3月21日にリニューアル、座席が広くなり、リクライニングが可能に。座席数は267席（車イス席3席分含む）。宇宙劇場では、直径23mのドーム全体に広がる迫力の映像と、リアルで美しい星がつくりだす、臨場感あふれる宇宙を体験できる。小さな子どもから大人まで楽しめるプログラムを投影。全ての番組で約15分間、スタッフによる星空の解説を実施。

《その他》

　特別展示室（B2）、カフェ（1F）、ロボット教室を実施している教室（1F）、科学工作教室を実施している工房（1F）、約300名を収容できる休憩室（B1）など。

【事　業】

・企画展、特別展

神奈川県

・サイエンス・ショウやミニ実験の開催(土日祝)、ロボット教室、科学工作教室、星空観察会、サイエンスクラブ会員向け教室、ボランティアによる「おとなの工作教室」「オリジナル工作教室」など。

【出版物・グッズ】
「開館30周年記念誌」

・所在地　〒235-0045　神奈川県横浜市磯子区洋光台5-2-1
・ＴＥＬ　045-832-1166(代表)，045-832-1177(団体専用)
・ＦＡＸ　045-832-1161
・ＵＲＬ　http://www.yokohama-kagakukan.jp
・交　通　JR京浜東北・根岸線 洋光台下車 徒歩約3分
・開　館　AM9:30 ～ PM5:00(入館は閉館1時間前まで)
・入館料　大人400円，小中学生200円，未就学児無料 ※土曜日は高校生以下入館料無料，有料者30名以上の団体は大人360円・小人160円，障害者手帳をお持ちの方は本人と付添の方1名の入館料無料，障害者手帳をお持ちで車椅子の方は本人と付添の方2名まで入館料無料
　　　　　宇宙劇場入場料：大人600円，4才～中学生300円
・休館日　第1・3月曜日(祝日または振替休日の場合は翌日)，年末年始(12月29日～1月3日)，臨時休館
・施　設　鉄骨鉄筋コンクリート造・一部鉄骨造，地上5階・地下2階建，敷地面積6000㎡ 建築面積2185.11㎡ 延床面積6484.26㎡ 展示面積754.12㎡
・設　立　1984(昭和59)年5月
・設置者　横浜市
・管　理　コングレ・NTTファシリティーズ共同事業体
・責任者　館長・的川泰宣

館のイチ押し

　2015(平成27)年11月1日のリニューアルでは、4F宇宙発見室に新規展示「ビーコロ®」を設置、仕掛けが連動して動いていくような装置を、身近にあるビー玉を用いて作った展示で、思いがけないビー玉の動きから、運動の法則を体で覚えることができる。
　また、2016(平成28)年4月1日にリニューアルした2F宇宙研究室では、工作教室等を開催する実験室と多目的室を新設、同フロアに卓上電子顕微鏡Miniscope® TM3030を常設展示として設置した。

神奈川県

藤沢市湘南台文化センターこども館

　プラネタリウムや全天周映画に親しむことでこども達の夢をふくらませる「宇宙劇場」、"手でふれる""音をだす""匂いをかぐ""身体全体で挑む"といったこども達の動きに反応する「展示物」、日常生活に織り込まれた種々の物事と諸活動をこども達のためにプログラムとして構成し、いろいろな作業を実際に楽しみながら体験する「ワークショップ」などをこども達に提供することにより、次代を担うこども達が創造性を育んでいく過程の一助とすることを目的に藤沢市が建設。

　こども館は「こども」「地域」「対話」の3つを基本理念に「創造する文化」の拠点施設として建設した湘南台文化センター内の一施設である。

　1984(昭和59)年10月建設について政策審議会決定、1985年4月基本構想策定、プロポザールデザイン・コンペティションにより設計、1987年7月着工、1989年5月竣工、同年7月18日に開館となった。

　管理・運営については、開館当初から(財)藤沢市まちづくり協会へ一部委託、1994(平成6)年4月からは全面委託、2011(平成23)年4月からは、同協会が指定管理者となって管理運営している。

　大きな地球儀や、樹木を表す三角屋根の塔屋の羅列等が印象的な建物で、藤沢市北部地域の中心に位置し、副都心新宿と藤沢を結ぶ小田急江ノ島線、横浜と結ぶ相鉄いずみ野線・横浜市営地下鉄の湘南台駅近くにある。設計は世界的建築家・長谷川逸子の手によるもの。1990(平成2)年度神奈川県建築家コンクール優秀賞、1992年建築家協会賞受賞。

【展示・収蔵】
　科学的なものから民族的なものまで広範囲にわたり、触ったり実際に動かしたりできる参加体験型の展示を中心としている。

神奈川県

◇地下1階

展示ホール1(展示ギャラリー)…「おもちゃ箱をひっくり返したような」をコンセプトに、物の見え方、光、音、民族楽器、仮面、民族衣装、からだ、世界のおもちゃなど、参加することによって理解できるように考えられている。

◇2階

展示ホール2(円環ギャラリー)…ビデオギャラリー、天気と雲、太陽系軌道模型、私達の情報コンピュータなど、日常生活から天文・宇宙までの広い範囲で世界を考えるための展示を行っている。

◇宇宙劇場

劇場内部は巨大なドームスクリーン(直径20m、座席数160席、傾斜角度30度)で、プラネタリウムや、全天周映画が映し出される。このプラネタリウムは学校教育に積極的に利用され、こどもたちに迫力のある学習効果を与えている。

【事 業】

ワークショップは、当日受付講座と事前申込講座があり、当日受付講座は製作時間30分から1時間で完成することができ、気軽に工作を楽しめる。対象は幼児(ただし保護者の付添いが必要)から小・中学生まで。

事前申込講座は、開催日の2週間前締切で事前に申込みをして参加する講座で、半日から一日かけてじっくりと、工作や自然体験等を親子で楽しめるようにプログラムされている。

その他、小・中学生を対象として平日に開催している「放課後ワークショップ」もある。

【出版物・グッズ】

《出版物》

藤沢の四季(委託販売 1000円)、たのしい手作りワークブック1(400円)、たのしい手作りワークブック2(400円)、たのしい手作りワークブック3(300円)

《グッズ》

オリジナルマグカップ(1000円)、宇宙飛行士キーライト(842円)、ポケット星座早見盤(309円)ほか

神奈川県

- ・所在地　〒252-0804　神奈川県藤沢市湘南台1-8
- ・ＴＥＬ　0466-45-1500
- ・ＦＡＸ　0466-45-1503
- ・ＵＲＬ　http://www.kodomokan.jp
- ・交　通　小田急江ノ島線・相鉄いずみ野線・横浜市営地下鉄 湘南台駅下車 徒歩5分
- ・開　館　AM9:00 ～ PM5:00(入館はPM4:30まで)
- ・入館料　展示ホール：大人300円(240円)，小中学生100円(80円)，未就学児無料
  宇宙劇場：大人500円(450円)，中学生以下200円(160円)
  ※(　)内は20人以上の団体料金
- ・休館日　月曜日，祝日の翌日，年末年始(12月28日～1月4日)
- ・施　設　鉄筋コンクリート造，地下1階地上4階，延床面積3603.75㎡ 展示室1143.27㎡ 宇宙劇場314.60㎡ 敷地(全体)7786.38㎡
- ・設　立　1989(平成元)年7月
- ・設置者　藤沢市
- ・管　理　(財)藤沢市まちづくり協会
- ・責任者　センター長・山口勝俊

関東

館のイチ押し

　当館自慢のプラネタリウムは約1千万個の星を映し出す光学式プラネタリウムで、全天デジタル映像も投影できるハイブリット型です。座席は全席リクライニング付きでゆったりと星空をお楽しみいただけます。また、当館の解説員が製作した番組は、当館でしか見ることのできないオリジナル番組です。

子ども博物館美術館事典　219

神奈川県

三菱みなとみらい技術館

　当館は、横浜市の経済・文化活動の中心地である「みなとみらい21」地区に集う人々とコミュニケーションを深めるとともに、明日を担う青少年たちが「科学技術」に触れ、夢を膨らませることのできる場になることを願い、三菱重工業(株)が企画・設計・建設した科学博物館である。2016(平成28)年3月には来館者数250万人を達成した。
　館内は「航空宇宙」「海洋」「交通・輸送」「くらしの発見」「環境・エネルギー」「技術探検」の6つのゾーンに分かれており、それぞれのテーマに沿って、実物・模型・映像・シミュレータ・タッチパネルなどで、楽しく体験しながら科学技術に親しめるようになっている。
　また、学校団体の受け入れにも積極的で、学校の校外学習での見学は無料で受け入れており(要事前予約)、毎年遠足や修学旅行・総合的な学習やクラブ活動などで、全国からたくさんの児童生徒・学生が訪れる。

【展示・収蔵】
《1F》
　◇航空・宇宙ゾーン…MRJの実物大模型の操縦体験と新旧2つのロケットエンジンの実物展示を中心に、日本が誇る航空宇宙開発の先端技術を紹介。

MRJの実物大模型

神奈川県

◇海洋ゾーン…日本独自の海洋調査・深海調査技術をリアルな大型模型や映像などによって紹介。

◇くらしの発見ゾーン…"ぴったりホーム"の中で、くらしの中のエコについて、遊びながら発見できる。

◇交通・輸送ゾーン…人と地球にやさしい交通・輸送の最新技術を、シミュレータやジオラマなどで紹介。

《2F》

◇環境・エネルギーゾーン…火力・原子力・自然エネルギーなどが、実物や映像、模型、タッチパネルなどを通して楽しくわかる。

◇技術探検ゾーン…暮らしを支えるさまざまな製品の技術や、その原理を知り、ものづくりの原点を探る。

◇乗物の歴史…船舶・鉄道車両・航空機の精密模型を展示。産業技術発展の歴史をたどる。

◇トライアルスクエア(当日予約制)…ヘリコプターの操縦を体験する「スカイウォークアドベンチャー」、未来の月面資源採掘船の開発プロジェクトを体験できる「スペース・プロジェクト」。

【事　業】

身近な材料を使った理科実験や工作教室の他、講演会、見学会、上映会などを開催。

- ・所在地　〒220-8401　神奈川県横浜市西区みなとみらい3-3-1 三菱重工横浜ビル
- ・ＴＥＬ　045-200-7351
- ・ＦＡＸ　045-200-9902
- ・ＵＲＬ　http://www.mhi.co.jp/museum/
- ・交　通　みなとみらい線 みなとみらい駅けやき通り口より徒歩3分／R根岸線・横浜市営地下鉄・東急東横線いずれも桜木町駅より徒歩8分
- ・開　館　AM10:00 ～ PM5:00(入館締切 PM4:30)
- ・入館料　大人500円(400円)，中・高校生300円(200円)，小学生200円(100円)
  ※( )内は20名以上の団体料金
- ・休館日　火曜日(祝日の場合は翌日)，年末年始および特定休館日
- ・施　設　鉄筋コンクリート造地上3階 三菱重工横浜ビルの1階・2階部分が展示スペース，総面積3451㎡ 展示面積2814㎡ 事務局等234㎡ エントランススペース約403㎡(ショップ含む)ほか
- ・設　立　1994(平成6)年6月
- ・設置者　三菱重工業(株)
- ・責任者　館長・能宗俊起

子ども博物館美術館事典　221

神奈川県

横浜美術館

　横浜美術館は、1989(平成元)年11月3日に開館。
　迫力のあるシンメトリーな外観と、吹き抜けの開放的なグランドギャラリーが特徴の当館は、7つの展示室のほか、11万冊を超える蔵書がある美術情報センター、多彩なワークショップを行うアトリエなども揃う、国内でも有数の規模を誇る美術館である。国際的な港町、横浜にふさわしい美術館として、開港以降の近・現代美術を幅広く鑑賞していただけるほか、年間を通じて、約1万点の所蔵品からテーマごとに展示を行うコレクション展、多彩な企画展を開催している。
　横浜の街が育んできた歴史と、発展し続けるみなとみらい21地区の息吹を感じながら、横浜美術館で充実した時をお過ごしください。

【展示・収蔵】
　横浜美術館は、ダリ、マグリット、セザンヌ、ピカソなどの作家や幕末明治以降の横浜にゆかりの深い作家の作品など、1万点を越える19世紀後半か

グランドギャラリー　　　　　撮影：笠木靖之

神奈川県

子どものアトリエ

ら現代にかけての国内外の美術作品を、幅広く所蔵している。また、横浜が日本における写真発祥の地のひとつであることにちなみ、写真コレクションの充実も図っている。これらの所蔵作品は「横浜美術館コレクション展」でご紹介している。

また、教育普及事業として、ギャラリートークをはじめ、コレクションに親しんでいただくための様々なプログラムを展開している。

年間3～4本開催する企画展・特別展は、内外の美術館やコレクターなどから、一定のテーマに基づいて作品や資料を借用し展覧会を構成。2011（平成23）年度からは横浜トリエンナーレを企画展事業のひとつとして位置づけている。

【事　業】

横浜美術館では、開館以来実績を積み上げてきた造形プログラムと、鑑賞プログラムを組み合わせた、特色ある教育普及を展開している。また、地域社会や学校と連携しながら、子ども・障がい者・高齢者など幅広い人々に開かれた活動を目指している。

「子どものアトリエ」は、未就学児から12歳までの幼児・児童を対象とした造形プログラムを実施。「自分の目で見て、自分の手で触れ、自分でやってみる」ことを基本に、「学校のためのプログラム」や、個人対象の「親子のフリーゾーン」「造形講座」を開催している。

「親子のフリーゾーン」は「ねんど」「えのぐ」「かみ」などの基本的な素材を使い、親子で造形を楽しめる体験の場である。12歳までの子どもと保護者の方の個人参加を対象としている。

「市民のアトリエ」は、12歳以上を対象に、「つくる」ことを通して市民

神奈川県

が美術に出会う場を提供している。「平面室」「立体室」「版画室」の各室で、絵画、彫刻、版画、写真など、多彩な実技講座を実施している。

- ・所在地　〒220-0012　神奈川県横浜市西区みなとみらい3-4-1
- ・TEL　045-221-0300
- ・FAX　045-221-0317
- ・URL　http://yokohama.art.museum
- ・交　通　みなとみらい線(東急東横線直通)みなとみらい駅〈3番出口〉から マークイズみなとみらい〈グランドガレリア〉経由 徒歩3分 または〈マークイズ連絡口〉(10時〜)から徒歩5分
　　　　　　JR(京浜東北・根岸線)・横浜市営地下鉄 桜木町駅から〈動く歩道〉を利用 徒歩10分
- ・開　館　AM10:00 〜 PM6:00(入館は閉館の30分前まで)
- ・入館料　コレクション展：一般500円(400円)，高大生300円(240円)，中学生100円(80円)，小学生以下無料　※(　)内は有料20名様以上の団体料金(要事前申込)
　　　　　　企画展：展覧会ごとに異なる
- ・休館日　木曜日，年末年始　※開館日・時間は展覧会によって異なる場合あり
　　　　　　※詳細はウェブサイトでご確認下さい
- ・施　設　鉄骨・鉄筋コンクリート造，8階建(一部3階建)
- ・設　立　1989(平成元)年11月3日
- ・設置者　横浜市
- ・管　理　(公財)横浜市芸術文化振興財団
- ・責任者　館長・逢坂恵理子

新潟県

上越科学館

　当館は、次代を担う青少年の創造性を育み、科学を基礎とした人間形成の場を提供するため、また、活力に満ちた上越地域の形成と県土の均衡ある発展に資するために建設された。

【展示・収蔵】
　展示テーマは「人間の科学」と「雪の科学」。展示場は「Aゾーン　人類の進化」「Bゾーン　生命のふしぎ」「Cゾーン　からだのしくみ」「Dゾーン　健康に生きる」「Eゾーン　くらし・環境・エネルギー」「Fゾーン　雪のサイエンス」「Gゾーン　生命の進化と環境」「Hゾーン　チルドレンパーク」「Iゾーン　サイエンスプレイパーク」「Jゾーン　サイエンスギャラリー」の10のゾーンから構成されている。
　展示物は見て触れて、体験しながら科学に親しめる内容となっている。夏休みは、低温実験室を使ったサイエンスショー「雪の結晶のふしぎ」を実施。春休みには「ひよこの誕生」で、ひよこの発生を観察できる。

動く恐竜「ティラノ」

新潟県

　サイエンスプレイパークでは科学を体験できる大型遊具やホビーサイクルを利用できる。

【事　業】

　サイエンスショーの上演(日曜日・祝日、春・夏休み中毎日)、自然観察会(年5回)、標本作品展、発明・工夫・模型工作展、科学工作教室(年10回)、特別展、PTC活動への協力など。

- ・所在地　〒942-0063　新潟県上越市下門前446-2
- ・T E L　025-544-2122
- ・F A X　025-544-3939
- ・U R L　http://www.city.joetsu.niigata.jp/site/kagakukan/
- ・E-mail　kagakukan@city.joetsu.lg.jp
- ・交　通　〈バス〉えちごトキめき鉄道直江津駅前より富岡線 高田駅行き または
　　　　　　えちごトキめき鉄道高田駅前より富岡線 直江津行き　いずれも リージョンプラザ下車
　　　　　　〈車〉北陸自動車道上越ICから3分
- ・開　館　AM9:00 〜 PM5:00(入館はPM4:30まで)　※特別展開催時延長あり
- ・入館料　一般600円(450円)，小・中学生300円(220円)　※(　)内は20名以上の団体料金，特別展期間は別途料金を定める
- ・休館日　月曜日(祝日の場合は翌日)，祝日の翌日，年末年始　※春・夏休み期間中は無休
- ・施　設　鉄骨鉄筋コンクリート造2階建，敷地面積4万7000㎡ 延床面積4351㎡ 展示室2047㎡
- ・設　立　1984(昭和59)年10月
- ・設置者　新潟県
- ・管　理　上越市
- ・責任者　館長・永井克行

館のイチ押し

　ティラノサウルスの動くロボット。最新の技術により驚くほどなめらかに動作します。迫力ある動作演出は必見です。

津南町(つなんまち)農と縄文の体験実習館
なじょもん

　2004（平成16）年、新潟県中魚沼郡津南町に、地域の子どもたちが五感を通して、郷土の自然と歴史文化を体験できる施設として開館。
　開館の際の構想である「町まるごと博物館構想」に基づき、現在まで「農」と「縄文」をテーマの柱に据え、その他に、自然、民俗など様々な分野の体験実習を実施。
　2014（平成26）年、津南町と隣の長野県栄村の範囲が「苗場山麓ジオパーク」として日本ジオパークに認定されたことから、拠点施設としての役割も担っている。

【展示・収蔵】
　津南町で出土した火焔型土器などの縄文土器や石器を展示し、本物の土器に触れることができるコーナーも設置している。
　また、季節ごとに企画展示を開催、ジオラマや動画を活用し「苗場山麓ジオパーク」を分かりやすく解説した展示をしている。

火おこし体験

新潟県

屋外には、縄文時代の竪穴住居を7軒復元した「縄文ムラ」があり、当時の集落の様子を見ることができる。ここは縄文体験の場にもなっており、あたかたも縄文時代にタイムスリップしたように感じることができる。

【事　業】
・津南町の農業・縄文・民俗・自然などをテーマにして、四季折々の体験学習を土日を中心に通年を通して実施。
・季節ごとの企画展や、年に数回「郷土津南を楽しく学ぶ」をテーマに津南学講座を開催。
・伝統行事である「からす踊り」が踊られる盆踊りや焔祭(ほむらまつり)など各種イベントを開催。

【出版物・グッズ】
『津南学』創刊号〜第4号(1500円)
津南町無形民俗文化財「アンギン編み」製品および苧(カラムシ)を使った製品／わら細工製品

・所在地　〒949-8201　新潟県中魚沼郡津南町大字下船渡乙835
・ＴＥＬ　025-765-5511
・ＦＡＸ　025-765-5511
・ＵＲＬ　http://www.najomon.com
・E-mail　najo@najomon.com
・交　通　JR飯山線 津南駅下車 タクシーで10分，越後交通バス 十二ノ木バス停下車 徒歩20分
・開　館　AM9:00 〜 PM5:00
・入館料　無料
・休館日　月曜日(祝日の場合は翌日)，12月28日〜1月4日
・施　設　鉄筋コンクリート1階建，建築面積995.16㎡　屋外に「縄文ムラ」
・設　立　2004(平成16)年8月1日
・設置者　津南町教育委員会
・責任者　津南町教育委員会　教育長・桑原正

館のイチ押し
竪穴住居7棟を復元した「縄文ムラ」での縄文人の暮らし体験や、津南町で出土した本物の縄文土器を触ることができる。

新潟県

長岡市立科学博物館

　1951(昭和26)年8月1日、悠久山公園の一部に開館した。設立には新潟県野鳥愛護会からの提唱があり、国立科学博物館や山階鳥類研究所などからの援助、地元の生物研究者の協力があり誕生した、市民参加型のユニークな博物館であった。1952(昭和27)年4月には、新しい博物館法に基づいて、新潟県内第1号の登録博物館となった。開館以降は年間3〜5万人の入場者があり、【お山の博物館】と呼ばれ公園とともに市民に親しまれた。

　2度の移転を経て2014(平成26)年、4月に「さいわいプラザ」1階に科学博物館がリニューアルオープン、6月には3階に長岡藩主牧野家史料館が新規オープンした。

　新しくなった展示室では、豊富な資料をもとに、長岡の自然と歴史を時間と空間の視点からより分かりやすく紹介している。

　自然と歴史それぞれ4部門をもつ総合博物館として、各部門の学芸員が調査研究、資料収集、教育普及活動を実施している。年間を通して館内外で子ども対象の自然観察会や歴史講座、実験・クラフト教室等を多数開催している。

エントランス　海牛親子復元模型

新潟県

【展示・収蔵】

　常設展示は ①長岡の大地のおいたち ②長岡の歴史 ③長岡のすがた―自然と暮らし ④重要文化財・受贈資料展示 からなる。豊富な実物資料を多数展示している。

　③長岡のすがた展示の中央にある、市内3か所の3500分の1の地形模型で、山間・平野・海岸の様子を紹介している。模型脇のディスプレイには生きものデータベースを内蔵し、市内で見られる生きものを詳しく検索することができる。また模型脇の引出しに「でんでんむし」「鳥の巣と卵」「身近な植物―くらし・あそび―」「信濃川の石」などの収蔵展示があり、自由に引き出して見ることができるほか、一部は手にとって見ることができ、羽1枚から持ち主の鳥を探すクイズなども入っている。

　エントランスには体長8mの海牛(かいぎゅう)親子復元模型を展示している。この海牛の由来については、①長岡の大地のおいたち展示室で詳しく紹介している。

　収蔵資料は岩石・化石、植物、動物、昆虫などの標本類数万点、土器・石器、書画、民具などの歴史資料類数万点。

【事　業】

・企画展示室で、年間を通して特別展・企画展を開催する。

・館内外で年間を通して自然観察会、歴史講座、実験・クラフト教室を多数開催している。木の実クラフトの一部はエントランスにて随時参加可能(予約不要・無料)。

新潟県

・毎年秋に開催する「生物・岩石標本展示会、自然科学写真展示会」は、県内の児童生徒が作製した生物・岩石の標本、自然科学分野の写真の出品を募り、審査を行い、展示する。児童生徒が自然の観察・研究を通して科学知識を深め、自然保護思想が普及向上することを目的としている。
・各部門の学芸員が小中学校・幼稚園・保育園に出向いて授業を行っている。
・小中学校、幼稚園、保育園の博物館見学の際には希望に応じ学芸員が展示解説を行う。

【出版物・グッズ】

　NKH 長岡市立科学博物館報（毎年発行）／長岡市立科学博物館研究報告（毎年発行）／長岡の文化財／ガイドブック（東山・西山・悠久山）／資料シリーズ

・所在地　〒940-0084　新潟県長岡市幸町2-1-1 さいわいプラザ内
・ＴＥＬ　0258-32-0546
・ＦＡＸ　0258-36-7691
・ＵＲＬ　http://www.museum.city.nagaoka.niigata.jp/
・E-mail　kahaku@city.nagaoka.niigata.jp
・交　通　JR信越本線 長岡駅下車　大手口バスターミナル〈10番〉乗り場より「南循環内回り」「宮内本町行き」「免許センター行き」乗車 バス停市立劇場前下車 徒歩1分
　　　　　車での来館には駐車場あり
・開　館　AM9:00 ～ PM5:00（入館はPM4:30まで）
・入館料　無料
・休館日　第1・3月曜日，年末年始
・施　設　鉄筋コンクリート8階建の1階（科学博物館）・3階（牧野家史料館）ほか
・設　立　1951（昭和26）年8月1日
・設置者　長岡市
・管　理　長岡市
・責任者　館長・小熊博史

　館のイチ押し

「海牛親子復元模型」約200 ～ 250万年前、長岡市がまだ海の底だったころに泳いでいた、全長8mもある生物（絶滅種）の実物大の展示です。
公募で決まったニックネームは「ミョウシー」、その由来や、化石、生体復元のもとになった復元骨格などを、展示室でごらんください。

子ども博物館美術館事典　231

新潟県

新潟市こども創造センター

　こども創造センターは、都市と田園が交わる鳥屋野潟(とやのがた)のほとりに位置する「いくとぴあ食花(しょくはな)」内にある。未来を担う子どもたちが、人や自然との交流や創作活動・体験活動を通して、自分で考え、行動していく「自ら生きる力」を伸ばし、他者と協調しながら「共に生きる力」を育むための機会と場所を提供する拠点施設である。
　工作や陶芸などの創作スペース、年齢に合わせた遊びができるスペース、親子が集まって交流できる憩いの場が用意されており、雨の日や冬場でも、元気にあそべるスポットである。
　「いくとぴあ食花」内には、こども創造センターのほかにも、食育・花育センター、動物ふれあいセンター、食と花の交流センターがあり、程近い鳥屋野潟では、美しい風景や野鳥などの生き物を間近に観ることができる。

【展示・収蔵】
◇1階《ものづくりひろば》色々な道具や材料を使い、造形体験ができる。
◇2階〜4階《あそびのひろば》2階は、乳児がおもちゃや絵本で遊べる「赤ちゃんひろば」のほか、ままごと・マグネット・積み木などで子どもたちが発想をふくらませ、のびのびと遊ぶことができるスペースになっている。3階と4階では、「きのぼりアスレチック」「クライミングウォール」「にじのすべりだい」「そらいろネット」といった体全体を使った遊びを展開し、コミュニケーション力や譲り合う心を育む。

【事　業】
・学校や園の団体を対象にしたプログラムの実施(要予約)
・講師を招いて行うワークショップ(要予約・不定期)…造形、陶芸、リト

新潟県

ミック、わらべうたあそび、チアダンス、ベビーマッサージ、親子ヨガ、
坐禅会など

- **所在地** 〒950-0933 新潟県新潟市中央区清五郎375-2
- **ＴＥＬ** 025-281-3715
- **ＦＡＸ** 025-281-3725
- **ＵＲＬ** http://www.ikutopia.com
- **E-mail** info_kodomo@niigatamirai.com
- **交 通** 〈車〉高速道路新潟中央ICより5分，新潟バイパス(国道8号)女池ICより10分，亀田バイパス(国道49号)姥ヶ山ICより5分
  〈バス〉新潟駅南口バス乗り場1番線からS7スポーツ公園線・市民病院方面行 いくとぴあ食花前下車 ※平日は、天寿園前バス停で下車 徒歩10分
- **開 館** AM9:00 〜 PM5:00
- **入館料** 無料
- **休館日** 不定休
- **施 設** 鉄筋コンクリート4階建
- **設 立** 2013(平成25)年5月25日
- **設置者** 新潟市
- **管 理** にいがた未来共同事業体(指定管理者)
- **責任者** 館長・浅井俊一

館のイチ押し

- 第8回キッズデザイン賞(主催：特定非営利活動法人キッズデザイン協議会)を受賞しました。新潟県では「こども創造センター」が初受賞施設となります。(キッズデザイン賞は、「子どもたちの安全・安心に貢献するデザイン」「子どもたちの創造性と未来を拓くデザイン」そして「子どもたちを産み育てやすいデザイン」というキッズデザインのミッションを実現し、普及するための顕彰制度)
- 天気の良い日には4階デッキの「こどもあしゆ」が利用できます。太陽の力で沸かしたお湯をゆったり楽しんでください。鳥屋野潟周辺を足下に見渡すこともできます。(冬季は利用できません)
- 木でできたおもちゃを多く使用しています。子どもたちが木のぬくもりや心地よさを感じることで、感性豊かに、さらに人と里山や自然との関係を自ら考えることのできる豊かな心を育みます。

子ども博物館美術館事典　233

富山県

黒部市吉田科学館

プラネタリウム

青少年に「楽しみながら自然と科学技術に対する関心と理解を深めさせる場」「自然の神秘に感動し創造の喜びを知る場」を提供する場として、また生涯学習の重要性から広く市民の科学・芸術・文化活動の場として活用されるよう設立された。1986(昭和61)年6月19日に開館し、黒部市より委託をうけて(公財)黒部市吉田科学館振興協会が管理運営を行っている。

【展示・収蔵】
　展示室は、特別展や企画展、写真展などを開催。
　常設展示は、科学クイズに挑戦しながら楽しく天文を学べるサイエンスギャラリーや、子どもから大人まで気軽に遊べる科学工作コーナーや、木の積み木で遊べるカプラコーナーなどがある。

【事　業】
　プラネタリウムの投映(平日4回(団体投映含む)、土・日・祝5回)、サイエンスショー、工作教室、ジオ自然教室など。

【出版物・グッズ】
　科学館ガイド(月1回)

富山県

- ・所在地　〒938-0005　富山県黒部市吉田574-1
- ・ＴＥＬ　0765-57-0610
- ・ＦＡＸ　0765-57-0630
- ・ＵＲＬ　http://www.kysm.or.jp/
- ・E-mail　info@kysm.or.jp
- ・交　通　〈電車〉あいの風とやま鉄道 生地駅より徒歩10分
　　　　　　〈車〉北陸自動車 道黒部ICより15分
- ・開　館　AM9:00〜PM5:00
- ・入館料　無料　プラネタリウム：一般300円，高・大学生150円，中学生以下無料
- ・休館日　月曜日，祝日の翌平日，年末年始（12月29日〜1月4日）
- ・施　設　敷地面積1万388.29㎡ 延床面積1804.23㎡，プラネタリウム（20mドーム），実験実習室，展示室
- ・設　立　1986（昭和61）年6月
- ・設置者　黒部市
- ・管　理　（公財）黒部市吉田科学館振興協会
- ・責任者　館長・能澤雄二

館のイチ押し

　直径20mのプラネタリウムドームは、2016（平成28）年4月リニューアルし、プラネタリウム機器の全面改良により、さらに美しい星空を再現できるようになりました。最新の宇宙を表現する4次元デジタル宇宙ビューワー「Mitaka（ミタカ）」は直径20mドームでの投映は世界初！

中部

子ども博物館美術館事典　235

石川県

石川県海洋漁業科学館

　海洋漁業科学館(通称：うみとさかなの科学館)は、海洋と水産業の自然科学知識の普及のために石川県が建設した施設である。海や水産業の研究を行っている石川県水産総合センターの付属施設として1994(平成6)年4月にオープンした。
　海洋漁業に関する諸情報、水産総合センターの研究成果を紹介し、また展示物、観察やゲームを通し、広く県民に水産業の理解と興味を深めてもらうことを目的としている。

【展示・収蔵】
　石川県の漁業生産の場、海洋漁業科学館の立地場所をも踏まえ、展示のメインテーマを「日本海」「魚の科学」「漁業」「イカ」としている。
《2階展示室》
　「日本海」…日本海と世界の海、日本海の海流
　「魚の科学」…魚のからだ、魚の目で見る、魚の泳ぎ方、魚との速さ比べ、
　　魚の成長、年齢、ライブラリー

石川県

《中2階展示室》
「漁業」…いろいろな漁法の特徴と仕組み、魚礁、定置網漁業のしくみと
　特徴、石川県民と魚とその消費
「イカ」…世界最大のイカ、イカの利用、イカ釣り漁
《1階展示室》
オーシャンシアター、巨大海藻展示、研修室

【事　業】
◇工作教室（毎日）
こいのぼり工作、海藻しおり工作、海藻コースター工作、ペーパーウェイ
ト工作、七夕工作など。
※イカとっくり教室・ガラス玉編み込みは前日までに予約が必要
◇イベント・特別展・企画展
ヒラメやコイ等を活用した企画展を適宜開催。『ヒラメ・コイ特別展』『ア
ユにふれてみよう！』『ヒラメを釣ってみよう！』など。

・所在地　〒927-0435　石川県鳳珠郡能都町字宇出津新港3-7
・ＴＥＬ　0768-62-4655（直通），0768-62-1324（代表）
・ＦＡＸ　0768-62-4324
・ＵＲＬ　http://www.pref.ishikawa.lg.jp/suisan/center/（石川県水産総合センター
　HP内）
・交　通　〈鉄道〉JR金沢駅からJR七尾線・のと鉄道穴水駅で乗り換え 路線バス
　能登高校南バス停下車（約2時間40分）徒歩2分
　〈車〉（金沢から宇出津まで）のと里山海道を利用して約2時間30分
・開　館　AM9:00〜PM5:00（入館はPM4:30まで）
・入館料　無料
・休館日　月曜日（休日の場合は開館），年末年始（12月29日〜1月3日）
・施　設　鉄筋コンクリート造2階建，建築面積910㎡ 展示面積200㎡
・設　立　1994（平成6）年4月
・設置者　石川県
・管　理　石川県水産総合センター
・責任者　館長（石川県水産総合センター次長）・津田茂美

子ども博物館美術館事典　237

石川県

石川県ふれあい昆虫館

チョウの園

　展示や普及活動などを通じ、昆虫とふれあうことによって、人間と自然の関わり合いや生態系のしくみを理解し、自然に対する感性を養うとともに、自然の大切さを学ぶことを目的に石川県が建設。1996(平成8)年3月基本設計策定、同年9月建設工事着工、1998(平成10)年3月竣工、同年7月22日開館となった。2001(平成13)年12月「むしむしハウス」完成、2002(平成14)年3月「野外学習舎」完成。石川県の指定管理者の指定を受け(一財)石川県県民ふれあい公社が管理運営を行っている。
・1998(平成10)年度　石川県建築賞受賞((社)石川県建築士会)
・1998(平成10)年度　照明普及賞(優秀施設賞)受賞((社)照明学会照明普及会)
・1999(平成11)年度　中部建築賞受賞(中部建築賞協議会)

【展示・収蔵】
　1階展示室には、世界の4地域(「日本の雑木林」「アフリカの草原」「ツンドラ」「熱帯ジャングル」)の昆虫の生態を再現した日本初の本格的ジオラマコーナーや、1000種類を越える世界の珍しい昆虫を6地域に分けて展示している標本展示コーナー、生きた昆虫をじかに観察できる「昆虫ウォッチング」、四季に応じた昆虫の生態を観察できる「むしむしハウス」がある。
　亜熱帯の自然を再現した放蝶温室「チョウの園」には、約10種・約1000頭の蝶が放たれ、花いっぱいの園内を華麗に舞う姿や吸蜜の様子を間近に観察できる。

石川県

　2階には「石川県の昆虫」展示や情報コーナーを設け、昆虫について図書やパソコンで楽しく学べるようになっており、子どもから大人まで十分楽しめる施設となっている。また、「虫とあそぼう」コーナーでは一年を通して、生きた虫を触ることができる。

【事　業】
　企画展(年4回)、イベント(夏・冬)、昆虫教室・観察会(年10回)、昆虫図画コンクールなど。

【出版物・グッズ】
　「むしかご通信」(季刊)

- ・所在地　〒920-2113　石川県白山市八幡町戌3
- ・T E L　076-272-3417
- ・F A X　076-273-9970
- ・U R L　http://www.furekon.jp/
- ・E-mail　kontyu@furekon.jp
- ・交　通　北陸鉄道石川線 鶴来駅下車 徒歩15分
- ・開　館　〈4月〜10月〉AM9:30〜PM5:00　〈11月〜3月〉AM9:30〜PM4:30
- ・入館料　一般410円(360円)、小・中・高生200円(150円)、幼児無料　※( )内は20名以上の団体料金
- ・休館日　火曜日(祝日の場合は翌日)、年末年始(12月29日〜1月1日)
- ・施　設　地上2階・塔屋3階、敷地面積2万4295㎡ 延床面積2893㎡
- ・設　立　1998(平成10)年7月
- ・設置者　石川県
- ・管　理　(一財)石川県県民ふれあい公社
- ・責任者　館長・坂井芳子

館のイチ押し

　一年中、約10種・約1000頭の蝶が飛ぶ「チョウの園(その)」

中部

子ども博物館美術館事典　239

石川県

石川県立航空プラザ

石川県立航空プラザは小松空港と航空自衛隊小松基地が共存する小松飛行場に隣接する航空博物館である。航空機の誕生から現在までの歴史や航空機のしくみ・飛行の原理などを18機の実機・豊富な模型・写真・パネル・簡易風洞などでわかりやすく解説している。北陸の空の玄関として、

ぶ〜んぶんワールド

そして国際化を目指す小松空港のシンボルの一つとして、大空に関する知的出会いの場を提供するアメニティ施設として空港の発展、地域の振興に大きく貢献することが期待されつつ年々展示内容が充実されている。

また、2012(平成24)年春には屋内に国内最大級の飛行機型大型遊具を備えた子供広場「ぶ〜んぶんワールド」が設置され、県内外を問わず多数の来館者が訪れている。

施設は石川県から小松市に委託され、現在(公財)小松施設管理公社が管理・運営している。

　1995(平成7)年11月　　開館
　2012(平成24)年3月　　『ぶ〜んぶんワールド』設置
　2015(平成27)年3月　　YS-11フライトシミュレーターほかエアラインコーナーをリニューアル

【展示・収蔵】
　小型機を中心に18機の実機を展示。ANAが使用していた本物のYS-11フライトシミュレーターのほか、セスナ型、旅客機型、戦闘機型およびヘリコプター型の4台の簡易シミュレーターを設置、航空文化を体験できるようになっている。

石川県

《展示機(実機)》

固定翼機…ピッツ S-2B(国内アクロバットチームエアロック使用機)、ピラタス PC-6B(南極観測隊仕様多用途機)、T-33A ジェット練習機、F104J戦闘機、T-2 ジェット練習機(ブルーインパルス使用機)、ドルニエ DO-28A 多用途機、E-33 ボナンザ初等練習機、T-3 初等練習機、KM-2 初等練習機、チャレンジャーウルトラ KM-2初等練習機、チャレンジャーウルトラライト機、ツバサ W-1 ウルトラライト機、ゼフィルス β 人力飛行機

回転翼機…ベル 47G、TH-55 初等練習ヘリコプター、OH-6 多用途ヘリコプター、H-SS2B 対潜哨戒ヘリコプター、※オートジャイロ機

《その他の展示》F-2Bモックアップ(機首部分)、二宮忠八の玉虫型飛行機(レプリカ)、小松海軍基地コーナー、350機以上の精巧な航空機模型、2500以上の金属ダイキャストモデル等

【事業】

航空実験教室、模型飛行機教室、模型展示会、航空写真展示会、コクピット解放デーを連休・春休み・夏休みなどに随時行っている。

- ・所在地 〒923-0995 石川県小松市安宅新町丙92
- ・TEL 0761-23-4811
- ・FAX 0761-23-4818
- ・交 通 JR小松駅から空港行きバス15分,小松空港から徒歩3分,北陸自動車道 小松ICから車7分,片山津ICから車7分
- ・開 館 AM9:00 ～ PM5:00
- ・入館料 無料(フライトシミュレーターは有料)
- ・休館日 無休(ただし年末年始12月29日～1月3日は休館)
- ・施 設 鉄骨造2階建、床面積6018.33㎡(1階4588.81㎡・2階1429.52㎡)、敷地面積2万592.53㎡
- ・設 立 1995(平成7)年11月
- ・設置者 石川県
- ・管 理 (公財)小松市施設管理公社
- ・責任者 館長・吉永英明

館のイチ押し

日本の名機YS11のフライトシミュレーター、セスナ・旅客機・戦闘機(F15)の簡易シミュレーターを体験できる。

中部

子ども博物館美術館事典　241

石川県

のと海洋ふれあいセンター

　のと海洋ふれあいセンターは、海(浅海、潮間帯、海岸)の自然に関する調査研究と普及啓発を行う「海の自然保護センター」として、1994(平成6)年4月、全国に先駆けて開館した。
　能登半島国定公園を代表する景勝地である九十九湾に位置し、その豊かな自然を活かしたフィールドでは、多彩な生きものたちとふれあい、観察することができる。
　館内には、能登の海の生きものを臨場感あふれる立体映像で紹介するマリンシアターをはじめ、展示室、体験学習室などを備えており、専門スタッフの指導のもと、海の自然を楽しく学ぶことができるようになっている。
　センター棟の建物は、周囲の景観との調和を図るため、能登の民家のイメージをデザインに取り入れ、構造材、内外装に能登のアテ(ヒノキアスナロ)、スギを多く使用している。また館内はバリアフリーを取り入れた構造となっている。
　また、2004(平成16)年7月には「海の自然体験館」を開館し、スノーケリングをはじめとした様々な海の自然体験活動を行うことができる。

【展示・収蔵】
　能登半島の内浦海岸に位置し、海岸美で知られる九十九湾には、特色ある多彩な生きものたちが生息している。

石川県

　展示室では、九十九湾にスポットを当てながら、能登の海の自然を小学生にも理解できるよう、やさしく、興味深い内容にまとめている。また、目の前に広がるフィールドへの誘導と情報提供にも配慮している。海への興味と理解を深め、海と人とのより良い関係を考える空間である。

《展示室》
　展示室のメインともいえる「さわってみよう九十九湾の生きものたち」のコーナーはタッチプールとなっており、ウニやヒトデ、イソギンチャク、貝、魚など、九十九湾の生きものを直接手にとって観察することができる。「海中林の世界」では、海藻や魚など約60種の精密模型を配したジオラマ（生態展示）で九十九湾の海中景観を再現。
　ほか、食物連鎖をテーマにした「さまざまな食生活」や、「サンゴのすむ海」「九十九湾の地形」「磯の四季」「外浦の浜、内浦の浜」「日本海のおいたち」「日本海の環境」など。

《その他の施設》
　これまでほとんど映像で紹介されたことのない能登の海の海中景観や生きものを、臨場感あふれる立体映像（3D）で楽しむことができるマリンシアター（約100人収容）や、さまざまな実験や観察、工作などを行う体験学習室など。

中部

屋外タッチフィールド

子ども博物館美術館事典　243

石川県

【事　業】

「海の自然体験館」では、団体利用者を対象にいろいろな実験・観察や工作などの体験学習プログラムを用意している。

《実験・観察プログラムの例》

- ・ヒトデのおりぬけとウニの起き上がり、ヤドカリ類の引っ越し観察（小学校低学年から）
- ・海藻に着く小さな動物を調べよう（小学校高学年から）
- ・ウニの初期発生、軟体動物の体のしくみ（スルメイカの解剖等）（中学校から）

《工作プログラムの例》

- ・プチクラフト作り（小学校低学年から）
- ・貝殻細工のいろいろ（小学校高学年から）　など

【出版物・グッズ】

- ・「能登の海中林」（年2回）
- ・「研究報告」（年1回）

- ・所在地　〒927-0552　石川県鳳珠郡能登町字越坂（九十九湾園地内）
- ・TEL　0768-74-1919
- ・FAX　0768-74-1920
- ・URL　http://notomarine.jp/
- ・E-mail　nmci@notomarine.jp/
- ・交　通　〈車〉金沢東ICから のと里山海道・珠洲道路経由で2時間30分
　　　　　　〈バス〉金沢駅から特急バスで越坂まで約2時間40分（1日2往復）
- ・開　館　AM9:00 〜 PM5:00（入館はPM4:30まで）
- ・入館料　高校生以上200円（160円），中学生以下無料　※（　）内は20名以上の団体料金
- ・休館日　月曜日（祝日除く），年末年始（12月29日〜1月3日）
- ・施　設　センター棟：木造2階建・一部地下（地下RC造），延床面積997.22㎡ 建築面積811.82㎡　海の自然体験館：木造2階建瓦葺（1階RC造），延床面積454.55㎡　フィールド：九十九湾園地約5ha
- ・設　立　1994（平成6）年4月
- ・設置者　石川県
- ・管　理　（一財）石川県県民ふれあい公社
- ・責任者　理事長・北村修

244　子ども博物館美術館事典

石川県

ひととものづくり科学館

　小松市が未来を創るひとづくり、ものづくりをテーマに、旧小松製作所小松工場跡地に建設した科学館。
　2013(平成25)年12月1日プレオープン。
　2014(平成26)年3月22日全館オープン。

【展示・収蔵】
《ワンダーランド》
　ものづくりの現場で、科学技術がどのように使われているのかがわかる体験型展示ゾーン。身の回りにある不思議や、子供たちの「なぜ？」「どうして？」という疑問が驚きと感動に変わる。
◇科学体験展示
　気象の科学／電気の科学／光の科学／音の科学／てこの科学／滑車の科学／歯車の科学
◇ものづくり体験展示
　・くらしを支える、シリコーンマンの変身と献身
　・GASの妖精がナビゲートする天然ガスの不思議な世界

石川県

- ・遠くまで思いを伝える、通信技術の世界をのぞく
- ・光・風・水のチカラで、電気をつくる。ハイブリッド発電って何？
- ・バスの秘密を探す旅へ、発車オーライ！
- ・「ムラタセイサク君」は、なぜ倒れないの？

【事　業】

毎週末を中心に様々な体験教室を開催。

館主催による特別企画催事も開催。

- ・所在地　〒923-8610　石川県小松市こまつの杜2
- ・Ｔ Ｅ Ｌ　0761-22-8610
- ・Ｆ Ａ Ｘ　0761-23-8686
- ・Ｕ Ｒ Ｌ　http://science-hills-komatsu.jp/
- ・E-mail　kagaku@city.komatsu.lg.jp
- ・交　通　〈電車〉JR小松駅東口より徒歩3分
　　　　　　〈車〉北陸自動車道 小松ICから車で約8分，小松空港から車で約10分
- ・開　館　AM9:30 ～ PM6:00(有料観覧受付はPM5:00まで)
- ・入館料　セット券(ワンダーランド＋3Dスタジオ)大人800円，高校生500円，
　　　　　　幼児(3歳以上)・小中学生300円
- ・休館日　月曜日(祝日の場合は翌日休館，夏休み・GW期間中は開館)
- ・施　設　鉄筋コンクリート造平屋 一部2階建，建築面積6123.40㎡
- ・設　立　2014(平成26)年3月22日
- ・設置者　小松市
- ・管　理　小松市教育委員会
- ・責任者　館長・石黒和彦

> ### 館のイチ押し
>
> - ・ワンダーランド
> - ・3Dスタジオ
>   日本最大級のドーム型3Dシアターでは、明るく美しい映像で科学関連番組を上映できる4Kプロジェクターを備えています。

福井県立恐竜博物館

　1989（平成元）年から行われた恐竜化石発掘により、勝山市北谷から非常に多くの恐竜化石が発見された。これを受けて、1995（平成7）年に建設構想が策定され、2000（平成12）年7月14日「福井県立恐竜博物館」がオープンした。

　福井県立恐竜博物館は、福井県の恐竜資源を学術研究をはじめ、生涯学習、地域振興、イメージアップ等に活用し、大人からこどもまで幅広い人々のロマンをかきたてる地質・古生物学博物館である。国際的な視野に立った恐竜化石研究の拠点として、また世界規模で研究情報の受発信を行う情報センターとしての役割を担っている。

　開館以来、県内外から多くの入館者があり、2015（平成27）年9月には通算入館数700万人を達成するとともに、2015年度は年間93万人を超える、国内有数の観光スポットとして注目されている。

【展示・収蔵】
　学術的な裏付けをもとにしながら、参加性、体感性を重視した楽しく親しみやすい展示を行っている。また、恐竜のスケール感、地球史の壮大なロマ

福井県

ンをドラマチックに伝える展示を行うよう心がけており、ドーム型の常設展示室（4500㎡）には生命感、臨場感を感じさせる数多くの標本が展示されている。
(1)「恐竜の世界」…43体もの恐竜全身骨格と大型ジオラマ
(2)「地球の科学」…躍動する地球の姿が実感できる岩石・鉱物・化石を展示
(3)「生命の歴史」…生命誕生から人類までを時間軸で展示

　以上の3コーナーに千数百点の展示標本があり、恐竜という親しみやすい素材を中心に、地球史全体を体系的に学習できるようになっている。
　この他、ダイノライブラリー（図書閲覧室）、ダイノギャラリー（恐竜絵画彫刻展示）、ダイノラボ（体験学習室）、化石クリーニング室を備える。

【事　業】
　月2～3回の教育普及講座、特別展（主に夏期）など

【出版物・グッズ】
　「Dinosaurs 恐竜博物館ニュース」（年3回）／「恐竜博物館年報」（年1回）／「恐竜博物館紀要」（年1回）／「福井県立恐竜博物館　展示解説書」（改訂第5版 2016）
　《近年の特別展図録》「翼竜の謎―恐竜が見あげた『竜』」（2012）、「スペイン 奇跡の恐竜たち」（2014）、「南アジアの恐竜時代」（2015）

福井県

- ・所在地　〒911-8601　福井県勝山市村岡町寺尾51-11
- ・TEL　0779-88-0001
- ・FAX　0779-88-8700
- ・URL　http://www.dinosaur.pref.fukui.jp/
- ・E-mail　info@dinosaur.pref.fukui.jp
- ・交　通　〈車〉北陸自動車道 福井北IC・丸岡ICから国道416号経由約40分／中部縦貫自動車道 白鳥ICから中部縦貫自動車道油坂峠道路→国道158号→国道157号経由 約90分
- ・交　通　〈鉄道〉JR福井駅下車 えちぜん鉄道勝山永平寺線 勝山行き乗車（約1時間）→勝山駅下車 コミュニティバスにて約15分またはタクシーにて約10分／JR福井駅にてJR越美北線 越前大野または九頭竜湖行きに乗りかえ→越前大野駅下車→タクシーで約20分
- ・開　館　AM9:00 ～ PM5:00（入館はPM4:30まで）
- ・入館料　一般720円，高校・大学生410円，小・中学生260円，未就学児・70歳以上無料
- ・入館料　30名以上の団体：一般620円，高校・大学生310円，小・中学生210円
- ・休館日　第2・4水曜日（祝日の場合は翌日），12月29日～1月2日　※夏休み期間中無休
- ・施　設　鉄筋コンクリート造，地上3階地下1階，敷地面積約3万㎡ 延床面積1万5000㎡ 常設展示室4500㎡
- ・設　立　2000（平成12）年7月
- ・設置者　福井県
- ・管　理　福井県
- ・責任者　館長・竹内利寿

館のイチ押し

- ・アジアを中心に世界から集められた43体もの恐竜全身骨格を見ることができ、まるで立体の恐竜図鑑である。
- ・実物大の動く恐竜たちが復元されたジオラマや、恐竜時代にタイムスリップした気分を味わえるCGシアター。
- ・恐竜をはじめとする古生物、地球史の展示も充実している。

福井県

福井県立こども歴史文化館

2009(平成21)年11月28日開館。旧県立図書館の建物を再利用。
ふくいゆかりの人物の紹介を通して、子どもたちにふくいの歴史や文化を伝え、自分の将来に大きな夢をふくらませてもらうことを大きな目標としている。
全館を通して、展示を見るだけではなく、触ったり、動かしたりして観覧する「ハンズオン」や参加体験型展示に力を入れている。

【展示・収蔵】
年数回、特別展を開催している。常設展は、ふくいゆかりの歴史上の人物を紹介する「先人のひろば」、メイドインフクイの物品の展示を通して、プロフェッショナル、達人を紹介する「達人のひろば」、福井市出身で漢字・文字研究者の白川静博士を紹介する「白川静漢字ワールド」、福井市出身でノーベル物理学賞を受賞した、南部陽一郎博士を紹介する「南部陽一郎科学ワールド」、館のコレクション(蓄音機)を一堂に展示する「コレクションひろば」の5つがある。
特別展を含み、全館を通して、参加体験型展示に力を入れており、楽しみながら展示観覧するゲームを実施している。
収蔵資料は、蓄音機約130台が主なコレクション。

【事 業】
・年数回、特別展を開催している。
・先人、達人や特別展の教育普及のため、さまざまなワークショップを開催

福井県

している。

・毎月開催の「これき達人クラブ かるたクイーンが教える 百人一首教室」
や「これき達人クラブ けん玉名人をめざそう！」が人気。

【出版物・グッズ】

　ふくいゆかりの先人を紹介する冊子、これき人物シリーズ1〜6を発行。
シリーズ7は、紙芝居。

　①『杉田玄白』

　②『ふくいの先人たち 近世』

　③『ふくいの先人たち 幕末』

　④『ふくいの先人たち 古代・中世』

　⑤『ふくいの先人たち 近現代』

　⑥『ふくいの先人たち ミニ事典』

　⑦『泰澄ものがたり〜白山を開く〜』(紙芝居)

・所在地　〒910-0853　福井県福井市城東1-18-21
・ＴＥＬ　0776-21-1500
・ＦＡＸ　0776-21-1501
・ＵＲＬ　http://info.pref.fukui.jp/koreki/
・E-mail　koreki@pref.fukui.lg.jp
・交　通　〈車〉北陸自動車道 福井ICから約10分
　　　　　〈電車〉JR福井駅から徒歩約15〜20分，フレンドリーバス(無料)にて約5分
・開　館　AM9:00〜PM5:00(入館はPM4:30まで)
・入館料　無料
・休館日　月曜日，祝日の翌日，年末年始，特別展の準備期間(ただし、GW中・
　　　　　夏休み期間中は無休)
・施　設　鉄筋コンクリート造 地上3階・地下1階建，施設面積3467㎡
・設　立　2009(平成21)年11月28日開館
・設置者　福井県
・管　理　福井県
・責任者　館長・笠松雅弘

館のイチ押し

　特別展や、常設展で開催する展示観覧ゲーム。子どもたちが遊びなが
ら、展示を観覧する。

山梨県

明野子ども美術館
あけの

　1998(平成10)年子どもたちの健全育成を目的として設立。幼児から思春期までの子どもたちの作品の展示や、障がいのあるなしに関わらず子どもからおとなまでを対象とした実技講座や講演会の開催などを、何を、どう、伝えればよいのかを研究しながら行っている。

【展示・収蔵】
《常設展示》
　「遊べる展示―木や布のおもちゃ」「子どもたちの世界―世界の子どもたち」
　「子どもの絵の見方」「明野子ども美術館の木工作」
《企画展示》
　3～4ヶ月ごとに展示替え

【事　業】
　誰でも参加できる手仕事講座や研究会を年間を通して12種類40回ほど開催している。障がいのあるなしにかかわらず、幼児からおとな、指導者まで

山梨県

一人ひとりにあった方法、用具で作業している。本格的な手仕事を次世代に伝えることを目指し、子どもたちの思いをもり込める指導や仲間作りの研究も続けてきた。

また、毎年異なった宮澤賢治のお話をもとに、描画や工作、衣装・音楽・振り付け作りなどに参加する子どもたちのイメージをまとめて観客参加型劇に仕立て、〈明野子ども美術館の賢治祭〉を開催してきた。2016(平成28)年で18回目を迎える。

【出版物・グッズ】
・音楽CD〈明野子ども美術館の賢治祭〉2000円
・明野子ども美術館の手作りバターナイフ(17〜19cm×約2cm×厚さ約1.5cm)1500〜3500円

・所在地　〒408-0205　山梨県北杜市明野町浅尾新田385
・ＴＥＬ　0551-25-5340
・ＦＡＸ　0551-25-5405
・ＵＲＬ　http://www.stechinc.co.jp/akeno_kodomo/index.html
・交　通　〈電車・バス〉JR中央線 韮崎駅下車　浅尾・仁田平行バス 浄居寺下車　徒歩10分／みずがき山荘行きバス 茅ヶ岳登山道入り口下車 徒歩15分
　　　　　〈車〉中央自動車道 韮崎ICより15分，須玉ICより5分
・開　館　AM10:00〜PM4:00　※要予約
・入館料　維持費として200円程度のカンパ
・休館日　月〜金曜日
・施　設　展示室，作業棟
・設　立　1998(平成10)年10月
・設置者　松崎春子
・管　理　明野子ども美術館運営委員会
・責任者　館長・松崎春子

館のイチ押し

幼児からおとな、指導者までを対象とした本格的な手仕事講座の開催。

長野県

佐久市子ども未来館

　21世紀を担う子どもたちが、科学的探求心や自発的な実践活動をとおして未来の夢を育み、健全な成長に資することを目的に佐久市が建設。子どもたちへ「命の大切さ」「環境の大切さ」などのメッセージを送るロマンあふれる施設である。

　施設建設にあたっては、地方事務所等県機関の統合という県の行政改革にあわせ、県施設移転後の地区の振興対策として、地元と市で検討会を設置し、充分調査・研究を重ねた結果、子どもたちへの「夢のプレゼント」である本施設の基本構想をまとめ、1998(平成10)年度に事業に着手し、1999(平成11)年8月建設工事着工、2001(平成13)年2月竣工、同年3月21日に開館となった。

　敷地北側の旧地方事務所跡地に来館者用の立体駐車場、南側の旧建設事務所跡地に、常設の科学展示室やプラネタリウム等を有する鉄筋コンクリート造一部鉄骨造地上3階建、銀色の宇宙基地をイメージしたドーム型の外観をもつ建物を配置し、まさにサイエンスドームの趣きで、来館者に期待感を与えるつくりになっている。

【展示・収蔵】

　本施設は、宇宙の誕生、太陽系の誕生、太陽と地球の絶妙なバランスによる生命の誕生と進化という悠久の時間の流れをひとつに濃縮した科学館的要素を持ち、地球の誕生以来、絶えることなく続く命のすばらしさ、大切さを実感してもらい、人、友、そして自分自身をもう一度新たな視点で見つめ直して、新しい発見や感動に出会える施設づくりをめざしている。

長野県

施設は、「常設科学展示室」と「プラネタリウム」に大きく区分される。

《常設科学展示室》

延床面積が1000㎡を超える常設の「科学展示」は、「地球」「水・大気」「生命・生物」「人間・人類」「天体」「宇宙開発」「未来」の7つのテーマから構成。「見て」「触れて」「楽しんで」そして「科学を体感する」をモットーに、事象と事象を結ぶルートを自由に巡りながら展示をチェックできる三層構造のタワー状展示室（フラクタルタワーエリア）と、2階の2つのウイングエリアとに配置しており、従来の「教える」という発想からの固定的な展示ストーリーではなく、子どもたち自身が興味に応じて自由に選択し、独自の体験ストーリーを組み立てていく展示構成が特色で、子どもたちに向けた「未来へのメッセージ」がたくさん詰まっている。

《プラネタリウム》

市民の交流拠点施設として、多目的ホールの機能も有する「プラネタリウム」は、ドーム径が16ｍ、客席165席で、県内では最大規模。一般来館者向けには、宇宙の姿や生命の神秘などを物語にした一般番組を投映。学校などの団体向けには、予約により天体に関する学習番組を投映している。

【事　業】

常設の科学展示や定期的に開催する特別企画展をとおして、来館者に自然科学に関する情報や基本原理を紹介するとともに、様々な作品の発表の場を創出していく「展示事業」。天文知識の普及、宇宙への新たな夢を膨らませる「プラネタリウム投映事業」。先端情報体験や科学実験教室・天体観望会などをとおして、自然科学に関する最新の情報や、基礎的な知識・技術などを普及する「企画普及事業」の3つの事業を運営の柱としている。

《科学実験教室》

来館者が、親子いっしょに実験をしたり、工作等をする「科学実験教室」は、子どもたちが、自ら参加・体験を通して学ぶことにより、身近にある科学的現象の原理を理解し、科学の楽しさ・面白さを体感してもらう場である。通常、土・日曜日、祝日および夏休みなど学校が長期休業の時に1日3回開催しているが、毎回定員がいっぱいになる人気コーナーである。

《天体観望会等》

天文教育普及事業の一環として、親子で参加する「天体観望会」「星空バスツアー」を定期的に開催している。

子ども博物館美術館事典　255

長野県

《日本宇宙少年団佐久分団》

　宇宙をとおして、青少年への科学技術の普及啓発を促進し、21世紀を担う人材を育成することを目的に、2000（平成12）年5月に結成された日本宇宙少年団佐久分団は、この子ども未来館を活動の拠点としている。

【出版物・グッズ】
　「日本宇宙少年団佐久分団通信誌」（隔月）

・所在地　〒385-0022　長野県佐久市岩村田1931-1
・ＴＥＬ　0267-67-2001
・ＦＡＸ　0267-67-2731
・ＵＲＬ　http://kodomomiraikan.jp/
・E-mail　saku@kodomomiraikan.jp
・交　通　上信越自動車道 佐久ICから車5分／北陸新幹線 佐久平駅から徒歩15分
・開　館　AM9:30 〜 PM5:00　※5月3日〜5日および7月1日〜8月31日はPM6:00まで
・入館料　(1)入館料（科学展示室・科学体験工房等に入場する場合）：大人500円（400円），子ども250円（200円）
　　　　　(2)観覧料（プラネタリウム投映番組を観覧する場合）：大人700円（560円），子ども350円（280円）
　　　　　(3)入館観覧セット券：大人1000円，子ども500円
　　　　　※（　）内は20名以上の団体料金，子どもは4歳以上中学生まで
・休館日　木曜日（8月の木曜日および木曜日が祝日の場合は開館），年末年始（12月29日〜1月1日）
・施　設　鉄筋コンクリート造一部鉄骨造，地下1階・地上3階建，敷地面積7130.46㎡ 延床面積3486㎡，常設展示室1066㎡，プラネタリウム ドーム径16m
・設　立　2001（平成13）年3月
・設置者　佐久市
・管　理　（一社）佐久市振興公社
・責任者　館長・島﨑直也

> **館のイチ押し**
>
> ◇科学体験工房の実験教室…毎週土・日曜日と祝日、GW、夏休みなど長期休みの期間中などに、実験教室やサイエンスショーを開催している。実験や工作を通して、身近にある科学的現象の原理を、楽しく分かりやすく学ぶことができる。（参加費無料）

岐阜県

大垣市スイトピアセンター 学習館

　市民一人ひとりが生涯を通して自己啓発・自己研修に努め、自己実現を図り、生き甲斐のある生活を送るための生涯学習の中核として大垣市が建設。1992(平成4)年、4月5日に開館。1994(平成6)年4月より大垣市の委託を受けて(財)大垣市文化事業団が管理・運営。2006(平成18)年より指定管理制度導入。2012(平成24)年より(公財)大垣市文化事業団　指定管理施設となる。
　なお、「大垣市スイトピアセンター」という名称は学習館、こどもサイエンスプラザ、文化会館、図書館の全館の総称である。スイトは「水の都」、ピアは「ユートピア(理想郷)」の中のトピア「場所」を意味し、その名の通り水の都「大垣」の中心となる生涯学習施設として機能している。

【展示・収蔵】
　スイトピアセンターには、生涯学習の一環として3つの科学展示施設およびギャラリーがある。未来を担う子どもたちはもちろん、一般市民にも科学や美術知識の向上に役立ててもらうため、幅広いテーマから、各種教室、展覧会なども行っている。
《学習館1階》
　◇水のパビリオン…人の暮らしや科学の観点から水について学び、体験できる水の科学館。市民の憩いの場としても親しまれている。
　◇コスモドーム…直径18mの傾斜型ドームを備えたコンピューター制御によるプラネタリウムで、季節ごとの番組やプラネタライブ等のイベントを行っている。
　◇アートギャラリー…美術や科学の子ども向け企画展ほか、様々な展覧会を開催している。
《こどもサイエンスプラザ》
　科学に関する啓発および知識の普及を目的とした科学館で、「都市・人と

岐阜県

くらし」「地球・自然のちから」「宇宙の神秘」の各テーマで構成され、科学展示室には43の常設展示物がある。

工作室、実験室、天体観測室等の施設を保有し、科学教室や天体観測会などの教育普及活動も実施している。

【事　業】

おもしろ科学教室、未来の博士を育てる科学教室、博士が教える科学教室、市民天体教室（月1回）、プラネタライブ、星空朗読会、カガクのトビラ、ふるさとの自然フォトコンテスト、夏休み企画展、うまれる絵本展、ジュニア油絵展、ポスター展、コレクション展、ミズマクおおがき　ほか

【出版物・グッズ】

年報

- ・所在地　〒503-0911　岐阜県大垣市室本町5-51
- ・ＴＥＬ　0584-74-6050
- ・ＦＡＸ　0584-82-2303
- ・ＵＲＬ　http://www.og-bunka.or.jp/
- ・交　通　〈電車〉JR大垣駅より徒歩約15分
　　　　　〈車〉名神高速大垣ICより車約20分／東海環状自動車大垣西ICより車5分
- ・開　館　AM9:00 ～ PM5:00（こどもサイエンスプラザのみ入館はPM4:30まで）
- ・入館料　無料　※コスモドーム（プラネタリウム）は大人500円（団体300円），高校生以下無料。アートギャラリーは展覧会毎に異なる。
- ・休館日　火曜日（祝日にあたるときはその翌日），年末年始（12月29日～1月3日），祝日の翌日（日曜日または火曜日にあたるときはその翌日，月曜日または土曜日にあたるときはその翌々日）
- ・施　設　学習館：鉄骨鉄筋コンクリート造，地下1階・地上7階建，延べ1万4600㎡
- ・設　立　1992（平成4）年4月
- ・設置者　大垣市
- ・管　理　（公財）大垣市文化事業団
- ・責任者　（公財）大垣市文化事業団事務局長・坂喜美和

館のイチ押し

◇こどもサイエンスプラザ：「スペースウォーク」（人気No.1アイテム）月面上での重力を体験できます。（土・日・祝 15時　体重が20kg以上の小学生限定）

岐阜県

かかみがはら航空宇宙科学博物館

　1917(大正6)年に開設されて以来、日本に現存する最古の飛行場として古い歴史を持ち、現在も我が国の航空宇宙技術開発の中心地である各務原(かかみがはら)に、日本の航空宇宙技術の歴史と文化を若い世代の人にも伝えていく為の発信基地として、1996(平成8)年3月に開館した。
　STOL実験機「飛鳥(あすか)」やブルーインパルスT-2高等練習機をはじめ、30機以上の実物機を展示しており、飛行体験館のシミュレータでは、迫力あるジェット練習機でのアクロバット飛行や宇宙旅行が体験できる。
　航空宇宙文化遺産の収集・展示を通じて、「我が国の航空宇宙技術者が、何にチャレンジし、何を残してきたか」を後世に伝えていきたい。

【展示・収蔵】
　「航空機産業と飛行実験の街 各務原」の博物館として、戦前・戦後の国産機の資料を収集すると共に、戦後の国産機や日本の航空技術開発に寄与した実験機を重点的に収集している。
　また、歴史的に価値の高い機体については忠実な復元を行ない、重要な機体については開発段階から関連資料を収集している。

岐阜県

　館内は以下の5つのエリアで構成され、国や民間各社で行なった航空機開発の成果を後世に伝えると共に、日本の航空宇宙技術開発の流れが分かる展示を行っている。また、本格的なシミュレータ(模擬体験装置)などを通じた参加体験型のわかりやすく楽しい展示となっている。

《ウエルカムハウス(航空歴史館)》
　サルムソン2A-2型(復元機)をはじめ、戦前戦後の航空機産業・飛行実験の様子を紹介。

《実機展示場》
　「日本人は何を創り何を残してきたのか」実機を見て学ぶエリア。各務原にゆかりのある実験機を中心に展示し、我が国の航空機の移り変わりや航空技術の発展を理解する技術館である。
　・STOL実験機「飛鳥」
　・UF-XS実験飛行艇
　・サフィール91B改
　・F-104J要撃戦闘機
　・人力飛行機
　・ヘリコプター　など

《テーマハウス》
　飛行機・ロケットなどの原理や仕組みを、様々な実験装置や紙飛行機の設計なども体験しながら、わかりやすく理解する科学館。H-Ⅱロケットフェアリング、宇宙コンピュータゲームなど。

《体験学習館》
　1人乗りプロペラ機、ジェット機、ヘリコプタのシミュレータで操縦し、パイロット気分を味わえる。

《修復工房》
　展示機の整備や修復をガラス越しに見学できる。

【事　業】
　夏期・春季イベント、航空スポーツフェアー、アイデア水ロケットコンテスト全国大会、フォトコンテスト大会(すべて年1回)。

岐阜県

- ・所在地　〒504-0924　岐阜県各務原市下切町5-1
- ・ＴＥＬ　058-386-8500
- ・ＦＡＸ　058-386-9912
- ・ＵＲＬ　http://www.city.kakamigahara.lg.jp/museum/
- ・E-mail　kokuuchu@city.kakamigahara.gifu.jp
- ・交　　通　〈車〉東海北陸自動車道 岐阜各務原ICより約10分
　　　　　　〈電車・バス〉名鉄各務原線 各務原市役所前駅下車 ふれあいバスで15分
- ・開　　館　AM9:30 ～ PM4:30（入館はPM4:00まで）　※季節により延長・短縮営業
- ・入館料　大人800円（700円），シルバー（60歳以上）・高校生500円（400円），小・中学生300円（200円）　※（　）内は20名以上の団体料金，障害・療育手帳等お持ちの方は半額
- ・休館日　火曜日（祝日の場合は翌日），年末年始
　　　　　　※2016年9月26日からリニューアル工事着工のため閉館。リニューアルオープンは2018年3月予定
- ・施　　設　鉄骨造一部2階建，敷地面積9万8275.98㎡ 延床面積8523.48㎡
- ・設　　立　1996（平成8）年3月
- ・設置者　各務原市
- ・責任者　館長・長浦淳公

中部

館のイチ押し

　「航空機産業と飛行実験の街 各務原」の博物館として、戦前・戦後の国産機の資料を収集すると共に、日本の航空技術開発に寄与した実験機などを重点的に展示しています。国や民間各社が行った航空機開発の成果を後世に伝えつつ、日本の航空宇宙技術開発の流れが分かるような展示を行い、土・日・祝日、夏休みなどにはモノづくり教室や体験コーナー・体験教室なども開催しています。

岐阜県

岐阜県先端科学技術体験センター
（サイエンスワールド）

　岐阜県は、研究開発立県を目指し、県内各地に地域の特性を生かした世界的な研究開発拠点づくりを進める「東海テクノハイランドぎふ」構想を推進している。さらに、東海環状自動車道沿いに、東濃研究学園都市、VRテクノジャパン、ソフトピアジャパン等の先端的な科学技術の研究開発拠点を整備し、岐阜県版シリコンバレー「研究ネットワーク都市・アークぎふ」の形成を進めている。しかしながら、近年の青少年を取り巻く科学環境は、自然体験の喪失による「知識と体験の遊離（知識としてだけの科学）」が進むなど、いわゆる「理科嫌い」「科学技術離れ」が指摘されている。このため、岐阜県先端科学技術体験センター（愛称：サイエンスワールド）は、先端科学技術をテーマに多彩な科学技術の体験を通じて、21世紀を担う青少年の科学への興味を喚起し、科学技術に対する正しい理解と認識を深め、知性豊かで創造性に満ちた人材の育成を図るとともに、広く県民に生涯学習の場を提供することを目的として設置された。

岐阜県

当館の本質的な特徴は、従来までの展示や装置による人と展示物との対話ではなく、来館者本人の創造的科学体験とスタッフとの出会いを軸とした「サイエンスコミュニケーション」活動にある。したがって当館は、来館者一人ひとりが実際に「実験」や「科学工作」等を行う場を提供することによって、科学・技術について驚き・不思議・感動・夢を感じ取り、さらに科学的な思索ができる自立した人材を育成するよう運営する。この理念の追求により「科学体験の殿堂・サイエンスワールド」の実現を目指し、「オンリーワンの科学館であれ！」をスローガンに活動する。

なお、建物正面の逆円錐型の外観は、回転することで未分化なものを分解して整理する「遠心分離器」がイメージされており、未分化なものを明確にする「科学する心」を表現している。

【展示・収蔵】

従来の科学館のような展示物はなく、実際に体験してもらうことを目的としている。体験メニューとして以下のような常設事業がある。

《サイエンスショー》

スクリーンに映し出される映像と、ステージで繰り広げられる実験を組み合わせた全国唯一の科学ライブショー。所要時間はおおむね1時間。平日は予約時のみ、土・日・祝日および学校休業日は1日3回上演。先端科学技術や身近な生活の中の科学を、宇宙の果てから訪れた科学者ラクウェル博士とウェルチ助手がやさしく解説してくれる。映像と実験を、見て、感じて、参加して、科学の原理原則や楽しさを実感できる。

・プログラムメニュー：「科学のてんびん」「カタチに潜んだ謎」「天才のひらめきと身近な科学」「エネルギーは流転する」「分子の世界、原子の宇宙」「生命の探求」「宇宙船『地球号』SOS」「飛翔」全8作品を1年間で順次上演。

《スペシャルワークショップ》

目の前で展開する様々な科学実験を参加しながら楽しむことができる実験ショー。所要時間は、40分から50分。サイエンスショーの上演時間とは重ならないように時間が設定してある。平日は予約時のみ、土・日・祝日および学校休業日は1日3回。

・プログラムメニュー：「液体窒素の実験ショー」「科学マジックショー」「磁石の実験ショー」「サイエンスクイズ」「エネルギーの実験ショー」「気体の実験ショー」「静電気の実験ショー」等

子ども博物館美術館事典　263

岐阜県

《サイエンスワークショップ》

実験を通して科学を学んだり楽しんだりするサイエンスワークショップには、身近な科学工作的なものから、やや高度な先端科学を目指したものまで88のメニューがあり、科学の不思議な世界と新鮮な驚きが体験できる。平日のみの予約制。

・メニューの例:《小学校中学年向き》「科学のしかけでさかな釣り」「ダンゴムシ博士になろう」「葉脈標本でしおり」など。《小学校高学年向き》「飛べ、手作り熱気球」「川の生きものをしらべよう」「低融点合金ペンダント」「化石のレプリカ」など。《中学生向き》「極低温の世界」「カラフルキーホルダー」「放射線をつかまえる」「LEDで光通信」など。《高校生向き》「DNA型解析入門」「科学捜査入門」「熱とエネルギー」など。

《一般成人団体向けプログラム》

平日の落ち着いた雰囲気の中でゆっくり時間をかけて科学実験・工作を体験できる一般成人向けのワークショップ。サイエンスショー、スペシャルワークショップ、サイエンスワークショップ(学校団体向けメニュー、成人限定メニュー)から選択可能。平日のみの予約制。

・メニューの例:《成人限定メニュー》「オーロラボックス」「藍染め」「もふもふスイーツサンプル」「七宝焼きのアクセサリー」「LEDランプと美濃和紙ランプシェード」「マーブリング」など

《わくわくワークショップ》

たくさんの実験・体験・工作のコーナーがお祭りの屋台のように並んでいて、幼児から大人まで、楽しく遊んで科学を体験することができる。メニューは定期的に変わる。実施日は土・日・祝日および学校休業日。

《チャレンジワークショップ》

子ども達だけでなく、ご家族の皆様にも科学を楽しんでもらうようにメニューを考えている。実験メニューは2〜3ヶ月で変更。実験材料費が必要。実施日は土・日・祝日および学校休業日。

《ニュートリノコーナー》

宇宙から無数に降り注ぐ宇宙線を観察できる。また、「スーパーカミオカンデ」の光電子増倍管も展示してある。

《科学図書館》

小学校低学年から高校生・大人の方までを対象とした、科学・技術に関するやさしい解説書や書籍・雑誌類をとり揃えてある。

岐阜県

【事　業】

　常設事業のほか、公開講座、工房アラカルト、夏休み特別企画、サイエンスフェア、科学研究相談などの企画事業や、学校等支援事業として県下小中学校への出張ワークショップ、教員研修事業、高校科学部活動支援事業、講師紹介事業サイエンスサポートQQ、科学行人（地域指導者）育成事業などを実施。

- ・所在地　〒509-6133　岐阜県瑞浪市明世町戸狩54
- ・ＴＥＬ　0572-66-1151
- ・ＦＡＸ　0572-66-1152
- ・ＵＲＬ　http://www.sw-gifu.com/
- ・E-mail　info@scienceworld-gifu.jp
- ・交　通　〈自家用車〉中央自動車道 瑞浪ICから北へ3分
　　　　　　〈タクシー〉JR中央線 瑞浪駅からタクシー8分・徒歩約45分
- ・開　館　AM9:00 ～ PM5:00
- ・入館料　無料　※ただし、（1）サイエンスワークショップを行う場合は、材料費250円（岐阜県内の学校が利用する場合は不要）（2）その他の実験で高額実験材料を使用する場合には、実費を負担していただく場合がある
- ・休館日　月曜日，祝日の翌日，年末年始　※その他、臨時休館あり
- ・施　設　鉄筋コンクリート造（一部鉄骨造）2階建（一部3階），敷地面積7106㎡ 延床面積5971㎡
- ・設　立　1999（平成11）年7月
- ・管　理　トータルメディア・中電興業サイエンスワールド運営グループ
- ・責任者　館長・飯尾正和

館のイチ押し

　土日・祝日・学校休業日に来館するなら、短時間で科学の不思議・すばらしさを体験できる手軽なわくわくワークショップがおすすめ。職員によって新しいプログラムを開発、提供し、常に新鮮さを演出している。定期的にメニューが替わるため、リピーターにも人気のメニュー。

子ども博物館美術館事典　265

岐阜県

岐阜市科学館

岐阜市科学館は、楽しみながら科学に親しめる活動を通して子どもたちの興味や関心を高めて、科学する心や創造力を育み、合わせて、市民の科学知識の普及・向上を図ることを目的としている。

地球大図鑑

1955(昭和30)年7月1日、岐阜市児童科学館として岐阜市岐阜公園内に開館。1957(昭和32)年4月10日、博物館法による登録博物館となる。1978(昭和53)年12月24日、市制施行90周年と国際児童年の記念事業の一つとして現在地に新館建設工事着工。1980(昭和55)年2月22日工事完成。同年5月1日、名称を岐阜市少年科学センターとして開館した。その後、市制100年記念事業の一つとして、プラネタリウムと宇宙・気象展示室、天文台を増築し、名称も岐阜市科学館と改め、県内ただ一つの総合科学館として1988(昭和63)年11月3日に再オープンした。

1998(平成10)年には、生涯学習社会の中で科学館の役割をさらに増すため、岐阜に縁の深いギフチョウをテーマとする日本初の科学的展示「ギフチョウランド」を設置した。さらに、2016(平成28)年5月に常設展示の大幅リニューアルを実施し、サイエンスショーができるサイエンスステージを設け、新たな科学館としてスタートした。

【展示・収蔵】

『自然』『現象』『技術』『地球』『宇宙』の5つの展示室と、サイエンスステージのある『スーパー理科室』を備えた、子どもも大人も楽しめる科学館である。参加体験型の展示を主体として、体験を通して科学を学べる知的レジャーの場となっている。常設展示装置は約90点。

岐阜県

　プラネタリウムは、ドーム直径20m・スクリーン傾斜角20度・座席数221席。このほか、天文台、各種教室、特別展示室などを備える。

【事　業】
・教育普及：岐阜科学塾、親子科学教室、パソコン教室、発明クラブ、サイエンス工房、家庭科学講座、出前講座など
・特別展：発明クラブ作品展、夏の特別展、科学くふう展

【出版物・グッズ】
　星空のたより／団体利用の手引き

・所在地　〒500-8389　岐阜県岐阜市本荘3456-41
・ＴＥＬ　058-272-1333
・ＦＡＸ　058-272-1303
・ＵＲＬ　http://www.city.gifu.lg.jp/8307.htm
・E-mail　gcsm00@ccn.aitai.ne.jp
・交　通　JR岐阜駅から岐阜バス 市橋行きに乗車 科学館前下車 約15分／JR西岐阜駅から東へ徒歩約15分
・開　館　AM9:30 〜 PM5:30(入場はPM5:00まで)
・入館料　展示室：大人300円, 小人100円　プラネタリウム＋展示室：大人610円, 小人200円　※岐阜市内の中学生以下は無料
・休館日　月曜日(祝日の場合は火曜日), 祝日の翌日, 年末年始
・施　設　鉄筋コンクリート2階建, 建築面積2389.33㎡ 延床面積4559.32㎡ 敷地面積8486.58㎡
・設　立　1980(昭和55)年5月
・設置者　岐阜市
・管　理　岐阜市
・責任者　館長・小森龍二

中部

館のイチ押し

・ドーム直径20mのプラネタリウム
・大掛かりなサイエンスショー
・AR技術を導入したハイビジョンシアター
・土日祝日の昼間と、第2・4土曜日に開催する「星を見る会」

子ども博物館美術館事典　267

岐阜県

こども陶器博物館 KIDS★LAND

　1959(昭和34)年より、こども向け食器をつくりつづけてきた(株)金正陶器、1960(昭和35)年の赤胴鈴之助をはじまりに、金正陶器が食器に使用したキャラクターはすでに1000種類を超える。
　当館では当社のこども茶碗コレクションと、戦前戦後のこども茶碗を展示。懐かしい茶碗と資料などの展示は、来館された方それぞれの幼い頃の思い出がたくさんつまった空間となり、時の過ぎるのを忘れさせてくれると同時に、20世紀の日本の文化が見えてくることであろう。
　また、陶磁器絵付け体験コーナーや絵本コーナー、キッズプレイルームも併設し、親子で楽しめる博物館である。

【展示・収蔵】
《2F》
　昭和初期～平成のこども茶碗 約800点および、製造工程のパネル展示
《地下1階》
　絵本作家直筆陶皿展示(五味太郎・やなせたかし・高畠純・さとうわきこ他)

岐阜県

〔収蔵品〕
　昭和からのこども茶碗(当社製が主)1000点、茶碗のデザイン資料1000点

【事　業】
　年数回の企画展示(こども向けの絵本原画展等)
　絵付工房で常時、絵付体験ができる。
　約月1回、ものつくりイベントを実施。

【出版物・グッズ】
　こども陶器博物館オリジナル食器

・所在地　〒507-0071　岐阜県多治見市旭ヶ丘10-6-67 (株)金正陶器(多治見美濃
　　　　　焼卸センター内)
・ＴＥＬ　0572-27-8038
・ＦＡＸ　0572-27-8039
・ＵＲＬ　http://museum.kanesho.co.jp/
・E-mail　kidsland@kanesho.co.jp
・交　通　〈車〉中央道多治見ICより車で5分
　　　　　〈バス〉JR中央線多治見駅北口よりバスで15分
・開　館　AM10:00 ～ PM5:00
・入館料　大人(中学生以上)300円　※企画展中は変更あり，小学生以下無料
・休館日　月曜日・火曜日(祝日・春休み・GW・夏休みは休まず開館)
・施　設　鉄筋コンクリート造，地下1階・地上3階
・設　立　2000(平成12)年
・設置者　(株)金正陶器
・管　理　(株)金正陶器
・責任者　代表取締役会長・竹内幸太郎

> **館のイチ押し**
>
> 　絵付け工房では陶磁器への絵付け体験ができ、世界にたった一つのオリジナル食器づくりが楽しめます。
> 　他では見られない絵本作家直筆の陶皿展示や、年数回行われる絵本原画展は、こどもと大人が一緒に豊かな感性を育める空間です。

中部

静岡県

伊豆アンモナイト博物館

　化石のもつおもしろさや美しさ、不思議さをたくさんの人々、特に子供たちに少しでも伝えられたら、という思いから1996(平成8)年6月、自然豊かな伊豆高原の地に伊豆アンモナイト博物館を設立。
　建物は周囲の自然にとけ込むように、光と木々の緑を豊富にとり入れたガラス張りの展示室を主体とした造り。
　本物の化石を自分の手で石から掘り出す化石発掘体験コーナーでは、館長自ら化石の発見から発掘にいたる流れを説明、指導している。化石を掘り出す苦労や発見のよろこび、完成したときの満足感などを通して、化石に対する興味や関心をより深めていただくことを願っている。

【展示・収蔵】
・北海道産を中心とした白亜紀後期アンモナイト化石コレクション
・ティラノサウルス・レックスの頭骨レプリカ
・ワイオミング州産魚化石
・ヨーロッパ産ジュラ紀アンモナイト化石

静岡県

【事　業】

化石発掘体験(随時)

- ・所在地　〒413-0235　静岡県伊東市大室高原10-303
- ・ＴＥＬ　0557-51-8570
- ・ＦＡＸ　0557-51-8570
- ・ＵＲＬ　http://www.ammonite-museum.com/
- ・E-mail　ammonite@coral.plala.or.jp
- ・交　通　〈電車・バス〉JR伊東駅より　ぐらんぱる公園経由シャボテン公園行き
  バスで30分→理想郷バス停下車 徒歩4分，または 一碧湖経由シャボテ
  ン公園行きバスで35分→理想郷東口バス停下車 徒歩6分／伊豆急線 伊
  豆高原駅よりシャボテン公園行きバスで20分→理想郷バス停下車 徒歩
  4分
  〈車〉国道135 熱海→伊東→ぐらんぱる公園手前右折→伊豆ガラスと工
  芸美術館右折→当館
- ・開　館　AM10:00 ～ PM5:00
- ・入館料　大人(中学生以上)700円，小学生500円，幼児(4歳以上)300円
- ・休館日　火・水曜日
- ・施　設　コンクリート造・一部木造2階，敷地面積450㎡ 延床面積200㎡ 展示室
  160㎡
- ・設　立　1996(平成8)年6月
- ・設置者　吉池高行
- ・責任者　館長・吉池高行

中部

静岡県

磐田市竜洋昆虫自然観察公園
こんちゅう館

《公園沿革》

　1969(昭和44)年5月に磐南厚生組合(磐田市・豊田町・竜洋町・福田町)がゴミ焼却場を設立。1973(昭和48)年7月に付帯施設として温水プールが設置されたが、1982(昭和57)年2月にゴミ焼却場が廃止、1990(平成2)年9月には温水プールも廃止された。1991(平成3)年に竜洋町が大中瀬地区に不燃物の最終処分場の建設を地元住民に交渉を行ったところ、焼却場跡地の整備と最終処分場の見返り施設の建設を強く要望。町と地元住民との話し合いの結果、現在の自然観察公園(昆虫公園)を建設することに決定。1998(平成10)年6月に「竜洋町昆虫自然観察公園」を開園。

　2005(平成17)年に磐田市等との合併に伴い「磐田市竜洋昆虫自然観察公園」に改称。

　昆虫のおもしろさを子どもたちに伝え、そこから自然への興味へと広がっていくことを目的に活動を続けている。

【展示・収蔵】

《こんちゅう館》

　◇生態展示室…クワガタムシやカマキリをはじめ、様々な生きた本物の昆虫を展示。季節によってカブトムシの成虫や幼虫にさわれるふれあいコーナーもある。

　◇標本展示室…国内外の標本1700種 約3000点が展示され、プラチナコガネやスカシジャノメなど珍しいものを見ることができる。

　◇図書室…昆虫関連書籍を自由に読むことができ、ぬり絵やパズル、折り紙なども楽しめる。

《野外公園》

　昆虫の食草や餌植物が多く植えられているビオトープがあり、チョウ、ト

静岡県

ンボ、カブトムシなど四季折々の昆虫や植物、生き物を観察することができる。

無料ゾーンには遊具広場や昆虫採集ができる森も併設されている。

【事　業】

土日祝日の「ガイドウォーク」(予約不要)では野外公園で見られる昆虫をスタッフが案内。

「カブトムシ幼虫を探そう」「昆虫採集体験」「カブトムシの相撲大会」「夜間昆虫観察会」など、毎週末様々なイベントを実施。

春休み・夏休みの期間には企画展「世界のクワガタムシ展」を開催し、国内外のクワガタ・カブトムシ約30種の生きた本物を展示する。

磐田市内の小学校への出張昆虫教室も実施している。

- ・所在地　〒438-0214　静岡県磐田市大中瀬320-1
- ・Ｔ Ｅ Ｌ　0538-66-9900
- ・Ｆ Ａ Ｘ　0538-66-9901
- ・Ｕ Ｒ Ｌ　http://www.ryu-yo.co.jp/konchu/
- ・E-mail　mushimushi@ai.tnc.ne.jp
- ・交　　通　東名高速道路 浜松ICから約25分，磐田ICから約25分
- ・開　　館　AM9:00 ～ PM5:00
- ・入館料　大人320円(210円)，小中学生100円(50円)，幼児無料　※( )内は20名以上の団体料金，障がい者割引あり
- ・休館日　木曜日(祝日の場合および1月1日～3日，4月29日～5月5日，7月21日～8月31日は開館)，12月28日～12月31日
- ・施　　設　こんちゅう館：鉄骨造2階建，建築面積656.42㎡，屋外に野外公園・遊具広場
- ・設　　立　1998(平成10)年6月1日
- ・設置者　磐田市(旧・竜洋町)
- ・管　　理　竜洋環境創造(株)
- ・責任者　課長・山下洋子

館のイチ押し

◇海外のカブト・クワガタムシ

ケースから取り出して一緒に写真を撮ることができます。ヘラクレスオオカブトなど図鑑でしか見られなかった憧れのカブト・クワガタムシを間近で見ることができます。

子ども博物館美術館事典　273

静岡県

環境省 田貫湖(たぬきこ)ふれあい自然塾

優れた自然環境の中で、滞在しながら自然体験・学習を行うための施設の整備および質の高い自然とのふれあい体験活動プログラムの提供を行い、自主的・積極的な自然との共生の体験および地域との交流を推進することを目的に整備された。

当施設は、環境省が進める自然学校として整備された第1号の施設であり、従来の施設に求められていた情報提供に加えて『自然とのふれあい』に重点をおき、専門のスタッフによる「自然体験プログラム」と、充実した体験のための「ビジターセンターおよび宿泊施設」を併せ持つハード・ソフト一体型の整備を持って誕生した。

開設以来、富士箱根伊豆国立公園内でも特に豊かな富士山周辺の自然を生かした良質な自然体験の提供を通じて、来館者が自然を楽しみ、学ぶことから、環境保全への関心を高め、それを日常の行動に結びつけることができることを目指して日々の活動をおこなっている。

【展示・収蔵】
従来の博物館のように触れてはいけない展示ではなく、触りながら楽しむ事ができる、またそれによって新しい発見や試行錯誤が生まれるという心の動きを呼び起こすことを基本とした展示が館内のあちこちに設置されている。それらは、扉を開ける、クイズに答える、謎を解いていくなど様々な手法で、主体的に楽しむことができる。一番人気は、館内に隠された小さな生き物を探すラリー。野生の生き物を探す目を養うことを目的としたこの展示は文字の読めない小さな子どもから大人まで幅広い方に楽しまれている。また、コマやメンコなどの昔遊びはおじいちゃんから孫への伝承や知らない子

静岡県

同士の対決などコミュニケーションを促進している。

上記のように、展示によりただ単に自然の情報を得ることに留まらず、自然との接し方や楽しみ方といった自然との関わり方に関する学びや世代を超えたコミュニケーション、友達作りなどで人との関わり方をも学ぶことができる施設となっている。

【事　業】

自然体験ハウスを拠点として、毎年10万～12万人の方々の来訪を受け入れており、施設内の様々な仕掛けを楽しんでいただいている。また、ふれあい自然塾における自然とのふれあい体験プログラムは、自然を学び、楽しみ、環境保全への関心を持ってもらい、行動に結び付けてもらうために実施している。来館者層は自然に関心のない層から国設自然学校第1号への視察など自然を伝える立場にある人まで様々である。それらの段階を意識し、それぞれの段階に合わせて、体験者にとって意味のあるラインナップを揃え、適切に提供していくことを心掛けている。

予約不要で体験できる日替わりの30分～1時間程度の体験プログラムや予約をしてたっぷり楽しむ富士山麓の自然を生かした半日から数日の体験プログラムは好評を得ており、年間1千回・1万人を超える方々に体験してもらっている。

【出版物・グッズ】

人間の暮らしにおいて環境負担を減らすのに役立つ商品、自然や富士山のことを記憶にとどめてもらう商品、環境教育的な書籍、フェアトレード商品などを扱っている。

静岡県

- **所在地** 〒418-0107　静岡県富士宮市佐折633-14
- **TEL** 0544-54-5410
- **FAX** 0544-54-6400
- **URL** http://www.tanuki-ko.gr.jp/
- **E-mail** info@tanuki-ko.gr.jp
- **交　通** 〈車〉東名高速(富士IC)→西富士道路経由→国道139号(約50分)→田貫湖
　〈公共交通機関〉JR東海道線(富士駅)→JR身延線(約20分)→富士宮駅→バス(約45分)→田貫湖
- **開　館** AM9:30 〜 PM4:30
- **入館料** 無料
- **休館日** 〈4 〜 10月〉月曜日(祝日の場合は翌日)　〈11 〜 3月〉月・火曜日
　※9・1・2月に臨時休館日あり
- **施　設** 自然体験ハウス：RC造2階建(一部木造),　661.50㎡
- **設　立** 2000(平成12)年7月20日
- **設置者** 環境省
- **管　理** 田貫湖ふれあい自然塾運営協議会
- **責任者** 箱根自然環境事務所長・小口陽介

館のイチ押し

　富士山のふもと田貫湖のほとりにある、入場無料で様々な遊びと学びが体験できる施設です。2階建て「自然体験ハウス」の館内にはヘルメットとライトを借りて探検できる樹海と火山洞窟のジオラマやベーコマ・けん玉などの昔遊びのコーナー、田貫湖や富士山周辺の自然の展示やクイズラリーなどがあります。屋外では壁のぼりや巨大シーソー、散歩に気持ちのよい森が広がります。また、富士山麓の自然豊かなフィールドをベースに専門ガイドによる様々な自然体験プログラムも楽しめます。

　併設する宿泊コテージとともにユニバーサルデザインとなっており、障害をお持ちの方やペット連れのお客様でも安心してご利用いただけますので、ぜひ遊びにお越しください。

静岡県

静岡市こどもクリエイティブタウン ま・あ・る

静岡市こどもクリエイティブタウン ま・あ・るは、清水駅前の複合ビル「えじりあ」の3・4階にあり、こどもたちを対象に仕事体験やものづくり体験を通じて、自主性や創造性を育み、未来の地域産業を担う人材を育てる施設として開館。

ま・あ・るで育ったこどもたちが将来的に静岡のまちの活力を支えることをめざして、こどもたちや地域と「ともに創り、育み、育つ」運営を行っている。

【事　業】

全国で唯一の常設型のこどものまち「こどもバザール」を土日祝・長期休暇の平日に開催している。こども店長の運営する店で働いて、疑似通貨の給料をもらい、買い物などを楽しめる（小学生以上）。"おしごと体験"をしながら自主性を育み、社会や経済のしくみを遊びながら学べる施設である。

「しごと・ものづくり講座」（要予約）では、プロからものづくりなどを学べる。

平日は未就学児向けの講座（事前予約制）や自由参加型プログラムを開講している。

こどもバザール「市役所」

【出版物・グッズ】

・小学生向け情報誌「まあるんダ！」（年6回発行）
・未就学児向け情報誌「ちびっこまあるんダ！」（年4回発行）

子ども博物館美術館事典　277

静岡県

こどもバザール「ハローワーク」

- ・所在地　〒424-0806　静岡県静岡市清水区辻1-2-1 えじりあ3階・4階
- ・ＴＥＬ　054-367-4320
- ・ＦＡＸ　054-367-4330
- ・ＵＲＬ　http://maaru-ct.jp/
- ・E-mail　maaru@maaru-ct.jp
- ・交　通　JR東海道本線 清水駅西口(江尻口)から徒歩1分
- ・開　館　AM9:30～PM5:30(入場はPM5:00まで)　※こどもバザールの開店時間はAM10:00～PM4:30
- ・入館料　こども 無料，大人(18歳以上)1日券300円／期間入館券1540円(発行日より1年間有効)
- ・休館日　水曜日(祝日の場合、翌日休館)，年末年始
- ・施　設　地上25階建・高さ94.9mの高層ビル「えじりあ」の3階・4階，床面積1810.3㎡(3階910.55㎡・4階899.75㎡)
- ・設　立　2013(平成25)年1月20日
- ・設置者　静岡市
- ・管　理　(株)丹青社
- ・責任者　館長・井野恵

【館のイチ押し】

こどもたちによる、こどもたちのためのこどものまち「こどもバザール」ではこども店長が活躍しています。各お店にはこども店長のアイデアが随所に活かされています。

静岡県

ディスカバリーパーク焼津(やいづ) 天文科学館

　1997(平成9)年、宇宙や自然科学への関心をより高め、焼津の活性化と文化創造を願う象徴的施設として「ディスカバリーパーク焼津」を建設し、同年7月20日にオープンした。
　焼津市の生んだ世界的望遠鏡製作者 故・法月惣次郎(のりづきそうじろう)製作の大型反射式望遠鏡を核に「宇宙・海・自然」をテーマに定め、天文科学館(ときめき遊星館)と温水プール(水夢館)を2つのシンボルタワーとし、その他に「ふみ石健康遊歩道」や子どもの遊びスペースを配置した複合施設である。
　「私たちを支える大きな"何か"を見つけよう」を基本コンセプトに「宇宙・海・自然」の3つをテーマと定め、訪れる人々に「ふしぎだな」「なぜだろう」「ためしてみよう」など「不思議・好奇心・発見」との出会いづくりを目指している。
　なお、天文科学館の名誉館長は漫画家の松本零士である。

【展示・収蔵】
◇1階《展示・体験室》
　「重力場ゲーム」や「隕石探し」などの常設展のほか、専門職員が企画す

静岡県

るテーマと製作アイテム、年4回の特別展を開催。自分で体験する場を提供し、科学や宇宙に対する興味・関心を引き出すきっかけづくりをはかることをねらいとしている。さらに土日祝日には実験ショーを開催したり、開室中いつでも体験できる科学工作コーナーもある。

◇2・3階《プラネタリウム》

2010（平成22）年3月リニューアル。直径18mのドーム径に、投影システム『GEMINISTAR Ⅲ YAIZU（ジェミニスタースリーヤイヅ）』を導入。光学式プラネタリウム「インフィニウムγ-Ⅱ」と全天周フルカラーCG投影機「スカイマックスDS Ⅱ-R2」の2つの投影機を組み合わせた統合型プラネタリウム。本物さながらの美しい星空と迫力満点の3次元映像を楽しむことができる。

解説員が季節ごと変わる宇宙・天文のテーマと今夜の星空を紹介するプラネタリウム番組や、高精細なCG映像で宇宙や科学を紹介するCGドームシアターなど、子どもから大人まで、対象に合わせ多彩なプログラムを投影している。

◇5階《天文台》

焼津市出身の世界的望遠鏡製作者 故・法月惣次郎製作による、口径80cmの静岡県最大の大型望遠鏡が設置されており、月面クレーターや惑星の姿などをはっきりと観望することができる。

解説員が望遠鏡の仕組みを解説する「天文台見学会」が毎日行われ、土日には実際に望遠鏡を使って天体を観測する「星空観望会」が開催される。

【事　業】

特別展（年4回）、実験ショー（土日祝日）、サイエンスワークショップ・かがく教室など（月1回程度）、星空観望会（土日）、天文台見学会（毎日）、プラネタリウム投影・CGドームシアター（平日2回、土日祝日6回）、天文教室、天文講演会など。

【出版物・グッズ】

・年報（年刊）
・ディスカバリー（小中学生対象、年4回（4月・7月・9月・12月））

静岡県

- ・所在地　〒425-0052　静岡県焼津市田尻2968-1
- ・ＴＥＬ　054-625-0800
- ・ＦＡＸ　054-625-1997
- ・ＵＲＬ　http://www.discoverypark.jp
- ・E-mail　info@discoverypark.jp
- ・交　通　1)JR東海道線焼津駅より　しずてつジャストライン一色和田浜線(和田浜まわり)で約25分
- 　　　　　2)東名焼津または吉田ICから国道150号線経由で約25分
- 　　　　　3)新東名藤枝岡部ICから約40分
- 　　　　　4)大井川焼津藤枝スマートICから約20分
- ・開　館　〈平日〉AM9:00 〜 PM5:00　〈土日祝〉AM10:00 〜 PM7:00
- ・入館料　無料　〈観覧料〉プラネタリウム：大人600円，子ども200円　展示・体験室：大人300円，子ども100円　※大人16歳以上・子ども4歳以上16歳未満，30名以上の団体は2割引　〈参加料〉星空観望会100円
- ・休館日　月曜日(祝休日の場合は翌日)，年末年始(12月29日〜1月2日)
- ・施　設　鉄筋コンクリート造5階建，建築面積1164㎡　延床面積2828㎡
- ・設　立　1997(平成9)年7月
- ・設置者　焼津市
- ・管　理　(公財)焼津市振興公社(2016年4月1日〜 2021年3月31日　5年間)
- ・責任者　館長・小長谷宏二

館のイチ押し

- ・静岡県最大の口径80cm大型望遠鏡(焼津市出身の望遠鏡製作者 故・法月惣次郎製作)…毎週土日に星空観望会を開催
- ・光学式プラネタリウムと全天周フルカラーCG投影機を組み合わせた統合型プラネタリウム『GEMINISTAR Ⅲ YAIZU』…年齢や対象に合わせた多彩なプログラムを投影
- ・体験しながら科学や宇宙を楽しく学べる展示・体験室 …年4回特別展開催

静岡県

東海大学海洋科学博物館

　海洋科学博物館は、水族館の要素と科学博物館の要素を合わせ持ち、海洋に関する総合的な科学博物館として、1970（昭和45）年5月2日に開館した。東海大学は、これに先立って、1962（昭和37）年にわが国で唯一の海洋学部を開設し、海洋に関する科学技術の教

海洋水槽

育研究に先鞭をつけた。海洋科学博物館は、海洋学部の教育研究に利用すると共に、海洋科学に関する知識を広く一般市民に啓蒙普及することを目的としている。1978（昭和53）年4月機械水族館（メクアリウム）開館。1986（昭和61）年4月には2階展示室を改装し、マリンサイエンスホールを開設した。きらきら☆ラグーンやクラゲギャラリー、くまのみ水族館などの展示場改修も行われ、人気の展示となっている。現在ではメガマウスザメの雌雄剥製を揃えて展示中で、2015（平成27）年9月現在では雌雄揃った剥製は日本で唯一である。

【展示・収蔵】
　1階が水族館、2階が科学博物館、3階が研究室となっている。
《水族館》
　「きらきら☆ラグーン」「海洋水槽」「一般水槽」「くまのみ水族館」の4つの水槽展示室に分かれ、400種6000匹の魚を飼育展示している。
　◇きらきら☆ラグーン…水槽が展示場内においてパイプで繋がり、その中をウツボが移動したり、来館者が造波装置を使い、波を起したりできる参加型の展示水槽などで、カラフルなサンゴ礁魚類を主体に形態や生態に特徴のある小型魚類を展示し、館の導入部の役割を果たしている。

静岡県

◇海洋水槽…大ホール中央にそびえる深さ6m、奥行き幅ともに10m、全面アクリルガラスの海洋水槽では、サンゴの海、藻場の海、砂底の海、岩場の海を再現。見る方向によって海中景観が変化し、自然に近い魚の生態を見ることができる。シロワニなどサメの仲間など50種、2000匹を飼育展示。

◇駿河湾の生き物…大小の壁型水槽が並び、岸と接する身近な浅い海から沖合へ、深海へと広がる海中パノラマの世界。南から北の海へと海中散歩を楽しめるよう工夫され、イワシやサクラダイから、水深1000mにすむカニや深海魚までを見ることができる。また、駿河湾の深海生物を液浸標本等で一挙に展示したコーナーもある。

◇くまのみ水族館…世界で30種類のクマノミの仲間のうち約18種類を観察することができる。繁殖も頻繁に行われ、卵保護をする成魚や当館で繁殖したクマノミの仲間たちの育成風景も見学できる。

《科学博物館》

マリンサイエンスホールと機械水族館(メクアリウム)のほか、海中世界を疑似体験できる3Dハイビジョンシアターがある。

◇マリンサイエンスホール…海の現象を展示した「海のすがた」、調査方法を解説した「海をしらべる」、人々の生活に海をどのように役立てるかを紹介した「海を拓く」の3つのコーナーからなる。直接手を触れたり、実験装置を動かしたりして、楽しみながら海そのものを理解してもらう体験型の展示となっている。小波から大波へ、そして浜辺で荒々しい巻き波に変化するまでの「波の一生」を見学できる水槽や、高さ15mの大津波を50分の1に縮めて再現した津波の実験水槽、水中で魚などが発する音を知ることができる「海中の音」などのほか、全長18.6mのピグミィシロナガスクジラの完全骨格標本(タイプ標本)やメガマウスの雌雄剥製標本も展示している。

◇機械水族館(メクアリウム)…「海の生き物に学び、海洋開発の未来を考える」をテーマに、機械生物(メカニマル)を展示している。機能によって「泳ぐ」「歩く・はう」「つかむ」「考える」の4つに大別され、自ら判断する機能を持つヒカリフナミシ2や、巨大エイがモデルのハバタキマンタ、ウミガメ型のオヨギマンネンなど、ネーミングもユニークな約40種150匹。

中部

子ども博物館美術館事典　283

静岡県

【事　業】

　特別展(年1回程度)、裏側探検など体験学習プログラム、サマースクール(小学5年コース「もっと魚を知ろう」)、海のはくぶつかん写生大会(幼稚園〜中学生)など。ほかに、春休み・夏休みイベント、季節限定イベント、講演会、理科教員研究会等。

【出版物・グッズ】

　広報誌「海のはくぶつかん」(年4回発行)／「東海大学海洋学部博物館年報」(自然史博物館等と共同)／海・人・自然「東海大学博物館研究報告」(自然史博物館と共同)

- ・所在地　〒424-8620　静岡県静岡市清水三保2389
- ・TEL　054-334-2385
- ・FAX　054-335-7095
- ・URL　http://www.umi.muse-tokai.jp/
- ・E-mail　sectu@muse-tokai.jp
- ・交　通　〈電車・バス〉JR東海道線 清水駅下車 駅前より東海大学三保水族館行きバスで終点下車 徒歩すぐ
　　〈車〉東名清水ICから港湾道路経由で三保街道 または 東名静岡ICから久能街道(いちご街道)を通りどちらも30分
- ・開　館　AM9:00 〜 PM5:00
- ・入館料　単館券：大人1500円(1200円)，小人750円(600円)　海洋・自然史博物館共通券：大人1800円(1500円)，小人900円(750円)　※大人は高校生以上・小人は4才以上，(　)内は20名以上の一般団体料金，学校行事料金等あり，障害者とその付き添いおよび65才以上は特別料金
- ・休館日　火曜日(祝日の場合は翌日，春・夏休み・GWは無休)，12月24日〜1月1日
- ・施　設　敷地面積1万2638.83㎡ 建物面積(本館)2914.55㎡ 延床面積6379.18㎡ 付属建物625.57㎡ 付属施設408.28㎡
- ・設　立　1970(昭和45)年5月
- ・設置者　東海大学
- ・責任者　館長・秋山信彦

館のイチ押し

　海洋生物を活き活きとした姿で展示しています。駿河湾の深海生物標本やくまのみ水族館。またメガマウスザメの雌雄剥製は日本で唯一当館のみで展示されています。メカニマルという機械でできた生きものも当館のオリジナル。

静岡県

東海大学自然史博物館

　自然史博物館は、1981(昭和56)年10月に恐竜化石骨格の展示を主体とする「恐竜館」として開館し、つづいて1983(昭和58)年5月に地球や生物のおいたちについての展示を主体とする「地球館」を併設した。1993(平成5)年1月には「恐竜館」「地球館」の展示を組替えて一つの流れとすると同時に、2階展示場を開設し、全館を整備してオープンした。さらに、2002(平成14)年1月には旧人体科学博物館(2001(平成13)年10月に閉鎖)の建物に移設し、新たな構想のもとにリニューアルした。
　開館当時からの自然史博物館の目的は、宇宙や地球の始原から現在までの歴史と生命の誕生から現在までの生物の歴史を展示し、学校・社会教育を通じて自然のなりたちの理解につとめることである。
　標本や資料の収集と展示物の充実を図ることを活動方針に、展示の格となる恐竜化石はもちろん、地元である静岡県、特に駿河湾周辺地域の地質や生物の分布を明らかにすることを中心とした資料収集や調査活動を行っている。1階フロアーには富士山を始めとする自然の姿を展示した「静岡県の自然」

恐竜ホール

静岡県

を2013（平成25）年、2015（平成27）年の改修により設置した。

【展示・収蔵】
(1)「導入展示」（1階）
　入口にはトリケラトプスの発掘現場の復元のほか、ミュージアムショップ
があり、自由に見学コースを選べる。エスカレーターに乗れば、25億年
前から4億年前までの時の流れを経過して、3階の脊椎動物の誕生の展示
にむかう。
(2)「脊椎動物の進化と爬虫類の発展」（3階）
　古生代のデボン紀を想定し、魚類から両生類、古生代末の爬虫類への脊椎
動物の進化を展示している。特に、恐竜以前に繁栄した地面を這うような
スタイルの哺乳類型爬虫類についても詳しく解説している。
(3)「恐竜の世界」（3階）
　恐竜ホールには、ディプロドクスやタルボサウルス、トリケラトプス、ス
テゴサウルスなど8体の全身骨格を展示。「なんでも恐竜百科」「恐竜の足
跡調べ」など、さわって調べる展示もある。
(4)「中生代の海」（2階）
　中生代の海に生きた魚竜や海トカゲ、アンモナイトなどの化石を展示。中
生代の海と陸の分布が示されている。
(5)「生きている化石」（2階）
　オウムガイ、カブトガニの化石を現生標本とともに展示。シーラカンスの
化石もある。
(6)「海から生まれた生命」（2階）
　エデアカラの化石から始まり、サンゴや三葉虫などや魚の化石を多数展示
している。
(7)「哺乳類の発展」（2階）
　新生代の主に哺乳類の化石と人類の化石を展示。
(8)「氷期の世界」（2階）
　ケナガマンモスの全身骨格を中心に、数万年前の地球の環境と氷期に生き
たサーベルタイガー、ケサイ、オオツノジカ、ステラーカイギュウなどの
絶滅動物を展示している。
(9)「静岡県の自然」（1階）
　富士山の地形やおいたちを展示したプロジェクションジオラマに始まり、
静岡県の自然の豊かさや多様性を高山から海岸にかけての自然の特徴を解

静岡県

りやすく示している。また掛川層群の化石を中心に静岡県で発見された化石の展示も充実している。

(10)「ディスカバリールーム（発見の部屋）」（1階）

自分でさわったり調べたりしながら学ぶ体験展示を多数用意。「化石を掘ろう」「わくわくボックス」など、子どものためのフロアーとなっている。

- ・所在地　〒424-8620　静岡県静岡市清水三保2389
- ・ＴＥＬ　054-334-2385
- ・ＦＡＸ　054-335-7095
- ・ＵＲＬ　http://www.sizen.muse-tokai.jp/
- ・E-mail　sectu@muse-tokai.jp
- ・交　通　〈電車・バス〉JR東海道線 清水駅下車 駅前より東海大学三保水族館行きバスで終点下車 徒歩すぐ
　　　　　〈車〉東名清水ICから港湾道路経由で三保街道 または 東名静岡ICから久能街道（いちご街道）を通りどちらも30分
- ・開　館　AM9:00 ～ PM5:00
- ・入館料　単館券：大人1500円（1200円），小人750円（600円）　海洋・自然史博物館共通券：大人1800円（1500円），小人900円（750円）　※大人は高校生以上・小人は4才以上，（　）内は20名以上の一般団体料金，学校行事料金等あり，障害者とその付き添いおよび65才以上は特別料金
- ・休館日　火曜日（祝日の場合は翌日，春・夏休み・GWは無休），12月24日～1月1日
- ・施　設　敷地面積4311.0㎡ 建物面積503.3㎡ 延床面積1423.0㎡
- ・設　立　1981（昭和56）年10月
- ・設置者　東海大学
- ・責任者　館長・秋山信彦

館のイチ押し

巨大恐竜の骨格標本や実物展示。太古の海に生息していた生物の化石も充実。また哺乳類の進化や現在までの静岡県の自然まで、総合的に展示しています。2015（平成27）年に完成した「静岡県の自然」では富士山のおいたちや季節の姿をプロジェクションジオラマで示しています。

静岡県

ねむの木子ども美術館
「どんぐり」「緑の中」

　1976(昭和51)年、ねむの木学園に園長・宮城まり子の手で美術クラブが開設され、心身にハンディキャップをもつこどもたちへの絵画教室が始まった。自由な発想を尊重し、愛情と忍耐とを基盤にした教育方針により、こどもたちの内面に潜在していた豊かな感性が見事に引き出され、このような成果は一般に広く公開すべきであり、また、当時の日本にこどもだけの作品によるこどもだけのための美術館が存在しないことは、宮城まり子にとって淋しいことであった。このような理由から、彼女は美術館の建設を決意。1979(昭和54)年4月、学校法人ねむの木学園ねむの木養護学校(現・特別支援学校ねむの木)の創立と同時に、付属施設として開館した。

　当初、ねむの木学園の設立された静岡県浜岡町に建設された美術館は、1997(平成9)年にねむの木学園が掛川市に移転した際、まず1999(平成11)年にねむの木子ども美術館「緑の中」(設計：坂茂)を建設、2007(平成19)年に「どんぐり」(設計：藤森照信)を建設し現在に至っている。

【展示・収蔵】
　「どんぐり」では、ねむの木学園のこどもたちによる絵画約120点・織物・木工作品・宮城まり子作ガラス作品が展示されており、「緑の中」では、こどもたちの絵画、宮城まり子作絵本「ほんとにみたんだもん」の原画、友禅のタペストリーなどを展示している。

　収蔵品は、日々製作されるねむの木学園のこどもたちによる絵画をすべて保管している。

「どんぐり」　　　　　　　　　　「緑の中」

静岡県

【事 業】
・常設展示（不定期で展示替えをおこなっている）
・1976（昭和51）年に初めての美術展を開催してから、現在に至るまで国内
　外で100回以上の美術展を開催し、好評を得ている。

【出版物・グッズ】
　画集・書籍・タオル・陶器・絵はがきなど多数取り揃えている。

・所在地　〒436-0221　静岡県掛川市上垂木あかしあ通り1-1
・ＴＥＬ　0537-26-3900
・ＦＡＸ　0537-26-3910
・ＵＲＬ　http://www.nemunoki.or.jp/
・E-mail　nemunoki@nemunoki.or.jp
・交　通　JR東海道線 掛川駅下車 北口より路線バス（掛川バスサービス）ねむの
　　　　　木美術館行き終点下車 徒歩1分
・開　館　AM10:00 ～ PM5:00（入館はPM4:30まで）
・入館料　大人600円（500円），小中高生250円（200円），小学生未満無料
　　　　　※（　）内は20名以上の団体料金
・休館日　年末年始のみ
・施　設　「どんぐり」：地上2階鉄筋コンクリート一部木造，建築面積424.05㎡
　　　　　「緑の中」：地上1階ペーパー・ハニカム三角格子構造（屋根）＋鉄骨柱，
　　　　　建築面積320.20㎡
・設　立　「どんぐり」：2007（平成19）年4月　「緑の中」：1999（平成11）年5月
・設置者　本目眞理子（宮城まり子）
・管　理　（学）ねむの木学園
・責任者　館長・本目眞理子（宮城まり子）

館のイチ押し

　なんといってもねむの木学園のこどもたちによる絵画作品・織物
（ショール・マフラー）・木工作品の数々です。美術館周辺の環境も緑豊
かで、四季を通じて楽しんでいただけます。
　また、吉行淳之介文学館（茶室「和心庵」併設）、こどものお店、喫茶
室MARIKOといった文化施設も近辺に点在しており、ゆったりとした
時間をおすごしいただけます。

中部

子ども博物館美術館事典　289

静岡県

ビュフェこども美術館

　1999(平成11)年8月にベルナール・ビュフェ美術館(1973年設立)別館1階にオープン。子どもたちが幼い頃から美術館に親しみ、能動的に美術作品とかかわることができるように、主に幼児から小学校低学年の子どもとその保護者を対象として、体験型展示やワークショップスペースなどを設けている。2013(平成25)年7月にリニューアル。子どもたちと同時代を生きる作家の作品にも触れることができるように、現代作家の作品も展示するなど、より可変的なスペースとなった。

【展示・収蔵】
　ビュフェ美術館は、木々に囲まれた自然豊かな環境にある。ビュフェこども美術館も、木の感覚を全身で味わえるボールプールや、さまざまな木で出来た「触の引き出し」など、木を身近に感じる空間である。
　ビュフェの作品に登場する人物の服を着て額縁に入ってみるヘンシンコーナーや、ビュフェの作品の絵合わせをする「くるくるパズル」は、子どもたちがビュフェの作品に親しむきっかけとなっている。その他、身のまわりの世界へ子どもたちを誘う絵本のコーナーなど、親子でゆっくり過ごせる空間を提供している。子どもたちがさまざまな感覚をつかって、また、想像力を

静岡県

つかって、安心していろいろと試してみることができる環境を大切にしている。

【事　業】
　アーティストや美術館スタッフによるワークショップを随時開催している。こども美術館の展示やワークショップは、アートを介して、子どもとまわりの大人がコミュニケーションする機会となることが重要と考えて実施している。
　また、こども美術館は、子育て世代にとっての息抜きや情報収集・交換の場にもなっているので、子育て世代の大人を対象とした展示コーナーやワークショップも行っている。

・所在地　〒411-0931　静岡県駿東郡長泉町東野クレマチスの丘515-57
・Ｔ Ｅ Ｌ　055-986-1300
・Ｆ Ａ Ｘ　055-987-5511
・Ｕ Ｒ Ｌ　http://www.buffet-museum.jp
・E-mail　info@bernard-buffet-museum.jp
・交　通　JR三島駅下車　北口(3番乗り場)発　無料シャトルバスあり(所要時間25分)
・開　館　〈2・3・9・10月〉AM10:00〜PM5:00　〈4〜8月〉AM10:00〜PM6:00　〈11・12・1月〉AM10:00〜PM4:30
・入館料　一般1000円(900円)，高・大学生500円(400円)，中学生以下無料　※(　)内は20名以上の団体料金
・休館日　水曜日(祝休日の場合は翌日休館)
・施　設　ベルナール・ビュフェ美術館別館　鉄筋コンクリート2階建，建築面積396.43㎡，こども美術館展示面積283㎡
・設　立　1999(平成11)年8月1日
・設置者　(一財)ベルナール・ビュフェ美術館
・管　理　(一財)ベルナール・ビュフェ美術館
・責任者　館長・岡野喜平太

館のイチ押し

　中学生までの子どもをもつ家族を対象とした「クレマチスの丘ファミリーカード」は、年会費で1年間何度でも入館でき、ワークショップなどの情報なども送付されるサービス。子どもの頃から家族で美術館に親しんでもらうようサポートする。

静岡県

富士川楽座 体験館どんぶら・プラネタリウムわいわい劇場

「富士市道の駅 富士川楽座」は、「道の交わりが人の交流を生みだす」という基本理念のもと、高速道路および一般道路の利用者と市民が交流、交歓できる複合空間として、2000(平成12)年3月に開館した。霊峰富士の麓で、見る、買う、食べる、体験する、といった利用者の多種多様なニーズに応えるべく様々な取り組みを実施している。

その中で「体験館どんぶら」では、身近な科学から最先端の技術まで気軽に楽しめる科学体験館として、「プラネタリウムわいわい劇場」では、美しく本格的なプラネタリウムが気軽に誰でも楽しめるような施設として、子供から大人まで気軽に科学の不思議に触れられるミュージアムを目指して活動している。

【展示・収蔵】
《プラネタリウムわいわい劇場》
　日本で10数館しかない光学式プラネタリウム「MEGASTAR」(ⅡB)の

プラネタリウム

静岡県

常設館。星の数や性能においてプラネタリウム業界に革新をもたらしたMEGASTARの映し出す、息を呑むような美しい星空を楽しめる。また、デジタルプラネタリウム「StellaDomePro」と連動することで従来の星空だけでなく、宇宙全体を表現することができる。美しい星と迫力の映像、傾斜角25度のドーム形状は観ている人を宇宙へと誘う。

《体験館どんぶら》

岩に囲まれた独特の内装は、入場しただけで心おどる雰囲気がある。常設にとらわれず、年に数回の展示入れ替えを行うことで、常に新しい体験や技術、情報を来場者に提供している。身近な材料を使った展示から、最先端の技術を用いた企画展の誘致など、ジャンルにとらわれることなく幅広く展開し、子供から大人まで飽きのこない展示を心がけている。

体験館どんぶら 館内（企画展「ビー玉であそぼう！」）

【事　業】

《プラネタリウムわいわい劇場》

投影は30分間隔で行われ、平日11回・土日祝日14回の投影を行っている。待ち時間を気にすることなく、また商業施設の中にあるため、一人から家族連れまで気軽に入場していただける。投影される番組の大半は、自社で作成されたオリジナル作品で、他では味わうことのできない、特別な時間と空間を提供している。

静岡県

《体験館どんぶら》
　館内で実施される「工作教室」は随時3種類(時間制・無料／有料)で毎月更新される。人気の「わくわく実験ショー」も月毎に内容が変わり、様々なテーマに沿って小さな子でも楽しめるよう、わかりやすく実施している。館内に隠されたスタンプを探すスタンプラリーや、展示物を見ながら答えるクイズラリーやゲーム大会など、遊びや体験も充実。年に数回入れ替わる企画展と合わせて体験すれば、楽しみながら科学に触れる事ができ、科学に対する興味や関心が湧いてくる。

【出版物・グッズ】
　自社オリジナルの工作キットの販売(不定期)

- ・所在地　〒421-3305　静岡県富士市岩淵1488-1 富士市道の駅 富士川楽座
- ・TEL　0545-81-5555
- ・FAX　0545-81-5666
- ・URL　http://www.fujikawarakuza.co.jp
- ・E-mail　waiwai@fujikawarakuza.co.jp
- ・交　通　県道10号線沿い 東名高速道路 富士川SA直結　JR富士川駅よりバスで10分・徒歩30分
- ・開　館　〈平日〉AM10:00 〜 PM4:00　〈土日祝日および繁忙期〉AM9:30 〜 PM5:00　※最終入場は閉館30分前
- ・入館料　各施設ごと：大人(中学生以上)600円，小人(3歳以上)300円　※2施設セット割り引きあり
- ・休館日　火曜日(祝日・繁忙期は営業)　※展示替えやメンテナンスによる臨時休館あり
- ・施　設　鉄骨構造5階建，延床面積5703.3㎡(富士川楽座 全体)
- ・設　立　2000(平成12)年3月27日
- ・設置者　富士市(旧・富士川町)
- ・管　理　富士川まちづくり(株)
- ・責任者　代表取締役・伊藤高義

館のイチ押し

- ・プラネタリウムの星空投影…星の世界、宇宙に飛び出したかのような非日常感が味わえます。
- ・体験館どんぶら…学習的要素を含んだ工作や体験は、遊び感覚で楽しく科学の原理に触れられます。

愛知県

おかざき世界子ども美術博物館

　岡崎市では、1964（昭和39）年から毎年秋に、市内の小中学生たちが制作した4万点にも及ぶ造形作品を展示する野外作品展「造形おかざきっ子展」を開催している。毎年多くの子どもたちの創造力豊かな作品が生まれてくる中で、常時子どもたちの作品を展示できる場所と、それを大切に保管できる場所がほしいという強い願いが子ども美術館建設構想へとつながり、この構想と愛知県が打ち出していた地域文化広場構想とが結実し、1985（昭和60）年5月4日、日本で初めての本格的な子ども美術館として『おかざき世界子ども美術博物館』が誕生した。

　この施設は、戦国の英傑、徳川家康が生まれた岡崎城の東約6kmの丘陵地に位置しており、岡崎の市街地が一望できる緑に囲まれた豊かな自然環境の中に建っている。おかざき世界子ども美術博物館、親子造形センターの建物を中心として、はなのき広場、ふれあい広場、芸術の森、展望の丘などの自然環境を十分に生かした施設があり、子どもたちから大人まで、多くの市民の憩いの場となっている。

愛知県

【展示・収蔵】

日本を含む世界115ヵ国から収集した児童画をはじめとして、巨匠と言われる世界の有名美術家たちが10代の頃に描いた作品、さらには世界各国の文化、伝統を受け継ぐ玩具や民芸品などを展示している。

特に、世界の有名美術家たちが10代の頃に描いた作品としては、パブロ・ピカソ、トゥールーズ・ロートレック、パウル・クレー、クロード・モネをはじめとして、平山郁夫、池田満寿夫、安井曾太郎、東郷青児らの作品を収蔵し、随時展示替えをしながら公開している。

【事　業】

館内は、THINK（考える）ゾーン、SEE（見る）ゾーン、DO（作る）の3つのゾーンで構成されている。

THINK（考える）ゾーン、SEE（見る）ゾーンでは、年間6本ほどの参加体験型の企画展が開催されるとともに、世界の有名美術家たちの10代の作品を常設展示し、鑑賞する場を提供している。

DO（作る）ゾーンは、本物の作品を鑑賞することで得られた感動をそのまま創作活動へと繋げるため、併設されている親子造形センターがその役割を担い、親と子が心をふれあいながら楽しく絵を描いたり、物を作ったりしながら、創造力を高めていく場となっている。絵画教室、粘土教室、工作教室、EBアートの4つの教室があり、いずれの教室もその教材内容は多種多彩で、予約なしでいつでも利用できるようになっている。

【出版物・グッズ】

・「収蔵作品図録 2000」（2000円）
・「おかざきの子ども（リトルアーティスト絵画コンクール優秀作品図録）」
　（2000円）

・所在地　〒444-0005　愛知県岡崎市岡町字鳥居戸1-1
・ＴＥＬ　0564-53-3511
・ＦＡＸ　0564-53-3642
・ＵＲＬ　http://www.city.okazaki.lg.jp/1200/1208/1242/p010841.html
・交　通　〈電車〉名鉄名古屋本線 美合駅（急行停車）下車 タクシー5分
　　　　　〈車〉東名高速道路 岡崎ICより国道1号線を豊橋方面へ約10分
・開　館　AM9:00 ～ PM5:00まで（入館はPM4:30まで）
・入館料　無料　※ただし展覧会観覧には観覧料が必要（展覧会により異なる）

愛知県

- ・**休館日**　月曜日，祝日の翌日，年末年始（12月28日〜1月3日）
- ・**施　設**　鉄筋コンクリート造，地上2階・一部地下1階，建築面積2993.63㎡ 延床面積4289.10㎡
- ・**設　立**　1985（昭和60）年5月4日
- ・**設置者**　岡崎市
- ・**管　理**　岡崎市
- ・**責任者**　館長・榊原悟

館のイチ押し

- ・参加体験型のユニークな企画展を年間6本程度開催しています。
- ・世界的にも稀有なコレクション「世界の有名美術家10代の作品」をご覧いただくことができます。
- ・親子造形センターが併設され、いつでも気軽に創作活動を楽しむことができます。

中部

子ども博物館美術館事典　297

愛知県

航空館 boon
(ブーン)

　航空館boonは、「航空文化への理解と関心を高め、特に未来ある子供たちに空への興味と夢を育むこと」を目的に、豊山町の神明公園内に設けられた航空機に関する資料館である。

【展示・収蔵】
　名古屋空港航空宇宙館より移設した三菱MU-2Aと中日新聞社より提供を受けたヘリコプター「あさづる」の2機の実機を展示している。
　特に三菱MU-2Aは、1963(昭和38)年に製造された3号機であり、当時のオリジナルデザインに塗り替え、コックピット等も原型をベースに復元されている。
　この他にも、三菱重工業より提供を受けた航空機製造に関するパネル、部品、工具等を展示し、また空を飛ぶしくみや航空機のしくみを科学的に目で見て体験して理解できるようなコーナーも設けている。

三菱MU-2A

愛知県

【事　業】
事前申し込みにより、学習室の利用が可能。

- 所在地　〒480-0201　愛知県西春日井郡豊山町大字青山字神明120-1
- ＴＥＬ　0568-29-0036
- ＦＡＸ　0568-29-0037
- ＵＲＬ　http://www.town.toyoyama.lg.jp/2sisetu/02koukyou/boon.html
- 交　通　とよやまタウンバス 航空館boon下車
- 開　館　AM9:00～PM4:00
- 入館料　無料
- 休館日　月曜日（祝日の場合はその直後の平日），12月29日～1月3日
- 施　設　鉄筋コンクリート造，建築面積879.85㎡
- 設　立　2005（平成17）年4月1日
- 設置者　豊山町
- 管　理　豊山町
- 責任者　豊山町地域振興課長

ヘリコプター「あさづる」

館のイチ押し

- フライトシミュレータ（飛行機の操縦が体験できる）
- 三菱MU-2A（3号機　1963（昭和38）年製）
- ヘリコプター「あさづる」川崎ヒューズ式369HS型
- 展望デッキ（県営名古屋空港が一望でき、飛行機の離発着を見ることができる）

子ども博物館美術館事典　299

愛知県

こども未来館 ここにこ

　2008(平成20)年、愛知県豊橋市松葉町に開館。未来を担う子どもたちが、楽しい遊びや、さまざまな人々とのふれあいをとおして、健やかに成長する機会を届けること、あらゆる世代の市民が、活動・交流する中心となり、まちなかににぎわいや楽しさを発信することを施設コンセプトとしている。

【展示・収蔵】
◇「子育てプラザ」
　0〜3歳の乳幼児とその保護者を対象とした大型遊具「ちびっこの森」、積み木やままごと玩具コーナー、絵本・情報コーナー、授乳室、託児室
◇「体験・発見プラザ」
　主に幼児、小学生を対象とした大型遊具、知育玩具、ハンズオン展示、図書コーナー
◇「集いプラザ」
　小中学生や市民の作品展示をするギャラリーストリート、企画展示室

愛知県

【事　業】

- ・未就学児とその保護者を対象とした子育てに役立つ「子育て講座」
- ・子育て支援のための保護者の交流事業、相談事業
- ・職人や技術者を招き、プロの仕事人から仕事を教わり、働くことの大切さを学ぶ「体験プログラム」
- ・おとなやこどもを対象とした各種教室や講座
- ・企画展示や屋内外の広場での多彩なイベント

【出版物・グッズ】

こども未来館イメージキャラクター　ニコリングッズ（100円～）

- ・所在地　〒440-0897　愛知県豊橋市松葉町3-1
- ・ＴＥＬ　0532-21-5525
- ・ＦＡＸ　0532-56-5552
- ・ＵＲＬ　http://coconico.jp/
- ・E-mail　coconico@coconico.jp
- ・交　通　〈車〉東名高速 豊川ICより30分
　　　　　　〈電車〉東海道本線 豊橋駅東口より徒歩7分
- ・開　館　AM9:30～PM5:00（集いプラザはPM9:00まで）
- ・入館料　無料　※ただし、体験・発見プラザ「まち空間」は有料：大人200円，小・中・高校生100円
- ・休館日　水曜日（祝・休日の場合は翌日），12月29日～1月1日
- ・施　設　RC造一部鉄骨地上2階・地下1階，建築面積4529.75㎡
- ・設　立　2008（平成20）年7月26日
- ・設置者　豊橋市
- ・管　理　丹青社・コニックス共同事業体（指定管理者）
- ・責任者　副館長兼事務長・伊藤孝良

館のイチ押し

　0～3歳の乳幼児とその保護者を対象とした「子育てプラザ」、主に幼児・小学生を対象とした「体験・発見プラザ」で幅広い年齢層の子どもが楽しめる。子育てプラザでは大きなすべり台や木のおもちゃなど、体験・発見プラザでは、50種類以上の体験セットや、大型遊具、路面電車の運転シミュレーションなどで遊ぶことができる。

中部

子ども博物館美術館事典　301

愛知県

とよた科学体験館

1985(昭和60)年7月に豊田加茂市町村圏の産業・文化の拠点施設として豊田産業文化センターの中にプラネタリウム、サイエンスホールを開設する。

科学やものづくりに対する関心や興味を増進し、創造性を育む場や機会を提供し、ものづくりや科学に関するコア施設として機能するため、「とよた科学体験館」として2005(平成17)年リニューアルオープンし、サイエンスホールの展示品もすべて更新、サイエンスショー、ワークショップ、ミニワークショップ事業を開始する。

2008(平成20)年3月、プラネタリウムが統合型プラネタリウムシステム「ジェミニスターⅢ」を導入。現在に至る。

プラネタリウム

【展示・収蔵】
　サイエンスホールは、錯覚をテーマにしたグラフィックと装置、ものづくりに関連する映像やデジタルコンテンツから構成。
　パフォーマンスステージは、科学やモノづくりに関連したショーやワークショップを行う空間で、科学実験設備や多彩な映像装置類を駆使した演示ができる。ステージ周囲には身体を使ってチャレンジできる体験型装置がある。
　また、豊田市ものづくりサポートセンターのものづくりサポーターによる手作りの体験遊具も多数展示している。

愛知県

【事　業】

　プラネタリウム事業は、プラネタリウム投映の他に(1)星を見る会(星空観望会)、(2)天文セミナー(各分野の専門家を招いて実技体験や天文に関する講演会)(3)親子天文教室(親子で楽しむことのできる天文イベント)などを実施。

　サイエンスホール事業は、(1)サイエンスショー(科学の原理を実験によって分かりやすく紹介するショー)、(2)ミニワークショップ(20分～30分で科学やものづくりの楽しさを気軽に体験できる実験・工作教室)、(3)ワークショップ(1時間半～2時間で科学やものづくりの楽しさをじっくり体験できる実験・工作教室)などを実施。

- ・所在地　〒471-0034　愛知県豊田市小坂本町1-25
- ・T E L　0565-37-3007
- ・F A X　0565-37-3012
- ・U R L　http://www.toyota-kagakutaikenkan.jp
- ・E-mail　hands-on@hm8.aitai.ne.jp
- ・交　通　名鉄 豊田市駅から徒歩5分／愛知環状鉄道 新豊田駅から徒歩3分
- ・開　館　AM9:00 ～ PM5:00(プラネタリウム夜間投映がある場合は投映終了時まで)
- ・入館料　無料　プラネタリウム入場料：大人300円，4歳～高校生100円　※ワークショップなどは別途料金が必要
- ・休館日　月曜日(祝日・振替休日の場合は開館)，年末年始(12月28日～1月4日)
- ・施　設　鉄筋コンクリート造，建築面積4890㎡
- ・設　立　1985(昭和60)年7月
- ・設置者　豊田市
- ・管　理　(公財)豊田市文化振興財団
- ・責任者　所長・冨樫穣(2016(平成28)年4月1日現在)

中部

> **館のイチ押し**
>
> 　26万5000個の星や星団・銀河を映し出す光学式プラネタリウムで、天の川の星一つ一つまで再現。黒のビロードに砂金をこぼしたような星空の美しさを楽しめる。

愛知県

ノベルティ・こども創造館

ノベルティ体験

「ノベルティ」は、「目新しい」、「珍しい」などの意味をもつ英語であるが、瀬戸のまちでは陶磁器製の置物や装飾品のことをいう。

当館は、ノベルティの工場跡を活用し、2003(平成15)年8月に開館。土と出会い、ノベルティの歴史と技術を「見て」、「体験して」いただき、瀬戸で育まれてきた「ものづくり」への思いを次世代に伝えるためにつくられた。

【展示・収蔵】

瀬戸のノベルティ生産は明治時代に始まり、戦後に目覚ましい発展をとげ、瀬戸のやきもの産業の一角を担っていた。

ノベルティミュージアムには、明治時代から平成時代につくられた人形、動物、鳥、花など幅広い作品が並んでいる。セトノベルティの造形や絵付の精巧さなど、技術の高さを感じ取っていただけるであろう。

つち★スタジオ、つちタッチ工房、つち★ラボの各体験エリアでは、つちの性質や色の違い、変化を楽しむプログラムを提供している。

「ノベテクたいけん工房」では、職人さんに教わりながら体験できる。これらの体験は、季節ごとで内容が変わり何度来ても楽しめる。

また、プレプレハウスには木のおもちゃや絵本が置いてあり、自由に本を読んだり遊ぶことができる。

【事　業】

ノベテクたいけん工房(土日祝開催、有料：200〜500円)では、小学生以

愛知県

上を対象とした体験を3種類用意している。

① 「職人さんと楽しく土遊び」

粘土の扱い方を教わりながら、いろいろな道具を使っての作品づくりができる。

② 「職人さんとノベルティ体験」

鋳込み体験（泥しょうを石こう型に流しこみ、形をつくる体験）をしたあと、白素地にアクリル絵の具で絵付け体験をする。

③ 「職人さんと上絵付け体験」

白素地にやきもの用の上絵具で絵付けをし、焼成後お渡しする。

夏休みには「ノベルティ・こども創造館夏祭り」を開催。

そのほか、年に数回特別プログラムを企画。当館スタッフ手作りの干支に絵付けをする体験や、陶芸家を講師に迎えるこいのぼりづくりなどを実施している。保育園、小学校等の団体利用も可能。

- ・所在地 　〒489-0073　愛知県瀬戸市泉町74-1
- ・TEL 　0561-88-2668
- ・FAX 　0561-88-2669
- ・URL 　http://www.city.seto.aichi.jp/
- ・E-mail 　novelty@city.seto.lg.jp
- ・交 通 　名鉄瀬戸線 尾張瀬戸駅より徒歩15分／名鉄バス 瀬戸宮前より徒歩5分
  　　　　駐車場20台（館より南へ200m）
- ・開 館 　AM10:00 ～ PM5:00
- ・入館料 　無料
- ・休館日 　月曜日（祝日の場合は翌平日に振替），12月28日～1月4日
- ・施 設 　鉄骨造2階建　建築面積1261㎡，鉄筋コンクリート造3階建　建築面積459㎡
- ・設 立 　2003（平成15）年8月2日
- ・設置者 　瀬戸市長
- ・管 理 　瀬戸市
- ・責任者 　館長・武藤忠司

館のイチ押し

◇ノベルティ・こども創造館夏祭り

毎年7月下旬～8月、テーマを決め、粘土や石こうなどを使った特別プログラムを開催しています。ノベルティ金魚（陶磁器製の浮き金魚）の金魚すくいや裸足でねんどに入る「つちプール」などが人気です。

愛知県

碧南海浜水族館・
碧南市青少年海の科学館

碧南海浜水族館・碧南市青少年海の科学館は、1982（昭和57）年7月4日に開館した。

碧南海浜水族館では、日本沿岸で見られる魚類を中心に約300種類を展示している。また、生息環境の変化に伴い年々減少の一途をたどる日本産希少淡水魚についても保護・展示を行っている。

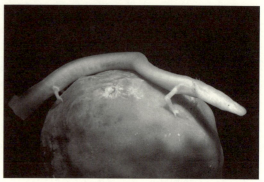

ドラゴンズ・ベビー

碧南市青少年海の科学館は、「水─森から海へ─」をメインテーマにして遊びながら学べるように参加体験型の展示を取り入れた施設である。

【展示・収蔵】
　水族館では、約300種の生物を飼育している。
　展示エリアを、冷たい海、暖かい海、さんご礁など生息環境ごとに分けて展示している。水量200トンの大水槽では、サメやエイ、回遊魚などがのびのびと泳ぐ姿が観察できる。
　科学館では、森から海への水の流れを楽しく学べるようなクイズラリーなどがある。標本の収蔵数は2000点。

【事　業】
・年2回の特別展と年数回の企画展を実施
・年数回の自然観察会を実施
・夏休みには、小学校4～6年生向けのサマースクール・工作教室を実施

愛知県

【出版物・グッズ】

マリンドリーム（年3回）／年報
その他、オリジナルペーパーキャップ全7種類、折り紙セットを販売

- 所在地　〒447-0853　愛知県碧南市浜町2-3
- ＴＥＬ　0566-48-3761
- ＵＲＬ　http://www.city.hekinan.aichi.jp/aquarium/
- 交　通　名古屋鉄道三河線 碧南中央駅から徒歩15分
- 開　館　AM9:00 〜 PM5:00（夏休み期間中はPM6:00まで）
- 入館料　大人540円（430円），小人220円（180円）　※（　）内は20名以上の団体料金
　　　　　年間パスポート：大人1350円，小人550円
　　　　　※科学館の観覧は無料
- 休館日　月曜日（休日の場合は翌平日，夏休み期間は無休）
- 設　立　1982（昭和57）年7月4日
- 設置者　碧南市
- 管　理　碧南市

館のイチ押し

　クロアチアの洞窟にすむホライモリ（ドラゴンズ・ベビー）が見られるのは、日本ではここだけ。

子ども博物館美術館事典　307

愛知県

MIZKAN MUSEUM
ミツカン ミュージアム

　創業の地、愛知県半田において、ミツカングループの歩んできた歴史に触れ、今を感じ、未来につなげる施設として、MIZKAN MUSEUM、愛称MIMを設立した。
　MIMは、古くから続く運河沿いの黒塀の景観とともに、ミツカンの酢づくりの歴史や、醸造の技術、ものづくりへのこだわり、食文化の魅力などを、伝統・革新・環境を大切に考え、次世代へ伝えてゆく施設である。
　見てさわって、楽しみ、学べて、また来たいと思ってもらえる体験型博物館を目指している。

【展示・収蔵】
《ゾーン1　大地の蔵》
　"江戸時代と現在のお酢の作り方"
　江戸時代の酢づくりや、現在の醸造の様子を見ることで、脈々と受け継がれてきたものづくりの精神にふれることができる。

愛知県

《ゾーン2 風の回廊》
"半田の情景を懐かしい写真で"
　昔から変わることのない運河をのぞみながら、ミツカンが共に歩んできた半田の情景や人々の息吹を、当時の懐かしい写真と音の演出から感じることができる。

《ゾーン3 時の蔵》
"弁才船に乗って半田から江戸までの航海へ！"
　ミツカンの変革と挑戦の歴史をたどる。江戸時代に活躍していた、長さ20ｍの「弁才船」を再現し、甲板の上から大型映像で半田から江戸に至るまでのお酢を運ぶ航海を体感できる。

《ゾーン4 水のシアター》
"食といのちのつながりを映像にのせて"
　四季の中にある食といのちのつながりを表現した、美しい自然や豊かな食文化、食卓にあふれる笑顔などの情緒的な映像をご覧ください。

《ゾーン5 光の庭》
"おすし、お鍋をテーマに食の魅力を体験！"
　開放的な光あふれる空間で、おすしやお鍋をテーマにした体験を通じて、食の魅力を楽しく学ぶことができる。

【事　業】
・半田市蔵の街ネットワークイベントに合わせた館内自由見学
・小学校へ館員を派遣し、出前授業を実施
・七夕や中秋の名月の時期には、中庭を利用した電飾とプロの演奏家によるナイトコンサートを企画
・エコの取り組みを見学内容に盛り込んだ、エコツアーを実施予定

【出版物・グッズ】
・MIMオリジナルポストカード　9種
・三ツ判山吹　500㎖／900㎖
・ミツカン白菊　500㎖

子ども博物館美術館事典　309

愛知県

- ・所在地　〒475-8585　愛知県半田市中村町2-6
- ・ＴＥＬ　0569-24-5111
- ・ＵＲＬ　http://www.mizkan.co.jp/mim/
- ・交　通　名鉄河和線 知多半田駅下車 徒歩13分／JR武豊線 半田駅下車 徒歩3分
- ・開　館　AM9:30 〜 PM5:00　※当館ではスタッフがお客様に同行し、館内をご案内いたします。
- ・入館料　大人300円，中高生200円，小学生100円，乳幼児無料
  ※障害者手帳をお持ちのご本人と、その付き添いの方1名半額
- ・休館日　木曜日，お盆期間，年末年始
- ・施　設　地上2階建，鉄筋コンクリート造 一部鉄骨造，免震構造
- ・設　立　2015(平成27)年11月8日
- ・設置者　(株)Mizkan Holdings
- ・管　理　(株)Mizkan Partners
- ・責任者　館長・榊原健

中部

館のイチ押し

◇時の蔵　弁才船に乗って半田から江戸までの航海へ！

ミツカンの変革と挑戦の歴史をたどります。江戸時代に活躍していた、長さ20ｍの「弁才船」を再現し、甲板の上から大型映像で半田から江戸に至るまでのお酢を運ぶ航海を体感できます。

愛知県

夢と学びの科学体験館

　1981(昭和56)年5月に刈谷(かりや)市の市制30周年を記念して中央児童館として建設され、親子を対象とした各種行事の開催やプラネタリウムの投映など子どもの健全育成のために活用されていたが、2014(平成26)年からプラネタリウムの更新と施設のリニューアルを行い、2015(平成27)年5月に「夢と学びの科学体験館」としてリニューアルオープンした。
　科学体験館では、最新型のプラネタリウムや実験ラボなどを備え、「ものづくりのまち刈谷」の次代を担う子どもたちを中心に、科学をテーマとした実験や工作、サイエンスショーを通して発見や驚きを体験し、科学を学ぶ楽しさを知ることができる施設となっている。

【展示・収蔵】
◇「刈谷のものづくり」(常設展示)…刈谷から世界の歴史を動かした豊田佐吉や加藤与五郎をはじめとする郷土の偉人が残した功績や名言を、解説パネルや触れて遊べる展示物などで紹介している。
◇「天文展示コーナー」(常設展示)…宇宙の神秘や星の知識を、タッチパネ

サイエンスショー

愛知県

ル映像や展示に触れて遊ぶことできるコーナーとなっている。

◇科学交流ギャラリー(随時)…科学について楽しく体験して学べる展示や、科学や宇宙をテーマとしたパネル展や企画展などを開催している。

◇最大倍率6万倍の電子顕微鏡の他、口径45cmのシュミットカセグレン式望遠鏡も備え、ミクロの世界から宇宙まで楽しむことができる。

◇親子ひろばでは、小さな子が身体を使って遊べるクライミングウォールや、パズルやブロック、約600冊の子ども向け科学関連図書など常設している。

【事　業】

・プラネタリウム投映(大人300円 子ども100円) 月・金(1日2回)／土日祝(1日4回)　※投映スケジュールは随時変更

・サイエンス・ステージ(無料) 土日祝(1日3回)

・実験ラボ開催(材料費 50円〜) 土日祝

・簡単工作コーナー(材料費 50円〜) 常時開催

・星空観望会(プラネタリウムでの星空解説付き)の開催(随時)

・プラネタリウムコンサートや講演会の開催(年4回程度)

・学校等の長期休みに合わせ、特別企画展や、特別プラネタリウム上映、実験ラボ特別講座等を開催

・所在地　〒448-0851　愛知県刈谷市神田町1-39-3
・Ｔ Ｅ Ｌ　0566-24-0311
・Ｆ Ａ Ｘ　0566-25-8494
・Ｕ Ｒ Ｌ　https://www.city.kariya.lg.jp/yumemana/index.html
・E-mail　habataki@city.kariya.lg.jp
・交　通　JR東海道本線・名鉄三河線 刈谷駅下車 南口から徒歩約8分
・開　館　AM9:00 〜 PM5:00(プラネタリウムの夜間投映日は、PM6:00から投映終了まで再度開館)
・入館料　無料　※プラネタリウムの観覧料、ラボおよび簡単工作の材料代は別途必要
・休館日　水曜日(祝日の場合は翌日)，年末年始(12月29日〜1月3日)
・施　設　鉄筋コンクリート造3階・一部4階建，建物面積2132㎡(延べ面積)隣には、ゴーカートなどの遊具がある刈谷市交通児童遊園が隣接
・設　立　1981(昭和56)年5月5日開館
・設置者　刈谷市
・管　理　刈谷市
・責任者　館長・三木博之

312　子ども博物館美術館事典

愛知県

館のイチ押し

・子どもたちが普段学校ではできないような科学実験やサイエンスショーを楽しめる。

・来館者がいつでも気軽に行なえる簡単工作や工作教室を実施し、刈谷のものづくりの礎を築いた豊田佐吉や加藤与五郎をはじめとする郷土の偉人を紹介し、理科教育に対する愛着や理解を深めてもらう。

・最新のハイブリッドプラネタリウムにより、迫力ある美しい全天周映像番組の投映。

中部

愛知県

リニア・鉄道館

《沿革》
　2007（平成19）年4月、名古屋市から「モノづくり文化交流拠点構想」への参画要請。
　2008（平成20）年4月、一般の方々の理解を深め、広く社会にも貢献でき、あわせて産業観光の推進となることから、当館の開設を決定。
　2011（平成23）年3月、オープン。

《コンセプト》
・館のコンセプトである「高速鉄道技術の進歩」をテーマにした鉄道のミュージアム。
・東海道新幹線を中心に、在来線から超電導リニアまでの展示を通じて「高速鉄道技術の進歩」を紹介する。
・鉄道が社会に与える影響を、経済、文化および生活などの切り口で学習する場を提供する。
・模型やシミュレータ等を活用し、子どもから大人まで楽しく学べる。

愛知県

【展示・収蔵】
- 歴代の東海道新幹線、在来線、鉄道における2003(平成15)年当時の世界最速581km/hを記録した超電導リニアMLX01-1など実物車両39両を展示。
- 国内最大級の鉄道ジオラマでは、東海道新幹線沿線などの代表的な建物や情景、日常的な人々の様子を精緻に再現。
- 子どもから大人まで楽しく学べる模型やシミュレータを展示。

鉄道ジオラマ

【事　業】
- みどころガイドや新幹線運転台の公開、クイズラリーなどのイベントを開催。
- 東海道新幹線をはじめとした企画展を年1～2回開催。
- 学校教育団体の受入れなどを実施。

【出版物・グッズ】
《出版物》
- 企画展「高速化への挑戦～在来線の技術が生んだ夢の超特急～」(2013)
- 企画展「東海道新幹線の誕生～東海道における東西の難所を克服する～」(2015)

愛知県

・企画展「名古屋駅の130年～東海道新幹線の開業、そして超電導リニアによる中央新幹線へ～」(2016)

《グッズ》

館内に鉄道に関するグッズを取扱うミュージアムショップがある。

・所在地　〒455-0848　愛知県名古屋市港区金城ふ頭3-2-2
・ＴＥＬ　052-389-6100
・ＦＡＸ　052-389-6101
・ＵＲＬ　http://museum.jr-central.co.jp/
・交　通　JR名古屋駅より　あおなみ線　金城ふ頭駅下車 徒歩約2分
・開　館　AM10:00 ～ PM5:30(最終入館は閉館30分前まで)
・入館料　大人1000円，小中高生500円，幼児(3歳以上未就学児)200円
・休館日　火曜日(祝日の場合は翌日，春休み・GW・夏休み等は開館)，12月28日　～1月1日
・施　設　鉄骨造，地上一部2階建，面積1万1600㎡，延床面積1万4100㎡
・設　立　2011(平成23)年3月
・設置者　東海旅客鉄道(株)
・管　理　東海旅客鉄道(株)
・責任者　館長・天野満宏

館のイチ押し

・鉄道における2003(平成15)年当時の世界最速581km/hを記録した超電導リニアMLX01-1を展示
・国内最大級の鉄道ジオラマは必見

三重県

三重県立みえこどもの城

　1989（平成元）年、三重県松阪市に、21世紀に生きる子どもたちに健全な成長を促す遊び場かつ、県内児童館の中枢センター機能を併せ持つ施設として「三重県立児童厚生施設みえこどもの城」として開館。
　開館当初は、体験を通して学習できる数々の常設科学展示、造形や創作活動の場の提供を行っていたが、2003（平成15）年、企画運営ソフト重視の、来館者参加体験型の施設として全面リニューアルした。

【展示・収蔵】
　ドームシアターでは、ドームスクリーン映画やプラネタリウムの上映を実施。
　プレイランドには、高さ7mのクライミングウォールがあり、小学生から気軽にボルダリングを体験できる。
　また、カプラの部屋には、フランス製の積み木"カプラ"を8万ピース所有し、いつでも自由にカプラを体験できる。

三重県

【事 業】

　みえこどもの城館内では、ドーム映画、プラネタリウム、クライミングウォール、アート・サイエンス工作など、わくわくドキドキ家族でふれあいゆっくり過ごせる空間を提供している。

　また、地域の企業・団体・ボランティアの方々と協働し、全館を使った大型イベントを年に数回実施。こどもの城の事業を三重県の各地域にお届けするサテライトこどもの城も実施している。

- ・所在地　〒515-0054　三重県松阪市立野町1291 中部台運動公園内
- ・T E L　0598-23-7735
- ・F A X　0598-23-7792
- ・U R L　http://www.mie-cc.or.jp
- ・E-mail　office@mie-cc.or.jp
- ・交　通　〈電車・バス〉JR・近鉄 松阪駅下車　バス乗り場（JR側）⑪⑫⑭番系統の三交バスに乗車 中部中学校口下車 徒歩15分
- ・開　館　AM9:30 ～ PM5:00（イベント等により変更する場合あり）
- ・入館料　無料（ただし、参加されるコーナーやメニューによっては参加費が必要）
- ・休館日　月曜日（祝日の場合は翌平日），臨時点検日，年末年始（12月29日〜1月3日）
- ・施　設　鉄骨鉄筋コンクリート4階建，塔屋1階，建築面積2417.47㎡
- ・設　立　1989（平成元）年6月11日
- ・設置者　三重県
- ・管　理　（公財）三重こどもわかもの育成財団
- ・責任者　理事長・太田栄子

館のイチ押し

　三重県では最大規模の直径22mドームではプラネタリウム、ドームスクリーン映画を上映、また児童館施設では最高峰の高さ7mを誇るクライミングウォール（上履き持参）、そしてフランス生まれの"カプラ"などの遊具コーナー、さらに、アートクラフト、サイエンスメニュー（理科工作）など、子どもが体験できるさまざまなプログラムをご用意しています。

滋賀県

大津市科学館

　大津市科学館は、1970(昭和45)年に、におの浜の琵琶湖博覧会のテーマ館後に、青少年の科学教育の振興を図るため開館。その後、1992(平成4)年に、生涯学習センターが建設され、科学館も展示ホール、プラネタリウム、天文ドーム、実験室、工作室を設けて移転。
　プラネタリウムは、2012(平成24)年3月に、光学式からデジタル方式に交換し、音響設備、シート等も新しくしてドームいっぱいの迫力ある全天周映像が楽しめる。
　2013(平成25)年3月23日に、最新の科学的体験の出来る展示物を多く設置した展示ホールが、リニューアルオープン。2階は宇宙から観た地球や、琵琶湖・大津を科学するコーナー、3階は科学の基礎のコーナー。

【展示・収蔵】

　主な展示物は、「ビッグアース―さわれる地球」「琵琶湖シアター」「滋賀の大地」「湖畔の生態系」「琵琶湖の生きもの」「錯視の部屋」「回転速度体験機」「電力プロペラフロート」「スピンディスク」など。

ビッグアース―さわれる地球

滋賀県

【事 業】

　大津少年少女発明クラブ、天文教室、星空観望会、星空入門、太陽黒点観察、昼間の星観察、科学工作教室、サイエンス屋台村、わくわくサイエンスなどを開催。

- ・所在地　〒520-0814　滋賀県大津市本丸町6-50
- ・ＴＥＬ　077-522-1907
- ・ＦＡＸ　077-522-2297
- ・ＵＲＬ　http://www.otsu.ed.jp/kagaku/
- ・E-mail　kagaku@otsu.ed.jp
- ・交　通　京阪電鉄石坂線 膳所本町駅下車 徒歩7分／JRびわ湖線 膳所駅下車 徒歩20分
- ・開　館　AM9:00 ～ PM4:30(入場はPM4:15まで)
- ・入館料　展示ホール：大人・子ども100円
　　　　　プラネタリウム：大人400円，小中高生200円
- ・休館日　月曜日(祝休日の場合は翌平日)，毎月第3日曜日，年末年始(12月29日～1月3日)
- ・施　設　生涯学習センターは鉄筋コンクリート4階建，科学館・展示ホールは2・3階，プラネタリウムは2階
- ・設　立　1970(昭和45)年10月
- ・設置者　大津市
- ・管　理　大津市教育委員会
- ・責任者　館長・若森俊作

館のイチ押し

- ・プラネタリウムは美しく迫力ある星空が観賞でき、当日の星空・星座や天文に関する解説を、職員が生で解説。
- ・土日祝日に行われる「わくわくサイエンス」は毎回テーマが変わり、楽しい科学実験・工作が楽しめる。

滋賀県

滋賀県立琵琶湖博物館

　琵琶湖博物館は、湖と人とのよりよい共存関係を過去にさかのぼって研究・調査し、資料を収集・整理し、その成果をもとに県民とともに考え、今後の望ましいありかたを探るための組織である。8年以上にわたる準備を経て、1996(平成8)年4月に設置、同年10月に開館。当館は研究施設であり、文化施設であり、生涯学習施設であって、交流と情報のセンターとしての機能を有する。人びとの「知的欲求に応え」、人びととの「出会いを促し」「未来への創造に向かう」ための、新しい淡海文化創造のための拠点となる。2015(平成27)年から6年間をかけて展示内容の全面的なリニューアルを実施している。
《基本理念》
　1.「湖と人間」というテーマにそって、未知の世界を研究し、成長・発展する博物館
　2. 魅力ある地域への入り口として、フィールドへの誘いの場となる博物館
　3. 多くの人びとによる幅広い利活用と交流を大切にする博物館
《常設展示》
　◇A展示室:「琵琶湖のおいたち」をテーマに、1.滋賀の大地のなりたち、2.琵琶湖のおいたち、3.湖のおいたちをさぐる、4.コレクション・ギャ

滋賀県

ラリー の各コーナーで構成されている。

◇B展示室:「人と琵琶湖の歴史」をテーマに、1.共存の時代、2.利用の
はじまり、3.湖に生きるひとびと、4.水への取り組み の各コーナーで
構成されている。

◇C展示室:「身の回りの環境と暮らし再発見」をテーマに、1.琵琶湖へ
出かけよう、2.ヨシ原に入ってみると、3.田んぼへ、4.川から森へ、5.私
たちの暮らし、6.生き物コレクション、7.これからの琵琶湖 の各コーナー
で構成されている(2016(平成28)年7月リニューアルオープン)

◇水族展示室:「水中の生き物と私たち」をテーマに、1.琵琶湖の生き物
とその環境、2.琵琶湖の生き物と人の暮らし、3.川の生き物とその環境、
4.水辺の鳥たち、5.よみがえれ!!日本の淡水魚、6.古代湖の世界、7.生
きた化石古代魚、8.ふれあい体験室、9.マイクロアクアリウム の各コー
ナーで構成されている(2016(平成28)年7月リニューアルオープン)。

◇ディスカバリールーム:利用者が自分で展示に触れながら、琵琶湖とそ
の周辺の自然や人のくらしについて、さまざまなことを発見する展示室。
ザリガニのおなかにもぐりこんで餌をとる体験ができる「ザリガニにな
ろう」、ままごと遊びのできる「おばあちゃんの台所」など、子どもに
人気のコーナーが多数ある。

◇集う・使う・創る新空間:地域の人びとが、自分たちが行っている活動
や考えなどについて情報を発信し、来館された方々と意見を交換し、交
流を深めていただくための空間。

◇屋外展示:森や川、池の他、生活実験工房や田んぼ、畑などが作られて
おり、短時間の観察会や実習をおこなう場として利用されている。

【事　業】

◇研究活動:総合研究、共同研究、専門研究などの研究プロジェクトを推進
するほか、特別研究員制度による研究員の受け入れ、一般と協力して行う
参加型調査などを行っている。また、研究セミナー(毎月)、特別研究セミ
ナー(不定期)のほか、一般向けセミナーも開催している。

◇交流・サービス活動:フィールドレポーター制度、「はしかけ」制度、観察会、
体験学習、各種講座、地域連携などを通して地域の情報交換の場として活動。

◇資料整備活動:「琵琶湖とその集水域および淀川流域」「湖と人間」のテー
マに関係する実物資料、生魚などの水族資料、映像資料、図書資料等の収
集、整理・保管にあたっている。

滋賀県

【出版物・グッズ】

《刊行物等》情報誌「うみんど」1 ～ 46号／「琵琶湖博物館資料目録」1 ～ 19号／「琵琶湖博物館研究調査報告」第1 ～ 29号／「琵琶湖博物館 開館までのあゆみ」(1997)／「琵琶湖博物館展示ガイド」(1996)／「滋賀県立琵琶湖博物館 総合案内」(1998)／「英文展示ガイド A Guide to the Lake Biwa Museum」(2003)／開館10周年記念誌「企画展でふりかえる琵琶湖博物館の10年」(2006)／開館10周年記念誌「研究部 10年の歩み」(2006)／企画展図録 第1回～第23回まで／情報誌「琵琶博だより」第1号～第23号／子ども向け情報誌「うみっこ通信」第1号～第15号

《グッズ》ミュージアムショップで、琵琶湖の魅力を伝える「びわこ文具」(琵琶湖の形をした「びわこクリップ」、魚などをデザインした「びわこマスキングテープ」など)、動物をモチーフにした磁器置物、ビワコオオナマズをキャラクターにしたオリジナルの文具・バッグなど多数。

- ・所在地　〒525-0001　滋賀県草津市下物町1091
- ・TEL　077-568-4811
- ・FAX　077-568-4850
- ・URL　http://www.lbm.go.jp/
- ・E-mail　query@lbm.go.jp
- ・交　通　〈バス〉JR草津駅西口から烏丸半島行き 琵琶湖博物館前下車すぐ(所要時間約25分)　〈車〉名神高速道路 栗東ICから烏丸半島へ約25分
- ・開　館　AM9:30 ～ PM5:00(入館はPM4:30まで)
- ・入館料　大人750円(600円)，高・大学生400円(320円)，小・中学生無料　※( )内は20名以上の団体料金
- ・休館日　月曜日(休日の場合は開館)，年末年始　※その他臨時休館有り
- ・施　設　鉄筋コンクリート造，地下1階地上2階建，延べ2万3987㎡
- ・設　立　1996(平成8)年4月1日
- ・設置者　滋賀県
- ・責任者　館長・篠原徹

近畿

館のイチ押し

　2016(平成28)年7月14日にC展示室・水族展示室がリニューアルオープン。子どもに大人気のトンネル水槽が雰囲気を一新するほか、国内ではここでしか見られない世界の珍しい生き物が多数お目見えする。ロシア・バイカル湖にすむバイカルアザラシも登場。

京都府

きっづ光科学館ふぉとん

　「きっづ光科学館ふぉとん」は日本で初めての光をテーマにした科学館である。国立研究開発法人 量子科学研究開発機構 関西研究所(旧・日本原子力研究所(原研)関西研究所、2016(平成28)年2月1日から国立研究開発法人日本原子力の一部が国立研究開発法人 放射線医学総合研究所と組織統合し、量子科学技術研究開発機構研究開発機構に名称変更)が、日本原子力発電(株)の協力を得て建設したもので、2001(平成13)年7月11日に開館、一般公開を開始した。

　原研関西研究所(現・量子科学研究開発機構 関西研究所)はレーザーと放射光の研究開発の推進を目的として1995(平成7)年10月に設立され、レーザーの研究を行う研究所は、この科学館のすぐ隣にある。同施設の目指す新しい光の開発と利用は未来の科学技術を切り開く大きなロマンを秘めたテーマであり、「光」は地元住民の科学への関心と興味を喚起し、未来社会を担う子供たちの科学する心を育む上で最もふさわしいテーマと考えられる。

京都府

　このような観点から、「光」をテーマに類を見ない科学館を建設すること
になった。青少年の理科離れを防ぎ、科学する心を育むとともに、地域交流
の拠点となることを目指している。
　科学館の名称は、全国から寄せられた館名応募作品を組み合わせたもので、
「きっづ」には科学館の立地する当時の木津町(現・木津川市)と英語のkids
の両方の意味を持たせてある。

【展示・収蔵】
　(1)3つの展示ゾーン、(2)映像ホール、(3)実験スペースと、すべて参加
体験型となっており、ひかりの不思議を楽しみながら学ぶことができる。展
示物はおよそ120点収蔵。
(1)3つの展示ゾーン
《1階》
　◇光の再発見ゾーン
　　私たちの周りにある色々な光や人の生活や文化、芸術と光との関わり、
　　可視光、赤外線、紫外線、視覚などを説明する展示がある。
《2階》
　◇光の科学ゾーン
　　光の反射・屈折・回折・干渉・偏光など光の基本的性質を楽しみながら
　　学べる展示…光の三原色、波のテーブル、シャボン膜、万華鏡、凸面鏡、
　　凹面鏡等がある。
　◇光の技術ゾーン
　　レーザーの性質と種類およびレーザー利用装置…レーザー測長器、光
　　ファイバー、レーザー加工機、等々体験できる装置が展示してある。
(2)映像ホール
　光をテーマにしたストーリーに基づくコンピューターグラフィック映像が
　全天周映像スクリーンに映写される。
　その他、「木津学研コーナー」「フロンティアコーナー」「エネルギーコーナー」
　「機構コーナー」、屋外展示「ルミ・ガーデン」がある。

【事　業】
・レーザーラボの実験
・出前実験教室(小・中学生対象)
・ふぉとんにおける小・中学生対象の実験教室(学校連携イベント)

子ども博物館美術館事典　325

京都府

- ふぉとん工作教室
- 特別展（春・夏など）
- イベント実験工作（特別展開催中）

レーザーラボ

- 所在地　〒619-0215　京都府木津川市梅美台8-1-6
- ＴＥＬ　0774-71-3180
- ＦＡＸ　0774-71-3190
- ＵＲＬ　http://www.kansai.qst.go.jp/kids-photon/
- 交　通　〈バス〉近鉄奈良駅から：奈良交通バス13番のりば 加茂駅行き（約17分）もしくは奈良交通バス21番乗り場 州見台6丁目行き（約17分）　JR奈良駅から：奈良交通バス15番乗り場 加茂駅行き（約20分）もしくは奈良交通バス11番乗り場 州見台6丁目行き（約20分）　いずれも 木津南ソレイユ下車
〈車〉京名和道路 木津ICより約5分／第2阪奈道路 宝来ICより30分
- 開　館　AM10:00 ～ PM4:30
- 入館料　無料
- 休館日　月・火曜日（祝日等の場合は翌日），年末年始（12月28日～1月4日）
- 施　設　2階建，敷地面積1万㎡ 展示面積1800㎡
- 設　立　2001（平成13）年7月
- 設置者　国立研究開発法人 量子科学研究開発機構 関西研究所（旧・日本原子力研究所 関西研究所）
- 管　理　同上
- 責任者　館長・星屋泰三

京都府

京都市青少年科学センター

　1951(昭和26)年に、戦後の荒廃した京都市内の学校の理科設備では、実験指導が困難であった中において、民間施設を借上げ理科の専用施設として設置された「科学教室」は、全国からも注目をあび、各地の理科教育センター設立の原動力となった。その後、PTAや学校関係者をはじめ広範な市民からの要望により、1962(昭和37)年に「児童科学館建設促進について」の請願が市会で採択され、翌1963(昭和38)年には、「京都市青少年科学センター設置審議委員会」が発足し、ここで当センターの理念が答申された。その後、科学センターの建設が具体化され、1969(昭和44)年5月に開館した。1979(昭和54)年3月、博物館相当施設に指定され、1980(昭和55)年4月にはプラネタリウム棟を改修し、リニューアルオープンした。その後1989(平成元)年10月、創立20周年記念事業として特別展示棟の建設に着工し、翌1990(平成2)年3月竣工、1996(平成8)年7月にはプラネタリウムがリニューアルオープンした。科学センターは、開館以来47年間にわたり自然科学教育に関して多くの研究・業績を積み、また自然・環境を内容とした事業の実績を持っており、これらの経験や実績を生かし、2000(平成12)年1月11日に教育施設としては政令指定都市で最初の「ISO14001」の認証を取得した。
　京都市青少年科学センターは、設置審議委員会答申の趣旨に基づき、科学者精神—科学的なものの見方、考え方、扱い方など「科学の方法」およびこれを活用する心構え—を体得した将来の市民を育てることを目的とし、(1)センター学習 (2)教員研修 (3)市民科学事業の事業を柱として運営している。

京都府

ことに（1）のセンター学習は、実験室学習・展示学習・プラネタリウム学習の3つの学習で構成され、科学博物館での学習を学校の授業の一環として行うというユニークなシステムは、国内外を問わず注目され続けている。

【展示・収蔵】

科学に関する100点あまりの展示品を見て、触って、体験することにより、科学の不思議さ・面白さを理解できる。液体窒素を使った演示実験や毎日実験内容が変わる「サイエンスタイム」、自分で選んだテーマの実験や工作を楽しめる「楽しい実験室」、沖縄の珍しいチョウを観察できる「チョウの家」、200種以上の植物や40種以上の岩石が観察できる屋外園、乳幼児が親子で科学を楽しめる「親子ふれあいサイエンスルーム」もある。プラネタリウムでは、天文事象や天文学の最新情報を盛り込んだ、所員による自主製作番組を全編生解説で行っている。

《第1展示場の主な展示品》

◇磯の環境―海の中の生命…磯の環境を、自然に近い生態系で観察することができるよう忠実に再現している。

◇恐竜コーナー…「タルボサウルス」：ゴビ砂漠で産出した化石をもとに復元した全長約10mの骨格復元模型、「よみがえる肉食恐竜　ティラノサウルス」：最新の研究成果と技術を織り込んだ動態模型で体長約5mは平均的なティラノサウルスの3/5縮小モデルとなっている。

◇貝や蝶の標本…世界でも珍しい貝や蝶の実物標本を多数展示している。

◇化石コーナー…「イクチオサウルス」：1億8000万年前に生息していたと考えられている魚竜の全身骨格化石。

◇アジアゾウ全身骨格標本…同じ陸上の大型動物で恐竜（は虫類）と、ゾウ（ほ乳類）の骨格の違いを学ぶことができる。

◇地震動体験マシーン…過去に起こったいくつかの地震を震度5まで体験できる。

◇人間万華鏡…大型の鏡を3枚組み合わせた中に見学者が入り反射の仕組みなどを学べる他、上部に設置したカメラを通して、万華鏡の映像として外からのモニタで観察できる。

◇むしむしワールド…オオセンチコガネをはじめとする昆虫標本をもとに、生物の多様性について学ぶことができる。

《第2展示場の主な展示品》

◇秒の世界…人間は、光や音にどれだけ速く反応することができるのかを、

京都府

体験しながら試すことができる。

◇深草谷口町の地層：露出した崖の剥ぎ取り標本。明確な断層を表わす地層の様子がよくわかる。

◇くらべてみようマグマからできた岩石…火成岩の標本に直接触れることができ、また、岩石を作る鉱物を顕微鏡で詳しく観察できる。

◇気候と環境体験ルーム…京都市内と砂漠地帯の温度と湿度の関係について、体感しながら理解を深めることができる。

◇くもダス…直径5mの半円形ドームに科学センター上空の雲のライブ画像や、過去の特徴的な天候や雲の動き等を選択し、映し出すことができる。

◇美しい炎の世界…花火のしくみやその原理である霧状の金属水溶液をバーナーに入れて、金属特有の鮮やかな色を観察できる。

◇企業協力展示…京都の先進科学企業の協力により、各社が作成した独特のユニークな展示品が楽しめる。

《その他》

◇親子ふれあいサイエンスルーム…乳幼児と保護者が、科学的な遊具や本などを通して、ふれあいながら、科学の不思議さや面白さを体験し、興味・関心を高めるきっかけ作りとするとともに、親同士が子育てに関する情報交換や交流を図ることができる。

【事　業】

・市民科学事業：市民の科学に対する興味・関心を高め、身近に自然科学の不思議さや面白さを体験するさまざまな事業を進めている

・展示場で日替わりの実験・演示を行う「サイエンスタイム」や「楽しい実験室」、所長の講演会「サイエンストーク」、屋外園では「チョウの家」、「カブトムシの家（7月中旬〜8月中旬のみ）」、プラネタリウムでは一般投映の他「大人のための星空めぐり」「プラネタリウム駅伝」「星座探訪」、天文台では「市民天体観望会」を実施している。

・児童・生徒に科学のすばらしさや楽しさを教えるため、「自然観察教室」、「親子実験教室」、「夏休み理科相談会」、「京都サイエンスコンテスト」を開催。

・未来のサイエンティスト養成事業：理科・科学好きな市内の小・中学生が、将来、自然科学分野への進路を切り拓くための動機づけとする体験活動や探究心を培う研究活動を行う。自分の関心のあるテーマを徹底して研究し，全国的な科学コンテストへの出展・入賞を目指す探究コースと，大

子ども博物館美術館事典　329

京都府

学・企業等による最先端の技術を活かした実験教室に参加し，科学の不思議さや面白さを実感する体験コースがある。

【出版物・グッズ】
科学センターだより(年4回発行)
年間天文カレンダー(年1回発行)
科学センター施設のごあんない(年1回発行)

- ・所在地　〒612-0031　京都府京都市伏見区深草池ノ内町13
- ・TEL　075-642-1601
- ・FAX　075-642-1605
- ・URL　http://www.edu.city.kyoto.jp/science/
- ・交　通　〈京阪電車〉藤森駅下車 西へ400m
  〈地下鉄・近鉄〉竹田駅下車 東へ1km
  〈市バス〉105・南5・南8・臨南5　青少年科学センター前下車 南へ100m
- ・開　館　AM9:00 ～ PM5:00(入館はPM4:30まで)
- ・入館料　大人510円(460円)，中・高生200円(180円)，小学生100円(90円)
  プラネタリウム観覧料：大人510円(460円)，中・高生200円(180円)，小学生100円(90円)
  ※( )内は30名以上の団体料金
- ・休館日　木曜日(祝日の場合は翌平日)，年末年始(12月28日～1月3日)
- ・施　設　鉄筋コンクリート3階建 一部5階，敷地面積1万7408㎡ 建築面積4820㎡ 総床面積9675㎡
- ・設　立　1969(昭和44)年5月
- ・設置者　京都市教育委員会
- ・責任者　所長・瀬戸口烈司

館のイチ押し

- ・ティラノサウルス動態模型(ボタンを押すと、おしゃべりしたり、獲物を狙うリアルな動きが見られます)
- ・プラネタリウム(所員による星の生解説は、素敵なボイスで癒されること間違いなしです)

京都府

京都大学総合博物館

　京都大学は1897(明治30)年に創設されたが、大学が十全な研究・教育活動を行なうための拠点として、学術標本を収蔵・管理するための施設が必要であるとの考えから、創立当初から大学博物館の設置が構想され、一次資料の収集が開始された。1907(明治40)年、文科大学(のちの文学部)史学科の開設によって国史学・地理学・考古学の資料収集に拍車がかかり、1914(大正3)年には陳列館の最初の建物が竣工した。以後3次にわたる増築によって文学部陳列館(後の文学部博物館)全館が完成、史学科各講座と美学美術史学の文化史関係資料が収蔵された。
　その後、他学部などでも学術標本資料が膨大な数量となり、その十分な管理と活用の必要性が叫ばれるようになった。機器・実験器具・資料の綿密な調査が行なわれ、本学が収蔵する250万点以上の学術標本資料の全貌が明らかとなったのである。これらの学術標本資料の保全・活用に対応するために、京都大学にとって最も望ましい総合博物館のあり方について活発な議論がなされた。
　そして、1997(平成9)年度概算要求として京都大学総合博物館の新設を要求、承認され、同年度に教官9名・事務官4名の組織として京都大学総合博物館が発足した。旧文学部博物館を文化史系展示場とし、自然史系展示場として新館を新たに増設することになり、2000(平成12)年3月に着工、8月に竣成、翌年6月に京都大学総合博物館として開館した。開館後は、文化史系・

京都府

自然史系・技術史系の常設展示と年2回の企画展を中心に、適宜特別展を行うとともに、標本の維持・管理の充実に努めているところである。また、社会貢献・教育活動の場として、公開講座等の企画・運営している。

【展示・収蔵】

《常設展示》

文化史、自然史、技術史の3つの部門展示がある。

◇文化史

長持形・家形など石棺の様々な様式の代表例、京都大学の伝統的な史跡発掘調査・海外学術交流によってもたらされた土器や石器・金属製品など、学術史上重要な考古資料を展示。また、古文書・古記録などの歴史資料・古地図を中心とする地理資料、および各種美術資料を展示。

◇自然史

京都大学の研究成果を中心に温帯林の生態系の研究を紹介。昆虫と植物の共生関係、モグラと菌類の共生関係、植物の分布や四季を通じた変化、動物相などについて展示・解説。また、京都大学とマレーシアが世界に先駆けて行っている共同研究の最新成果を大規模なジオラマを交えて解説。故・井上民二ら、研究中に殉職された研究者の業績も紹介。霊長類学のコーナーでは、知能測定実験装置を使って、チンパンジーと見学者の知恵比べもできる。

◇技術史

京都大学の前身でもある三高時代の物理実験機器や、創設期の京都大学で教材に使われていた機械メカニズム模型を展示。

《収蔵分野・総点数》

京大総合博物館には、国宝・重要文化財を含む貴重な学術標本や資料が多数所蔵されている。文化史系資料では実物だけで30万点を越す厖大なコレクションがあり、国内はもちろんのこと、日本の歴史に影響を与えた中国や朝鮮半島のさまざまな時期の資料も蒐集されている。自然史系資料では魚類、植物、貝類、陸上動物を始め、菌類、化石・鉱石等の地質標本、技術史系では京都大学で所蔵されている3000点以上の資料の中からその一部を保存している。

海外との学術交流によってもたらされた資料も含め、260万点の資料が収蔵されている。

332　子ども博物館美術館事典

京都府

《主な収蔵品》
　　◇文化史…石棺、土器や石器、金属製品、古文書、古地図など
　　　重要文化財：唐古遺跡出土品、宝塚市小浜北米谷出土品、城陽市久津川
　　　車塚古墳出土品
　　◇自然史…カキ(二枚貝)の進化についての標本、最古の多細胞動物アノマ
　　　ロカリスやナウマン象の第一標本など
　　◇技術史…三高時代・京大の創設期に教材に使われた機械メカニズム模型、
　　　関門トンネルシールド工法模型、木製蒸気機関車模型など

【事　業】
《教育活動》
　　◇レクチャーシリーズ…小学校高学年以上を対象とした一般向け講演会を
　　　実施している。2016(平成28)年度からは〈2016 Lecture series ─研究
　　　の最先端─〉としてリニューアルする。2016年度は、さまざまな分野
　　　の研究をリードする京大の研究者たち5名を招き、研究のおもしろさや
　　　可能性を総合博物館館長が聞き出す。中高生も大歓迎。(開催スケジュー
　　　ルは、当館ホームページに掲載)
　　◇国際シンポジウム…「シンポジウム「挑戦するアジアの大学博物館」
　　　Challenging Asian University Museums」(2014年度)／SPIRITS国際
　　　シンポジウム「京都大学の埃及考古資料」(2015年度)
　　◇京都大学子ども博物館…毎週土曜日に博物館エントランスで開催してい
　　　る大学院生を中心とした対話型解説イベント。
《近年開催した主な特別展・企画展》
　　平成26年度企画展「学問の礎を受け継ぐ─文科大学陳列館からの出発─」
　　／平成26年度特別展「海のめぐみ─内陸の京で磨く─」／平成26年度特別
　　展「地の宝─百年を超える眠りからさめる旧制三高・京都帝大時代の秘蔵
　　鉱物コレクション─」／平成27年度特別展「文化財発掘Ⅱ─京大キャンパ
　　スの弥生時代─」／平成27年度特別展「京のイルカと学びのドラマ」／平
　　成28年度特別展「ねむり展 眠れるものの文化誌」

【出版物・グッズ】
　　「地図出版の四百年」／「コンピュータに感覚を─京大情報学パターン情報
　　処理の系譜─」／「日本の動物はいつどこからきたのか─動物地理学の挑戦
　　─」／「考古学を愉しむ─新堂廃寺出土瓦の分析─」

子ども博物館美術館事典　333

京都府

- ・所在地　〒606-8501　京都府京都市左京区吉田本町
- ・ＴＥＬ　075-753-3272
- ・ＦＡＸ　075-753-3277
- ・ＵＲＬ　http://www.museum.kyoto-u.ac.jp/
- ・E-mail　info@inet.museum.kyoto-u.ac.jp
- ・交　通　1）京都市バス 3・17・31・201・203・206系統 百万遍停留所で下車 徒歩2分
　　　　　　2）京阪電鉄 京阪本線 出町柳駅下車 徒歩15分（今出川通を東進 百万遍交差点を南下）
- ・開　館　AM9:30 〜 PM4:30（入館はPM4:00まで）
- ・入館料　一般400円，大・高校生300円，中・小学生200円
- ・休館日　月・火曜日（平日・祝日に関わらず），年末年始（12月28日〜1月4日），創立記念日（6月18日），夏季一斉休業日（8月第3週の水曜日）
- ・施　設　地上4階・地下2階建，総面積1万3350㎡　展示に使用されている1・2階の面積2470㎡　展示面積以外にはエントランス・セミナー室・各専門分野ごとの収蔵室・実験室・工作室・研究室など
- ・設　立　1997（平成9）年
- ・設置者　国立大学法人 京都大学
- ・責任者　館長・岩崎奈緒子（教授）

館のイチ押し

◇京都大学子ども博物館

　毎週土曜日AM10:00 〜 PM4:00まで博物館エントランスで開催している大学院生を中心とした対話型解説イベントです。内容は、担当するスタッフの専門分野によって異なりますが、考古学、昆虫、地理、古生物など多様な分野のメンバーがいます。具体的な内容については毎週木曜日に博物館ホームページに情報を掲載しています。

京都府

京都鉄道博物館

当館は2016(平成28)年4月29日にグランドオープン。「地域と歩む鉄道文化拠点」を基本コンセプトに、2015年8月、43年の歴史に幕を閉じた「梅小路蒸気機関車館」と一体となる施設を梅小路公園内に建設し、2014年4月に閉館した「交通科学博物館」の展示車両や収蔵物も移設し開業。国内最大級の敷地面積を持ち、蒸気機関車から新幹線まで日本の近代化を牽引した53両の車両を収蔵。

「見る、さわる、体験する」を重視した展示構成で、子どもから大人まですべての人が楽しめる施設。

【展示・収蔵】

鉄道の安全な運行の仕組みや鉄道の進化を学んでいただく施設として、体験展示を随所に設置し、運転シミュレータ、踏切非常ボタン、車掌体験装置、切符発券体験が可能。

鉄道ジオラマは、実物車両の1/80スケールの鉄道模型を運転する幅約30m・奥行約10mのスケールで、鉄道に欠かすことの出来ない施設を忠実に再現しており、日本全国のさまざまな車両を運転。

国内の鉄道系博物館で唯一、営業線につながった線路を引き込んでおり、定期的に展示車両を入れ替えることが可能。

建設から100年を迎えた国指定の重要文化財である扇形車庫には、明治から昭和にかけて活躍した代表的な蒸気機関車20両を保存・展示している。その内C62形2号機など8両は動く状態で保存されている。

京都府

【事　業】
・SLスチーム号の体験乗車を実施（一般・大学生・高校生300円、中学生・小学生・幼児（3歳以上）100円）
・企画展示室にて、特別展、企画展の実施
・土日祝日は、JR西日本の現役社員による仕事内容を伝えるイベントを開催

【出版物・グッズ】
　旧二条駅舎においてミュージアムショップを営業。公式ガイドブックなどの書籍やオリジナルグッズの販売など子どもから大人まで楽しめる空間となっている。ミュージアムショップのみの利用は無料。

・所 在 地　〒600-8835　京都府京都市下京区観喜寺町
・T E L　075-323-7334
・F A X　075-323-7354
・U R L　http://www.kyotorailwaymuseum.jp/
・交　　通　JR京都駅中央口より徒歩約20分 または 嵯峨野線丹波口駅より徒歩約15分
　　　　　　〈バス〉JR京都駅北口より 梅小路公園前 または 梅小路公園・京都鉄道博物館前下車
・開　　館　AM10:00 〜 PM5:30（入館はPM5:00まで）　※開館時刻の繰り上げ，閉館時刻の繰り下げを実施する場合あり
・入 館 料　一般1200円，大学生・高校生1000円，中学生・小学生500円，幼児（3歳以上）200円　障がい者入館料金：一般600円，大学生・高校生500円，中学生・小学生250円，幼児（3歳以上）100円
・休 館 日　毎週水曜日，年末年始（12月30日〜1月1日）　※ただし，祝日、春休み（3月25日〜4月7日）・夏休み（7月21日〜8月31日）は開館
・施　　設　エントランスホール，プロムナード，本館，トワイライトプラザ，扇形車庫，旧二条駅舎
・設　　立　2016（平成28）年4月28日
・設 置 者　西日本旅客鉄道（株）
・管　　理　（公財）交通文化振興財団
・責 任 者　館長・三浦英之

館のイチ押し
蒸気機関車から新幹線電車まで53両の迫力をお楽しみください

京都府

福知山市児童科学館

　子どもの理科離れの防止を願って1985(昭和60)年7月10日にオープンした。設立にあたっては、大都市の科学館の調査を行い、福知山市の周辺部には、南は京都市、西は米子市までプラネタリウムがない、という地域の実情にあわせてプラネタリウムを併設した科学館を建設した。
　2001(平成13)年3月には展示型から体験型の科学館へと転換し、リニューアルオープンした。21世紀を担う子どもたちが、科学を通じ想像力や情操を養い、楽しみながら学び、体験できる科学館をめざし、広い視野にわたって科学教育を行うことを目的としている。

【展示・収蔵】
《1階展示室》
　◇新しい科学の世界
　　グラフィック処理により壁面に平行ないしは垂直に描かれている窓やタイルが歪んで見える「感覚の広場」、「科学の広場」「サイエンスシアター」

プラネタリウム

京都府

「イベント広場」、高さ18m、幅約12m、奥行き18mの巨大なタワーの中でボーリング大のボールを動かすことによって、"力のいろいろな働き"などを体感し運動の力学を学ぶ「力のダイナミックタワー」がある他、郷土コーナーでは福知山市の動植物、鉱物等を展示している。

《2階》

◇地球と宇宙の世界

プラネタリウムの他、「情報の広場（コンピュータコーナー）」、ロケットの模型、月球儀、ビデオ等が設置された「宇宙と地球の広場」、「キッズ広場（幼児コーナー）」がある。

【事　業】

星空観望会、採集物の名前を調べる会を開催。

行事例：鮭の稚魚放流、ビオトープでの水生生物観察会、日本の凧展、世界の昆虫展、冬の探鳥会など

- ・所在地　〒620-0017　京都府福知山市字猪崎377-1
- ・Ｔ Ｅ Ｌ　0773-23-6292
- ・Ｆ Ａ Ｘ　0773-23-6340
- ・Ｕ Ｒ Ｌ　http://www.sandanike-kouen.or.jp
- ・E-mail　kagakukan@sandanike-kouen.or.jp
- ・交　通　JR福知山駅よりバスで10分
- ・開　館　AM9:00 〜 PM5:00（入館はPM4:30まで）
- ・入館料　大人310円，小人（4歳〜中学生）150円　プラネタリウム観覧料：無料
- ・休館日　水曜日（祝日の場合は翌日），年末年始（12月28日〜1月1日）
- ・施　設　鉄筋コンクリート2階建，面積2307.9㎡
- ・設　立　1985（昭和60）年7月
- ・設置者　福知山市
- ・管　理　（公財）福知山市都市緑化協会
- ・責任者　館長・辻本勝

館のイチ押し

- ・プラネタリウムは小規模だが、観覧料は無料で幼児から大人まで楽しめる番組をそろえている。
- ・ウレタンゴム製のボールを自分の力で落下させ楽しむボールコースターは、エネルギー（力）の法則を巨大ボールマシンで体感する展示施設で、他の科学館では見られないものである。

大阪府

インスタントラーメン発明記念館

　インスタントラーメンの歴史を通して発明・発見の大切さを伝えたいとの思いから、1999(平成11)年11月にインスタントラーメン発祥の地、大阪府池田市に設立。展示スペースやインスタントラーメンの手作り体験コーナーも実施。

【展示・収蔵】
〈研究小屋〉
　世界初のインスタントラーメン「チキンラーメン」開発当時のままに再現した研究小屋
〈安藤百福(あんどうももふく)とインスタントラーメン物語〉
　インスタントラーメンの歴史や発展のエピソードの壁面展示
〈インスタントラーメン・トンネル〉
　半世紀以上前にたったひとつの商品から始まったインスタントラーメンが発展していく様子を、約800種類のパッケージで表現
〈カップヌードルドラマシアター〉
　カップヌードル型の体感シアター。「カップヌードル」の発明にいたるひらめきのエピソードや製造工程などを迫力ある大型映像で紹介

大阪府

〈マジカルテーブル（クイズコーナー）〉
インスタントラーメンに関する様々なクイズを通じ、楽しみながら、インスタントラーメンへの理解が深められる

〈安藤百福の軌跡〉
世界の食文化を変えた安藤百福が残した「語録」や、勲章・表彰状や、愛用していた品々を展示

研究小屋

【事　業】

- 「チキンラーメンファクトリー」では、小麦粉をこね、のばし、味付けをして、自分だけのチキンラーメンを手作りすることができる。1日に4回、各90分で開催。小学生300円、中学生以上500円で要予約。2人1組での作業となるため、偶数人数での申し込みとなる。小学生1・2・3年生は、中学生以上の方とペアで体験。
参加希望日の3ヵ月前の同日から予約可能であるが、基本的に休日は予約がいっぱいの状況である。HPか予約専用ダイヤルから予約ができる。小・中・高等学校の学校教育で利用の場合は無料となり、1年前から予約可能。
- 「マイカップヌードルファクトリー」では、自分でデザインしたカップに、4種類のスープの中から1種類、12種類の具材の中から4つ選んで、オリジナルのカップヌードルを作ることができる。組み合わせは5460通り。1食300円。予約不要。混雑時には待ち時間の発生や、カップの販売を早めに終了する場合あり。

- 所在地　〒563-0041　大阪府池田市満寿美町8-25
- ＴＥＬ　072-752-3484
- ＵＲＬ　http://www.instantramen-museum.jp
- 交　通　阪急電車宝塚線 池田駅下車　満寿美町方面出口より徒歩約5分
- 開　館　AM9:30〜PM4:00（入館はPM3:30まで）
- 入館料　無料（体験は有料）
- 休館日　火曜日（祝日の場合は翌日が休館），年末年始
- 施　設　鉄筋コンクリート造2階建，延床面積3423㎡
- 設　立　1999（平成11）年11月
- 設置者　日清食品ホールディングス（株）
- 責任者　代表取締役 取締役社長・CEO・安藤宏基

大阪府

大阪市立科学館

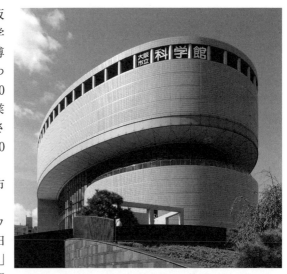

　大阪市立科学館は大阪市北区中之島(大阪大学理学部跡地—湯川秀樹博士の研究はこの地で行われた。)に、大阪市制100周年記念事業の主要事業のひとつとして計画され、1989(平成元)年10月7日に開館した。

　また、当館は、大阪市西区の四ツ橋にあった、東洋初のプラネタリウム館として知られた旧「大阪市立電気科学館」(1937(昭和12)年3月開館、1989(平成元)年5月閉館)の伝統を受け継ぎ、「宇宙」と「エネルギー」を中心にそれらに関連するさまざまな科学知識・技術の普及、啓発、研究を行っている。

【展示・収蔵】

　当館は、「宇宙とエネルギー」をテーマにした科学館で、展示場には約200点の展示品があり、楽しみながら宇宙や科学の仕組みや現象を体験することができる。また、展示場3階では、物理や化学の実験を見学できるサイエンスショーを毎日実施している。地下にあるプラネタリウムホールでは、直径26.5mの世界最大級のドームスクリーンに映し出すプラネタリウムがある。サイエンスショーやプラネタリウムプログラムは3ヵ月毎に変更している。

◇展示場4階：「宇宙とその発見」のコーナー

　天文に関する展示と、科学の基礎的な原理や法則を調べる展示を設置して

大阪府

いる。また科学の歴史、特に大阪の科学史に関する展示も有している。過去から現在までの様々な科学史上の発見を豊富な資料で追体験できるコーナーを有する。実物資料以外にも、惑星ごとの重力の違いで重さが変わることを体験できる「宇宙重さくらべ」など、体験型展示も設置している。

◇展示場3階：「身近に化学／サイエンスショー」のコーナー

金属、宝石、結晶といった無機化学、プラスチック、繊維といった高分子化学、香りや薬などの有機化学の3つのエリアに分類できる。国内の科学館で最大の化学専門の展示フロア（約430平米）。2001（平成13）年のノーベル化学賞を受賞した導電性プラスチックや、鉱物、結晶など700点にのぼる資料を展示し、私たちの暮らしを支えるさまざまな物質の化学的性質を紹介している。また、毎日演示実験を行っているサイエンスショーコーナーを有する。

◇展示場2階：「おやこで科学」のコーナー

小学校低学年までの子ども達とその家族を対象としたフロア。ボールの動きや、鏡に映る像、風の動きや、音といった、単純ながらも科学の様々な現象を確認できる展示を設置している。子どもが疑問に思う現象について、大人が答えることができるような解説パネルを設置し、親子での会話を通して科学に親しむ展示場としている。

◇展示場1階：「電気とエネルギー」のコーナー

送電鉄塔や電柱、水力発電の水車などの実物資料を通じて発電や送電の仕組みを解説、紹介している。また、なつかしい家電製品などを通じて電気の使用量の変遷なども紹介している。さらに、ペダルをこいだり、大きなはずみ車を回して自分で発電できる展示もある。

【事　業】

・プラネタリウム投影（1日6〜8回）
・プラネタリウムファミリータイム（1回　土日祝等）
・サイエンスショー演示（1日4回）
・ジュニア科学クラブ事業
・天体観望会
・科学教室
・科学講演会
・ボランティアによる実験ショー、展示案内

大阪府

【出版物・グッズ】

「科学館だより」(季刊)／「館報」(年刊)／「研究報告」(年刊)／「月刊うちゅう」(月刊)／「こよみハンドブック」(隔年刊)／科学館ミニブックシリーズ

- ・所在地　〒530-0005　大阪府大阪市北区中之島4-2-1
- ・ＴＥＬ　06-6444-5656
- ・ＦＡＸ　06-6444-5657
- ・ＵＲＬ　http://www.sci-museum.jp/
- ・交　通　地下鉄四つ橋線 肥後橋駅(3)出口から西へ約500m
- ・開　館　AM9:30 ～ PM5:00(観覧券の販売はPM4:30まで)
- ・入館料　展示場：大人400円(320円)，学生(高校・大学)300円(240円)，中学生
　　　　　以下無料
　　　　　プラネタリウム：大人600円(480円)，学生(高校・大学)450円(360円)，
　　　　　3歳以上中学生以下300円(240円)
　　　　　※(　)内は30名以上の団体料金
- ・休館日　月曜日(祝日・振替休日の場合，翌平日)，年末年始，臨時休館日
- ・施　設　鉄筋コンクリート造・地上4階地下1階塔屋，建築面積3165.78㎡ 延床
　　　　　面積9356.45㎡ 展示場面積3156.3㎡ 敷地面積1万6086.75㎡(市有地)
- ・設　立　1989(平成元)年10月
- ・設置者　大阪市
- ・管　理　(公財)大阪科学振興協会
- ・責任者　理事長・石川博志

館のイチ押し

- ・東洋初のロボット「学天則」の復元展示(可動品)
- ・専門スタッフによるプラネタリウムのライブ解説
- ・「プラネタリウムファミリータイム」幼児から小学校低学年のお子様
　とその保護者におススメのプラネタリウムです。プラネタリウムデ
　ビューにもぴったり！
- ・展示場2階「おやこで科学」小学校低学年までのお子様とその保護者
　を対象としたフロアです。楽しみながら科学の世界にふれてください。

大阪府

大阪府立大型児童館ビッグバン

　大阪府における子どもの豊かな遊びと文化創造の拠点施設として、「子どもたちの遊びと文化の創造機能」「地域の遊びを振興、支援する機能」「子どもの健やかな成長を支える人材の育成機能」を担うことを目的とした児童厚生施設であり、1999(平成11)年6月23日に開館した。
　「銀河鉄道999」の作者・松本零士氏が1999年ビッグバン館長に、2002(平成14)年には名誉館長に就任。館内は松本零士氏が創作した"宇宙からの訪問者「ベアル」と「メロウ」の壮大な旅物語"に沿った、ストーリー性のある非日常空間が演出され、子どもたちの夢や創造性、身体能力などを育んでいる。

【展示・収蔵】
　本館1階のエントランスフロアから、2階・3階のフロアにわたる段状の大空間、その上は着陸した宇宙船をイメージした4階部分で構成されている。
　自由に工作をしたり、描いた絵を大画面で動かして遊んだりできるコー

大阪府

ナーや、アスレチック、昔のおもちゃで遊べる昭和の街並み、科学現象を遊びながら体験できるコーナーなど、身体全体を使って遊ぶことができる。

半円の球形劇場（こども劇場）が隣接し、人形劇やショーなど様々な演目やイベントが実施されている。そして「遊具の塔」は4階から8階までの空間に垂直遊具17アイテムが設置された高さ53mの巨大ジャングルジムで好奇心、冒険心、達成感が味わえる。

【事　業】
・全館事業：年間6～7回、パネル展示と関連イベントを企画。
・工房事業：身近な素材を利用した自由な発想やテーマを設定したものづくりやお菓子作りを展開。
・こども劇場事業：子どもたちの感性を育む人形劇やショーなどのイベントを実施。
・移動ミュージアム事業：ビッグバンが持つ体験展示やワークショップのプログラムを地域の子どもたちに提供。
・交流広場事業：屋外交流広場において、子どもたち相互間および地域住民との交流を図る。
・子育て支援事業：子どもの健全育成に関わる人材やビッグバンボランティアの育成研修、子育て支援を実施。
・冒険遊び場事業：屋外遊び場「ちょっとバン」における子どもたちの自然を取り入れた遊びや交流を図る。

【出版物・グッズ】
「ビッグバンあそびの事例集」（2015）
メモ帳、文房具、お弁当箱、ハンドタオル、ブロック、パズル、エコバッグ、ペンケース等

・所在地　〒590-0115　大阪府堺市南区茶山台1-9-1
・ＴＥＬ　072-294-0999
・ＦＡＸ　072-294-0998
・ＵＲＬ　http://www.bigbang-osaka.or.jp
・E-mail　sform@bigbang-osaka.or.jp
・交　通　南海・泉北高速鉄道 泉ヶ丘駅から徒歩約3分
・開　館　AM10:00～PM5:00（最終入館はPM4:30）
・入館料　大人1000円, 小・中学生800円, 幼児（3歳以上）600円, 65歳以上500円（要

子ども博物館美術館事典　345

大阪府

　証明書)，障がい者半額および介護者1名無料(要手帳等)

- ・休館日　月曜日(祝日の場合は翌火曜日)，年末年始，1月と9月の平日にメンテ
  ナンス休館
- ・施　設　敷地面積9万8268.90㎡ 建築面積6530.16㎡，階数：本体地上5階・地
  下1階，屋外広場：交流広場・屋外冒険遊び場
- ・設　立　1999(平成11)年6月23日
- ・設置者　大阪府
- ・管　理　(一財)大阪府地域福祉推進財団
- ・責任者　館長・前田健次

館のイチ押し

　高さ53mの巨大ジャングルジム「遊具の塔」はビッグバンだけ。8階からの眺望もご覧ください。

　また、松本零士氏が創作した「パワーユニット」ではビッグバンの誕生物語「ベアルとメロウの壮大な旅物語」をハイビジョン映像や演出音、照明で楽しめるシミュレーションシアターもご覧いただけます。

大阪府

きしわだ自然資料館

　当館は、岸和田市在住の故・蕎原文吉による300点余の野生動物標本の寄贈の申し出が契機となり、岸和田市の推進する「岸和田城周辺地域整備計画」の一環として1995(平成7)年6月1日に開館した。

　自然に対する興味の「きっかけづくり」となる郷土の自然に関する情報知識を提供し、また来館者が自ら学習、研究・発表できる生涯学習の拠点となることを目指している。

　なお、当館は1998(平成10)年12月、文部省より「博物館相当施設」に認定された。これは泉南地域の市町立施設でははじめての指定である。

【展示・収蔵】

《2階：常設展示室》

　大阪南部の身近な自然を、山地・ため池・平地などといった環境ごとに、ジオラマや標本、映像などで分かりやすく紹介。1994(平成6)年12月に市内で発見されたワニ化石や、和泉層群産のアンモナイト類など、地学展示も豊富。

　また、「発見BOX」や「私の研究発表コーナー」など、利用者が採集した資料や調査結果を発表できるコーナーのほか、動植物・化石・鉱物標本を実際に手にとって学習できる「子ども研究室」など、ユニークなコーナーも充実している。

　2011(平成23)年には一部をリニューアルし、モササウルスの展示や当館およびきしわだ自然友の会発案の「チリメンモンスター」の紹介、ミニ実習コーナーを開設した。

《3階：収蔵展示室》

　市内在住の故・蕎原文吉から寄贈された野生動物標本の展示。

大阪府

【事　業】

・自然観察会(月2～3回)、室内実習(月1回)、出張講座(近隣の小中学校を対象に年30回程度)、友の会事業、ミニ実習(毎週日曜日・祝日)
・特別展(年1回)、企画展など

【出版物・グッズ】

「きしわだ自然シリーズ」/「きしわだ地学シリーズ」/「水のいきものシリーズ」(不定期刊)/「きしわだ自然資料館報」(不定期刊)/「from M」(年4回)/友の会機関誌「メランジェ」(年5回)/「きしわだ自然資料研究報告」(不定期刊)/チリメンモンスター関連パンフレット/自然ポスター

・所在地　〒596-0072　大阪府岸和田市堺町6-5
・Ｔ Ｅ Ｌ　072-423-8100
・Ｆ Ａ Ｘ　072-423-8101
・Ｕ Ｒ Ｌ　https://www.city.kishiwada.osaka.jp/site/shizenshi/
・E-mail　sizen@city.kishiwada.osaka.jp
・交　　通　南海本線 岸和田駅から徒歩15分
・開　　館　AM10:00 ～ PM5:00(入館はPM4:00まで)
・入館料　おとな200円(140円)，中学生以下無料　3館共通入場券(きしわだ自然資料館・岸和田城・だんじり会館)おとな700円　※( )内は25名以上の団体料金，共通券は団体割引なし，特別展開催中は倍額，学校行事(幼・小・中)での入場料は免除(要申請)
・休館日　月曜日(祝・休日は開館)，祝・休日の翌日(翌日が土・日曜日・祝日の場合は開館)，毎月末日(土・日・祝日は開館)，「敬老の日」の前日と前々日(だんじり祭り)，年末年始(12月28日～1月3日)，展示替え期間(臨時休館)
・施　　設　鉄筋コンクリート造地上3階建，敷地面積1386.07㎡ 建築面積620.7㎡，延床面積1602.7㎡
・設　　立　1995(平成7)年6月
・設置者　岸和田市
・管　　理　岸和田市
・責任者　館長・岡本素治

館のイチ押し

・2011(平成23)年の展示リニューアル時に新設された「モササウルス」コーナー
・1階入口の「水そうコーナー」、岸和田周辺で見られる淡水・海水生物の生態展示

大阪府

キッズプラザ大阪

　1997(平成9)年7月、「子どもたちが楽しい遊びや体験と通して学び、創造性を培い、可能性や個性を伸ばす」ことを理念に、日本で初めて誕生した本格的なこどものための博物館。
　「In Learning By Doing＝実際にやってみることで本当に学ぶ」をコンセプトに、「展示」・「プログラム」、そしてそれを伝える「ひと」によって子どもたちの学ぶをサポートしている。
　学校や幼稚園・保育園などの遠足や社会見学での利用の他、授業の一環としての教育活動も行い、子どものための新しい教育プログラムを創造している。
　開館以来、近畿2府4県を中心に全国各地から毎年約40万人の来館者を迎えている。2度にわたる大幅リニューアルを経て、2016(平成28)年3月に来館者800万人を達成。

こどもの街

大阪府

【展示・収蔵】

子どもたちの日常生活にある様々な事象をテーマとした展示を行っている。子どもたちが実際に五感を使ってふれることのできる参加型の「ハンズオン展示」。

館内は「こどもの街」を中心に、「1階どんなもん階」「3階つくろう階」「4階あそぼう階」「5階やってみる階」に分かれている。各フロアでは、科学や自然の不思議、世界の文化や遊びとの出会いなど、遊びながら学べる展示物や料理体験、色々なものづくりなどのワークショップを体験できるコーナーを設置。

【事業】

- 年に数回、時代性や話題性をふまえたテーマのもと、企画展を開催するほか、企画展内容に合わせたワークショップの実施。
- アウトリーチ活動として、小学校や近隣の商業施設においてもワークショップを実施。
- 広報事業として、大阪天満宮の「星愛七夕まつり」や、「北区民カーニバル」などの参加をとおし、地域に根付いた施設としてPR活動の実施。
- 子どもたちの意見を当館から発信していくかたちの一つとして、「キッズレポーター」の採用。レポーター活動のほか、親子で色々なプログラムを体験してもらう。
- 学校園を対象に、教育課程の一環として活用してもらうための「学校園体験型プログラム」を1999(平成11)年度より実施。
- 市民との協働により館を運営するという当館の趣旨のもと、ミュージアムボランティア「インタープリター」の受け入れの実施。

【出版物・グッズ】

- おどろき盤:科学コーナーにあるアニメーションの原理がよくわかる簡単な装置。自由研究にぴったりな、当館オリジナル工作キット。
- キッズプラザ大阪オリジナルグッズ

- 所在地　〒530-0025　大阪府大阪市北区扇町2-1-7
- ＴＥＬ　06-6311-6601
- ＦＡＸ　06-6311-6605
- ＵＲＬ　http://www.kidsplaza.or.jp/

350　子ども博物館美術館事典

大阪府

- ・交　通　地下鉄堺筋線 扇町駅2号出口すぐ／JR環状線 天満駅西へ徒歩約3分
- ・開　館　〈平日〉AM9:30 〜 PM5:00　〈土・日・祝日〉AM9:30 〜 PM7:00
　　　　　　※入館は閉館45分前まで
- ・入館料　大人(高校生以上)1400円，小人(小・中学生)800円，幼児(3歳以上)500
　　　　　　円　※65歳以上700円(要証明)
- ・休館日　月曜日(祝日の場合は翌日)，年末年始(12月28日〜1月2日)
　　　　　　※4・9・12月に臨時休館日あり
- ・施　設　鉄骨造，地下2階・地上13階建の1・3階の一部および4・5階，延床面
　　　　　　積8342.79㎡
- ・設　立　1997(平成9)年7月
- ・設置者　大阪市
- ・管　理　(一財)大阪市教育振興公社
- ・責任者　館長・森啓

館のイチ押し

　オーストリア出身の芸術家・フンデルトヴァッサー氏がデザインした
「こどもの街」。すべてが曲線でつくられたこの街は、迷路のような回廊、
曲がった壁、形も色も違う窓などが特徴。

　「こどもの街」では遊び方も自由自在。壁をのぼったり、つり橋を渡っ
たり、チューブスライダー(身長100cm以上の方)を滑ったりと、思いき
り身体を使って遊ぶことができる。子どもたちへのメッセージをこめて
つくられた「こどもの街」は日本で唯一の室内作品として高い評価を得
ている。

近畿

大阪府

東大阪市立児童文化スポーツセンター ドリーム 21

　1991（平成3）年4月、大阪府東大阪市に「人間性豊かな市民と文化をはぐくむまち」づくりの一環として、花園中央公園内に設立、開館。子どもたちが、科学・文化・スポーツについて楽しみながら関心を高め、健全に成長する場を提供。
　探検ひろば（科学展示室）、宇宙ひろば（プラネタリウム）、のびのびひろば（スポーツホール）の3施設を有する。

【展示・収蔵】
　探検ひろばでは、遊びながら体験し、学べる展示物を中心とし、触れる本物の化石の展示もある。
　プラネタリウムでは、子どもや家族で楽しめる映像作品とその日の夜に見られる星や天体の話を担当者が行う。
　のびのびひろばでは、安全に運動を楽しめる室内のアスレチック施設や幼児コーナーも設けている。

大阪府

【事　業】

　生物・星空・バイオリン・陶芸・一輪車教室(要申込)などの他に、不定期で季節工作教室を行う。演劇・人形劇・コンサートなども不定期に行う。

　夜間には館保有の望遠鏡を使用して、月一回天体観望会を実施。

・所在地　〒578-0923　大阪府東大阪市松原南2-7-21
・ＴＥＬ　072-962-0211
・ＦＡＸ　072-962-0810
・ＵＲＬ　http://www.dream21.higashiosaka.osaka.jp/
・E-mail　info@dream21.higashiosaka.osaka.jp
・交　通　近鉄奈良線 東花園駅下車 北東へ約1km
・開　館　AM9:30 ～ PM5:00
・入館料　無料(各施設ごと入場料要)
・休館日　月曜日(祝日の場合は開館、翌日が平日の場合振替)，年末年始
・施　設　鉄筋コンクリート造一部鉄骨，地下1階地上3階建
・設　立　1991(平成3)年4月
・設置者　東大阪市
・管　理　東大阪市文化振興協会・NTT-F共同事業体
・責任者　館長・中島栄

近畿

館のイチ押し

・当館は花園中央公園内にあり、施設内と屋外をあわせて一日中楽しめます。
・1階入口エントランスホールでは、恐竜骨格模型「アロサウルス」が出迎えてくれます。

子ども博物館美術館事典　353

兵庫県

明石市立天文科学館

　当館は、天文学およびその他の自然科学に関する知識の普及ならびに文化の向上を図る目的で、1960（昭和35）年6月10日に日本標準時の基準である東経135度子午線上に「時と宇宙の博物館」として開館した。地上54mの高塔は日本標準時子午線の標識になっている。当館建設までには子午線標識の建設の歴史がある。

- 1884（明治17）年：アメリカ・ワシントンで「国際子午線会議」が開催され、イギリスのグリニッジ天文台を通る子午線を、世界中の経度と時刻の基準となる本初子午線とし、そこから経度が15度へだたるごとに1時間ずつ時差を持つ時刻を、世界の各国が使用することが決議された。
- 1886（明治19）年7月12日：勅令第51号「本初子午線経度計算方及標準時ノ件」が発布され、明石を通る東経135度子午線が日本基準時子午線と決まり、1888（明治21）年1月1日午前0時0分から日本標準時が使用された。
- 1910（明治43）年：日本標準時子午線の重要性を認識して、子午線通過地点に花崗岩製の標識を建てた。
- 1928（昭和3）年：子午線標識を正確な位置に建て替えるために、天体測量が実施された。
- 1930（昭和5）年：トンボと地球をデザインした新子午線標識が人丸山に建てられた。
- 1951（昭和26）年：トンボの標識の建つ人丸山で、再度天体測量が実施され、その結果、トンボの標識を11.1m東へ移動させた。
- 1960（昭和35）年6月10日：時の記念日にトンボの標識の南に子午線標識を兼ねた当館が建設された。

兵庫県

　1995（平成7）年の兵庫県南部地震では、建物をはじめ展示品にも大きな被害を受けたが、1998（平成10）年3月15日、3年2ヶ月ぶりに館内外を一新してリニューアルオープンした。そして、2010（平成22）年には展示更新し、展示リニューアルした。

　今後もプラネタリウム投影を中心に、展示の充実、天体観望会の開催、また刊行物やインターネットによる情報の提供、レファレンスなどの事業を積極的に進めることにより、理科離れが進む青少年への学習の場として、また広く市民の生涯学習施設として、機能を十分発揮し、その役割を果たしていきたいと考えている。

【展示・収蔵】

《2階：プラネタリウムと展示室》

　カールツァイス・イエナ社製の大型プラネタリウム本体投影機（ドーム直径20m、300席）を使って、魅力ある番組を提供している。イエナ製の大型プラネタリウムとしては38台目で、現在稼働しているものとしては日本で最も古いプラネタリウムである。番組の内容は、四季の星座をはじめ、南極や北極の星空、惑星の動き、日食や月食など毎月の話題にそのときの天文ニュースをまじえて、解説者が生音声で解説している。ドーム入口には、プラネタリウムの基本的な動作を表現した展示模型や恒星ランプ、恒星シャッターの実物を展示している。

《3階：子午線のまち・明石、天文ギャラリー、時のギャラリー、天体観測資料室、特別展示室》

　東経135度子午線位置の決定に使われたバンベルヒ子午儀など5基の子午儀。セシウム原子時計、和時計をはじめ、時計の動くしくみや制御方法、表示方法を紹介した装置など、私たちの生活に欠かせない「時や暦」に関する展示。宇宙から飛来した隕石、淳祐天文図拓本の実物をはじめ、太陽系儀、惑星の表面、銀河系の構造、宇宙のひろがり、世界の天文台遺跡模型などの展示。太陽望遠鏡による白色光とHα線の像が観測できるコーナーなどがある。

《4階：日時計広場、キッズルーム》

　さまざまな日時計、惑星の大きさくらべ、幼児が滞在できるキッズルームなどがある。

《14階：展望室》

　淡路島や瀬戸内海、明石海峡大橋が一望でき、景観は最高。

兵庫県

《16階：天体観測室》

40cm反射望遠鏡を設置し、毎週土曜日AM10:45～PM1:00の公開と毎月1回の天体観望会を実施している。

【事　業】

定例観望会(毎月1回程度)、特別観望会(年2回程度)、観測室公開(毎週土日AM10:45～PM1:00)、特別展(年8回ほど)、こども天文教室(年11回)、イベント(コンサートなど)、星の友の会事業など。

【出版物・グッズ】

明石市立天文科学館広報誌「星空のレシピ」(年6回)／天文科学館利用のしおり(年1回)／星の友の会会報「135°の星空」(年4回)／記念誌「天文科学館50年」／星空ガイドブック／学習用星図／星座早見盤／「全国プラ『レア』リウム33箇所巡り」ガイドブック

- ・所在地　〒673-0877　兵庫県明石市人丸町2-6
- ・ＴＥＬ　078-919-5000
- ・ＦＡＸ　078-919-6000
- ・ＵＲＬ　http://www.am12.jp/
- ・E-mail　info@am12.jp
- ・交　通　JR明石駅下車 徒歩東へ15分，山陽電車人丸前駅下車 北へ徒歩3分，第2神明高速道路 大蔵谷ICから南西へ約3km
- ・開　館　AM9:30～PM5:00(入館はPM4:30まで)
- ・入館料　大人700円，高校生以下無料　※団体割引：30名以上1割引，100名以上2割引　※65歳以上の方・障害者手帳をお持ちの方は半額
- ・休館日　月曜日，第2火曜日(国民の休日・祝日となる日は開館し翌日が休館)，年末年始
- ・施　設　鉄筋コンクリート造(地上16階高塔と4階展示棟)，敷地面積4210㎡ 建物面積965㎡ 床面積3030㎡ 展示面積480㎡ プラネタリウム582㎡(ドーム直径20m，300席)，高塔の高さ地上54m
- ・設　立　1960(昭和35)年6月
- ・設置者　明石市
- ・責任者　館長・長尾高明

館のイチ押し

プラネタリウムは現役では日本最古、稼働期間も日本一です。

兵庫県

伊丹市立こども文化科学館

《設立目的》
こども文化科学館は、大阪国際空港の騒音問題を解決するため移転した神津小学校の跡地を活用して建設された児童センター並びに文化センターと、第3次総合計画「生命の輝きをたたえ、青春がこだまする都市」に採択され、市制50周年に建設されたプラネタリウム館からなる複合施設である。こどもを中心とした社会教育施設として、児童の健全な成長を促し、青少年の創造性、科学性を培うと共に、市民の教養の向上と情操の涵養に寄与することを目的としている。

夏の星座と投影機

《沿革》
- 1979(昭和54)年11月：神津小学校移転完了
- 1981(昭和56)年9月：伊丹市子供科学館(航空宇宙科学館)建設委員会設置要項設定
- 1981(昭和56)年11月：西桑津公園供用開始
- 1982(昭和57)年10月：こども科学館建設委員会設置
- 1984(昭和59)年5月：神津児童センター開館
- 1984(昭和59)年8月：こども宇宙科学館展示等構想懇話会設置
- 1988(昭和63)年5月：神津文化センター開館
- 1990(平成2)年11月：プラネタリウム館開館、伊丹市立こども文化科学館設置条例制定
- 1995(平成7)年1月：阪神淡路大震災被災により臨時休館
- 1996(平成8)年7月：スタンプラリー「関西プラネタリウム探検隊」事業実施

兵庫県

- ・1998(平成10)年4月：「フィールド・スクール」事業開始
- ・1999(平成11)年6月：プラネタリウム投影本機オーバーホール並びに補助制御システム「サテライツシステム」整備
- ・1999(平成11)年3月：プラネタリウム、リフレッシュオープン
- ・2004(平成16)年7月：常設展示更新、オリジナルキャラクター「ひょんたん」登場
- ・2005(平成17)年12月：デジタルコンテンツ投影システム「HAKONIWA」導入
- ・2008(平成20)年12月：全天周デジタルプラネタリウムシステム「ステラドーム」導入
- ・2012(平成24)年11月：プラネタリウム投影本機MS-15最終投影
- ・2013(平成25)年3月：プラネタリウム館リニューアル、投影本機「MEGASTAR-ⅡB itami」導入

【展示・収蔵】

　プラネタリウム館では、年間5本のテーマを決めた一般向け番組の投影と幼児向け・大人向けの特別投影、また小中学校の授業と連携した学習投影、幼稚園・保育所団体を対象とした幼児投影を行っている。「さぐろう、まなぼう、宇宙のふしぎ」をテーマにした天文に関する常設展示は2004(平成16)年度に一部更新された。

　幼児から小学生までのこどもたちとその家族が楽しみながら「科学する心」を育むことのできる体験型の展示物を導入、併せて館のイメージキャラクターを作成し、展示やプラネタリウム番組内で登場させている。

◇科学遊びコーナー：低年齢の子どもたちを対象に「遊び」を通して科学の基礎を体験、科学の世界へ導く。大型のウレタン積みや玉ころがし、玉落とし、磁石ゴマなどの知育玩具を設置。

◇古代人の宇宙観：古代バビロニア・インド・エジプトの宇宙観を図で展示。大昔の人々に決定的な影響を与えた天文現象とその宇宙観を紹介。

◇太陽の石：1790年メキシコシティで発掘された「太陽の石」と呼ばれるアステカの暦石のレプリカ。

◇天文学の歴史：天文と人の歴史として(1)天文現象を信仰や暦の対象とした歴史(2)「天動説」から「地動説」へと宇宙観が確立されるまでの歴史(3)望遠鏡の発明・発達によって宇宙が科学的に解明されていく近代天文学を年表で紹介。

兵庫県

◇こども惑星情報：科学館のオリジナルキャラクター「ひょんたん」が登場しクイズ形式で惑星を紹介。

◇惑星運行儀：太陽系の惑星の大きさ・位置、それぞれの動きや周期を模型とメカによって演出。また、大きさが比較できるレリーフがあり、じかに触ることができる。

◇太陽系サイクリング：ペダルをこいで進む宇宙船に乗って、惑星巡りをしながら惑星間の距離を体感。

◇ロボットアームシミュレーション：宇宙ステーションからロボットアームを操作し、実験装置を交換するシミュレーションゲーム。宇宙飛行士の仕事を体感できる展示。

◇天文Ｑ＆Ａ：星博士が出題するクイズに回答しながら、楽しく宇宙や星座・太陽系について学べるモニター展示。

◇惑星ジャンプ：各惑星や月でジャンプすると、地球上と比べてどのくらい跳べるかを体験、重力の違いを実感できる展示。

◇隕石：アメリカ・オデッサ鉄隕石を展示、またバリンジャー隕石を火成岩と並列し、実際に触って重さや感触の違いや方位磁石を使った磁化を知ることができる。

◇太陽・月・地球：太陽・地球・月の位置関係と運行を模型化、日食や月食の仕組みを演示する展示。

◇宇宙ロケット打ち上げ：スイッチを操作して空気圧を高め、ペットボトルロケットを打ち上げる展示。ロケットの簡単な原理を遊びながら学ぶことができる。

◇宇宙をズームアップ：望遠鏡を模した展示物をのぞくと、月・土星・オリオン大星雲がズームアップしてその見どころを解説。

◇宇宙シアター：館が保有している映像ライブラリーを選択し、観覧できるコーナー

◇展望室・展望台：空港を離発着する飛行機を眼下に一望できる屋上展望台。大阪国際空港の様子と伊丹市の東部、隣接する北摂地域が概観できる。

【事　業】

《講座・クラブ》

伊丹少年少女発明クラブ、天文クラブ、プラネタリウムクラブ、ファミリー星空クラブ

近畿

子ども博物館美術館事典　359

兵庫県

《プラネタリウム関連事業》

　企画展示、ちょこっとサイエンス、星空コンサート、観望会、お気軽天文講座「宇宙のひろば」、科学講演会等

【出版物・グッズ】

　マイプラネタリウム工作キット「マイプラ」／オリジナルペーパークラフト／星座うちわ工作キット

- ・所在地　〒664-0839　兵庫県伊丹市桑津3-1-36
- ・ＴＥＬ　072-784-1222
- ・ＦＡＸ　072-772-0778
- ・ＵＲＬ　http://business4.plala.or.jp/kodomo/
- ・E-mail　kodomo@bz01.plala.or.jp
- ・交　通　JR伊丹駅より徒歩17分（イオンモール伊丹テラスより約15分）
　　　　　　JR伊丹駅より「大阪空港行き」「岩屋循環」「森本循環」にて 神津バス停下車すぐ
　　　　　　阪急伊丹駅より「大阪空港行き」「岩屋循環」「森本循環」にて 神津バス停下車すぐ
- ・開　館　AM9:00 ～ PM5:15（入館はPM4:45まで）
- ・入館料　大人400円，中高生200円，小学生以下100円，3歳未満無料
　　　　　　※20名以上は団体扱いで2割引
- ・休館日　火曜日（祝日の場合は開館），祝日の翌日，年末年始（12月29日～1月3日）
- ・施　設　プラネタリウム館，文化センター
- ・設　立　1990（平成2）年
- ・設置者　伊丹市
- ・責任者　館長・中田美智世

館のイチ押し

　500万個の星々が煌めく空。天の川の繊細な星ひとつひとつを忠実に再現したスーパープラネタリウム「MEGASTAR（メガスター）」。当館オリジナル仕様の「MEGASTAR-ⅡB itami」は中規模以上のドームとしては関西初、メガスター常設施設としては日本最西端となります。全天周の迫力ある映像をさらに盛り上げるのが解説員の生解説です。アットホームなライブ感をお楽しみいただけます。

兵庫県

おもしろ昆虫化石館

　日本で初めての昆虫化石を主に展示した博物館として1996(平成8)年にオープンした。八田コミュニティセンターに併設されており、新温泉町の自然や歴史の特性を生かし、交流を通した地域開発意識を高める場を提供するとともに地域の活性化を図ることを目的としている。

　新温泉町内の海上(うみがみ)地区は、植物や昆虫の化石約100種類、2000点以上が産出された地で、数の多さや完全な形のものも多く、その質の良さから日本有数の化石産地と評価されている。化石が産出された地層は、およそ300万年前、新生代の新第三期、鮮新世の中期と位置づけられ、古照来湖(こてらぎこ)という湖の底であったと考えられている。

　昆虫化石館は、海上地区産出の化石展示をメインに、昆虫化石や植物化石を観察したり、化石探しをしながら太古のロマンを感じることができる体験型の学習・見学施設である。

展示室

兵庫県

【展示・収蔵】

◇展示コーナー

町内の海上地区から採集された昆虫化石を中心として、約220点を展示。海上産のマルガタアブ、コガシラアブ、ミツバチの仲間、キリギリスの羽根といった昆虫化石や植物のブナの化石、その他、世界の珍しい化石も展示している。

◇「化石を見つけよう」「化石のクイズ」「海上の地層レプリカ」「映像ファンタビュー」「地球の歴史・グラフィック年表」ほか

・所在地　〒669-6943　兵庫県美方郡新温泉町千谷850
・ＴＥＬ　0796-93-0888
・ＦＡＸ　0796-93-0888
・E-mail　comicen888@yumenet.tv
・交　通　JR山陰本線 浜坂駅 または 八鹿駅からバス
・開　館　AM9:00 ～ PM5:00(入館はPM4:30まで)
・入館料　大人・高校生100円，小・中学生50円　※15名以上の団体は2割引
・休館日　月曜日(祝日の場合は翌日以降，休日に当たらない最初の日)
・施　設　鉄筋コンクリート平屋建，延べ建築面積561㎡，展示室104㎡，研修室2室(企画展示室)，学習室，休憩談話室
・設　立　1996(平成8)年11月16日
・設置者　新温泉町
・管　理　八田文化交流会
・責任者　館長・大森利昭

館のイチ押し

小さな博物館ではありますが、他では見ることの少ない貴重な化石(こわれやすい小さな昆虫の完全な姿で採集されているものが多い)を展示し、化石探しコーナーや、クイズに答えながら楽しく見学できます。

兵庫県

グリコピア神戸

　「グリコピア神戸」は、江崎グリコの創立者・江崎利一の提唱していた「食べることと遊ぶことは、子供の二大天職である」という企業哲学を推し進め、お子さまたちに楽しく学んでいただける施設をとの願いを込めて開館したものである。
　おなじみのグリコ製品の製造工程をご見学していただくのをはじめ、映像、展示などを通じて、お菓子の知識や食文化について、みなさまに再認識していただく機会になればと願っている。

【展示・収蔵】
《1F》オリエンテーションホールにて映画「チョコレート誕生」(13分)、グリコの歩みを紹介するコーナーの他、「発声映写装置つきグリコ自動販売機」(1931(昭和6)年の自動販売機を再現したもの)の実演など。
《2F・4F》それぞれポッキー、プリッツの工場見学。
《3F》「チョコレートハウス」、「ビスケットハウス」、「アイスクリームハウス」はそれぞれのお菓子がどのように作られているのかを解説。

兵庫県

また、グリコのおもちゃコーナーでは2600点を一堂に展示。その他3Dシアターや香りあてゲームなど、様々な観点からお菓子について楽しく学ぶことができる。

- ・所在地　〒651-2271　兵庫県神戸市西区高塚台7-1
- ・TEL　078-991-3693
- ・FAX　078-992-6436
- ・URL　https://www.glico.com/jp/enjoy/experience/glicopiakobe/
- ・交　通　〈電車〉神戸市営地下鉄 西神中央駅から神姫バス12系統 高塚台1丁目（約10分）下車 徒歩1分
　　　　　　〈車〉第2神明道路 玉津IC, 阪神高速北神戸線 前開IC, 神戸淡路鳴門自動車道・山陽自動車道 神戸西ICから約15分／山陽自動車道 三木小野ICより約30分／中国自動車道からは神戸JCTから山陽自動車道へ
- ・開　館　〈案内時間〉AM10:00, 11:00, PM0:00, 1:00, 2:00, 3:00
　　　　　　※原則事前予約
- ・入館料　無料　※駐車料（30台駐車可）も無料
- ・休館日　金曜日, お盆休み, 年末年始
- ・施　設　鉄筋コンクリート4階建, 車イス使用可（要事前連絡）, 展示フロア1400㎡,オリエンテーションホール70席, 3Dシアター35席
- ・設　立　1988（昭和63）年4月
- ・設置者　江崎グリコ（株）
- ・責任者　館長・田井英明

兵庫県

神戸市立青少年科学館

　愛称：バンドー神戸青少年科学館。神戸ポートアイランド博覧会の前年1980(昭和55)年に当館の開設準備室が設けられ、建設準備が本格的に始まり、展示と天文の2部門構成で、天文部内のうちプラネタリウムは一足早く1982(昭和57)年5月1日に発足。博覧会パビリオンの一つであった「神戸プラネタリウムシアター」の施設・機器一式が、博覧会終了と同時に出展企業129社より神戸市に寄贈されたからである。

　展示部門は基本方針策定、基本設計、実施設計を経て、1984(昭和59)年4月末に完成した。同時に完成した本館5階部分の天体観測室と、既設のプラネタリウム館（発展的解消、科学館に吸収）を合わせて天文部内とし、神戸市立青少年科学館が誕生した。現在本館と呼ばれている部分である。展示部門は、さらに開館5年後、1989(平成元)年4月末に新館を建設し、展示面積、展示物数を当初のほぼ2倍に拡張して現在に至っている。

【展示・収蔵】
　本館は「人間を通して理解する科学技術」、新館は「人間のために役立つ科学技術」をそれぞれ基本テーマに構成されている。
　(1)本館1階第1展示室「力としくみの科学」「物質とエネルギーの科学」
　(2)本館3階第2展示室「情報の科学」
　(3)本館2階第3展示室「宇宙と地球」
　(4)新館2階第4展示室「神戸の科学と技術」
　(5)新館3階第5展示室「生命の科学」
　(6)新館1階第6展示室「創造性の科学」
　「見て、触れて、楽しんで学ぶ」をモットーに自分で操作できる参加型展

兵庫県

示物が中心。2015(平成27)年3月の本館2階リニューアルに続き、2016(平成28)年3月26日に新館2階を「神戸の科学と技術」に全面リニューアル、および新館3階「生命の科学」をパネル、映像を追加し一部リニューアルオープン。また、プラネタリウムを全席リクライニングシートへ改修とともに、全席聴覚支援システムを導入し、2016年4月14日からリニューアル。

【事　業】

　1日2回実験ショー開催。春休み・夏休み・冬休み期間中は特別展示室を中心に特別展開催。2月には鉄道模型展開催。プラネタリウムでは子ども番組・一般番組・特別番組・星空ヒーリングを放映。プラネタリウム各種イベントに加え、月に一度はアロマプラネタリウム、ベビーとママ・パパのプラネタリウムも開催。

　年間を通して各種教室(工作教室、実験教室、飼育教室ほか)やクラブ活動、星空ウォッチング等開催。

【出版物・グッズ】

　「科学館ニュース」(年4回発行)

- ・所在地　〒650-0046　兵庫県神戸市中央区港島中町7-7-6
- ・ＴＥＬ　078-302-5177
- ・ＦＡＸ　078-302-4816
- ・ＵＲＬ　http://www.kobe-kagakukan.jp/
- ・交　通　JR・阪急・阪神三宮駅からポートライナーで南公園駅下車 東へ徒歩約3分
- ・開　館　〈月～木〉AM9:30 ～ PM4:30
　　　　　　〈金・土・日曜，祝日，春・夏・冬休み〉AM9:30 ～ PM7:00
　　　　　　※入館はいずれも閉館30分前まで
- ・入館料　展示室：大人600円，小人(小学生以上18歳未満)300円
　　　　　　プラネタリウム：大人400円，小人(小学生以上18歳未満)200円
- ・休館日　水曜日(祝日と重なった場合は翌日)，館内整理日，年末年始(12月28日～1月4日)
- ・施　設　鉄骨鉄筋コンクリート造地下1階地上4階，敷地面積8035㎡ 延床面積1万2336㎡ 展示室5739㎡ プラネタリウム485㎡
- ・設　立　1984(昭和59)年4月
- ・設置者　神戸市
- ・管　理　SFG神戸

兵庫県

にしわき経緯度地球科学館
「テラ・ドーム」

　東経135度と北緯35度が交差する「日本のへそ」にある地球や宇宙をテーマにした科学館。気象現象や身近な基準などについて体験しながら学べる展示物のほか、直径6mのプラネタリウムでは、季節の星空やフルカラードーム映像番組を上映している。また、81cm大型反射望遠鏡を備えた天文台では、晴れた日には昼間でも1等星や太陽などが観察できる。

【展示・収蔵】
《常設展示》
・天文台(直径81cm大型反射望遠鏡・15cm屈折望遠鏡・25cm写真用望遠鏡・太陽観測望遠鏡)
・プラネタリウム(ドーム直径6m、デジタル式プラネタリウム)
・地球に関する展示(直径1.8m地球儀、地球の材料(岩石展示)、地球の内部構造模型など)
・気象に関する展示(アメダス観測地点、雨量計のしくみ、ひまわり画像など)
・気象現象等について学べる展示(夕焼け発生装置、竜巻発生装置、雷発生装置、雨粒のダンスなど)
・エネルギーに関する展示(人力ボールタワー、自然エネルギー発電模型など)

兵庫県

- ・天文に関する展示(三球儀、宇宙体重計、太陽系パノラマなど)
- ・身近な科学に関する展示(光の三原色、アンテナ通信、三面鏡など)
- ・身近な動植物に関する展示(淡水魚、昆虫の飼育展示)

【事 業】

《各種講座事業》子ども科学教室(日曜日・祝日)、夜のスターウォッチング
　　(土曜日・休前日、夏休み中の木・金曜日)、テラ・ドーム科学クラブ(5・
　　6年生対象年間講座)、大人のためのサイエンス講座(高校生以上対象年間
　　講座)、親子星空探偵団(親子対象年間講座)、出前実験教室、出前観望会、
　　出前プラネタリウム(市内小中学校対象)
《展示事業》企画展(年4回)
《普及啓発事業》テラ・ドーム星まつり

- ・所在地　〒677-0039　兵庫県西脇市上比延町334-2 日本へそ公園内
- ・T E L　0795-23-2772
- ・F A X　0795-23-3110
- ・U R L　http://www.nishiwaki-cs.or.jp/terra/
- ・E-mail　terra@city.nishiwaki.lg.jp
- ・交　通　〈電車〉JR加古川線 日本へそ公園駅下車 徒歩5分
　　　　　　〈車〉中国自動車道滝野社インターから車で約15分
- ・開　館　AM10:00 〜 PM6:00
- ・入館料　一般510円，高校・大学生200円，小・中学生100円，幼児無料
- ・休館日　月曜日，祝日の翌日(土日祝の場合は開館)，年末年始
- ・設　立　1993(平成5)年6月
- ・設置者　西脇市
- ・管　理　(公財)西脇市文化・スポーツ振興財団
- ・責任者　館長・大西秀夫

館のイチ押し

　1時間に1回行っている天文台公開で、晴れた日には昼間の星を観察
できます。巨大な望遠鏡が動いて星を見つける様子は圧巻です。
　また、施設周辺は「日本へそ公園」として整備されていて、ジャンボ
ローラー滑り台やふわふわドームなど、子どもたちに大人気の遊具の他、
季節ごとにいろいろな植物や昆虫、鳥などに出会えます。ご家族で一日
楽しくお過ごしいただけます。

兵庫県

マリンピア神戸さかなの学校
（神戸市立水産体験学習館）

　マリンピア神戸さかなの学校は、兵庫県神戸市垂水区に設置され、漁業に親しみや理解を深めていただくことを目的として2008（平成20）年3月20日に開業した。

　事業などの概要としては、体験学習、ものづくり体験等ができ、また水産関係の図書等を閲覧できる。施設としては、展示学習室、研修室、臨海休養広場等がある。

【展示・収蔵】

　円形2kℓ水槽や60cm水槽で魚等の展示や貝の標本の展示を行っている。

　また、少量だが水産関係の書籍や子供向けの魚等の書籍があり、閲覧することができる。

　館の外には枝条架装置があり、塩づくり用のかん水を適時製造している。

【事　業】

《体験学習》

- 塩づくり体験…枝条架装置を使って塩分を濃くした海水（かん水）を土鍋で煮詰め、ミネラルたっぷりの昔ながらのおいしい塩を作る体験。できた塩は持ち帰り可。（開催：土・日・祝日、春休み・夏休み期間。10名以上の団体は予約で平日も体験可能）
- 乾のりづくり体験…神戸の海の養殖場で刈り取った新鮮なノリを使って、手すきの「乾のり」を作る体験。できた乾のりは持ち帰り可。（開催：土・日・祝日。10名以上の団体は予約で平日も体験可能）
- 海の恵み体験…カマボコづくり、マダイの塩焼き、佃煮づくりなど。概ね月1回行っている。（要事前申し込み）

兵庫県

《ものづくり体験》

　売店にて、春や夏に関するものづくり体験（工作）ができる。年間を通して海の生き物を作るフィッシュアートもある。また、玩具等の販売も行っている。

- ・所在地　〒655-0036　兵庫県神戸市垂水区海岸通12-4
- ・ＴＥＬ　078-706-5550
- ・ＦＡＸ　078-706-5636
- ・ＵＲＬ　http://www.marinpia.com
- ・交　通　〈電車〉JR・山陽電車 垂水駅より南西へ約1km（徒歩約10分）
  　　　　　〈車〉大阪方面：阪神高速神戸線 若宮IC 西へ約15分　姫路方面：第2神明道路 名谷IC 南へ約10分
- ・開　館　AM10:00 ～ PM5:00（入館はPM4:30まで）
- ・入館料　無料　※体験は参加費用必要
- ・休館日　水曜日（国民の祝日と重なる場合は翌日），年末年始（12月28日～1月4日）
- ・施　設　展示学習室122㎡，研修室2室，屋外施設：臨海休養広場（おさかな広場）北側3000㎡・南側2000㎡，枝条架装置
- ・設　立　1998（平成10）年3月20日
- ・設置者　神戸市
- ・管　理　（一財）神戸みのりの公社
- ・責任者　事業部長・河村貴司

館のイチ押し

　塩づくり体験、乾のりづくり体験、ものづくり体験、海の恵み体験等の楽しい体験がいっぱい。

奈良県

橿原市立こども科学館
（かしはら）

「かしはら万葉ホール」は、文化ホール、こども科学館、図書館などを一つにした橿原市立の多目的文化施設である。橿原市立こども科学館は、その地下1階にある子供も大人も楽しめる参加型の科学施設。1996(平成8)年7月オープン。

スペースシップシミュレーター

《設立の経緯》
- 1987(昭和62)年度：庁内に総合公共施設検討委員会を設置、市民の文化芸術活動の拠点となる総合公共施設を計画することとなる。
- 1988(昭和63)年度：議会に総合公共施設建設特別委員会を設置。
- 1989(平成元)年度：21世紀の初頭(2001年)を目標とする橿原市総合計画が策定される。この中の基本計画に橿原市総合公共施設の建設が盛り込まれる。
- 1990(平成2)年度：地域づくり推進計画を自治省へ提出。
- 1991(平成3)年度：建設に向け市長公室に総合公共施設建設準備室を設置。基本設計を委託。総合公共施設建設特別委員会、先進地視察。実施設計を委託。建設地発掘調査。
- 1992(平成4)年度：総合公共施設に展示する藤原京復元模型を設計委託。
- 1993(平成5)年度：図書館開設準備委員会を設置。工事請負契約が本会議において承認、建設工事に着手する。近隣住民説明会を開催。
- 1994(平成6)年度：教育委員会事務局総務課に総合公共施設開設準備係を設置。施設の開設に向け、総合公共施設開設準備委員会と総合公共施設開設検討委員会を設置。
- 1995(平成7)年度：総合公共施設の運用方針を策定する。科学館展示物設置工事契約。教育委員会事務局に総合公共施設開設準備室を設置。施設の愛称を決める。施設の設置条例の制定および使用料金の決定。
- 1996(平成8)年度：7月1日かしはら万葉ホールオープン。

奈良県

【展示・収蔵】

子供も大人も楽しめる参加型の科学施設である。

スペースシップシミュレーターを中心に、力、電気と磁石、光と音、くらしの環境、宇宙への旅立ちの6つのゾーンと、シアタールームがあり、科学の基礎を体を使って遊びながら学ぶことができる。

展示物は50点余。中でもフーコーの振り子は関西圏で最大級のもの。

【事　業】

シアターの上映(毎日)、ミニ工作(毎日)、実験工房(毎日)、科学工作教室(年間4回程度)

- ・所在地　〒634-0075　奈良県橿原市小房町11-5
- ・ＴＥＬ　0744-29-1300
- ・ＦＡＸ　0744-24-9710
- ・ＵＲＬ　http://www.city.kashihara.nara.jp/science/kagakukan/
- ・E-mail　manyo@city.kashihara.nara.jp
- ・交　通　近鉄畝傍御陵前駅から徒歩約15分／近鉄八木駅からバス小房町下車すぐ(約10分)
- ・開　館　AM9:30 ～ PM5:00(入館はPM4:30まで)
- ・入館料　大人410円，学生300円，小人100円　※30名以上の団体割引きあり，身障者手帳または療育手帳をお持ちの方は半額
- ・休館日　月曜日(祝日にあたるときは翌日)，年末年始(12月27日～1月4日)
- ・施　設　かしはら万葉ホール：鉄骨鉄筋コンクリート造，地下1階地上5階，敷地面積1万8802㎡ 延床面積1万9286㎡　こども科学館：万葉ホールの地下1階(1200㎡)
- ・設　立　1996(平成8)年7月
- ・設置者　橿原市
- ・責任者　文化振興課・西村明

和歌山県

和歌山県立自然博物館

　万葉の時代からの景勝地として知られる和歌浦の南、和歌浦湾の最奥部に位置する和歌山県立自然博物館は、1979(昭和54)年に、国際児童年の記念事業として計画立案され、和歌山の自然を紹介する施設として1982(昭和57)年7月に開館した。
　山・川・海と豊かな自然に恵まれた和歌山を、より多くの人々に理解していただくと同時に、この自然を貴重な財産として後世に伝えることの大切さを常に訴えるよう努力している。
　また、地域に密着した自然史系の博物館として、標本や模型などだけではなく、地元の水生生物を生きたまま展示する水族館部分もあり、他にあまり例のないユニークな展示構成となっている。設立の趣旨からも、子供にも楽しめる博物館を目指している。

【展示・収蔵】
　玄関では1995(平成7)年和歌山港に漂着したカツオクジラの骨格標本が来館者を出迎え、入口ロビーではその時々のトピックス的な展示を行っている。

大水槽「黒潮の海」

和歌山県

《第一展示室》

　大小104の水槽に、600種あまりの生きものを展示する水族館となっている。外国や他地域からの珍しいもの・変わったものは無く、あくまでも和歌山県での分布にこだわった内容のため地味なものに思われがちであるが、予想に反し驚くほど豊富で多様な生きものに出会うことができる。

　はじめに目につく幅15m、高さ3mの一枚ガラスの大水槽「黒潮の海」は、全長1.5mものホシエイや1mを超えるロウニンアジなど、黒潮の海にすむ大型の魚を展示している。

　また、岩場や砂場などそれぞれに適応した生きもの、南日本の大陸棚にすむ世界最大のカニ、タカアシガニや、波打ち際の磯（潮間帯）の生きもの、川や池の生きものなど、地元の生きものの豊富さに改めて驚かされる。

《第二展示室》

　一般的な自然史系博物館の部分。和歌山の自然を、さまざまな手法で紹介している。那智山の原生林をそのまま切り取って再現したジオラマ「緑こき紀の国」「森林の動物」「池の自然」「川の自然」「森林のできるまで」「土壌と生物」など哺乳類・鳥類、昆虫・植物等の標本を豊富に使って紹介。また、和歌山のすぐれた自然を写真で紹介するとともに、多数の貝類標本も展示している。2000（平成12）年からは、化石や鉱物・岩石など地学系展示の充実にも努めている。

【事　業】

・特別展（年1回）、標本作品展（年1回）
・学習相談コーナー開設と自然に関する映画上映（日曜日）、自然観察会（年20回程度）、講演会（年1回）など。

【出版物・グッズ】

・定期刊行物：「自然博物館だより」（季刊）／「館報」（年刊）／友の会会誌「ことのうら」（季刊）
・展示解説書：第1集「自然博物館ガイドブック」（完売）／第2集「わたしたちのしぜんはくぶつかん」（完売）／第3集「和歌山県の生物Ⅰ　海と生物」（完売）／第4集「和歌山県の生物Ⅱ　陸上の生物」（完売）／第5集「和歌山県の魚」（完売）／第6集「親と子の自然博物館（海と生物）」／第7集「海と川に親しむ」／第8集「おにいちゃんの飼育日誌」／第9集「昆虫採集と標本の作り方」／第10集「みぢかな海藻」／第11集「親と子の自然博物館〈風

和歌山県

と水（流れ）の旅〉」／第12集「有田川の淡水魚」／第13集「生きもの発見」
／第14集「生きもの発見（ふるさとの生きものと遊ぶ）」／第15集「生きも
の発見（紀ノ川の生きものと遊ぶ）」／第16集「恐竜時代IN和歌山」（完売）
／第17集「和歌山の昆虫」
・特別展解説書：第1回「帰化生物」／第2回「海の忍者陸の忍者」／第3回「メ
ダカの学校」／第4回「生きている化石」／第5回「クワガタムシ」／第6回
「きんぎょ」（完売）／第7回「アユ」／第8回「シダ」／第9回「カニ」／第
10回「かぶとむし」（完売）／第14回「和歌山県の水草」／第25回「刺胞を
もつ動物　サンゴやクラゲのふしぎ大発見」／第29回「うなＱ」／第30回
「歩いて楽しむ花の旅」

- ・所在地　〒642-0001　和歌山県海南市船尾370-1
- ・ＴＥＬ　073-483-1777
- ・ＦＡＸ　073-483-2721
- ・ＵＲＬ　http://www.shizenhaku.wakayama-c.ed.jp
- ・E-mail　postmaster@shizenhaku.wakayama-c.ed.jp
- ・交　通　〈バス〉JR和歌山駅・南海本線 和歌山市駅から海南市方面行きバス（約
30分）琴の浦下車すぐ／JR海南駅から和歌山市方面行きバス（約10分）
琴の浦下車すぐ
　　　　　〈車〉和歌山市から国道42号線南進 毛見トンネルを越え右折 阪和自動
車道海南ICから和歌山市方面へ（約10分）
- ・開　館　AM9:30〜PM5:00（入館はPM4:30まで）
- ・入館料　大人470円，高校生以下および65歳以上無料　※大人20名以上は団体
割引あり，障害者無料化制度あり
- ・休館日　月曜日（祝日および振替休日の場合は次の平日），年末年始（12月29日〜
1月3日）
- ・施　設　鉄筋コンクリート造，地下1階地上2階，延床面積2613.87㎡
- ・設　立　1982（昭和57）年7月
- ・設置者　和歌山県
- ・責任者　館長・高須英樹

館のイチ押し

◇モササウルス骨格化石の展示

子ども博物館美術館事典　375

和歌山県

和歌山市立こども科学館

こどもの自然科学に関する興味と認識を深め、個性に応じた能力の伸長と情操豊かで創造的なこどもを育成するために、1981(昭和56)年に開館した。

参加体験型の展示で科学体験をできる他に、プラネタリウムも開館時から投影。野外で行う観察会や科学に関する実験工作の普及活動も実施。

【展示・収蔵】
《科学展示》
◇1階…「たんけん！宇宙ひろば」、郷土の自然コーナーに和歌山市とその周辺の地形・地質・岩石・化石・植物・魚等の展示。
◇2階…力・運動・波動・音・電気等に関する体験型の展示の他に、幼児の科学体験コーナー。
◇3階…「光と音の国」で光や音に関する体験型展示。4階は、特別展示室の他に、日本で唯一のダイヤ型金子式プラネタリウム投影機を展示。展示物は2015(平成27)年現在114点。

【事　業】
・生物観察会／天体観察会
・9歳までに身につけたい科学教室／15歳までに身につけたい科学教室
・科学工作等を行うミニサイエンス教室
・プラネタリウム星空散歩投影
・自然に親しむ教室　ほか年間130回程度開催

和歌山県

【出版物・グッズ】
・「和歌山市の川や干潟の生き物」（2002）
・「わかやまの石」（2002）
・「科学館ニュース冊子」（2004）
・「星空ガイドブック」（2004）　ほか

・所在地　〒640-8214　和歌山県和歌山市寄合町19
・ＴＥＬ　073-432-0002
・ＦＡＸ　073-432-0004
・ＵＲＬ　http://kodomo123.ec-net.jp/biz/
・交　通　南海和歌山市駅から徒歩5分
・開　館　AM9:30 ～ PM4:30
・入館料　大人300円，小中学生150円，幼児無料　※プラネタリウム観覧料別途
　　　　　必要
・休館日　月曜日（祝日または休日に当たるときは、その日以降において最も近い
　　　　　平日），年末年始
・施　設　鉄筋コンクリート4階建，建築面積2007.46㎡
・設　立　1981（昭和56）年5月5日
・設置者　和歌山市
・管　理　和歌山市
・責任者　館長・阿形博司

近畿

館のイチ押し

・プラネタリウム（手動解説と季節の番組の自動投影）
・様々な科学体験教室

鳥取県

わらべ館
（県立童謡館・鳥取世界おもちゃ館）

　1995(平成7)年7月7日開館。「すべての子どもたちと子どもの心を忘れないすべての大人たちのために」をテーマに掲げる童謡・唱歌とおもちゃのミュージアムで、鳥取県立童謡館と鳥取世界おもちゃ館（鳥取市立）からなる複合施設。

　鳥取県は「故郷(ふるさと)」を作曲した岡野貞一(ていいち)など、子どもの歌に関わる音楽家を多数輩出し、鳥取市では、1989(平成元)年に「'89鳥取・世界おもちゃ博覧会」を開催している。この地域の背景と経緯を踏まえ、童謡・唱歌とおもちゃの普及啓発や情報発信、音楽家と上記博覧会の顕彰を行っている。

　地域交流の拠点として、子どもたちの遊び場、あるいは県内外の幼保施設、小学校の遠足、見学コースに組み込まれ、館内では子どもの声が絶えることの無い施設である。また、年配者の見学も多く、世代間交流の場としても機能している。多目的ホール（200名収容）を備える。

鳥取県

【展示・収蔵】

◇1階「童謡の部屋」

　こどもの歌の歴史、成り立ちや鳥取出身の音楽家について紹介。

◇2・3階「おもちゃの部屋」

　時代を経たものから最新の玩具、海外や作家ものの木製玩具などを展示、紹介している。

　童謡の常設展では、音楽の教科書、音楽家の自筆譜、手記、童謡絵本などの一次資料の展示とともに、音源・映像の視聴も可能。アニメソングなどのカラオケ、ピアノや木琴などを実際に演奏できるスペースもある。企画展では、個々の音楽家や時代・世代を設定した内容の展示を行う。

　おもちゃの常設展は「郷土玩具」「乗り物」などのコーナー別の静態展示と、木のおもちゃを中心に靴を脱いで0歳児から遊べる体験型展示、企画展では、館収蔵資料を中心にして素材や時代等を設定した展示を行う。

　童謡部門では音楽の教科書、作曲家・作詞家関連資料を中心に、おもちゃ部門では各世代の流行ものや、地域の作家作品、光学玩具等を主に収集。

【事　業】

・体験型では、土日祝日を中心に、工作、コンサート、昔遊び、紙芝居等を実施。夏休み等の長期休暇には、オリジナルキットの工作と最新おもちゃで遊べるイベントが人気を集めている。

・公募した県内外の施設に出向いて、おもちゃ教室、童謡コンサートを実施している。

・童謡・唱歌とおもちゃの各専門員が自由研究や調べ学習に対応している。

・専門員による出張講座のほか、他施設への収蔵資料の貸出も行う。

【出版物・グッズ】

・童謡・唱歌研究情報誌「音夢(おとむ)」を年1冊刊行

・おもちゃと遊びの企画展報告書「万遊鏡(まんゆうきょう)」を年1冊刊行

・「わらべ館唱歌集」(歌詞集)(1冊 200円)

・所在地　〒680-0022　鳥取県鳥取市西町3-202
・TEL　0857-22-7070
・FAX　0857-22-3030
・URL　http://www.warabe.or.jp/

鳥取県

- ・E-mail　warabekan@warabe.or.jp
- ・交　通　JR鳥取駅から徒歩約20分，市内循環バス「くる梨」(緑コース)5分
- ・開　館　AM9:00 〜 PM5:00(入館はPM4:30まで)
- ・入館料　一般500円(400円)，高校生以下・障がい者・要介護者とその介護者 無料，外国人250円　※(　)内は20名以上の団体料金
- ・休館日　毎月第3水曜日，年末年始(12月29日〜1月1日)　※8月は休館日無し
- ・施　設　鉄筋コンクリート造(一部鉄骨造)地上3階・地下1階，建築面積2253.84㎡
- ・設　立　1995(平成7)年7月7日
- ・設置者　鳥取県，鳥取市
- ・管　理　(公財)鳥取童謡・おもちゃ館
- ・責任者　理事長・林由紀子

館のイチ押し

◇唱歌教室
昭和初期風の木造校舎の教室内で音楽の授業を体験する(毎週土曜日、団体には要申込みで開催)

島根県

出雲科学館

　次代を担う子どもたちの科学に対する興味・関心を高め、豊かな心を育むと共に市民の生涯学習にも活用できる施設として出雲市が建設。
　1996(平成8)年5月に科学館基本構想・基本計画策定が開始され、1999(平成11)年4月に「出雲科学館利用検討委員会」、同年5月には「同カリキュラム検討専門委員会」を設置し、科学館運営のあり方および小中学校理科学習カリキュラムの内容等を検討。2000(平成12)年12月に建設工事に着工し、2002(平成14)年7月に開館した。運営は、出雲市教育委員会が行っている。
　建物は自然光を積極的に取り入れると共に、深夜電力利用による蓄熱運転や雨水利用など、自然エネルギーと環境にも配慮した設備になっている。またバリアフリーにも配慮し、誰もが安心して楽しく科学を学び、体験できる構造になっている。

【展示・収蔵】
　様々な展示装置、実験設備、最新の科学情報などを備えた、幼児から大人まで、直接見て、触れて、創る体験型の科学ミュージアムである。
◇本館
　《展示・体験プラザ》
　　40点以上のユニークな展示装置を設置し、手で触れたり、動かしたり

島根県

しながら、科学の基本原理や楽しさ、不思議さなどを直接体験できる。「からくりシアター」「壁ぬけトンネル」「円盤レース」「ドレミパイプ」「浮く地球」「たつまき発生装置」など。

《サイエンスホール》

1階電動式移動観覧席104席、中2階67席（1階にイスを加えると約300人収容可能）。高精細DLPプロジェクター（170スクリーン）、ハイビジョンカメラ、大型観察実験装置を配置し、電子顕微鏡や軟X線装置などによる映像を使った学習や各種映像資料（DVD、CD、BD、インターネット等）を使った学習を展開できるようになっている。

《実験室1・2》

物理・化学領域を中心に、豊富な観察・実験機材を完備。また、大型映像装置を設置し、映像による学習やインターネットを活用して楽しく効率のよい理科学習、生涯学習が展開できるように工夫してある。

《実習室1・2》

生物・地学領域を中心に、一人一人が観察・実験できるよう、豊富な機材を完備。実験からものづくり、パソコン教室まで様々な理科学習、生涯学習を展開している。また、実習室1には昇降式ドームによる直径4mのデジタルプラネタリウムを設置し、天体学習にも対応できるようになっている。

《工作室》

木工・金工品の加工・製作のほか、ロボット工作、電子工作、手工芸などあらゆるものづくりを行うことができるようになっている。

《木工室》

大型から卓上型の機械を備え、幅広い木工品製作や手工芸品製作に対応している。

《金工室》

卓上型を中心とする機械を備え、様々な金工品製作に対応している。

《木育ひろば》

小さいお子さんが良質の木のおもちゃに触れ、楽しめる場所となっている。図書コーナーあり。

◇理科学習棟

《実験室3・4》

物理・化学領域を中心に、豊富な観察・実験機材を完備。また、大型映像装置を設置し、映像による学習やインターネットを活用して楽しく効

島根県

率のよい理科学習、生涯学習が展開できるように工夫してある。

《実習室3・4》

実験室3、4の機能や設備に加え、パソコンを活用して、楽しく効率の高い学習が展開できるようになっている。各実験台にLAN接続端子を配置している。

《多目的室1》

直径6mのデジタルプラネタリウムを設置し、天体学習にも対応できるようになっている。

《多目的室2》

10 ～ 20人規模の総合学習および小会議に対応。

《多目的室3》

前面に170インチスクリーン、高精細DLPプロジェクター、実物投影機等を配置し、映像資料（DVD、CD、ビデオ、インターネット等）を使った学習および各種会議が展開できるようになっている。

【事　業】

・小中学校理科学習（授業）
・生涯学習（サイエンスショー、科学・実験教室、木工教室、手工芸教室、ロボット・電子工作教室など）
・各種企画展

・所在地　〒693-0001　島根県出雲市今市町1900-2
・ＴＥＬ　0853-25-1500
・ＦＡＸ　0853-24-8383
・ＵＲＬ　http://www.izumo.ed.jp/kagaku/
・E-mail　kagakukan@izumo.ed.jp
・交　通　一畑電鉄 出雲科学館パークタウン前駅下車 南へ100m（徒歩3分）
　　　　　JR出雲市駅下車 東へ900m（徒歩10分）
・開　館　AM9:30 ～ PM5:30
・入館料　無料
・休館日　毎月第3月曜日（祝日の場合は翌平日），年末年始（12月29日～1月3日）
・施　設　本館：鉄骨造2階建　理科学習棟：鉄骨造3階建，敷地面積1万5684㎡
　　　　　延床面積6824.4㎡
・設　立　2002（平成14）年7月
・設置者　出雲市
・管　理　出雲市教育委員会
・責任者　館長・山本利明

子ども博物館美術館事典　383

島根県

島根県立三瓶自然館 サヒメル

　島根県が進めるフィールドミュージアム整備構想の三瓶山地区での中心的な施設として設立。1991(平成3)年10月開館。三瓶山の自然の全てを生きた展示物と考えた自然系博物館であり、大山隠岐国立公園三瓶山地区のビジターセンターでもある。
　2002(平成14)年4月には縄文時代に三瓶山の噴火によって埋没し、三瓶小豆原地区で発掘されたスギの巨木を展示する新館や企画展示室のある別館等が増築され、拡充オープンした。
　このとき公募で選ばれた愛称の「サヒメル」は、三瓶山の古称である「佐比売山」と情報伝達の手段である「メール」にちなんだものである。
　2003(平成15)年5月には埋没林の発掘現場を保存した「三瓶小豆原埋没林公園」もオープンした。

【展示・収蔵】
《展示》
　常設展示室は本館と新館にあり、三瓶山および島根県の動物、植物、地学

に関する展示を中心に行っている。本館は「島根の自然」「三瓶の自然」の2つの展示室のほか、直径20mのドームスクリーンを持つ「ビジュアルドーム」があり、プラネタリウムと大型ドーム映像の上映を行っている。また、窓越しに野鳥などを観察できる「野外観察コーナー」、図書を閲覧できるコーナーがある。

新館は「三瓶埋没林」「環日本海地域の自然」「こどもはくぶつかん」「天文展示」などの展示室がある。また、口径60cmの反射望遠鏡を備えた望遠鏡ドームと、クーデ式望遠鏡4基を備えた集団天体観測室を持つ天文台を併設しており、毎週土曜日に天体観察会を実施している。

◇島根の自然…島根県の自然の特徴を、はく製など各種の標本やパネルで紹介。

◇三瓶の自然…火山としての三瓶山の生い立ちと地形、そこに分布する動植物を紹介。

◇三瓶埋没林…約4000年前の噴火によって直立状態で埋もれたスギの巨木を、2～4階の吹き抜けに展示。

◇環日本海地域の自然…島根県の自然史を、日本海形成の時代に焦点をあてて、岩石、化石などの標本で紹介。

◇こどもはくぶつかん…さわることができる標本やハンズオンアイテムで、遊びながら自然を学ぶ展示としている。

◇天文展示…さわることができる隕石をはじめ、太陽系の模型やパネル等を展示。

《収蔵》

国内有数の鳥類標本コレクションの「伊達コレクション」をはじめ、ほ乳類(はく製、骨格等)、昆虫標本、植物標本、岩石・化石標本を中心に収蔵している。

【事 業】

企画展(年3回)、各種イベント(はじめてのバードウォッチング、春の男三瓶山に登ろう、夏の夜の昆虫観察、西の原で秋の七草を探そう、ススキの迷路、三瓶祭、熟睡プラネタリウム、お正月イベント、歩くスキーでアニマルトラッキング等)、自然学講座、天体観察会、天文教室、プラネタリウム投影、大型ドーム映像の上映、自然観察会、環境教育、環境学習事業、ギャラリー展示など。

島根県

【出版物・グッズ】

フィールドミュージアムニュース「さんべ発」（隔月刊）／「島根県立三瓶自然館年報」（年刊）／「島根県立三瓶自然館研究報告」（年刊）／「三瓶埋没林調査報告書」ほか、各種標本目録など。

- ・所在地　〒694-0003　島根県大田市三瓶町多根1121-8
- ・TEL　0854-86-0500
- ・FAX　0854-86-0501
- ・URL　http://www.nature-sanbe.jp/sahimel/
- ・E-mail　info@nature-sanbe.jp
- ・交　通　松江自動車道 吉田掛合ICより40分，山陰自動車道 出雲ICより60分
- ・開　館　AM9:30 ～ PM5:00（入館はPM4:30まで，4 ～ 10月の土曜日はPM6:00まで）
- ・入館料　通常期：大人400円（320円），小中高生200円（160円）
  夏企画展開催時：大人700 ～ 1200円（560 ～ 1000円），小中高生200円（160円）
  春・冬企画展開催時：大人600円（480円），小中高生200円（160円）
  天体観覧料：大人300円（240円），小中高生100円（80円）
  年間パスポート：大人1500円，小中高生500円
  ※（　）内は20名以上の団体料金
- ・休館日　火曜日（火曜日が休・祝日の場合は次の平日），3月・6月・9月・12月の第1月曜日から金曜日までの5日間，年末年始（12月27日～1月1日）
  ※夏休み（7月21日～8月31日）は毎日開館
- ・施　設　鉄筋コンクリート造，本館・別館2階建，新館5階建，敷地面積7811㎡
  延床面積8003㎡
- ・設　立　1991（平成3）年10月
- ・設置者　島根県
- ・管　理　（公財）しまね自然と環境財団
- ・責任者　館長・酒井浩純

> **館のイチ押し**
>
> 三瓶山の自然全てを生きた展示として紹介しています。

島根県

浜田市世界こども美術館

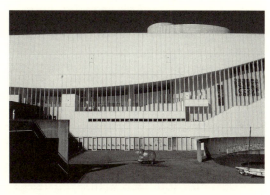

　浜田市世界こども美術館は、1996(平成8)年11月、次代を担う子どもたちのための美術館として誕生した。幼い頃から美術にふれあうことで想像力を養い、感性を育んでほしいとの思いで、開館以来、さまざまな展覧会を開催するとともに、創作活動にも力を注ぎ、「みること・つくること」の双方を充実させるべく活動を展開している。

【展示・収蔵】

　巨匠たちが「子どもの頃に描いた作品」や「子ども心を感じさせる素朴でユニークな作品」、郷土にゆかりのある作家が描いた日本画や油彩画など、幅広く収蔵。

　また、子どもたちの自由な発想に満ちた作品を世界各国から収集・展示している。

　展覧会事業では、年間を通じてさまざまな分野の企画展を開催。国内外の子どもたちの作品を募っての「アンデパンダン展」や、新進気鋭の現代美術作家による体験型の展覧会、郷土の伝統芸能・文化を紹介する展覧会や絵本の原画展など、小さな子どもから大人まで誰もが美術に関心を持ってもらえるような企画をしている。

【事　業】

　毎週土・日、祝日には、誰でも参加できる「ホリデー創作活動」を実施。企画展の内容や季節にあわせた活動内容を展開し、自由な発想でオリジナルの作品づくりをお楽しみいただいている。

　また、学校教育と連携を図るためのプログラムとして、クラス単位で美術

島根県

館を訪れてもらい、一日かけて鑑賞と創作活動を楽しんでもらう「ミュージアムスクール」を実施。さらに、先進的な活動を行っている海外の組織から指導者を招いて「国際交流ワークショップ」を開催するなど、教育普及にも力を入れている。

その他にも、毎年夏には、さまざまなワークショップや音楽などのステージパフォーマンスが楽しめる「こども美術館まつり」を開催し、気軽に芸術や創作に親しんでいただける取り組みを行っている。

【出版物・グッズ】

施設概要パンフレット、年報(隔年発行)、こども美術館ニュース(年2回発行)、企画展記録集(適宜発行)、ワークショップ記録集(適宜発行)

収蔵品のポストカード、石見神楽の演目紹介ガイドブック、オリジナルシールを制作販売

- ・所在地　〒697-0016　島根県浜田市野原町859-1
- ・TEL　0855-23-8451
- ・FAX　0855-23-8452
- ・URL　http://www.hamada-kodomo-art.com/
- ・E-mail　hama-b@nifty.com
- ・交　通　〈バス〉JR山陰本線 浜田駅前より島根県立大学行きバスにて 美術館前下車(10分) 〈電車〉浜田自動車道 浜田ICより車で10分
- ・開　館　AM9:30 ～ PM5:00
- ・入館料　無料　※観覧料別途必要(料金は展覧会によって異なる)
- ・休館日　月曜日，祝日の翌日，年末年始，展示替えの期間
- ・施　設　鉄骨耐火構造5階建，建築面積1178㎡
- ・設　立　1996(平成8)年11月
- ・設置者　浜田市
- ・管　理　(公財)浜田市教育文化振興事業団
- ・責任者　館長・寺尾 堂

館のイチ押し

展覧会は毎回、単に作品を展示するだけではなく、子どもたちがより積極的に作品に向き合えるよう、たのしい体験・創作コーナーを設けています。

毎週土・日、祝日の午後に実施している「ホリデー創作活動」では、週ごとにちがった創作活動を体験することができ人気です。

388　子ども博物館美術館事典

岡山県

岡山県生涯学習センター
人と科学の未来館サイピア

　2011(平成23)年3月末で閉館となった旧・岡山県立児童会館をリニューアルし、新たに岡山県生涯学習センターの施設として2013(平成25)年4月29日に開館。
　シンボルとなる「サイエンスドーム」のプラネタリウムでは美しい星空や迫力ある全天周映像番組を投影し、「科学体験・学習広場」では、平日は学校理科学習の場に、休日・夏休み等は科学教室やサイエンスショーなど幅広い世代が科学に触れ、楽しめる場となっている。
　岡山県内外の企業や大学・研究機関とともに連携・協働を進め、「みんな科学が好きになる」を合言葉に、魅力あるプログラムを展開している。

【展示・収蔵】
　常設展はなし。企画展示室では、約1ヶ月ごとに展示内容を変えている。
　岡山県内企業や、大学等が持っている先端技術・ものづくり技術、研究成果の展示や紹介をしており、身近にある科学やものづくり等に触れることができる。

【事　業】
・土日祝日を中心とした、「サイエンスショー」。毎月テーマを変えて実験を

岡山県

している。

・毎月水曜日には、未就学児とその保護者を対象とした工作あそび、「つくってあそぼう」。

・毎月1回水曜日に、未就学児とその保護者を対象とした科学講座、「なぜなぜひろば」。

・年間8回開催「子ども科学クラブ：子ども天文教室」

・年間9回開催「子ども科学クラブ：わくわく仮説実験教室」

・ゴールデンウィーク期間と夏休みには「サイピア科学フェスティバル」。

その他、様々な専門分野の企業や学校と連携したイベントも多数開催している。

・所在地　〒700-0016　岡山県岡山市北区伊島町3-1-1
・ＴＥＬ　086-251-9752
・ＦＡＸ　086-251-9780
・ＵＲＬ　http://www.sci-pia.pref.okayama.jp/
・E-mail　sci-pia@pref.okayama.jp
・交　通　〈車〉JR岡山駅西口から約5分，山陽自動車道岡山ICから約10分　伊島小学校前を西進つきあたり
　　　　　〈バス〉JR岡山駅西口から岡電バス 岡山中央病院行 京山入口下車 徒歩約8分(所要時間約13分)
　　　　　〈徒歩〉JR岡山駅西口から約25分(約1.7km)
・開　館　AM9:00 ～ PM5:00
・入館料　無料　※プラネタリウム観覧料は別途必要
・休館日　月曜日，祝日の翌日(その日が祝日でない火曜日から金曜日までに当たるときに限る)，年末年始(12月28日～1月4日)
・施　設　鉄筋コンクリート2階建，敷地面積約3400㎡ 建築面積1383㎡
・設　立　2013(平成25)年4月29日開館
・設置者　岡山県
・管　理　CRISコンソーシアム(指定管理者)
・責任者　代表者・牧野康平

館のイチ押し

◇ヨルプラネ…毎月第3金曜日のPM7:00からプラネタリウム「ほしぞらタイム～今夜の星空散歩～」の夜間投影をしています。お仕事帰りにゆったりと星空を眺めてみませんか。その日の星空から、季節の星座や天文・宇宙の話題を解説員の生解説でお送りします。

岡山県

岡山市水道記念館

　岡山市水道記念館は、水道通水80周年を記念して、通水開始当時の送水ポンプ室を改造して開設し、1985(昭和60)年7月23日オープンした。2005(平成17)年2月に、国の登録有形文化財に指定され、同年7月に岡山市水道が通水100周年を迎えるにあたって、水道記念館を改修し、リニューアルオープンした。市民の方が水について学び、水の大切さを認識し、水道事業に対する理解を深めてもらうことを目的として、一般開放している。解説のレベルは小学校4年生が理解できる程度の分かりやすい内容としている。

【展示・収蔵】
　水の性質や不思議さを体験できるミニ科学館「サイエンスプレイランド」と岡山市の水道の歴史や水道水ができる仕組みが分かる「水とくらしのゾーン」があり、以下のコーナーがある。
《サイエンスプレイランド》
　（1）アクアシューター
　（2）ナベの中の噴水
　（3）水道管の伝声管

岡山県

（4）シャボンスクリーン
（5）魔法の蛇口　など
《水とくらしのゾーン》
（6）岡山市の水道事業の歩み
（7）水道施設の現況
（8）水のつくるしくみ
（9）水の使用量・節水量・トイレの水の使用量
（10）家庭に水が届くまで　など

【事　業】
　夏休みに参加無料のイベントを開催。7月は参加自由、8月は事前申し込みが必要。
　目で見て、手で触れて、楽しく遊びながら水について詳しくなれる。

・所在地　〒700-0802　岡山県岡山市北区三野1-2-1（三野浄水場内）
・Ｔ Ｅ Ｌ　086-232-5213
・Ｕ Ｒ Ｌ　https://www.water.okayama.okayama.jp
・交　通　〈バス〉岡電バス・宇野バス 水源池下車 徒歩2分　〈電車〉JR津山線 法界院下車徒歩10分　〈タクシー〉JR岡山駅から三野浄水場まで約10分
・開　館　AM10:00 〜 PM4:30（入館はPM4:00まで）
・入館料　無料
・休館日　月曜日（祝日の場合は翌日），年末年始（12月29日〜1月3日）
・施　設　煉瓦造平屋1階建，敷地面積8万4195㎡（三野浄水場）　建築面積529㎡　延床面積529㎡
・設　立　1985（昭和60）年7月
・設置者　岡山市水道局
・管　理　岡山市水道局
・責任者　水道局企画総務課長・上高直樹

館のイチ押し

・夏休みイベント（7月23日開催）　※年度により開催日変更あり
　参加無料で水に関するブースを沢山設置。またイベント時には実際に水をつくっている浄水場の見学もできる。詳細は岡山市水道局のホームページを確認。

岡山県

つやま自然のふしぎ館
(津山科学教育博物館)

当館は1963(昭和38)年に開館。世界の動物の実物はく製をはじめ、化石、鉱石、昆虫、貝類、人体の一部(模型と実物)等を展示している自然科学の総合博物館である。展示総数は約2万点以上で、なかでも世界の動物はく製類は800点以上もあり、貴重なコレクションとなっている。

中南米室パノラマ

小学校高学年、中学生、高校生向けの学習ワークシートがあり、それを使用して館内を見学、学習することができる。

(「津山科学教育博物館」は、岡山県への登録名称)

【展示・収蔵】
◇展示品　約2万点
・世界の動物(ほ乳類・鳥類・は虫類・両生類)はく製標本
・世界の化石(岡山県北で発掘された化石あり)、日本の鉱石・岩石類
・世界の昆虫類(希少蝶・甲虫類も多数)
・世界の貝類(日本近海の貝類も多数)
・人体関係標本(創設者の遺言による実物臓器の展示あり)
◇収蔵品　約2千点
・博物館体験教室(館内での実習)
・出前講座(学校へ出向いて講義を実施する)
・ナイトミュージアム(夏季夜間に博物館を開放し、動物を観察)

岡山県

【出版物・グッズ】
「つやま自然のふしぎ館」(岡山文庫)
「津山海の探検」(津山盆地の化石採集、調査の手引)

ホッキョクグマ

- 所在地　〒708-0022　岡山県津山市山下98-1
- ＴＥＬ　0868-22-3518
- ＦＡＸ　0868-22-3318
- ＵＲＬ　http://www.fushigikan.jp/
- E-mail　info@fushigikan.jp
- 交　通　津山駅より徒歩15分
〈JR津山駅まで〉電車：JR岡山駅より津山線快速で70分／ハイウエイバス：大阪駅より中国道経由160分／航空機：羽田空港より70分、岡山空港よりリムジンバス(予約制)で100分
- 開　館　AM9:00～PM5:00(入館はPM4:30まで)
- 入館料　大人700円、小人(小中学生)600円、幼児(4・5歳)400円　※20名以上の団体は各100円引き、高齢者(70歳以上)・障害者割引あり、併設の歴史民俗館との共通券あり
- 休館日　〈1・2・6・11・12月〉月・火曜日　〈3・7・9月〉月曜日　いずれも月曜日が祝日の場合は開館、年末年始(12月29日～1月2日)
- 施　設　木造3階建、総面積約1750㎡ 展示面積約1500㎡
- 設　立　1963(昭和38)年11月
- 設置者　(公財)津山社会教育文化財団
- 管　理　津山科学教育博物館(つやま自然のふしぎ館)
- 責任者　館長(学芸員)・森本信一

> 館のイチ押し
>
> 　世界各地の大型動物「キリン」「ホッキョクグマ」「ヘラジカ(ムース)」等、希少動物「トラ」「アムールヒョウ」「キンシコウ」等が表情豊かに展示されている。

岡山県

ライフパーク倉敷 倉敷科学センター

当館は、これからの生涯学習の重要な一環として科学教育を位置づけ、次代を担う青少年に科学技術の正しい認識、普及、啓発を図るとともに、宇宙への限りなき夢と豊かな感性や想像性を育み、地球環境を守り育てる心を培うことを目的として創立された。

プラネタリウム

市制施行20周年記念事業の一環として、1987(昭和62)年に提出された基本構想により設置が具体化し、1990(平成2)年から造成工事に着手、1992(平成4)年8月に本体工事が完成し、11月に科学センター関連付帯工事(プラネタリウム・天体ドーム・科学展示)が完成、1993(平成5)年4月に開館となった。

【展示・収蔵】
　展示物約100点を設置。2008(平成20)年3月に科学展示室リニューアルオープン。老朽化した展示物を中心に全体の3分の2を更新し、室内空間の色彩やデザインも一新。従来の「参加・体験型」をさらに発展し、科学のおもしろさや素晴らしさを体験できる発展性と創造性を備えた展示を導入。
《シンボルゾーン》
　偉大な発明の数々を、実際に体験できる装置を中心に展示し、現在使われている様々なしくみ、道具、機械の源を紹介している。
　◇ワットの蒸気機関・アルキメデスのポンプ・人間さおばかり等
《科学のプロムナード》
　とにかくまず触ってみて、見て、聴いて、触れて、人間の五感を使って観察を深めていくことに主眼を置いた、刺激的な科学体験の仕組みにあふれた空間。

岡山県

◇CGスクエア〜声のシャボン玉〜・ターンテーブル・くるまを持ち上げ
よう等

《あそびのひろば》

小さなお子さまもゆっくり時間を過ごせる手遊びスペース。マグネットの
仕組みで立体的に組み上がる幾何学パズルおもちゃや、毛糸でお絵かきで
きる壁などを設置。

《宇宙・地球・環境》

宇宙の神秘を感じ、地域と宇宙のつながりをさぐるほか、地球環境につい
て考えを巡らせるための問いかけを提供。

◇四季の星空の部屋〜100万個の星の窓〜・太陽黒点をさがそう・アマチュ
ア天文家本田實の活躍等

《倉敷の産業と科学》

倉敷市全域の大写真地図や、水島コンビナートのすごさを感じられる映像
で、バリエーションに富んだ倉敷の地域の再発見を促す。

◇倉敷の産業・わたしたちのまち　くらしき

《科学実験コーナー》

科学の楽しさ、おもしろさを紹介することを目的に、サイエンスショーや
ワークショップを実施。なお、開催時以外は手づくりおもちゃを展示して
いる。

《その他の施設》

プラネタリウムと全天周映画が楽しめるドーム直径21ｍの宇宙劇場と、
天文台を備える。2005(平成17)年8月の旧真備町編入に伴い、真備図書
館屋上の真備天体観測施設(たけのこ天文台)を管理下に置く。2013(平成
25)年8月に倉敷天文台より譲り受けた旧スライディングルーフ観測室を
移築。

【事　業】

プラネタリウム・全天周映画の上映(毎日)、サイエンスショー(毎週)、天
体観望会・天文台公開(月2回程度)、各種科学講座(科学実験・工作教室、
くらしき宇宙セミナーなど)、天文講演(年2回程度)、各種科学イベント(年
4回程度)、プラネタリウムコンサート(年2回)、夏休み企画展(年1回)、天
体写真展(年1回)

岡山県

【出版物・グッズ】
「倉敷科学センター NEWS」(年4回)／倉敷科学センター年報

- ・所在地　〒712-8046　岡山県倉敷市福田町古新田940
- ・ＴＥＬ　086-454-0300
- ・ＦＡＸ　086-454-0304
- ・ＵＲＬ　http://www2.city.kurashiki.okayama.jp/lifepark/ksc/
- ・E-mail　ksc@city.kurashiki.okayama.jp
- ・交　通　JR山陽本線倉敷駅下車　大高・五軒屋経由 JR児島駅行きバスで25分
　　　　　　福田中学校前下車　徒歩20分
- ・開　館　AM9:00 ～ PM5:15(入館はPM4:45まで)
- ・入館料　科学展示室：おとな410円(330円)，こども100円(80円)
　　　　　　プラネタリウム：おとな410円(330円)，こども210円(170円)
　　　　　　全天周映画：おとな410円(330円)，こども210円(170円)
　　　　　　プラネタリウム＋全天周映画：おとな620円(490円)，こども310円(250
　　　　　　円)
　　　　　　※( )内は20名以上の団体料金，こどもは小学生～高校生，幼児およ
　　　　　　び65歳以上の方は無料
- ・休館日　月曜日(祝日の場合は翌日)，年末年始
- ・施　設　鉄筋コンクリート造2階建(一部3階建)，延床面積5428㎡
- ・設　立　1993(平成5)年4月
- ・設置者　倉敷市教育委員会
- ・管　理　倉敷市教育委員会
- ・責任者　館長・藤田正樹

中国

館のイチ押し

　ドーム径21m、座席数200席の宇宙劇場では、「プラネタリウム」「全天周映画」2種のプログラムを上演しています。プラネタリウム前半では当夜9時の星空を再現し、天文の専門家が解説台本一切なしでご案内しています。また後半は、星や宇宙などさまざまな話題をテーマに、スライド、ビデオを多用したショープログラムをお送りしています。全天周映画は、プラネタリウム独特のドームスクリーンに巨大映画を映し出す大迫力の映像システムです。自分が映像の世界に飛び込んだような感覚をご体感ください。

子ども博物館美術館事典　397

広島県

ヌマジ交通ミュージアム
(広島市交通科学館)

　乗り物と交通に関する市民の興味と関心を高めるとともに、乗り物と交通に対する理解の場を提供し、もって市民の豊かな教養に資するために広島市が建設。

・1986(昭和61)年6月：広島市都市交通施設整備推進本部会議において、新交通車両基地を安佐南区長楽寺に設置し、用地の有効利用の観点から科学教育に資する施設を整備する方針を決定
・1989(平成元)年8月：広島市都市交通施設整備推進本部会議において、交通科学館(仮称)の整備計画の承認
・1990(平成2)年3月：基本設計(建築・展示)の策定
・1991(平成3)年3月：人工地盤着工
・1992(平成4)年12月：本体工事着工・展示製作着手
・1993(平成5)年4月：交通科学館開設準備室設置
・1994(平成6)年9月：本体工事竣工、11月展示製作完了、12月広島市交通科学館条例制定

広島県

・1995（平成 7 ）年 3 月18日：開館
・2006（平成18）年 4 月：指定管理者制度により、広島高速交通（株）が指定管理者となる。
・2015（平成27）年 6 月：広島市による命名権導入により、（株）アフィス（沼田自動車学校）が命名権を取得し、ヌマジ交通ミュージアムに呼称変更。

【展示・収蔵】
　日本最大級の都市パノラマ「ビークルシティ」や過去から現在までの2000点の乗り物模型など、館内に設置された情報機器「ハイパーブック」や参加メカなどを通して乗り物・交通をダイナミックに知ることができる。
◇ 1 階　エントランスフロア
　入口では館の精霊「ビークル博士」とビークル号がお出迎え。乗り物と交通の過去から未来への旅へと案内する。このほかクラフトルームや多目的ホール、ライブラリーなどがある。
◇ 2 階　コレクションフロア
　世界中の過去から現在までの航空機・船舶・鉄道・自動車の模型資料を集めて展示している。
◇ 3 ・ 4 階　パノラマフロア
　直径20ｍの大型都市交通パノラマ「ビークルシティ」で、最新の都市交通の仕組みやシステムを、実際に動かせる「参加メカ」や情報端末「シティガイド」、さらに特殊映像でビークルシティや乗り物のひみつを探検できる「ビューカプセル」で体験できる。

【事　業】
　企画展（年 3 回）、映画会、あそびのひろば、サイエンスショー（以上それぞれ月 1 ～ 3 回）、工作教室（年齢対象別に年間約80回）、その他講演会など各種事業を実施。

【出版物・グッズ】
・研究紀要（1996・1997年度）
・館広報紙「プライマリークラブ」（年 1 回発行）
・事業広報紙「トレンドアクセス」（月 1 回発行）

中国

広島県

- **所在地** 〒731-0143　広島県広島市安佐南区長楽寺2-12-2
- **ＴＥＬ** 082-878-6211
- **ＦＡＸ** 082-878-3128
- **ＵＲＬ** http://www.vehicle.city.hiroshima.jp
- **交　通** 新交通システム「アストラムライン」長楽寺駅下車 徒歩5分
- **開　館** AM9:00 ～ PM5:00（2階以上の展示室への入場，おもしろ自転車利用券の発券はPM4:30まで）
- **入館料** 大人510円，高校生相当とシニア（65歳以上・要証明）250円
　　　　※団体割引ほか各種減免措置あり
- **休館日** 月曜日，祝日の翌日（土休日や月曜日に当たる場合は翌平日が連休），年末年始，そのほか臨時休館日あり
- **施　設** 人工地盤：鉄骨鉄筋コンクリート造（一部鉄筋コンクリート造），面積1万6394㎡　建物：鉄骨造4階建，延床面積7178㎡
- **設　立** 1995（平成7）年3月
- **設置者** 広島市
- **管　理** 広島高速交通（株）
- **責任者** 館長・槇野亨

館のイチ押し

鉄道車両の屋根上や船舶の底を見ることができるのは模型展示ならでは。一つ一つの模型をじっくり見ることで、また新しい発見があります。

広島市こども文化科学館

　こどもの文化及び科学に関する興味と関心を高めて、創造性を喚起するとともに向上心を涵養し、もって社会教育の発展を図ることを目的に設置された。
　1970(昭和45)年3月、「広島市児童文化センター」として構想が採用され、1977(昭和52)年9月建設決定。1978(昭和53)年12月に建設工事着工。名称は「広島市こども文化科学館」と決定。1980(昭和55)年2月工事竣工。日本初のこどもの為の博物館として、1980(昭和55)年5月に開館。

【展示・収蔵】
　こどもたちの「科学する心」や「文化を創造する心」が育つよう、自由に遊んだり楽しみながら、いろいろな体験ができる場を用意している。
《1階》
　(1) たんけんとりで(テーマ「感覚の科学」)…全体がひとつの大型展示「たんけんとりで」になっている。各所にちりばめられた「しかけ」を試すうちに、様々な科学の基本原理が体感できる複合科学展示である。ジャングルジム迷路、メビウスチューブ、空気ロケット、鏡の部屋、モノトーンの部屋など。

広島県

(2)天空の夢の国(テーマ「基本の科学」)…身の回りにある不思議な現象の体験を通して、その原理や仕組みを探ることができる。ボールの旅、ピョン太とかけっこ、ガリバー電磁石、宇宙生物のささやきなど。

《2階》

・サイテック博士のおもしろ研究室(テーマ「応用の科学」)…身近な生活に利用されている科学技術を楽しみながら体験できる。ハイパースタジアム、宇宙でんわ、ゆがむテレビなど。

《3階》

・天文の科学…月の動きや四季の星座の学習ができ、太陽望遠鏡では、今出ている太陽の黒点やプロミネンスの様子をリアルタイムで見ることができる。

《4階》

・プラネタリウム…直径20メートルのドームにきらめく星座や無限に広がる大宇宙の様子をダイナミックに再現している。

【事　業】

科学教室、創作教室、サイエンスショー、たのしい工作室、こども劇場など。

【出版物・グッズ】

研究紀要「すばる」(年刊)/「広島市こども文化科学館だより」(月刊)

・所在地　〒730-0011　広島県広島市中区基町5-83
・ＴＥＬ　082-222-5346
・ＦＡＸ　082-502-2118
・ＵＲＬ　http://www.pyonta.city.hiroshima.jp/
・交　通　JR広島駅から広島電鉄路面電車2番または6番で原爆ドーム前下車、約300m
・開　館　AM9:00 〜 PM5:00
・入館料　無料　※プラネタリウムは別途観覧料が必要(大人510円, 高校生250円, シニア(65歳以上)250円)
・休館日　月曜日, 祝日の翌日, 8月6日, 12月29日〜 1月3日, その他臨時休館あり
・施　設　鉄筋コンクリート造, 地上4階・地下1階建, 敷地面積2328.675㎡ 延床面積4683.149㎡　※広島市こども図書館(地上2階)と併設
・設　立　1980(昭和55)年5月
・設置者　広島市
・管　理　(公財)広島市文化財団
・責任者　館長・砂原文男

402　子ども博物館美術館事典

広島県

広島市森林公園こんちゅう館

　1989(平成元)年11月3日開館。広島市が市政百周年事業として市有林内に整備した森林公園内のメイン施設である。
　広島市中心部から車で30分の位置にあり、自然や昆虫についての理解を深める場、市民の日帰りレクリエーションの場として利用されている。

【展示・収蔵】
　チョウ類10種500頭、その他身近なものから外国産昆虫まで約50種1500頭の生体を中心に展示。
　季節ごとに年4回程度の企画展や、土日祝日には自然観察会や虫とのふれあい体験イベントを実施。
《収蔵品》昆虫標本約1万3000点、図書約3000点

【事　業】
　企画展、こども向け自然観察会、ネイチャークラフト、ミニ昆虫講座、友の会など

中国

広島県

- ・所在地　〒732-0036　広島県広島市東区福田町藤ケ丸10173
- ・TEL　082-899-8964
- ・FAX　082-899-8233
- ・URL　http://www.hiro-kon.jp/
- ・E-mail　hirokon@midoriikimono.jp
- ・交　通　〈車〉山陽自動車道 広島東ICから10分／広島駅から30分
　　　　　　〈バス〉広島バス小河原車庫行 登石下車 徒歩60分
- ・開　館　AM9:00 ～ PM4:30（入館はPM4:00まで）
- ・入館料　大人510円，高校生・65歳以上（公的証明書必要）170円，中学生以下無料
- ・休館日　水曜日（祝日の場合は木曜日），12月29日～1月3日　※夏季休暇中など臨時開館日あり
- ・施　設　鉄筋コンクリート1階建，建築面積1620㎡，植物栽培温室等別棟あり
- ・設　立　1989（平成元）年11月3日
- ・設置者　広島市
- ・管　理　（公財）広島市みどり生きもの協会
- ・責任者　昆虫館長・大丸秀士

館のイチ押し

- ・1年中いつでも500頭の生きたチョウが飛び交う「パピヨンドーム」
- ・生きた昆虫展示の種類数の多さ

山口県

防府市青少年科学館
（ほうふ）

　防府市青少年科学館「ソラール（スペイン語で『太陽エネルギー』を意味する）」は、防府の未来を託する青少年の科学する心を育む施設を目指し、1998（平成10）年4月29日に山口県内初の参加体験型の科学館として開館し、2000（平成12）年2月9日に登録博物館となった。
　太陽の恵みと生命を考える「自然と人間の調和」をメインテーマに掲げ、創造性豊かな青少年の科学に関する理解と興味を深めるとともに、広く市民の皆様に親しまれ、市民文化の創造と生涯学習の推進に寄与するよう努めている。
　2014（平成26）年7月には、常設展示物の一部リニューアルを行った。

【展示・収蔵】
　『自然と人間の調和』をテーマに、太陽を中心として、エネルギーや生命について考えたり、太陽や自然がどのような恩恵を与えているかを考える「自然の領域」と、未来のために創造力と科学する心を養う「生活の領域」から構成され、楽しい参加体験型の展示となっている。多くの人々が科学や技術に対する興味と関心を深めながら、未来のための環境づくりを考えたり、創造力と科学する心を培う場として利用できる。

山口県

《自然の領域》

◇太陽回廊展示室

太陽を中心にエネルギーと生命を考える場である。生命エネルギーの根源である太陽に対する理解と興味を高めるために、太陽望遠鏡でリアルタイムの映像と太陽に関する様々な情報を紹介している。1階から2階へ続くスロープの壁面には、生命の進化の様子を描き、「生命」のいとなみを紹介。さらに、近年の地球環境の悪化による影響や、今私たちにできることをわかりやすく伝え、次世代への警鐘としている。

太陽望遠鏡

◇天体観測ドーム

屋上に建てられたドーム内には口径75mm、105mm、150mmのレンズを持つ6連装太陽望遠鏡が備えつけてあり、白色光で見る太陽、Hα線で見る太陽など太陽の活動が観測できる。

◇ふるさとの領域

回廊展示室に続く開放的な展示空間に、防府の植物や生物を紹介する「佐波川流域の生き物図鑑」などの展示をしている。

《生活の領域》

未来のために創造力と科学する心を養う場である。特に光分野に関して、科学原理や利用技術をやさしく伝え、新たな発想の原点としていく。

人間の情報入手手段である「感覚」や太陽に関連した「光の性質」、ボールの運動やてこなどの「エネルギーや力の利用」など、遊びながら科学のしくみを学ぶことができる。

山口県

【事　業】
・特別事業：特別展や企画展、企画展にあわせた特別工作教室など。
・日常事業：科学教室、サイエンスショー、太陽望遠鏡公開、たのしい工作、
　防府市少年少女発明クラブなどを開催。

【出版物・グッズ】
・「防府市青少年科学館年報」
・「サイエンスアカデミー実験解説集」

・所在地　〒747-0809　山口県防府市寿町6-41
・ＴＥＬ　0835-26-5050
・ＦＡＸ　0835-23-6855
・ＵＲＬ　http://www.solar-hofu.sakura.ne.jp
・E-mail　solar@soleil.ocn.ne.jp
・交　通　山陽自動車道 防府西・東ICより車で10分，JR山陽本線防府駅より徒
　　　　　歩10分
・開　館　AM9:30 ～ PM5:00（入館はPM4:30まで）
・入館料　小・中学生200円，高校生以上300円　※20名以上の団体は各100円引き
・休館日　月曜日（祝日の場合は次の平日），12月29日～1月3日　※その他、臨時
　　　　　休館あり
・施　設　鉄筋コンクリート造，地上2階・塔屋，建築面積1809.22㎡ 延床面積
　　　　　3200.38㎡ 敷地面積約2万8107㎡（サイエンスパーク・法面を含む）
・設　立　1998（平成10）年4月
・設置者　防府市
・管　理　（公財）防府市文化振興財団
・責任者　館長・寺田勉

　館のイチ押し

・週末や祝日に行う「サイエンスショー」や「たのしい工作」
・定期的に開催する「企画展」「特別展」

中国

子ども博物館美術館事典　407

徳島県

あすたむらんど徳島 子ども科学館

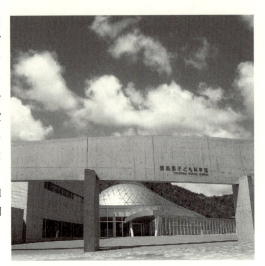

2001(平成13)年7月1日開館。科学に関する体験および人と人との交流の場を提供することにより、創造性豊かな青少年の育成および県民の余暇活動の充実に資するため設置した大型公園「徳島県立あすたむらんど(愛称：あすたむらんど徳島)」の中核施設。子どもたちが遊びや体験を通して科学する心を育てる参加体験型、自然活用型の施設となっている。

【展示・収蔵】
「科学技術と自然環境との調和」が展示テーマ。「宇宙と地球」「生命と環境」「科学技術と人間」「遊びの科学」「屋外展示」の5つのコーナーに、参加型展示に主眼をおいた科学展示装置など120種類を設置している。

《主な展示品》

◇宇宙と地球…重力と運動、月の満ち欠け、ムーンウォーカー、自転の証明、カミナリシアター、ジャイロ、エアバスケット、光のリレーなど。

◇生命と環境…たねの飛び方、口と食べ物、一本の木、さわってみよう、骨のパズル、どきどきマイハート、運動チェック、真っ暗な部屋など。

◇科学技術と人間…体感シアター「アルファ21」、あなたもアナウンサー、宇宙ステーションをつくろう、超スローモーション、センサーアスレチック、サイエンスキッチンなど。

◇遊びの科学…ツリーハウス、どうくつたんけん、おもしろチューブ、ボールのプール、くちからおしりまで、動物の目、カマキリのボクシング、バッタのジャンプなど。

徳島県

◇屋外展示…太陽系の惑星たち、地球年代記パス、かげぼうし時計、ゴロ
ゴロコースター、あすたむの森、ビオトープなど。

【事　業】

サイエンスショー、企画展、講演会、プラネタリウム特別投映、星空観望
会、科学工作教室など。

【出版物・グッズ】

催し案内(年5～6回程度発行。季節の行事等の案内)

・所在地　〒779-0111　徳島県板野郡板野町那東字キビガ谷45-22
・ＴＥＬ　代表：088-672-7111　団体予約受付：088-672-7112
・ＦＡＸ　088-672-7113
・ＵＲＬ　http://www.asutamuland.jp/
・交　通　〈電車・バス〉JR高徳線 板野駅下車　徳島バス 鍛冶屋原行き(あすたむ
らんど経由)あすたむらんど下車
〈車〉徳島自動車道 藍住ICから15分／四国横断自動車道 板野ICから5
分／JR高徳線 板野駅から5分／神戸淡路鳴門自動車道 鳴門ICから20分
・開　館　AM9:30～PM4:30　〈夏期：7月1日～8月31日〉AM9:30～PM5:30
※入館は閉館の30分前まで
・入館料　常設展示：一般510円(410円)，小・中学生200円(160円)
プラネタリウム：一般510円(410円)，小・中学生200円(160円)
※(　)内は20名以上の団体料金，小学生未満無料，その他減免規定あり
・休館日　水曜日(祝日の場合は翌日，8月の水曜日は除く)　※このほか必要に応
じて休館日を変更することがある
・施　設　子ども科学館のみ：鉄筋コンクリート造 一部鉄骨造2階(地下1階)建,
建築面積6720㎡ 広場4万4000㎡ 延床面積7340㎡ 常設展示室(屋内の
み)2869㎡ 特別展示室578㎡
・設　立　2001(平成13)年7月
・設置者　徳島県
・管　理　(株)ネオビエント
・責任者　徳島県立あすたむらんど所長・南栄治

館のイチ押し

◇サイエンスショー
1日に2回開催。毎月異なったテーマを取り扱っている。また、特別
サイエンスショー、出張サイエンスショーも随時行っている。

子ども博物館美術館事典　409

徳島県

阿南市科学センター

　徳島県東部にある阿南市地域には、青色発光ダイオードで有名な企業の本社や、大規模な石炭火力発電所、工業高等専門学校や、工業高校などが立地しており、科学技術に関する環境はある程度整っていたが、小中学生向けの施設はこの地域には皆無であった。そのため、1997(平成9)年、地元の小中学生が、科学を学べる施設として、科学センター体験館がオープンした。
　また、1999(平成11)年には、同じ敷地内に四国最大の口径113cm大型望遠鏡を備えた「天文館」も完成し、同年2月に全面オープンとなった。
　現在では、阿南市内の小学生を対象とした「科学センター理科学習」、一般を対象とした「夜間天体観望会」など実施している。

【展示・収蔵】
　当センターは、展示見学型の施設と性質が異なるため、展示物も小中学生の理科学習に関するものが多く、地元徳島県で採集された化石や岩石が約500点、その他に、主に小学校で学習する内容に関する大型実験装置が6点、また、デジタルプラネタリウムや、来館者が自由に使えるインターネットコーナーも設置している。

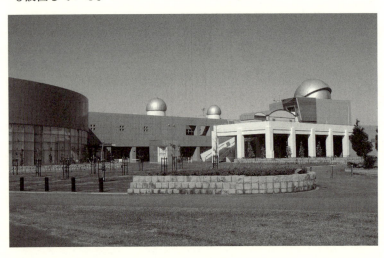

徳島県

【事　業】
・市内小学生対象「科学センター理科学習」年120回程度実施
・一般対象「おもしろ科学実験」年160回程度実施
・デジタルプラネタリウム投映　年200回程度実施
・夜間の天体観望会　年50回程度実施

【出版物・グッズ】
・とくしま天体観測のてびき（2008年刊　非売品）
・星座早見盤工作キット（無料　阿南市科学センターのホームページより
　データをダウンロード可）

・所在地　〒779-1243　徳島県阿南市那賀川町上福井南川渕8-1
・ＴＥＬ　0884-42-1600
・ＦＡＸ　0884-42-3652
・ＵＲＬ　http://ananscience.jp/science/
・E-mail　science@ananscience.jp
・交　通　JR牟岐線 阿波中島駅より徒歩25分
・開　館　AM9:30 〜 PM4:00
・入館料　無料
・休館日　月曜日（祝日の場合は翌日），年末年始（12月29日〜 1月3日）
・施　設　敷地面積約3万2000㎡　体験館：鉄筋コンクリート2階建　天文館：鉄
　　　　　筋コンクリート3階建
・設　立　1997（平成9）年7月
・設置者　那賀川町（現・阿南市）
・管　理　阿南市
・責任者　市長・岩浅嘉仁

館のイチ押し

　毎週土曜日の夜間に四国最大の天体望遠鏡を使って実施している「夜
間天体観望会」は特におすすめ。おひとりでの参加も可。
　参加に関する詳細はお問い合わせ下さい。

子ども博物館美術館事典　411

愛媛県

愛媛県歴史文化博物館

　愛媛県の歴史や民俗に関する資料の収集、展示および調査研究を行い、その知識の普及を図り、伊予・愛媛の歴史文化に親しむことで、伝統を踏まえた個性豊かな文化の創造に寄与することを目的として設立。

【展示・収蔵】
　常設展では、歴史展示、民俗展示の大きく2つのゾーンに分けて、実物資料とともに、それぞれの時代や地域を象徴する建物を実物大に復元し、愛媛の歴史や民俗、四国遍路などをわかりやすく紹介している。
　その他、考古展示室・文書展示室、和紙彫塑家・内海清美（うちうみきよはる）氏の作品により弘法大師空海の生涯を紹介する新常設展「密●空と海」、「衣」「食」「遊」に関する昔の道具が体験できる「こども歴史館」がある。
　企画展示室では、特別展・企画展やテーマ展などを順次開催している。

マスコットキャラクター「はに坊」

愛媛県

　図書室では、児童・生徒向けの歴史関係図書やビデオも置いており、自由に閲覧できる。

　ミュージアムショップでは、館の出版物のほか、懐かしい昭和の玩具やグッズも販売している。

　幼児用体験コーナーのほか、授乳室・おむつ替え台も用意されている。

　収蔵資料は、伊予各藩の大名武具や雛飾り、城下図屏風、約20万枚におよぶ生活史写真、佐田岬半島の仕事着のコレクション、県内各地の出土資料など、愛媛の歴史や民俗に関する約50万点。

【事　業】

・こども歴史館では毎週末体験ワークショップを開催するほか、夏休みには会場が「お化け屋敷」に変身。
・企画展示室では、特別展・企画展やテーマ展などを年5回程度開催しており、春や夏休みの時期に開催する特別展は、子どもや家族で楽しめるテーマで開催し、関連ワークショップも実施。
・歴史文化講座を年間30講座、季節ごとに季節感のある体験イベントをエントランスホールを利用して開催。
・学校や幼稚園・子ども会の団体見学の際は、要望に応じて「昔のくらし探検」や各種体験を実施。
・学校や各種団体へ学芸員を派遣する出前講座や、授業・学習用に博物館資料をキットにまとめた「れきハコ」の貸出も行っている。
・博物館のマスコットキャラクター「はに坊」は、イベント時等に館内に登場し、子どもたちの人気を集めている。

【出版物・グッズ】

・常設展示図録
・企画展図録「弘法大師空海展」(2014年度),「松山城下図屏風の世界」(2014年度),「続・上黒岩岩陰遺跡とその時代」(2014年度),「四国遍路と巡礼」(2015年度),「むかしのごちそう」(2015年度),「愛媛の祭りと芸能」(2016年度)
・研究紀要(1995年度〜　各年度1冊)
・資料目録(1997年度〜　各年度1冊)
・年報(1994年度〜　各年度1冊)
・歴博だより(年4回発行・1〜85号)

愛媛県

- ・所在地　〒797-8511　愛媛県西予市宇和町卯之町4-11-2
- ・ＴＥＬ　0894-62-6222
- ・ＦＡＸ　0894-62-6161
- ・ＵＲＬ　http://www.i-rekihaku.jp
- ・E-mail　top@i-rekihaku.jp
- ・交　通　松山自動車道松山ICから西予宇和IC経由で車約50分
　　　　　　JR松山駅からJR卯之町駅まで特急で1時間，JR卯之町駅から車で5分
- ・開　館　AM9:00 ～ PM5:30(入館はPM5:00まで)
- ・入館料　大人(高校生以上)510円(20名以上の団体は410円)，高齢者(65歳以上)
　　　　　　260円(20名以上の団体は210円)，小中学生は無料
- ・休館日　月曜日(祝日および振替休日にあたる場合は火曜日)，毎月第1月曜日は
　　　　　　開館し、その翌日の火曜日(祝日および振替休日にあたる場合はその翌
　　　　　　日)を休館，年末年始(12月28日～1月1日)
- ・施　設　鉄筋コンクリート地上3階建
- ・設　立　1994(平成6)年11月
- ・設置者　愛媛県
- ・管　理　伊予鉄総合企画株式会社／学芸業務は県直営
- ・責任者　館長・藤田享

> **館のイチ押し**
>
> 　遊びながら歴史や文化に触れることができる体験型学習室「こども歴史館」。昔のおもちゃ遊びが無料で体験できるほか、月替わりで季節感あふれる体験プログラムを実施しており、ワークショップが好評です。

愛媛県

えひめこどもの城

　1998(平成10)年10月、愛媛県松山市と愛媛県伊予郡砥部町をまたぐ、広大な森林に開館。
　こども達が豊かな自然環境の中で、仲間同士や、家族などのふれあいを通じ、遊び体験をはじめ、自然体験・社会・文化体験など、さまざまな体験活動を行うことにより、創造性や、自主性、社会性、豊かな感性などを育むとともに、愛媛県下の児童館など、児童関連施設のセンターとなる機能や指導者の養成や研究を行う拠点として活動している。

【展示・収蔵】
◇おもちゃの歴史ギャラリー
　江戸時代末期から現代にいたるまでのおもちゃの紹介
◇手作りおもちゃギャラリー
　こどもたちが自分で作ったおもちゃの紹介
◇図書コーナー
　遊び体験などに関する図書、県内児童館の情報を蓄積(およそ5000冊所蔵)

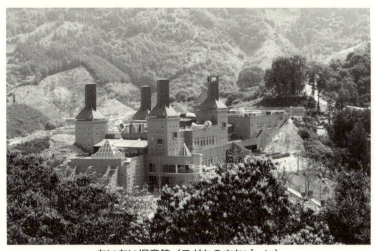

あいあい児童館（こどものまちゾーン）

愛媛県

【事　業】

《遊具》

　有料遊具の運行…てんとう虫のモノレール、ボブスレー、サイクルモノレール、足こぎボート、手こぎボート、周遊バス

《事業》

　月替わりプログラム…ワークショップ、パソコン、クッキング、木工、陶芸体験／子育て支援のための養成講座／小規模キャンプ／幼児のためのリトミックプログラム　ほか

【出版物・グッズ】

《出版物》『子育てＱ＆Ａ』井原栄治著

《グッズ》マスコットキャラクター「コシロちゃん」グッズ（ぬいぐるみ、缶バッチ、マグネット、プチホルダー、フックホルダー、ビーズストラップ、携帯クリーナー、タンブラー、切手シート）／施設ファイル／キャラクターファイル　ほか

- ・所在地　〒791-1135　愛媛県松山市西野町乙108-1
- ・ＴＥＬ　089-963-3300
- ・ＦＡＸ　089-963-4990
- ・ＵＲＬ　https://www.i-kodomo.jp
- ・E-mail　top@i-kodomo.jp
- ・交　通　伊予鉄道定期バス 松山市駅より えひめこどもの城行き えひめこどもの城下車
- ・開　館　AM9:00 ～ PM5:00　〈夏休み期間中〉AM9:00 ～ PM6:00
- ・入館料　無料　※駐車場，乗り物，イベント参加（イベントの内容による）は有料
- ・休館日　水曜日（祝日の場合はその翌日，長期学校休暇中は休まず開園），年末年始（12月27日～翌年1月1日まで）
- ・施　設　鉄筋コンクリート3階建，延床面積4072.22㎡　園全体の敷地面積約34.6ha
- ・設　立　1998（平成10）年10月24日
- ・設置者　愛媛県
- ・管　理　伊予鉄総合企画（株）
- ・責任者　園長・清水透

館のイチ押し

- ・体験プログラム
- ・てんとう虫のモノレール、ボブスレー、ボートなどの有料遊具

愛媛県

西条市こどもの国

子供たちに創作活動の機会を与え、宇宙への夢、科学への関心を高めさせるとともに、郷土への愛着心を培い、豊かな人間形成を図ることを目的としている。

【展示・収蔵】
《創作館》
- 1F…ゆうぎ室(幼児と保護者、小学生の自由な遊び場)、創作室(あらゆる材料を用いた創作活動の場)
- 2F…図書室(幼児向け絵本・低学年向け図書のほか、自然科学、技術、芸術美術の分野を主体に14,000冊を所蔵)、視聴覚室兼会議室、研修室
- 屋上…天体観測会、市内眺望などを行う

《展示館・プラネタリウム館》
- 実物だんじり、江戸時代製作の「西条祭り絵巻」の写真複製版、ミニチュアだんじり、みこし、太鼓台等の展示。また、西条祭りの模様その他のビデオの再生。
- 3F…プラネタリウム(ドーム直径12m、固定席101席)、展示ロビー(主として、天体および博物関係の展示を行う)
- 5F…天体観測室(口径20cmの屈折式天体望遠鏡を備え付け。夜間の天体観測や、昼間に金星や太陽の黒点の観測を行うことができる)

《屋外》
- 広場…惑星を配したアプローチ、音を聴く噴水を配した人工池、スペースシャトル型野外遊具、野外ステージなど
- 西側外壁レリーフ…市内の中学生の原画をもとにした高さ8.5メートル、幅10メートルの本格的陶板レリーフ

愛媛県

【事　業】
・プラネタリウム投影：
　〈火～金〉1日2回程度
　〈土・日・祝〉1日3回程度
・パソコン、染め物、電子工作、木彫、図工、イラスト、将棋の教室（事前に申し込み必要・要材料費）
・年3回太陽や星を見る会を開催している。

だんじり展示

・所在地　〒793-0023　愛媛県西条市明屋敷131-2
・ＴＥＬ　0897-56-8115
・ＦＡＸ　0897-56-8122
・ＵＲＬ　https://www.city.saijo.ehime.jp/soshiki/syakaikyoiku/kodomo-index.html（西条市HP内）
・E-mail　kodomo@saijo-city.jp
・交　通　JR予讃線 伊予西条駅 徒歩20分
・開　館　AM8:30～PM5:00
・入館料　無料　プラネタリウム観覧料：大人200円（160円）、高校生・大学生100円（80円）、小学生・中学生50円（40円）　※（　）内は引率者のいる30名以上の団体料金、幼児・満65歳以上・身体障害者等は無料
・休館日　月曜日、国民の祝日の翌日（土・日・休日を除く）、年末年始（12月29日～1月3日）
・施　設　創作館：鉄筋コンクリート造2階建　プラネタリウム館・展示館：鉄筋コンクリート一部鉄骨造5階建、敷地面積5408.63㎡ 建築面積1613㎡ 延床面積3469.61㎡
・設　立　1984（昭和59）年8月
・設置者　西条市長
・管　理　西条市
・責任者　館長・中路忠信

> 館のイチ押し
> ◇プラネタリウム

愛媛県

松山市水道資料館 水と人のみらい館

　松山市水道資料館は近代水道創設100年を契機に水道資料の保存を望む声が高まり、1987（昭和62）年、上水道に関わる資料の保存、展示と水の大切さ、水道事業の経営の仕組み等について、市民の理解と認識を深めることを目的として開館したが、主に小学生が校外学習の場として大勢見学に訪れていた。
　将来の松山を担う子どもたちへの水の大切さを学ぶ施設として展示内容を一新し、「水と人のみらい館」として2010（平成22）年7月26日にリニューアルオープンし、館内をこれまでの展示型から体験型にして、子どもたちが楽しく遊びながら水道について学び、水道に親しみを持ってもらうための施設となるよう整備した。

【展示・収蔵】
　館内は、松山市全域の航空写真の上を歩いて水道水が小学校に届くまでのルートをたどる「エントランスゾーン」、画面の前に立って昔の人や水滴の姿に変身し、松山の歴史や浄水場のしくみを映像で体感する「学習ゾーン」、

愛媛県

"井戸くみチャレンジ"や"水道管くぐり"など、さまざまな遊びができる「体験ゾーン」の3つのゾーンで構成されている。

【事　業】

水道モニター懇談会では浄水場施設と水道資料館を見学し、夏休みには「市之井手浄水場見学と、水道資料館では水の実験」のイベントを行っている。

- ・所在地　〒791-0101　愛媛県松山市溝辺町65（市之井手浄水場 管理本館2F）
- ・TEL　089-977-0198
- ・FAX　089-977-0668
- ・URL　https://www.city.matsuyama.ehime.jp/kurashi/kurashi/josuido/pr/siryoukan.html
- ・E-mail　koueikigyou@city.matsuyama.ehime.jp
- ・交　通　伊予鉄バス 奥道後行き 溝辺バス停下車 南へ100m
- ・開　館　AM8:30 ～ PM5:00
- ・入館料　無料
- ・休館日　土・日曜日，祝日，年末年始（12月28日～1月4日）
- ・施　設　鉄筋コンクリート3階建（うち水道資料館は2階の一部分のみ）
- ・設　立　1987（昭和62）年4月
- ・設置者　松山市公営企業局
- ・管　理　松山市公営企業局
- ・責任者　浄水管理センター センター長・後藤雅樹

館のイチ押し

- ・「エントランスゾーン」の松山市全域となっている航空写真の上を歩いて水道水が届くまでのルートをたどることができる。
- ・「水の体感スタジオ」では、自分の姿が水滴や昔の人たちの姿に変身し、水道の歴史や浄水場で水が作られるまでの様子を楽しみながら学習することができる。

高知県

香美(かみ)市立やなせたかし記念館

アニメ・絵本で人気の「アンパンマン」の原作者やなせたかしから財団に原画等の作品の寄贈を受け、香北町(現・香美市)が記念館を設立。

マンガをはじめ、絵本、詩、イラスト等に幅広く活躍するやなせたかしの作品を展示収集する。

また、年数回開催する企画展、特別展では、他の作家の漫画、絵本、イラストレーション等を紹介し幅広い芸術文化を育て情報発信していくことを目指す。

アンパンマンミュージアム

【展示・収蔵】
《やなせたかし作品》
　◇アンパンマン関連アクリル画・絵本原画、「詩とメルヘン」表紙原画、その他の絵本原画
　◇アンパンマングッズ・コレクション
　◇イラストレーション作品
　◇セル画
　◇詩額作品
　◇その他：ポスター、関連図書、ビデオ等多数
《その他の作品》
　◇雑誌「詩とメルヘン」ゆかりの作家のイラストレーション作品

高知県

【事　業】

年数回の企画展・特別展（マンガ、絵本、イラストレーション、詩、おもちゃ、クラフトアート等）

公募作品展の実施、コンサート・映画会の主催

【出版物・グッズ】

「やなせたかし記念館ニュース」（年4回発行）

- ・所在地　〒781-4212　高知県香美市香北町美良布1224-2
- ・T E L　0887-59-2300
- ・F A X　0887-57-1410
- ・U R L　http://anpanman-museum.net/
- ・E-mail　info@anpanman-museum.net
- ・交　通　〈車〉高知空港より40分
　　　　　〈電車・バス〉JR土讃線 土佐山田駅下車　JRバス乗車（所要時間25分）
　　　　　アンパンマンミュージアム前下車すぐ
- ・開　館　〈通常期〉AM9:30 ～ PM5:00　〈7月20日～ 8月31日のみ〉AM9:00
　　　　　～ PM5:00　※入館は閉館の30分前まで
- ・入館料　大人700円，中高生500円，3才～小学生300円
- ・休館日　火曜日（祝日等の場合は翌日）　※年末年始・学校長期休暇期間は無休
- ・施　設　アンパンマンミュージアム・詩とメルヘン絵本館・別館の3棟からなる。
　　　　　その他、財団所有の記念公園も隣接している。
- ・設　立　1996（平成8）年7月
- ・設置者　香美市
- ・管　理　（公財）やなせたかし記念アンパンマンミュージアム振興財団
- ・責任者　理事長・明石猛

四国

館のイチ押し

やなせたかしがこの美術館のために描き下ろした貴重なアンパンマンの原画を鑑賞できる唯一の施設。アンパンマンの名シーンを30号、50号の大きなキャンバスに描いた作品がならぶ「やなせたかしギャラリー」は必見。

代表作アンパンマンだけでなく、詩人や絵本作家としても幅広く活躍した同氏の足跡がたどれる記念館です。

422　子ども博物館美術館事典

福岡県

北九州市立自然史・歴史博物館
いのちのたび博物館

　1975(昭和50)年3月、旧歴史博物館が小倉北区・城内に、中央図書館と併設されて設置。歴史、民俗、考古の3部門で構成。その後、1983(昭和58)年8月考古部門が分かれ、小倉北区金田に旧考古博物館が誕生。2002(平成14)年11月に、旧自然史博物館(八幡東区)と旧歴史、旧考古博物館が合併し、北九州市立自然史・歴史博物館(通称 いのちのたび博物館)としてオープン。
　開館以来、特別展・企画展を毎年開催、2008(平成20)年3月に開館5周年にして入館者総数200万人を突破。2013(平成25)年3月にリニューアルオープン。2015(平成27)年7月、入館者総数500万人を達成した。

【展示・収蔵】
　当館の常設展示は歴史ゾーンと自然史ゾーンに分かれており、約4500点の資料を展示している自然史ゾーンは「アースモール」、「エンバイラマ館」、「生命の多様性館」および「自然発見館」から成り立っている。
　「アースモール」では、地球の成り立ちや構造等の紹介や、全長35mのセ

ティラノサウルス&トリケラトプス

福岡県

イスモサウルスをはじめ古生代・中生代・新生代の代表的な生物を実物やレプリカを用いて紹介している。

「エンバイラマ館」は、植物食恐竜マメンチサウルスや羽毛恐竜の一種ヴェロキラプトルのロボット等で白亜紀の北部九州をウオークスルージオラマとして復元した＜白亜紀ゾーン＞と、復元に用いた多彩な資料を紹介する＜リサーチゾーン＞に分かれている。

「生命の多様性館」では、巨大なウバザメや美しく輝くモルフォチョウ等の豊富な実物標本で現在の生物の多様な世界を紹介している。

「自然発見館」は、ジオラマや豊富な標本で北九州市の代表的な自然を紹介している。

このほか、9つの「ぽけっとミュージアム」では、特定のテーマを深く掘り下げて展示解説している。これら展示資料に加え、71万点以上の自然史系標本を収蔵しており、特別展や普及講座、調査研究等に活用している。

また、館内には小学生以上の子どもたちを対象とし、自然史や歴史に興味をもち、展示物に触れたり、遊んだりしながら楽しく学べる「こどもミュージアム」や、親子で楽しみ、遊びの中から自然史や歴史に興味を持つことのできる、幼児対象の「プレイルーム」もある。

【事　業】

自然史関係では、特別展（年に2～3回担当）や野外観察会等の普及講座（約30講座）の企画・実施に加え、他施設主催講座への講師派遣、総合的な学習の支援、大学での講義、各種委員会への職員派遣等を実施している。

【出版物・グッズ】

自然史資料に関する調査研究成果等を報告する査読制の「北九州市立自然史・歴史博物館研究報告A類自然史」を年1冊発行している。また、当館の前身の一つである北九州市立自然史博物館時代にも、同様の「北九州市立自然史博物館研究報告」を第21号まで発行した。

これら研究報告以外にも、自然史情報に関する資料集である「福岡県産蛾類目録」および「山田緑地の自然」等を発行している。

ミュージアムショップで販売されている世界各国の恐竜フィギュアは、日本屈指の品揃えである。また、季節毎に行われる特別展に合わせ、毎回子ども視点の楽しいグッズを取り揃えている。

福岡県

- ・所在地　〒805-0071　福岡県北九州市八幡東区東田2-4-1
- ・ＴＥＬ　093-681-1011
- ・ＦＡＸ　093-661-7503
- ・ＵＲＬ　http://www.kmnh.jp/
- ・交　通　JRスペースワールド駅から徒歩5分
- ・開　館　AM9:00 ～ PM5:00（入館はPM4:30まで）
- ・入館料　常設展：大人500円，高・大生300円，小・中生200円，未就学児無料
- ・休館日　年末年始，6月下旬頃（館内燻蒸のため）
- ・施　設　鉄筋コンクリート3階建，自然史展示4000㎡ 歴史展示2000㎡
- ・設　立　2002（平成14）年11月
- ・設置者　北九州市
- ・責任者　館長・上田恭一郎

館のイチ押し

- ・「アースモール」に展示してある全身約35mの植物食恐竜セイスモサウルスやティラノサウル等の肉食恐竜，翼長約10mの翼竜ケツァルコアトルス，世界最大のシーラカンスであるマウソニア・ラボカティ等の水・陸・空の絶滅した巨大生物の骨格標本は必見である。
- ・「エンバイラマ館」白亜紀ゾーンでは，福岡県で発見された化石を基に復元した肉食恐竜ワキノサトウリュウや最新の学説に依って復元した羽毛恐竜ディロング，見逃してしまいそうなサソリ類や小型昆虫類等の多様なロボットのリアルな動きに加え，環境照明や映像で白亜紀の北部九州が体感できる。

九州・沖縄

子ども博物館美術館事典　425

福岡県

北九州市立児童文化科学館

　1955(昭和30)年10月11日、日本で初めての子どものための科学館が、国鉄(当時)八幡駅3階に誕生した。その後文部省において「児童文化センター構想」がうち出され、1959(昭和34)年度に国庫補助第1号として小松市と川口市と当時の八幡市が対象となった。こうして1960(昭和35)年6月1日、日本初の児童文化センターが現在地に誕生した。1970(昭和45)年に日本国内初の大型国産プラネタリウムL-2を設置、1982(昭和57)年に設立時の建物を解体し、跡地に本館を建設。クーデ型望遠鏡を備えた天文台や、プラネタリウム本体および展示物の更新を経て現在に至っている。
　科学に関しての「ふしぎ」や「おもしろさ」を、実体験を通してわかりやすく理解できる展示コーナーやプラネタリウムを備えた科学館で科学する心を育むとともに、ここで見つけた小さなおどろきが、やがて未来を支える大きな力になることを願っている。

【展示・収蔵】
　当館は幼児から大人まで楽しめる天文・理工系の科学館である。1992(平成4)年に新しくなったプラネタリウム(五藤光学G1920si)は20mドームを有し、定員270名の収容人員を誇る。展示品は、科学の基礎を理解したり、その応用について考えること、宇宙について興味・関心を深め、正しく理解することなどを主眼としている。
《基礎科学展示室(本館1F)》
　風速20mまでの風が体験できるウィンドシミュレーター、力学エネルギーの関係が見ながらわかるボールの運動、バランス感覚が必要な体験型展示

福岡県

品シーソーバスケット（パニックボール）など。

《応用科学展示室（本館2F）》

電磁気関係の展示物。パソコンワークショップ（パソコンでお絵かきなどが楽しめる）、光通信、太陽光発電など応用科学を楽しく学べる。

《宇宙科学展示室（天文館2・3F）》

日本随一の規模を誇る太陽系運行儀、宇宙体重計、古代人の宇宙観、天文クイズ、月の満ち欠けなど。

【事　業】

サイエンスショー（毎月1回）、星の観望会（毎月1回、夏休み期間は毎週）、小中学生向け科学・工作教室、講座、クラブ活動など。

- ・所在地　〒805-0068　福岡県北九州市八幡東区桃園3-1-5
- ・ＴＥＬ　093-671-4566
- ・ＦＡＸ　093-671-4568
- ・ＵＲＬ　http://www.city.kitakyushu.lg.jp/shisetsu/menu06_0013.html
- ・E-mail　kod-jidoubunka@city.kitakyushu.lg.jp
- ・交　通　JR八幡駅下車　西鉄バス桃園停留所から徒歩10分／ JR黒崎駅下車　西鉄バス 市立児童文化科学館前停留所から徒歩5分
- ・開　館　AM9:00 ～ PM5:00（入館はPM4:30まで）
- ・入館料　A.プラネタリウムと展示の観覧：大人300円，中高生200円，小学生150円
  B.展示の観覧のみ：大人100円，中高生70円，小学生50円
  ※幼児以下はA・Bとも無料，30名以上は団体割引あり
- ・休館日　月曜日（祝日等の場合は翌日），年末年始（12月29日～1月3日）
- ・施　設　鉄筋コンクリート地上4階地下1階建，施設面積1752㎡ 建物面積5471㎡
- ・設　立　1960（昭和35）年6月
- ・設置者　北九州市
- ・責任者　館長・上野正雄

九州・沖縄

館のイチ押し

当館は、桃園公園内に位置し、自然環境に恵まれている。科学館職員による企画展を年間4回行っている。プラネタリウムでは、企画番組とともに、解説員による生解説も好評である。アイドルキャラクター「シリウス君」は、漫画家ちばてつや氏が作画した。別館にサイン入り直筆画を展示している。大学、高専、高校、中学と連携し、年3回科学イベントを行っている。

子ども博物館美術館事典　427

福岡県

博多の食と文化の博物館（ハクハク）

　2013（平成25）年4月、福岡市東区社領にあるふくや社領工場（ふくやフーズファクトリー）の1階を改装し、福岡・博多の食や文化を一同に体験できる新しい観光施設として「博多の食と文化の博物館」（ハクハク）を開館。
　明太子創業メーカーであるふくやの工場見学をはじめ明太子の歴史や明太子の手作り体験の他、博多の三大祭や博多の食・工芸といった文化に触れることができるミュージアムも用意。

【展示・収蔵】

　ミュージアムでは「祭」・「食」・「工芸」と3つのテーマ別にコーナーを設け博多の文化を紹介している。
　「祭」コーナーでは博多の三大祭である〈博多どんたく港まつり〉・〈博多祇園山笠〉・〈放生会〉を照会。ハクハクでしか見られない博多祇園山笠の3D映像を楽しむことができる。外には実物大の「昇き山」を常設展示している。
　「食」コーナーではとんこつラーメンやもつ鍋・水炊きなど全国的にも有名な博多の食を紹介するだけでなく、意外と知られていないうどんやそば、饅頭、羊羹など粉文化も博多が発祥であることを紹介している。饅頭と羊羹の歴史は子どもたちにも分かりやすいようにアニメーションを用意。

福岡県

「工芸」コーナーは博多人形や博多織を中心に展示。子どもたちが楽しく博多の文化を学べるように館内の所々に体験ゲームを用意している。またスタンプラリーをしながら館内の散策を楽しめる。

【事　業】

　工場見学アテンドツアー開催をはじめ、世界で一つだけの明太子を作ることができる「my明太子手作り体験」(要予約・要参加費)や工場で働くスタッフが毎日行なっている官能検査の疑似体験ゲーム「ハクハク味覚チャレンジ！」(要予約・要参加費)を実施している。団体受入が多く、夏休みは町内の子ども会、春・秋は修学旅行や社会科見学の申し込みが増える。

・所在地　〒812-0068　福岡県福岡市東区社領2-14-28
・ＴＥＬ　092-621-8989
・ＦＡＸ　092-629-3376
・ＵＲＬ　http://117hakuhaku.com/
・E-mail　117117hakuhaku@fukuya.co.jp
・交　通　JR吉塚駅下車 徒歩20分／ JR箱崎駅下車 徒歩15分
・開　館　AM10:00 ～ PM5:00(入館はPM4:30まで)
・入館料　大人(中学生以上)300円(200円)，小学生以下無料
　　　　　※(　)内は20名以上の団体料金
・休館日　火曜日(祝日の場合は翌日に振替)，年末年始
・施　設　鉄筋コンクリート3階地下1階建，建築面積7135.9㎡
　　　　　※お客様が回遊できるのは1 ～ 2階のみ
・設　立　2013(平成25)年4月24日(リニューアルオープン日)
・設置者　(株)ふくや 代表取締役社長・川原正孝
・管　理　(株)ふくや
・責任者　館長・佐伯崇洋

九州・沖縄

┌ 館のイチ押し ┐

　「my明太子手作り体験」がお薦めです。子どもから大人まで楽しんで体験ができます。2日間ご自宅の冷蔵庫に保管して完成。ご自宅に帰っても明太子ができるまでワクワクします。

子ども博物館美術館事典　429

福岡県

福岡県青少年科学館

　福岡県青少年科学館は遊びながら体験し、科学を学ぶ「地球」をテーマにした科学館である。県民への科学教育の普及・振興、特に青少年の科学への興味と関心を高め科学する心を培うことにより、科学技術に対する正しい理解と認識を深めるとともに、知性豊かな創造性に満ちた人材を育成することを目的として設置された。(1)科学教育センターとしての機能(2)科学情報センターとしての機能をあわせもつ施設である。

- 1982(昭和57)年12月：テクノポリス関連施設としての科学館類似施設調査を実施、建設予定地を久留米市として調査費を計上
- 1985(昭和60)年1月：基本構想策定委員会設置
- 1985(昭和60)年8月：基本構想策定委員会から第一報告(展示テーマ―地球)
- 1987(昭和62)年4月：福岡県青少年科学館設立準備室設置(1987(昭和62)年4月～1990(平成2)年3月)
- 1987(昭和62)年6月：基本設計完了
- 1988(昭和63)年9月：基本構想策定委員会から最終報告
- 1988(昭和63)年11月：起工式・着工
- 1989(平成元)年12月：福岡県青少年科学館条例公布(1990(平成2)年4月施行)
- 1990(平成2)年2月：(財)福岡県青少年科学教育普及協会設立許可、福岡県青少年科学館竣工・引渡し
- 1990(平成2)年3月：(財)福岡県青少年科学教育普及協会設立登記

430　子ども博物館美術館事典

福岡県

- 1990（平成2）年4月1日：福岡県青少年科学館設置・職員配置
- 1990（平成2）年5月1日：福岡県青少年科学館開館式
- 2006（平成18）年3月30日：コスモシアターリニューアル工事竣工
- 2006（平成18）年4月1日：指定管理者制度導入　（財）福岡県教育文化奨学財団を指定管理者に指定
- 2009（平成21）年4月1日：指定管理者制度（第2期）開始　（財）福岡県教育文化奨学財団を指定管理者に指定
- 2012（平成24）年4月1日：指定管理者制度（第3期）開始　福岡県青少年科学館運営グループ（（財）福岡県教育文化奨学財団と（株）五藤光学研究所の共同事業体）を指定管理者に指定

【展示・収蔵】

　自然の事物・現象、科学の基本原理とその応用および最新の科学技術に関する資料を参加・体験型の実物、模型、実験等を用いて常設展示すると同時に、特定のテーマを設定した特別展を開催している。また、楽しみながら科学の基礎や最新の科学技術等が体験できるように、科学実験ステージや放電実験ステージ、シミュレーター体験を公開している。

◇先端科学技術コーナー（3階展示場）…センサーシステムやナノテクノロジー、クローン技術など各分野で用いられている新しい科学技術を紹介。楽しく遊べる展示物での体験を通して、技術とその応用について学ぶことができる。

◇環境と自然の力コーナー（3階展示場）…かけがえのない地球環境について、生物、水等の視点から生命が生きていくために必要な環境について、体験的な展示物によって学習することができる。福岡県の貴重な自然や、鉱物等についても紹介している。

◇ロボットコーナー（3階展示場）…ロボットやコンピュータ技術について、お絵かきロボットやシミュレーションゲームなどを通して体験することができる。

◇乗り物コーナー（2階展示場）…人類が発明した乗り物（海・陸・空）の発達とその歴史を、可動式模型やシミュレーション装置などによって紹介する。自分の飛行機を製作したり、飛行や着陸を疑似体験したりすることができる。

◇地球にはたらく力コーナー（2階展示場）…重力を中心に、電気・磁気・光・音・エネルギーなどの物理分野を、体験を通して楽しく学習することがで

九州・沖縄

子ども博物館美術館事典　431

福岡県

きる。

◇宇宙コーナー（2階・1階展示場）…立体映像装置や宇宙飛行士への挑戦装置などで、無重力や惑星など宇宙のことを楽しく体験し学習することができる。また、月の満ち欠けや星座、ロケットなどについて調べることができる。また、国際宇宙ステーション船長として活躍した若田光一宇宙飛行士寄贈の公式飛行認定品も展示している。

◇郷土＆テーマオブジェコーナー（1階展示場・中庭・正面玄関前）…『郷土コーナー』では、郷土の偉人・先人達の自然に対する考え方など、久留米を中心とした地域について学習することができる。また、『テーマオブジェコーナー』では、科学館のテーマ「地球」に基づいた「水と重力のオブジェ」をはじめとして、日時計や魚洗などの展示物で科学に対する興味を抱くことができる。

◇コスモシアター…4Kピクセルの高解像度とレーザ特有の豊かで繊細な色彩を実現したレーザープロジェクターと1000万個を超える星々をリアルに再現する光学式プラネタリウムからなるハイブリッドプラネタリウムで、満天の星空の下での星座解説やデジタルドーム映像まで楽しむことができる。また、直径23mのドームは傾斜型になっており、あたかも宇宙空間にいるかのような臨場感を味わえる。

◇天体観測室（5階）…太陽観察（黒点、プロミネンス）や昼間の金星・昼間の明るい恒星の観察あるいは夜間の市民天体観望会などで利用されている。

※天体観測室の公開は、原則として毎週土曜日のPM1:30〜1:50まで。市民天体観望会は原則として毎月1回の開催。

【事　業】

・特別展（春・夏）、作品展等の開催。

・コスモシアター：プラネタリウム番組、全天周映画の上映。

・実験・工作教室：サイエンス教室、ものづくり工房、科学工作教室。

・天文関係：星と音楽の夕べ、ファミリープラネタリウム、市民天体観望会、星空教室、真昼の天体観察。

・毎日の催し物：科学実験ステージ、放電実験ステージ、フライトシミュレーター体験。

・連携事業：展示、プラネタリウムの学習利用への対応。地域や社会教育施設におけるネットワーク推進事業の実施。研修生の受け入れなど。

・その他：おもしろサイエンスフェア（11月のフクオカサイエンスマンス参

福岡県

加事業、特別イベントなどを実施）など。最先端の科学をテーマとした科学講演会や全国科学館連携協議会パネル巡回展なども実施している。

【出版物・グッズ】
「要覧」（年刊）／「科学館ニュース」（季刊）

- ・所在地　〒830-0003　福岡県久留米市東櫛原町1713
- ・ＴＥＬ　0942-37-5566
- ・ＦＡＸ　0942-37-3770
- ・ＵＲＬ　http://www.science.pref.fukuoka.jp
- ・E-mail　mail@science.pref.fukuoka.jp
- ・交　通　九州自動車道 久留米ICから車で5分（駐車場135台），西鉄久留米駅から徒歩15分・バス5分，西鉄櫛原駅から徒歩5分，JR久留米駅からバス15分
- ・開　館　〈平日〉AM9:30〜PM4:30（入館はPM4:00まで）
　　　　　　〈土・日・祝日〉AM9:30〜PM5:00（入館はPM4:30まで）
- ・入館料　展示：一般400円（300円），児童・生徒200円（150円）
　　　　　　コスモシアター：一般600円（400円），児童・生徒300円（200円）
　　　　　　展示・コスモシアターセット券：一般700円，児童・生徒350円
　　　　　　※児童・生徒とは4歳以上高校生まで，（　）内は30名以上の団体料金，4歳未満65歳以上は無料，土曜日は高校生以下無料，福岡県内の学校・青少年団体等の利用は減額・免除の規定あり
- ・休館日　月曜日（休日の場合は翌日），年末年始，館内整理日
- ・施　設　RC造，地下1階・地上4階（一部5階），建築面積8039.61㎡，展示部門2691㎡（常設展示室2313㎡，特別展示室218㎡，収蔵庫160㎡），敷地面積1万311.47㎡（久留米市有地を無償借地）
- ・設　立　1990（平成2）年5月
- ・設置者　福岡県
- ・管　理　福岡県青少年科学館運営グループ
- ・責任者　館長・井口洋

九州・沖縄

館のイチ押し

　毎回大好評の春・夏の特別展は必見。常設展示では、楽しくてためになるサイエンスショーや国内で4か所しかない放電実験、フライトシミュレーターが大人気。コスモシアターは担当者の個性が面白い星空ライブ解説や生演奏と星空が楽しめる星と音楽の夕べ、お客様と解説者の双方向コミュニケーションで話題のファミリープラネタリウムなど、年間を通じて親子で1日楽しめる施設です！

子ども博物館美術館事典　433

福岡県

ロボスクエア

　2002(平成14)年6月に開催された「ロボカップ2002 福岡・釜山大会」を契機として、福岡市科学技術振興ビジョンを策定。同ビジョンに基づき、同年7月にロボットに関する科学技術の教育・普及・研究・産業振興を図ることを目的として、福岡市博多区にある博多リバレイン内に「ロボスクエア」をオープンした。2003(平成15)年11月には、福岡県・北九州市とともに「ロボット開発・実証実験特区」に認定され、日本初となる公道でのロボット実証実験も行っている。その後、ロボスクエアは2007(平成19)年7月に、早良区百道浜のTNC放送会館2階に移転し、現在に至っている。

【展示・収蔵】
　現在、約100種類250体以上のロボットを展示しており、年間の入場者数は約18万人。海外からの来場者も多く、福岡市を代表する集客施設の一つとなっている。

福岡県

【事　業】

　ロボスクエアでは、平日は1日3回、土日祝日は1日4回10分程度のロボットショーを開催している。人気のNAOやロボノバの他、博多の民謡黒田節にあわせて舞を披露する伝統工芸「黒田節ロボット」など、オリジナル性豊かなショーを実施している。また、国内外の科学関連や産業関連のイベント等に、スタッフを派遣のうえロボットショーを実施し、ロボスクエアをPRしている。ロボット技術のすばらしさやロボットのパフォーマンスの美しさ、楽しさだけでなく、福岡の伝統工芸や文化もあわせて紹介するなど、各地で好評を得ている。

　「ロボットに出会うまち・福岡」の実現を目指し、ロボット関連産業振興に取り組んでいる。

- ・所在地　〒814-0001　福岡県福岡市早良区百道浜2-3-2　TNC放送会館2F
- ・TEL　092-821-4100
- ・FAX　092-821-4110
- ・URL　http://robosquare.city.fukuoka.lg.jp/
- ・E-mail　info@robosquare.org
- ・交　通　西鉄バス 福岡タワー南口・TNC放送会館前すぐ
- ・開　館　AM9:30 ～ PM6:00
- ・入館料　無料
- ・休館日　第2水曜日（1・7・8・12月は開館），12月31日～1月2日
- ・施　設　TNC放送会館（RC造・SRC造・S造，地下2階・地上21階建）の2階（面積984.13㎡）
- ・設　立　2002（平成14）年7月
- ・設置者　福岡市
- ・管　理　（株）コングレ
- ・責任者　統括責任者・原美晴

館のイチ押し

　週末や小中学校の長期休暇（春・夏・冬休み）には有名なロボットによるイベントの他、各種の工作教室を開催しています。チラシやホームページで告知をしていますので、ぜひご参加ください。

九州・沖縄

子ども博物館美術館事典　435

佐賀県

佐賀県立宇宙科学館

　佐賀県立宇宙科学館(愛称：ゆめぎんが)は、「宇宙」から「佐賀の自然」まで、113アイテムの幅広い常設展示と「天体観望会」「実験ショー」「サイエンス教室」「野外観察」等を開催して、次代を担う子どもたちの「科学する心」を育て、発見や創造のすばらしさを伝えるとともに、科学知識の普及を図ることを目的として、1999(平成11)年7月8日にオープンした。余暇時間の増大や生涯教育時代の到来に対応し、知的レジャーの場・レクリエーションの場を提供することも大切な役割である。
　開館16年目の2015(平成27)年7月11日展示物の大幅リニューアルをし、リニューアルオープン。
　当館では「科学を面白く体験する」ことを重視し、難しい説明は抜きにして、まずは「徹底的に遊んでいただき、体験してもらおう」という参加体験型の展示やワークショップを行っている。そこから「なぜ？」「不思議！」という疑問や興味をもってもらうことで科学の入口に立ってもらい、体験することで「科学は難しい」から「科学は楽しい」に変わることを期待している。

スペースサイクリング

佐賀県

【展示・収蔵】

「参加や体験」を中心に、科学を面白く、楽しく学べる施設である。展示は宇宙発見ゾーン、地球発見ゾーン、佐賀発見ゾーンの3構成。それぞれの発見ゾーンではバラエティに富んだ数多くのサイエンス教室や実験ショーを行っている。また、最新式の投映機器を備えたプラネタリウムや天文台もある。

《宇宙発見ゾーン》

太陽系や銀河系、宇宙に関する最新の天文学の学習と、惑星探検やロケット打ち上げ、月面重力などの体験により、宇宙への夢とロマンをはぐくむゾーン。天文に関する内容を中心とした「太陽系のすがた」「銀河の世界」「宇宙へのあこがれ」と、宇宙開発に関するシミュレーションゲームや映像を中心とした「宇宙への旅立ち」、体験型装置を中心とした「スペースジム」の5つのコーナーで構成。

《地球発見ゾーン》

地球は多くの奇跡的に恵まれた条件が揃い、生命が存在する惑星。感じよう！奇跡の惑星地球！

《佐賀発見ゾーン》

太古の地球の歴史へと誘うタイムトンネルや里山・クリークなどの「佐賀」が凝縮された環境を再現し、自然の多様な生態系を紹介するゾーン。「佐賀」が凝縮された環境を再現し、多様な生態系を紹介する。

《こどもの広場》

家族のふれあいや、幼児のための「遊び」の科学ゾーン。授乳室やおむつ交換所を設置。

《プラネタリウム》

地上で見られる天の川や星雲・星団をリアルに映し出し、街灯りが少なかった頃に見えていた限りなく自然な星空を再現。（幼児向け番組・学習向け番組・一般向け番組）

・設備…デジタル投映機に加え、超高解像度の対角魚眼プロジェクターをドーム後方に設置。用途に合わせて効果的な投映ができる。

《天文台》

昼間は、ワークショップ「青空天文台」を開催。太陽や1等星を観察。また、毎週土曜日の夜に天体観望会を開催。

・設備…主望遠鏡（20cm屈折式）、6mドーム（スリット開閉式）

九州・沖縄

子ども博物館美術館事典　437

佐賀県

【事 業】

特別企画展(夏)、企画展(年3回)、ワークショップ(毎日)、実験ショー(土・日曜日)、サイエンス教室。友の会。

【出版物・グッズ】

イベントスケジュール(年3回)／調査研究書／年報
オリジナルキャラクター「ゆめぎんが★ウーたん」グッズ
ゆめぎんがオリジナルフィールドノート　など

- ・所在地　〒843-0021　佐賀県武雄市武雄町大字永島16351
- ・T E L　0954-20-1666
- ・F A X　0954-20-1620
- ・U R L　http://www.yumeginga.jp/
- ・E-mail　sssm@yumeginga.jp
- ・交　通　〈車〉長崎自動車道 武雄北方ICより約15分
　　　　　　〈バス〉JR武雄温泉駅より約15分 永島下車 徒歩20分
- ・開　館　AM9:15 ～ PM5:15(土日祝はPM6:00まで)
- ・入館料　〈普通入館料〉大人510円(410円)，高校生300円(240円)，小中学生200円(160円)，園児・幼児等(4歳以上)100円(80円)
　　　　　　〈プラネタリウム観覧料〉大人510円(410円)，高校生300円(240円)，小中学生200円(160円)，園児・幼児等(4歳以上)100円(80円)　※( )内は20名以上の団体料金
　　　　　　〈当日セット券〉大人910円，高校生540円，小中学生360円，園児幼児4歳以上180円
　　　　　　〈ゆめぎんがクラブ〉大人3080円，高校生2050円，小中学生1540円，園児幼児4歳以上1020円
- ・休館日　月曜日(祝日の場合はその翌日)
- ・施　設　鉄骨鉄筋コンクリート造(一部鉄骨造)地下1階・地上3階，建築面積6630㎡ 延床面積8292㎡(うち展示面積2800㎡)
- ・設　立　1999(平成11)年7月
- ・設置者　佐賀県
- ・管　理　乃村・松尾宇宙科学館活性化共同事業体
- ・責任者　館長・許斐修輔

長崎県

佐世保市少年科学館（星きらり）

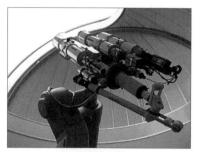
天体観測室

　佐世保市少年科学館（星きらり）は旧佐世保市児童文化館の後継施設として総合教育センター内に設置され、2010（平成22）年10月1日に開館した。体験的な活動を通じて科学に対する興味関心を高め、児童生徒の科学教育を推進することを目的としている。

　主な施設はプラネタリウム、天体観測室、展示コーナー、サイエンスホール、理科室など。

【展示・収蔵】

　展示コーナーには、HⅡ-BロケットやISS（国際宇宙ステーション）の模型、地球温暖化実験装置、フライトシミュレータ、大型空気砲、佐世保の岩石、佐世保の川にちなんだ環境学習展示物など体験しながら学べる展示物を設置。

　また、自由研究のコンクールである下村脩ジュニア科学賞を実施し、歴代受賞作品を展示している。

【事　業】

　年間を通してプラネタリウム投映、工作広場とサイエンスショー（土日のみ）、月に2度程度の天体観望会等を実施している。

　また、市民公開講座（講演会）、年3回程度外部講師を招聘しての特別サイエンスショー、夏休み子ども科学教室、チャレンジ科学教室、下村脩ジュニア科学賞SASEBO、市内の小中学生を対象に継続して7か月間行う少年科学教室、科学イベントの『GO！GO！工作教室』と『サイエンス広場で遊ぼう』も実施。

　市内小学校4年生全員を対象とした科学館で理科学習を行う理科学習支援事業や、教職員を対象とした理科実験講座も開催している。

長崎県

- ・所在地　〒857-0031　長崎県佐世保市保立町12-31
- ・ＴＥＬ　0956-23-1517
- ・ＦＡＸ　0956-76-7334
- ・ＵＲＬ　http://www.city.sasebo.lg.jp/kyouiku/syonen/kagakukan/index.html
- ・E-mail　syonen@city.sasebo.lg.jp
- ・交　通　〈車〉国道204号線 宮田町交差点から500m 徒歩15分
　　　　　　〈バス〉佐世保市営バス 総合教育センター前下車
- ・開　館　AM9:00 ～ PM5:00
- ・入館料　無料
　　　　　　プラネタリウム観覧料：大人310円，子ども（4才～中学生）150円
　　　　　　天体観測室観覧料：大人310円，子ども（小・中学生）150円　※プラネ
　　　　　　タリウム有料観覧者30名以上の団体は2割引
- ・休館日　火曜日，祝日（こどもの日を除く），年末年始
- ・施　設　鉄筋コンクリート3階建（一部4階建），建物延面積 総合教育センター
　　　　　　4248.01㎡のうち783.33㎡（サイエンスホール，科学展示コーナー，理
　　　　　　科室1・2，プラネタリウム室，天体観測室）
- ・設　立　2010（平成22）年10月1日
- ・設置者　佐世保市
- ・管　理　佐世保市教育委員会
- ・責任者　館長・堤祐子

館のイチ押し

- ・当館のプラネタリウムは、一度に12万個もの星を映し出し、惑星が迫ってくるようなダイナミックな映像で宇宙空間を旅しているような感覚を味わうことができる。
- ・工作広場は週替わりの内容で、材料費50円～200円程度で科学工作が楽しめる。

長崎県

長崎市科学館

　長崎市科学館（愛称：スターシップ）は、科学に関する知識の普及および啓発、ならびに科学教育の振興を図り、もって市民の文化の向上に資することを目的とし、「大いなる自然の探究」という基本理念と「長崎から地球、そして宇宙へ」をテーマに設置された。

　学校での理科教育を発展させるばかりでなく、生涯学習の視点に立って、市民の科学の理解を支援・援助するとともに、長崎の自然の特色を来館者がしることができる施設である。鎖国状態にあった江戸時代、長崎は日本における「科学の学校」という役割を担っていた。多くの科学を志す者が長崎に集い今日の日本の科学の基礎を築いていった。ここに再び長崎において新しく科学の発信基地となることを目指している。

プラネタリウム

　科学離れ（理科離れ）が叫ばれる昨今、科学に興味を見だしてもらえるよう「遊びを通じて科学を学ぼう」をテーマとして活動をしている。

《経緯》
　1957（昭和32）年4月1日、長崎市児童科学館が旧英国領事館跡に設置された。その後、1991（平成3）年4月、長崎市児童科学館を長崎市銭座町（現在の上銭座町）へ移転。そして1997（平成9）年4月26日、現在地の長崎市油木町に移転し長崎市科学館が開館した。

【展示・収蔵】
《天文台》本館4階
　　第1天文台：カールツワイス製70cm反射望遠鏡、第2天文台：ペンタッ

長崎県

クス製15cm屈折望遠鏡

《展示室》本館3階

「長崎の自然ゾーン」（15アイテム）、「生きている地球ゾーン」（14アイテム）、「広がる宇宙ゾーン」（16アイテム）の3つのゾーン、および「おもしろ実験室（電子顕微鏡を含む）」コーナーから構成されている。

それぞれのテーマを説明する基本展示や、テーマに関する体験型のアトラクションなどの展示物がある。

◇長崎の自然ゾーン

長崎県で見られる植物や動物などの再現ジオラマや長崎の地形や地質、岩石の特徴など、長崎の自然の部分を体験出来るゾーン。また、長崎県内で発見された貴重な恐竜の化石も展示している。

◇生きている地球ゾーン

プレートテクトニクス理論にもとづいて、地球の内部の様子、地震の仕組み、また地球を巡っている海流や大規模な大気の動きなど、生きている地球について紹介している。また、「地震体験ステージ」は、実際の地震の揺れや規模について体験する、大型の体験型アトラクションである。

◇広がる宇宙ゾーン

ビッグバン理論にもとづいて、宇宙や星の誕生とその成長、現在の宇宙のようす、太陽と太陽系惑星のすがたや形を紹介している。

中でも、宇宙船に乗ってはるかかなたの宇宙の旅に出かける疑似体験型アトラクション「宇宙船 アドベンチャー号」は、宇宙旅行を楽しみながら学習できる画期的な装置である。

◇おもしろ実験室

液体窒素を用いた超低温世界など、自然の事物や事象を演示実験を通して紹介している。また、電子顕微鏡などを用いて、ミクロの世界を紹介している。

《プラネタリウム（スペースシアター）》

本館2階。五藤光学研究所製プラネタリウム「ケイロンⅡ」は、約1億4000万個の恒星を映し出すことを可能にした世界一認定のプラネタリウム。直径23mのドームに、234名を収容できる。更に「ケイロンⅡ」と全天周デジタル映像システム「バーチャリウムⅡ」を組み合わせたハイブリッドプラネタリウムにより、立体的で大迫力のプラネタリウム映像を楽しむことが出来る。

また、座席をグレードアップし、バリアフリー化、車イスの方でも特等席

長崎県

で映像を見ることが出来る。

【事　業】

春の特別展、夏の特別展、企画展、長崎市科学館少年少女発明クラブ作品展、宇宙の日絵画展、長崎市小・中学校科学教育展、宇宙の学校、青少年のための科学の祭典、スターシップフェスタ、スライム祭り、自由研究相談室、特別科学教室、採集分類展、天体観望会、巡回パネル展

【出版物・グッズ】

・スターシップニュース　季刊号(年4回・各およそ15万部)
・スターシップニュース　月刊号(年8回・各およそ4万部)
・スターシップニュース　ポスター(年4回・各およそ1800部)

・所在地　〒852-8035　長崎県長崎市油木町7-2
・ＴＥＬ　095-842-0505
・ＦＡＸ　095-842-2082
・ＵＲＬ　http://www.nagasaki-city.ed.jp/starship/
・E-mail　starship@nagasaki-city.ed.jp
・交　通　長崎駅から長崎バス 下大橋行き(西城山経由)3・4番系にて護国神社裏下車 徒歩1分
・開　館　AM9:30 ～ PM5:00
・入館料　展示室：一般410円(320円),　児童・生徒・幼児200円(160円)
　　　　　プラネタリウム：一般510円(410円),　児童・生徒・幼児250円(200円)
　　　　　※一般は高校生以上,　児童・生徒・幼児は3歳～中学生,　3歳未満は無料,
　　　　　(　)内は15名以上の団体料金
・休館日　月曜日(月曜日が営業している場合は翌日火曜日が休館),　年末年始(12月31日～1月1日)　※詳細については、ホームページをご確認ください。
・施　設　鉄筋コンクリート造(一部鉄骨造),　地下1階・地上4階,　敷地面積7834.54㎡ 建築面積5053.74㎡ 延床面積(地下駐車場を含む)1万1851㎡
・設　立　1997(平成9)年4月26日
・設置者　長崎市
・管　理　長崎ダイヤモンドスタッフ(株)
・責任者　名誉館長,　統括マネージャー・唐田良一

館のイチ押し

約1億4000万個の恒星の投影を世界で初めて可能にした最も先進的なプラネタリウム「ケイロンⅡ」

九州・沖縄

子ども博物館美術館事典　443

熊本県

荒尾総合文化センター 子ども科学館

　荒尾総合文化センターは、荒尾市のほぼ中央部に位置し、西日本有数のスポーツ体育施設を持つ運動公園とレジャーランド(グリーンランド)に道路を隔てて接するという自然環境に恵まれたところにある。
　「子ども科学館」の展示は、テーマ"古代の火から未来の火まで"にこめられた、科学技術の発展とその原動力としてのエネルギーを親しみやすく、わかりやすい技法で展開している。日常生活と関連づけて、身近なところから「なぜだろう？」「どうしてだろう？」と呼びかけ、自分で触ったり動かしたりして、遊びながら楽しく理解できるような展示になっている。

【展示・収蔵】
　「子ども科学館」では、乗り物、電化製品からコンピューターやエレクトロニクス、さらに人工衛星までの理工系を中心にした科学の原理、原則について39点の展示品で紹介している。
　1階ホール中央にあるシンボルタワー(エネルギータワー)は6つのアイテ

熊本県

ムで構成されており、スタートボタンを押すと大きな風車が回り始め自然エネルギーをダイナミックに表現する。ほか、宙に浮くボール、力くらべ、ふしぎなシーソー、人力発電、発電の原理、モーターの原理、太陽電池、放電実験、巨大な耳(パラボラアンテナ)、もどってくる声、テレビ電話、光ファイバーなど力、電気、音、光の科学を体験学習できる。

　また、創作活動の場として工作室がある。いろいろな工具がそなえてあり、木工、電気工作をすることができる。

【事　業】

　工作室で荒尾少年少女発明クラブ(定員30名)の教室を開いている。

・所在地　〒864-0041　熊本県荒尾市荒尾4186-19
・ＴＥＬ　0968-66-4111
・ＦＡＸ　0968-66-4115
・ＵＲＬ　http://www.city.arao.lg.jp(荒尾市HP)
・E-mail　info@chuo-lab.com
・交　通　JR鹿児島本線荒尾駅より産交バス バスセンター行き 文化センター前下車(所要時間約15分)
・開　館　AM9:00 ～ PM5:00
・入館料　大人210円，高校生150円，小中学生100円　※20名以上の団体は3割引
・休館日　火曜日(祝日等の場合は翌日)，年末年始(12月28日～1月4日)
・施　設　鉄筋コンクリート2階建，1階250㎡・2階607㎡
・設　立　1986(昭和61)年6月
・設置者　荒尾市
・管　理　中央設備ステージ・ラボ共同体
・責任者　館長・中山精智

九州・沖縄

子ども博物館美術館事典　445

熊本県

熊本市 水の科学館

　熊本市制100周年、並びに熊本市の水道創設65周年の記念事業として1990(平成2)年10月27日に開館。「水と遊び 水を学ぶ」をテーマに上水道や地下水について理解と関心を深める学習施設として、また水に親しむ憩いの場として水道発祥の地である八景水谷に設置。

　建物は周囲を池で囲み、中庭にテラスと池を設け、自然光を利用した明るい構造となっており、屋根の構造にも工夫を凝らし(HPシェル構造)屋根に降った雨をろ過滅菌し、池の水やトイレの洗浄水として利用する中水道システムを採用。2012(平成24)年3月には、新たに下水道の情報を加え、また、合併による対象エリアの拡大へ対応するため、展示フロアを中心にリニューアル。上下水道事業について楽しく学び、地下水保全と水循環等を体感できる体験型施設である。

【展示・収蔵】
《中池まわり》
　地球をイメージしたモニュメントや人工湧水池、また手押しポンプやアルキメデスのポンプ等の遊具を設置。
《展示フロア》
　熊本市民の共有財産である地下水とその地下水を全て水源とする水道、そして水環境を守る下水道について関心を持っていただくため下記の体験学習コーナーを設けている。
(1) くまもと水再発見…くまもとの水と食、暮らしと文化など水全般につ

熊本県

いて学べる導入スペース

(2) 空の国(雲のシアター)…くまもとの水の大循環と上下水道との関わり
学べる映像シアター

(3) 地下の国…ボールの雨を阿蘇山麓に降らせることで、地下水の仕組み
ヒミツを学ぶ

(4) 大地の国…加藤清正の治水事業、地下水を育み育てる涵養事業等の活
動紹介

(5) つながりの国…水運用センターの仕事をクイズ形式でバーチャル体験

(6) 海の国…壁の干潟の写真に感想や意見、メッセージを掲示するスペース

(7) 水の実験室わくわく…水を使ったいろいろな実験が楽しめます

【事　業】

水道週間イベント(6月)、水の週間イベント(8月)、下水道の日イベント(9
月)のほか、講座やセミナー、クイズラリー、水辺コンサートなど。

・所在地　〒861-0864　熊本県熊本市北区八景水谷1-11-1
・ＴＥＬ　096-346-1100
・ＦＡＸ　096-343-2624
・ＵＲＬ　http://www.mizunokagakukan.jp
・E-mail　kumamoto@mizunokagakukan.jp
・交　通　〈バス〉熊本電鉄バス 八景水谷下車 徒歩15分
　　　　　〈電車〉熊本電気鉄道 八景水谷駅下車 徒歩15分
・開　館　AM9:00 〜 PM5:00
・入館料　無料
・休館日　月曜日(祝日の場合は翌平日)，年末年始(12月29日〜1月3日)
・施　設　鉄筋コンクリート造平屋建，建築面積2415㎡ 延床面積1245㎡
・設　立　1990(平成2)年10月
・設置者　熊本市上下水道局
・管　理　(公財)熊本市上下水道サービス公社(指定管理者 2016年現在)

九州・沖縄

　館のイチ押し

　熊本市の水道水源は、すべて地下水です。その貴重な地下水と上下水
道について学べる施設。施設中庭にある遊水池では水と触れ合い遊んだ
り、「水の実験室わくわく」では水に関する不思議な実験が体験できます。

子ども博物館美術館事典　447

熊本県

人吉鉄道ミュージアム
MOZOCA ステーション 868
（モゾカ）　　　　　　　（ハチロクハチ）

　肥薩線の歴史的・文化的価値を未来へと継承し、子どもたちにも鉄道の魅力を伝え、豊かな時間を過ごしてもらえるよう、2015（平成27）年5月に開館。
　「MOZOCA」は、人吉球磨の方言で「かわいい」を意味し、「868」は、人吉の郵便番号とSL人吉の愛称「ハチロク」からきている。
　デザインは、ななつ星in九州やSL人吉を手掛けた工業デザイナー・水戸岡鋭治氏。

【展示・収蔵】
　実際に乗車できるミニトレインやレールバイクのほかにも、プラレール、木のプール、ミニ図書室等、子どもが楽しめるブースが充実。
　また、実際に使用された鉄道関係の物品、肥薩線についてのジオラマや鉄道に関する映像も展示している。

ミニトレインとSLの並走

熊本県

【事　業】

・ミニトレインの運行、レールバイクの貸出しのほか、子ども向けブースの
　運営。
・鉄道に関する物品展示やジオラマ・映像を展示し、鉄道の魅力を紹介。

【出版物・グッズ】

・MOZOCAステーション868　オリジナルポストカード（300円）
・MOZOCAステーション868　オリジナルクリアファイル（500円）
・MOZOCAステーション868　オリジナル缶バッチ・マグネット（400円）
・MOZOCAステーション868　オリジナルハンカチ（700円）
・MOZOCAステーション868　オリジナル巾着（950円）

・所在地　〒868-0008　熊本県人吉市中青井町343-14
・ＴＥＬ　0966-48-4200
・ＦＡＸ　0966-24-0036
・ＵＲＬ　https://www.facebook.com/hitoyoshi.mozoca.station868/
・交　通　〈電車〉JR人吉駅から徒歩2分　〈車〉人吉ICから約2.6km
・開　館　AM9:00 ～ PM5:00
・入館料　無料（ただし、ミニトレインやレールバイクは1回100円）
・休館日　水曜日（祝日の場合は翌平日），年末年始（12月30日～1月2日）
・施　設　木造2階建，建物面積約500㎡
・設　立　2015（平成27）年5月30日
・設置者　人吉市
・管　理　人吉市，（一社）人吉温泉観光協会
・責任者　館長・瀬上雅暁

館のイチ押し

◇ミニトレイン
　JR人吉駅と館内を結ぶミニトレインは、SL人吉運行時期には時間帯
によってSL人吉と並走することもできる。子どもだけでなく大人も
楽しめる施設。

宮崎県

大淀川学習館

　大淀川学習館は、宮崎県を流れる大淀川と、その周辺の自然、歴史、文化の学びを通して河川環境の大切さを発信している施設である。
　1995(平成7)年に宮崎市制70周年事業の一つとして完成した。本館のほか、周囲には「里山の楽校(がっこう)」や、「大淀川水辺の楽校」が整備されており、自然観察・自然体験や環境学習ができる学習施設となっている。

【展示・収蔵】
　小さな子から家族連れまで、自然観察・自然体験や環境教育など、大淀川の恵まれた自然を広く学習・体験できるような展示を行っている。
《エントランスホール》
　大淀川流域の地形について詳しい模型や、楽しい映像、そして巨大な衛星写真で紹介。
《大淀川観察ステーション》
　季節やテーマに合わせて、バラエティ豊かな展示スペース。
　顕微鏡で昆虫標本を観察したり、大淀川についてのタッチパネルクイズに

宮崎県

挑戦したりすることができる。また、「水辺の楽校」や「里山の楽校」にいる動植物の最新情報がチェックできるインフォメーションがある。

《ホタル展示室》

展示室内でホタルの幼虫を飼育している。初夏には羽化した成虫の観察ができることも。ゲンジホタルのくわしい生態や、宮崎市内のホタル保存会の活動を紹介するコーナーもある。

《川のシアター》

3Dハイビジョンの飛び出す映像で、大淀川や自然科学をテーマにした楽しい番組を定時上映している。

《サカナのへや》

大淀川流域にすむ代表的な魚を多数飼育展示している。

上流域、中流・下流域、河口域の3つに分かれた大型水槽があり、宮崎県の指定希少野生動物に指定されている大きな魚、アカメを飼育している。

小型水槽では、支流にすむ魚やエビやカメなどの様々な水の生き物を飼育している。

また、開館20周年にあわせて2つの円型水槽を設置。海にすむ魚と淡水にすむ魚をそれぞれ飼育しており、かたちや色の違いを360度、いろいろな方向から観察することができる。

《チョウのへや》

大淀川の流域に棲むチョウが気軽に観察できる展示施設。天井がガラス張りになっており、雨の日も楽しくチョウを観察することができる。

園内には小川が流れ、チョウの幼虫のエサとしてミカン、セリなど20種類以上の植物も植栽されている。

特に春から夏にかけては、たくさんのアゲハやモンシロチョウなどが園内を飛び回るようすが観察できる。子どもたちの自然観察のきっかけに最適の空間となっている。

《里山の楽校》

人々によって利用されてきた里山の環境を再現したフィールド。季節の動植物が観察できるほか、活動拠点の杉の家からの大淀川の眺望を楽しむこともできる。

《大淀川水辺の楽校》

多自然型水路や遊歩道が整備され、自然にふれあいながら学ぶことのできる河川敷フィールド。本館から歩道橋で移動できる。

九州・沖縄

子ども博物館美術館事典　451

宮崎県

【事 業】

- ・ザリガニやカブトムシなど人気の生きものをテーマにした楽しい企画展
- ・未就学児から参加できる楽しい季節のイベントの開催
- ・幅広い世代を対象に環境・飼育観察・活動・ものづくりなどの多彩な教室を実施
- ・申込不要で参加できる工作体験「ふれあいウィークエンド」を開催
- ・自然に関する気軽な「ミニ講座」を実施
- ・「川のシアター」で自然に関する3Dハイビジョン番組の定時上映

- ・所在地 〒880-0035 宮崎県宮崎市下北方町5348-1
- ・TEL 0985-20-5685
- ・FAX 0985-22-8481
- ・URL http://oyodo.miyabunkyo.com/
- ・E-mail oyodo01@ah.wakwak.com
- ・交 通 宮崎交通バス 国富・綾方面行き 大淀川学習館前下車 徒歩1分，JR九州 宮崎神宮駅下車 車で10分
- ・開 館 AM9:00 〜 PM4:30
- ・入館料 無料
- ・休館日 月曜日(休日を除く)，休日の翌日(土・日曜日，休日を除く)，12月29日〜翌年1月3日 ※臨時休館日等あり
- ・施 設 敷地面積:学習館6532.05㎡ 延床面積:1階1606.43㎡，2階1044.04㎡，塔屋10.29㎡，地下59.28㎡，杉の家160.00㎡
- ・設 立 1995(平成7)年3月
- ・設置者 宮崎市教育委員会
- ・管 理 (公財)宮崎文化振興協会
- ・責任者 館長・出水隆幸

館のイチ押し

　大淀川学習館では、県央部を流れる一級河川である大淀川流域に生息する動植物を多数展示しています。各学校や保育所等の施設、また子育て世代の皆様を中心に、年間を通じて多くのご利用をいただいている施設です。

　多彩な企画展や教室で、流域の自然の素晴らしさや生きものの尊さについて、幅広い世代の方に発信をしています。生き物に興味のある方から、初めてふれるという方まで、ぜひお気軽にご来館ください。

宮崎県

宮崎科学技術館

　宮崎科学技術館(愛称：コスモランド)は、市制60周年の記念事業として建設され、1987(昭和62)年8月に開館した。
　宮崎駅東側文化の森の中に立つH-1ロケットをシンボルに、銀色に輝くドームを中心とした外観から太陽都市みやざきの名所として多くの人々に親しまれている。
　「科学と遊ぶ」をテーマにこどもたちから高齢者の方々まで、楽しみながら、また、体験しながら科学を学ぶことができる施設である。21世紀の宮崎の明日を担うこどもたちの豊かな心と創造性を育む人材育成の場と、地域の方が気軽に科学や宮崎の自然に親しむことができる活動の拠点となることを目指している。
　また、館の事業を常に活発に行うとともに時代に即した柔軟で弾力的な運営を行うため、(公財)宮崎文化振興協会が市の委託を受けて運営を行っている。

宮崎県

《沿革》
- ・1984（昭和59）年4月：市制60周年記念事業として科学技術館の建設を発表
- ・1987（昭和62）年3月：（財）宮崎文化振興協会設立
- ・1987（昭和62）年8月：開館式（1日）、開館（2日）
- ・1989（平成元）年3月：H-1ロケットモデル完成

　その後、1992（平成4）年には開館5周年を記念し展示物の一部更新を行い、1997（平成9）年には開館10周年を記念して展示物の大幅な更新を行っている。なお、2014（平成26）年度には展示物の一部更新とプラネタリウム全天ビデオ投映システムの全面更新を行い、リニューアルしている。

【展示・収蔵】
　「科学と遊ぶ」をテーマとし、楽しく学べる「アミュージアム」をコンセプトに（1）体感を通して学ぶ展示（2）地域に密着した展示（3）生涯学習のニーズに応える展示を行っている。「アミュージアム」とは、「アミューズメント＋ミュージアム」の造語で、娯楽と学習、遊びと教育を一体化しようというもの。

　展示のテーマは「豊かな自然と科学技術の調和」。世界最大級のプラネタリウム（ドーム直径27ｍ、座席数280）をはじめ、以下の6つのコーナーからなる。

◇太陽の都市・みやざき…宮崎の豊かな自然と人々の生活、地下にかくされた遠い過去の姿、また宇宙から見た地球・九州・宮崎などを多角的に紹介していく「みやざき情報ステーション」。宮崎の「都市」「自然」を科学の目からとらえて紹介する。

◇生きている地球…地球上の生物とそれらを取り巻く環境との関わりを中心に、生きている地球の具体的なあかしや現象について紹介。

◇宇宙への夢…それぞれの時代の人たちがみた宇宙への夢や、現在の惑星探査が明らかにしつつある宇宙の姿などを紹介。

◇科学のふしぎの国…光・音・力・電気など、科学の原理を応用した展示装置によって、ふしぎで楽しい科学体験ができる。

◇先端技術の世界…コンピュータラボで、コンピュータのはたらきについて遊びながら理解できる。

◇エネルギーランド…太陽・水・電気・ガスなどから、様々に姿を変えるエネルギーの世界を、楽しい実験装置を通して体験できる。

宮崎県

代表的な展示物として、H-1ロケットの原寸模型や、地上実験用のモデル衛星「きくⅤ号」など。ほか、参加体験型の展示物多数。

【事　業】

- ・館全体…ゴールデンウィークイベント、感謝のつどい七夕まつり、星空と音楽の夕べ、青少年のための科学の祭典宮崎大会、宇宙画作品展、発明くふう展など。
- ・サイエンス関係…チャレンジサイエンス、ダ・ヴィンチ工房、生きがい科学館、不思議なサイエンスショー、宮崎少年少女発明クラブ、なんでもサイエンス、コスモランド教室など。
- ・パソコン関係…ハガキ作成講座、デジカメ講座、インターネット・メール講座、パワーポイント講座、パソコン入門講座、ワード講座、エクセル講座など。
- ・プラネタリウム関係…市民天体大観望会、スターウォッチング教室、星空と音楽の夕べ、イブニングプラネタリウム、絵本の読み聞かせinプラネタリウムなど。

- ・所在地　〒880-0879　宮崎県宮崎市宮崎駅東1-2-2
- ・ＴＥＬ　0985-23-2700
- ・ＦＡＸ　0985-23-0791
- ・ＵＲＬ　http://cosmoland.miyabunkyo.com/
- ・E-mail　msc03@cosmoland.Jp
- ・交　通　JR九州宮崎駅下車 徒歩2分，バス宮崎駅下車
- ・開　館　AM9:00 ～ PM4:30（入館はPM4:00まで）
- ・入館料　展示室：大人540円（430円），小人210円（170円）
　　　　　　展示とプラネタリウム：大人750円（600円），小人310円（250円）
　　　　　　※小人は4歳以上 小・中学校の児童生徒（4歳未満無料），（ ）内は20名以上の団体料金，プラネタリウムのみの観覧は不可
- ・休館日　月曜日，休日の翌日，12月29日～1月3日
- ・施　設　鉄筋コンクリート造 一部鉄骨造，地上3階（一部4階），敷地面積5400.0㎡ 建築面積2660.8㎡ 延床面積6419.3㎡
- ・設　立　1987（昭和62）年8月
- ・設置者　宮崎市
- ・管　理　（公財）宮崎文化振興協会
- ・責任者　館長・園田真吾

九州・沖縄

子ども博物館美術館事典　455

鹿児島県

かごしま近代文学館・かごしまメルヘン館

メルヘン館 館内（1階）

1998（平成10）年1月29日、鹿児島ゆかりの作家と作品を、自筆原稿や初版本、遺品等の展示をとおして紹介し、文学の振興・文化性の向上を図る「かごしま近代文学館」と、世界の童話や民話を楽しく紹介することにより物語世界への夢を与え、子どもたちの豊かな感性や情緒を育む「かごしまメルヘン館」を開館した。

2011（平成23）年3月30日には、全面リニューアルオープンし、より文学や物語の世界を来館者が体感できる展示内容・展示方法に刷新した。

【展示・収蔵】

文学館の「ことばアトリエ」は、来館者が自由な発想でことばを考え、表現できるコーナー。クイズ感覚でことば遊びができる映像装置、電子黒板を使ったワークショップなどをとおして、楽しみながらことばの世界に触れる面白さを体験できる。

メルヘン館では、1階「おはなしのまち」に、お菓子のお家など、童話に登場するお家や変身グッズでお話の世界を体感できる「おはなしのお家」、鏡に映る自分の姿がお話の主人公に変身する「お城でへんしん」、豆の木アスレチックや蜂の巣迷路、トランプトンネルなど遊びながらお話の世界を体験できる「ぼうけんの森」がある。

3階から1階にかけてのスロープでは「不思議の国のアリス」のトリックアートなどで楽しむことができる。また、宙に浮いた絵本の塔には、おすすめ絵本を展示する「絵本の小部屋」とお話に登場する人形を展示する「人形の小部屋」がある。

鹿児島県

　地下1階のわくわくスタジオでは、まっ白なスクリーンに主人公や舞台の場所を決めながらオリジナルストーリーを作り上げていく「まっ白な絵本」のほか、季節の人形や郷土人形、物語の主人公の人形などを展示している。
　収蔵資料は文学館が直筆原稿や遺品、図書・雑誌などが約67,000点。メルヘン館が人形、図書・雑誌などで7,800点。(2015年3月末時点)

【事　業】
　文学館では年に1回、特別企画展を開催しており、これまでに鹿児島ゆかりの児童文学作家・椋鳩十や宮沢賢治らをテーマにした展覧会をおこなっている。
　メルヘン館でも年に1回特別企画展を開催、絵本の原画や物語世界を体験できるジオラマ等の展示をおこなっている。また、定期的に絵本の読み聞かせやわらべうた教室、ワークショップなどを開催しているほか、コンサートや絵本作家の講演会・ワークショップも実施している。

- ・所在地　〒892-0853　鹿児島県鹿児島市城山町5-1
- ・ＴＥＬ　099-226-7771
- ・ＦＡＸ　099-227-2653
- ・ＵＲＬ　http://www.k-kb.or.jp/kinmeru
- ・E-mail　kinmeru@k-kb.or.jp
- ・交　通　市電 朝日通下車 徒歩7分，バス 西郷銅像前下車 徒歩3分
- ・開　館　AM9:30 〜 PM6:00(入館はPM5:30まで)
- ・入館料　各館：大人300円(240円)，小・中学生150円(120円)
　　　　　　共通：一般500円(400円)，小・中学生250円(200円)，未就学児無料
　　　　　　※( )内は20名以上の団体料金
- ・休館日　火曜日(休日の場合は翌平日)，年末年始(12月29日〜1月1日)
- ・施　設　鉄筋コンクリート造一部鉄骨造，地下1階・地上3階，建築面積2289.36㎡
- ・設　立　1998(平成10)年1月29日
- ・設置者　鹿児島市
- ・管　理　(公財)かごしま教育文化振興財団
- ・責任者　館長・垂野秀子

九州・沖縄

館のイチ押し

　AM9:00からPM8:00まで、1時間ごとにメロディにあわせて人形の楽隊が時を告げるからくり時計をお見逃しなく。

子ども博物館美術館事典　457

鹿児島県

鹿児島県立博物館

　県立博物館の歴史は、1914(大正3)年1月の桜島大噴火関係資料を保存・展示するために、県立図書館内に博物部常任委員会を発足させ、1915年に郷土博物室を設置して動植物・考古・民俗等の自然や人文関係の資料収集を開始したことに始まる。戦後焼失した県商工奨励館(現・考古資料館：上野原縄文の森の整備に伴い2002(平成14)年11月5日をもって閉館)を再建し、1953(昭和28)年3月に鹿児島県立博物館として発足した。その後1981(昭和56)年1月に県立図書館跡を改装・移転し、現在に至る。

　プラネタリウム室・恐竜化石展示室は、1966(昭和41)年11月の県文化センター開館に合わせ、同センター内4階に開設された。「あしたをひらく心豊かな人づくり」をすすめるため、自然資料の収集や調査研究を積極的に行って博物館活動の基盤づくりを推進し、展示活動等を通して広く県民へ情報提供するとともに、人々が郷土の豊かな自然に親しみ、触れ合う機会の拡充を図り、生涯学習の場として、県民に親しまれる開かれた博物館づくりに努めている。

ディスカバリールーム

鹿児島県

【展示・収蔵】

《本館常設展示》

　本館は、自然総合と自然史応用の2つの展示室からなり、世界的にも注目されている多彩で豊かな鹿児島の自然を体感できる展示となっている。

　①自然総合展示「鹿児島の自然」…鹿児島の自然を大きく特徴づける黒潮の流れに乗って、南から北へ、また海中から山頂へと、海・川と湖沼・山を旅するように構成されている。特に奄美大島の森とマングローブ林のジオラマは、東洋のガラパゴスと称される奄美の自然を忠実に再現している。

　◇ディスカバリールーム…動植物や化石・鉱物に触れながら、楽しく自然を体験できる。

　　「石は語る」(鹿児島の岩石／示準化石と示相化石)

　　「虫たちの世界」(日本産クワガタムシのすべて／虫たちの知恵)

　　「たねのふしぎ」(種子の広がり方)

　　「木の香り体験」

　　「まちの自然」(身近な虫)

　　「里山の自然」(けものたち／木片を削ってかいでみましょう)

　②自然史応用展示「自然を活かす人のちえ」…太陽エネルギーとマグマのエネルギーをテーマに、農・畜・水産業と地熱・鉱業関係にこれらのエネルギーを活かしている人々の知恵を紹介する内容となっている。

《別館》文化センター4階のプラネタリウム室では、四季の番組を作成して投影している。また、学年に応じた学習用番組を随時投影している。恐竜化石展示室では、アメリカ合衆国ユタ州産のアロサウルス、カンプトサウルスの2体の恐竜化石(実物)と、650点余りの化石を展示している。ほか、天文に関する資料を中心に紹介する天文展示室がある。

《収蔵品》

　一次資料：動物6万4433点、植物3万3358点、化石・鉱物4920点　計10万2711点　二次資料：1万7166点

【事　業】

　移動博物館(年3回)、科学教室(月2回)、楽しい実験(毎週土・日曜日)、「自然に飛び出せ！子ども学芸員」育成事業(年6回)、サタデー天文教室(月2回)、企画展(年5回)、生涯学習県民大学「自然とのふれあい講座」など

子ども博物館美術館事典　459

鹿児島県

【出版物・グッズ】

「鹿博だより」(年3回)/「鹿児島県立博物館研究報告」(年刊)

「鹿児島の路傍300種解説集」各編(1984〜86)/「鹿児島の路傍300種図鑑」県本土編・離島編(1991・93)/「調べよう鹿児島の自然」1〜5号(1988〜92)/「科学を楽しむ少年団 活動経過と研究報告」(1987〜90)/「大正三年桜島大噴火写真集」(県立博物館編 県教育委員会発行 1988)/「楽しい科学工作と科学遊び」第1集(1989)/「鹿児島の星空」第1集(1989)/「鹿児島県立博物館ガイド」(1990)/「鹿児島県立博物館自然史応用部門展示解説集」(1991)/「鹿児島県立博物館ガイドブック」(改訂版 1998)/「鹿児島県立博物館収蔵資料目録」第Ⅰ〜Ⅲ集(1992〜94)/「南北アメリカ大陸産化石図鑑」(1993)/「鹿児島の自然調査事業報告書」Ⅰ〜Ⅴ(1994〜98)/「自然のつながりリサーチ事業報告書」1〜3号(1994〜97)/「親と子の自然観察ゼミナール 博物館自然リサーチ事業報告書」(1998〜2002)/学習投影手引書「プラネタリウム天文教室」小学校編, 中・高校編(1994・95)/「博物館活用素材資料一覧—自然に関する体験学習を推進するために」(2002)

- ・所在地 　〒892-0853　鹿児島県鹿児島市城山町1-1
- ・ＴＥＬ　099-223-6050
- ・ＦＡＸ　099-223-6080
- ・ＵＲＬ　https://www.pref.kagoshima.jp/hakubutsukan/
- ・E-mail　kahaku1@pref.kagoshima.lg.jp
- ・交　通　鹿児島空港からリムジンバス：金生町か天文館通りで下車 徒歩7分
　　　　　　西鹿児島駅からバスまたは電車：天文館通りで下車 徒歩7分
- ・開　館　AM9:00〜PM5:00(入館はPM4:30まで)
- ・入館料　本館・恐竜化石展示室：無料
　　　　　　プラネタリウム：高校生以上200円(170円), 小中学生110円(80円),
　　　　　　未就学児無料　※( )内は30名以上の団体料金
- ・休館日　月曜日(祝日等の場合はその翌日), 毎月25日(土日祝日は開館), 年末年始(12月31日〜1月2日), 特別整理期間(9月上旬の約1週間)
- ・施　設　本館：鉄筋コンクリート造3階建(一部4階), 敷地面積1856㎡ 延床面積2698㎡ 展示室966㎡　別館：鉄筋コンクリート造4階建のうちの4階部分, 延床面積1170㎡ 展示室639㎡
- ・設　立　1953(昭和28)年3月
- ・設置者　鹿児島県
- ・責任者　館長・川原裕明

鹿児島県

鹿児島市立科学館

　鹿児島市立科学館は、鹿児島市の市制施行100周年（1989（平成元）年）記念事業の一環として、鹿児島市立図書館との複合施設として建設された。鹿児島を代表する火山やロケット等を科学のテーマとしてとりあげ、自然界の法則、科学技術および宇宙をわかりやすく紹介し、新鮮で感動的な出会いをとおして、科学に関する青少年の夢や創造性を育み、併せて科学知識の普及向上、啓発を図ることを目的としている。2013（平成25）年3月末に3・4階の展示場をリニューアルした。

【展示・収蔵】
　4階フロアの毎日実験ショーを実施している「科学劇場」と気軽に科学工作にチャレンジできる「だれでも工房」の周辺を大きな実験室に見立てて「サイエンスラボ」ゾーンと称し、体験型の展示物を約30程設置している。同階の「宇宙の科学」ゾーンは「さわれる太陽」を中心に、最新データに基づいた惑星模型が新たに加わり、5階の宇宙劇場（プラネタリウム・ドームシ

桜島ウォークスルー

九州・沖縄

鹿児島県

ネマ)と併せて天文や宇宙技術を学ぶことができる。3階フロア「地球の科学」ゾーンでは、「桜島」を内部から空中まで様々な視点から触れたり、サイクリングしながら観察できる大型展示によって、鹿児島のシンボル「桜島」を入り口とし、地球全体の構造や活動に興味関心を持ってもらえる展示構成となっている。

【事　業】
・プラネタリウム・ドームシネマの上映
・実験ショーの実施
・だれでも工房の実施
・ワークショップ(工作・実験・天文・パソコン)の実施
・各種講座の実施
・出前教室の実施

・所在地　〒890-0063　鹿児島県鹿児島市鴨池2-31-18
・ＴＥＬ　099-250-8511
・ＦＡＸ　099-256-1319
・ＵＲＬ　http://k-kb.or.jp/kagaku/
・E-mail　kagakukan@k-kb.or.jp
・交　通　鹿児島中央駅から市電郡元駅下車 徒歩約15分
・開　館　AM9:30 ～ PM6:00(入館はPM5:30まで)
・入館料　大人(高校生以上)400円，小人(小・中学生)150円　※宇宙劇場は別途観覧料が必要
・休館日　火曜日(祝日の場合は翌平日)，12月29日～1月1日
・施　設　鉄骨鉄筋コンクリート造，地上6階建　3295㎡(併設の図書館部分を含む)
・設　立　1990(平成2)年12月
・設置者　鹿児島市
・管　理　(公財)かごしま教育文化振興財団
・責任者　館長・久木野昌司

館のイチ押し

　実験ショーを行うステージや実験機材を充実したことによって、来館者が最先端の科学実験に参加できる「科学劇場」と子供から大人まで簡単な科学工作にチャレンジできる「だれでも工房」が大きな目玉となっている。

沖縄県

ワンダーミュージアム

1970(昭和45)年、祖国復帰記念事業のひとつとして「こどもの夢を育み、健康を増進し、情操と知識を豊かにする」ための施設として「沖縄こどもの国」が開園。以後、長年動物園を主体とした運営を行っていたが、2004(平成16)年、参加体験型施設としての充実

アイウエオン

を図るため、ワンダーミュージアムが新設された。

ワンダーミュージアムは「理解と創造は驚きに始まる」のコンセプトのもと、子どもたちの可能性を信じ、子どもたちが自ら不思議や驚きを見つけることが出来る、また動物園と共にある他に類のないチルドレンズミュージアムである。実際に触れて体験することができるハンズオン展示と、感じること、考えることを大切に育むワークショップを軸に運営している。

【展示・収蔵】

常設展示は、身近な物事の中にある不思議を見つける「きづきの森」、ボールのいろいろな動きを試せる「ボールサーカス」、想像力をひろげて感じ考える「そうぞう工房」があり、すべて実際に触れて体験することのできるハンズオン展示である。

その他にも「にぎわい広場」「光のアトリエ」「森のへんしんスタジオ」「がんまり研究室」等の企画展示を行っており、一定期間ごとに展示の入れ替えがある。

【事　業】

身近なふしぎを見つけ出し謎に迫るワークショップを行う「ふしぎラボ」、

沖縄県

いろいろな素材や道具と出合いつくることを楽しむワークショップを行う「つくるラボ」、こどもたちの感性を刺激し、感じ、考え、表現するワークショップを行う「かんかくラボ」を中心に、いつでも気軽に工作が楽しめる「ちょっきんとぺったん」、廃材を使った工作が体験できる「わじゃぶくろ」など、年間を通じて様々なワークショップや体験プログラムを実施している。

- ・所在地　〒904-0021　沖縄県沖縄市胡屋5-7-1（沖縄こどもの国 内）
- ・ＴＥＬ　098-933-4190
- ・ＦＡＸ　098-932-1634
- ・ＵＲＬ　http://www.kodomo.city.okinawa.okinawa.jp/
- ・E-mail　info@kodomo.city.okinawa.okinawa.jp
- ・交　通　ゆいレール旭橋駅 那覇バスターミナルから23・27・31・90系統バス 中の町下車 徒歩15分／沖縄自動車道 沖縄南ICから約5分
- ・開　館　〈春夏：4月〜9月〉AM9:30〜PM5:30
　　　　　　〈秋冬：10月〜3月〉AM9:30〜PM5:00
- ・入館料　・ワンダーミュージアムは「沖縄こどもの国」の施設内にあるため、入館の際には、沖縄こどもの国の入園料とワンダーミュージアムの入館料が発生する。
　　　　　　大人700円（沖縄こどもの国入園料500円＋ワンダーミュージアム入館料200円），中高校生300円（沖縄こどもの国入園料200円＋ワンダーミュージアム入館料100円，4歳〜小学生200円（沖縄こどもの国入園料100円＋ワンダーミュージアム入館料100円），3歳以下 無料
- ・休館日　火曜日（祝日の場合は翌日休館，学校長期休みは開館），年末年始
- ・施　設　鉄筋コンクリート3階建，建築面積約1700㎡ 延床面積約3500㎡
- ・設　立　2004（平成16）年4月15日
- ・設置者　沖縄市
- ・管　理　（公財）沖縄こどもの国
- ・責任者　理事長・桑江朝千夫

館のイチ押し

　「動物園と共にある」「沖縄にある」唯一のチルドレンズミュージアムとして、子どもたちと向き合いながらオリジナリティあふれる事業を展開しています。

　夏休みの夜に毎年開催する特別プログラム「おばけナイトミュージアム」も人気です。

館 名 索 引

館名索引　　　かわく

【あ行】

明石市立天文科学館……………354
秋田県児童会館 みらいあ ………39
秋田県立博物館…………………42
明野子ども美術館………………252
旭川市科学館「サイパル」………3
足寄動物化石博物館………………5
あすたむらんど徳島 子ども科
　学館……………………………408
阿南市科学センター……………410
荒尾総合文化センター 子ども
　科学館…………………………444
石川県海洋漁業科学館…………236
石川県ふれあい昆虫館…………238
石川県立航空プラザ……………240
伊豆アンモナイト博物館………270
出雲科学館………………………381
伊勢原市立子ども科学館………190
板橋区立教育科学館……………137
伊丹市立こども文化科学館……357
茨城県立児童センターこどもの
　城………………………………67
入間市博物館……………………98
いわき市アンモナイトセンター…55
磐田市竜洋昆虫自然観察公園
　こんちゅう館…………………272
岩手県立博物館…………………29
インスタントラーメン発明記念
　館………………………………339
宇宙ミュージアム TeNQ………139
NHK スタジオパーク …………142
愛媛県歴史文化博物館…………412
えひめこどもの城………………415
大垣市スイトピアセンター
　学習館…………………………257

大阪市立科学館…………………341
大阪府立大型児童館ビッグバ
　ン………………………………344
大津市科学館……………………319
大淀川学習館……………………450
おかざき世界子ども美術博物
　館………………………………295
岡山県生涯学習センター
　人と科学の未来館サイピア…389
岡山市水道記念館………………391
帯広市児童会館…………………7
おもしろ昆虫化石館……………361
おもちゃのまちバンダイミュー
　ジアム…………………………80

【か行】

科学技術館………………………144
かかみがはら航空宇宙科学博物
　館………………………………259
かごしま近代文学館・かごしま
　メルヘン館……………………456
鹿児島県立博物館………………458
鹿児島市立科学館………………461
橿原市立こども科学館…………371
がすてなーに ガスの科学館 …147
加須市加須未来館………………101
カップヌードルミュージアム
　（安藤百福発明記念館）………193
神奈川県立地球市民かながわプ
　ラザ（あーすぷらざ）………195
神奈川工科大学 厚木市子ども
　科学館…………………………197
香美市立やなせたかし記念館…421
紙の博物館………………………149
川口市立科学館（サイエンス
　ワールド）……………………103

子ども博物館美術館事典　467

かわさ　　　　　　　館名索引

川崎市青少年科学館　（かわさ
　　き宙と緑の科学館）………… 200
川崎 藤子・F・不二雄ミュー
　　ジアム……………………… 204
環境省 田貫湖ふれあい自然塾… 274
きしわだ自然資料館…………… 347
北九州市立自然史・歴史博物館
　　いのちのたび博物館………… 423
北九州市立児童文化科学館…… 426
キッコーマンもの知りしょうゆ
　　館…………………………… 130
キッズプラザ大阪……………… 349
きっづ光科学館ふぉとん……… 324
岐阜県先端科学技術体験セン
　　ター（サイエンスワールド）… 262
岐阜市科学館…………………… 266
ギャラクシティ（足立区こども
　　未来創造館・足立区西新井文
　　化ホール）………………… 151
京都市青少年科学センター…… 327
京都大学総合博物館…………… 331
京都鉄道博物館………………… 335
釧路市こども遊学館……………… 9
熊本市 水の科学館 …………… 446
グリコピア神戸………………… 363
黒部市吉田科学館……………… 234
群馬県生涯学習センター少年科
　　学館…………………………87
ぐんまこどもの国児童会館………90
航空館boon …………………… 298
神戸市立青少年科学館………… 365
郡山市ふれあい科学館…………58
国土地理院「地図と測量の科学
　　館」…………………………69
国立科学博物館………………… 154
越谷市科学技術体験センター
　　（ミラクル）………………… 106
越谷市立児童館コスモス……… 109

こども科学センター・ハチラボ… 158
こども陶器博物館 KIDS★
　　LAND……………………… 268
こども未来館 ここにこ ……… 300
コニカミノルタサイエンスドーム
　　（八王子市こども科学館）…… 161

【さ行】

西条市こどもの国……………… 417
埼玉県自然学習センター……… 112
埼玉県生活科学センター（彩の
　　国くらしプラザ）………… 114
埼玉県立川の博物館…………… 116
さいたま市青少年宇宙科学館… 120
佐賀県立宇宙科学館…………… 436
酒田市眺海の森天体観測館
　　コスモス童夢…………………48
佐久市子ども未来館…………… 254
佐世保市少年科学館（星きら
　　り）………………………… 439
滋賀県立琵琶湖博物館………… 321
静岡市こどもクリエイティブタ
　　ウン ま・あ・る ………… 277
島根県立三瓶自然館 サヒメル… 384
上越科学館…………………… 225
杉並アニメーションミュージア
　　ム…………………………… 163
鈴廣のかまぼこ博物館………… 206
セイコーミュージアム………… 166
仙台市科学館……………………34
ソニー・エクスプローラサイエ
　　ンス……………………… 168

468　子ども博物館美術館事典

館名索引　　　ふくし

【た行】

高崎市少年科学館‥‥‥‥‥‥‥93
滝川市こども科学館‥‥‥‥‥‥12
多摩六都科学館‥‥‥‥‥‥ 170
チームラボアイランド
　−学ぶ！未来の遊園地−‥‥ 122
千葉県立中央博物館‥‥‥‥‥ 132
千葉県立房総のむら‥‥‥‥‥ 134
つくばエキスポセンター‥‥‥‥72
津南町農と縄文の体験実習館
　なじょもん‥‥‥‥‥‥‥‥ 227
つやま自然のふしぎ館（津山科
　学教育博物館）‥‥‥‥‥‥ 393
ディスカバリーパーク焼津
　天文科学館‥‥‥‥‥‥‥‥ 279
鉄道博物館‥‥‥‥‥‥‥‥‥ 124
電車とバスの博物館‥‥‥‥‥ 208
東海大学海洋科学博物館‥‥‥ 282
東海大学自然史博物館‥‥‥‥ 285
東京おもちゃ美術館‥‥‥‥‥ 173
東京都水の科学館‥‥‥‥‥‥ 176
東芝未来科学館‥‥‥‥‥‥‥ 210
東武博物館‥‥‥‥‥‥‥‥‥ 178
東北歴史博物館‥‥‥‥‥‥‥37
所沢航空発祥記念館‥‥‥‥‥ 127
栃木県子ども総合科学館‥‥‥82
苫小牧市科学センター‥‥‥‥14
とよた科学体験館‥‥‥‥‥‥ 302

【な行】

長岡市立科学博物館‥‥‥‥‥ 229
長崎市科学館‥‥‥‥‥‥‥‥ 441
なぎさの体験学習館‥‥‥‥‥ 212

新潟市こども創造センター‥‥ 232
西川町 大井沢自然博物館 ‥‥‥‥50
にしわき経緯度地球科学館
　「テラ・ドーム」‥‥‥‥‥ 367
日本科学未来館‥‥‥‥‥‥‥ 180
ヌマジ交通ミュージアム
　（広島市交通科学館）‥‥‥ 398
ねむの木子ども美術館「どんぐ
　り」「緑の中」‥‥‥‥‥‥ 288
のと海洋ふれあいセンター‥‥ 242
ノベルティ・こども創造館‥‥ 304

【は行】

博多の食と文化の博物館（ハク
　ハク）‥‥‥‥‥‥‥‥‥‥ 428
八戸市視聴覚センター・児童科
　学館‥‥‥‥‥‥‥‥‥‥‥24
はまぎん こども宇宙科学館
　（横浜こども科学館）‥‥‥ 214
浜田市世界こども美術館‥‥‥ 387
東大阪市立児童文化スポーツセ
　ンター ドリーム21‥‥‥ 352
日立シビックセンター科学館‥‥75
ひととものづくり科学館‥‥‥ 245
人吉鉄道ミュージアム
　MOZOCAステーション868‥ 448
ビュフェこども美術館‥‥‥‥ 290
広島市こども文化科学館‥‥‥ 401
広島市森林公園こんちゅう館‥ 403
フェライト子ども科学館‥‥‥46
福井県立恐竜博物館‥‥‥‥‥ 247
福井県立こども歴史文化館‥‥ 250
福岡県青少年科学館‥‥‥‥‥ 430
福島市子どもの夢を育む施設
　こむこむ館‥‥‥‥‥‥‥‥61

子ども博物館美術館事典　469

ふくし　　　　　　館名索引

ふくしま森の科学体験センター
　（ムシテックワールド）………64
福知山市児童科学館……………337
富士川楽座 体験館どんぶら・
　プラネタリウムわいわい劇場…292
藤沢市湘南台文化センターこど
　も館……………………………217
碧南海浜水族館・碧南市青少年
　海の科学館……………………306
防府市青少年科学館……………405

【ま行】

松山市水道資料館 水と人のみ
　らい館…………………………419
マヨテラス………………………183
マリンピア神戸さかなの学校
　（神戸市立水産体験学習館）…369
三重県立みえこどもの城………317
三鷹の森ジブリ美術館…………186
MIZKAN MUSEUM …………308
三菱みなとみらい技術館………220
壬生町おもちゃ博物館…………84
宮崎科学技術館…………………453
ミュージアムパーク茨城県自然
　博物館…………………………77
向井千秋記念子ども科学館……95
むかわ町穂別地球体験館………16
むつ科学技術館…………………26
室蘭市青少年科学館……………18
盛岡市子ども科学館……………31

【や行】

山形県立博物館…………………52
夢と学びの科学体験館…………311

横浜美術館………………………222

【ら行】

ライフパーク倉敷 倉敷科学セ
　ンター…………………………395
りくべつ宇宙地球科学館（銀河
　の森天文台）…………………20
リスーピア………………………188
リニア・鉄道館…………………314
ロボスクエア……………………434

【わ行】

和歌山県立自然博物館…………373
和歌山市立こども科学館………376
稚内市青少年科学館……………22
わらべ館（県立童謡館・鳥取世
　界おもちゃ館）………………378
ワンダーミュージアム…………463

470　子ども博物館美術館事典

子ども博物館美術館事典

2016 年 7 月 25 日　第 1 刷発行

編　集／日外アソシエーツ編集部
発行者／大高利夫
発行所／日外アソシエーツ株式会社
　　　　〒143-8550 東京都大田区大森北 1-23-8 第 3 下川ビル
　　　　電話 (03)3763-5241(代表)　FAX(03)3764-0845
　　　　URL http://www.nichigai.co.jp/
発売元／株式会社紀伊國屋書店
　　　　〒163-8636 東京都新宿区新宿 3-17-7
　　　　電話 (03)3354-0131(代表)
　　　　ホールセール部(営業)　電話 (03)6910-0519

組版処理／有限会社デジタル工房
印刷・製本／光写真印刷株式会社

不許複製・禁無断転載　　　　　　　　《中性紙三菱クリームエレガ使用》
〈落丁・乱丁本はお取り替えいたします〉
ISBN978-4-8169-2613-6　　　　　　**Printed in Japan,2016**

中高生のためのブックガイド 進路・将来を考える

佐藤理絵監修　A5・260頁　定価（本体4,200円＋税）　2016.3刊

学校生活や部活動、志望学科と将来の職業との関連性、大学入試の小論文対策まで、現役の司書教諭が"中高生に薦めたい本"609冊を精選した図書目録。「学校生活から将来へ」「仕事・職業を知る」「進路・進学先を考える」「受験術・アドバイス」に分け、入手しやすいものを中心に紹介。主要図書には書影を掲載。

ヤングアダルトの本
ボランティア・国際協力への理解を深める2000冊

NPO研究情報センター 編　A5・280頁　定価（本体8,200円+税）　2015.11刊

ヤングアダルト世代向けの図書目録。書誌事項と内容情報がわかる。ボランティアやNPO・NGO、国際協力などについて知りたいときに役立つ図書2,000冊を収録。「寄付・ボランティアをしてみよう」「福祉・介護・医療のための活動」「まちづくり・災害・環境のための活動」「世界の人々と助け合おう」など、テーマに沿った分類で目的の本を探すことができる。

子どもの本シリーズ

児童書を分野ごとにガイドするシリーズ。子どもたちにも理解できる表現を使った見出しのもとに関連の図書を一覧。基本的な書誌事項と内容紹介がわかる。図書館での選書にはもちろん、総合的な学習・調べ学習にも役立つ。

子どもの本 日本の名作童話 最新2000
A5・300頁　定価（本体5,500円＋税）　2015.1刊

子どもの本 現代日本の創作 最新3000
A5・470頁　定価（本体5,500円＋税）　2015.1刊

子どもの本 世界の児童文学 最新3000
A5・440頁　定価（本体5,500円＋税）　2014.12刊

子どもの本 日本の古典をまなぶ2000冊
A5・330頁　定価（本体7,600円＋税）　2014.7刊

子どもの本 楽しい課外活動2000冊
A5・330頁　定価（本体7,600円＋税）　2013.10刊

データベースカンパニー
日外アソシエーツ　〒143-8550　東京都大田区大森北1-23-8
TEL.(03)3763-5241　FAX.(03)3764-0845　http://www.nichigai.co.jp/